播音与主持艺术专业
"十三五"规划教材·实训系列

播音主持艺术发声

（第2版）

胡黎娜　编著

中国传媒大学出版社
·北京·

新音乐运动论文集

（第2版）

李凌 编

目 录

第1版序言 / 1

第2版序言 / 1

第一章　概说与认识
　　——艺术发声的总论 / 1
　第一节　什么是播音主持艺术发声 / 1
　第二节　播音主持艺术发声的要求 / 3
　第三节　怎样进行播音主持艺术发声训练 / 4

第二章　特性与机理
　　——艺术发声的条件 / 10
　第一节　播音主持艺术发声的物理性 / 10
　第二节　播音主持艺术发声的生理性 / 13
　第三节　播音主持艺术发声的心理性 / 14
　第四节　播音主持艺术发声的社会性 / 16

第三章　语音与标准
　　——艺术发声的载体 / 18
　第一节　普通话的认识 / 18
　第二节　普通话的语音 / 24

第四章　气息与状态
　　——艺术发声的动力 / 40
　第一节　艺术发声对气息与状态的要求 / 40
　第二节　呼吸器官的认识 / 41

第三节　呼吸(气息)控制要领　/ 43
　　第四节　呼吸控制训练　/ 47

第五章　口腔与声母
　　——字音准确的关键　/ 53
　　第一节　吐字发声的要求　/ 53
　　第二节　发音器官的认识　/ 55
　　第三节　口腔的静态控制　/ 58
　　第四节　口腔静态控制与声母发音发声　/ 63
　　第五节　口腔静态控制与声母发音发声训练　/ 73

第六章　口腔与韵母
　　——字音响亮的保证　/ 96
　　第一节　音节的结构认识　/ 96
　　第二节　口腔的动态控制　/ 98
　　第三节　口腔动态控制与韵母发音发声　/ 103
　　第四节　口腔动态控制与韵母发音发声训练　/ 119
　　第五节　诗词里的合辙押韵　/ 137

第七章　喉部与声调
　　——字音取义的"源地"　/ 140
　　第一节　喉部的生理构造　/ 140
　　第二节　喉部控制　/ 142
　　第三节　喉部控制与声调发音发声　/ 143
　　第四节　喉部控制与声调发音发声训练　/ 148
　　第五节　喉部(嗓音)的保健　/ 168

第八章　喉部与音变
　　——声音优美的点缀　/ 171
　　第一节　轻声　/ 171
　　第二节　儿化　/ 173
　　第三节　变调　/ 176
　　第四节　语气词"啊"　/ 177
　　第五节　轻重格式　/ 179
　　第六节　喉部与音变发音发声训练　/ 181

第九章　共鸣与声区
　　——声音扩大的"容器" / 223
　　第一节　对共鸣与声区控制的认识 / 223
　　第二节　播音主持艺术发声的共鸣要求 / 225
　　第三节　共鸣与声区控制发音发声训练 / 229

第十章　情感与弹性
　　——声音形象的"花筒" / 243
　　第一节　对声音弹性的认识 / 243
　　第二节　声音与弹性控制训练 / 247

参考书目 / 278

第 1 版后记 / 279

第 2 版后记 / 281

第1版序言

《播音主持艺术发声》即将出版,这是学院学科建设的一件大事,可喜可贺。

在中国广播电视协会播音主持委员会的一次会议上,我曾说过,现时全国有200多个院校招收播音与主持艺术专业学生。可是很多单位没有成形的教材,甚至没有专业教师,严重影响了毕业生的质量。广播电影电视管理干部学院重视师资队伍的建设,并组织编写出反映广播影视最新科学技术成果且理论和实践相结合的教材,艺术与人文相兼顾,教学与播音主持专业相匹配,极力促使教学和广播影视对人才需求的同步,已培养出了一批批适应岗位工作要求且具有发展潜力的学生,受到社会的欢迎。

《播音主持艺术发声》基本知识和原理有很多新鲜的认知和阐述,对技巧训练采用了切实可行的方式、方法;教学及训练设计"情境",对提高学生发声的意识和能力将产生积极的作用;在注意共性的同时,加强学生个性化的声音、语言培训,旨在培养各具特点的优秀学生。

教学应随广播电视播音主持的发展不断地创新。但浮躁的社会心态影响了理论创新、知识创新和技术创新。《播音主持艺术发声》是胡黎娜老师把握当今实践、结合前人经验、刻苦踏实教书育人做学问的结晶。

《播音主持艺术发声》是播音与主持艺术专业的基础教材。播音主持吐字发声是每个播音员、主持人的基本功。有了基本功,才具有创作的力量;有了基本功,才能展现创作的艺术魅力。人们可以想见和感知,声音在发出和延展中,有意义、有导向、有情感。播音员、主持人的语言是有明确目的和价值取向的语言,吐字归音有法,声音延展有度。法度熟练之作,方能达到预期的传播目的。有些人不注意声音训练,甚至不把它作为一门学问,认为可有可无,这是错误的。语音发声不仅有学问,而且还吸引很多学者去深入研究探索其中的奥秘。波士顿大学认知神经科学家冈瑟说,我们说话的时候,大脑必须协调面部、喉咙、胸腔和腹腔将近100块肌肉。这一切都以闪电般的速度发生,而完成这一绝技的关键是有了人们所说的一个"内部模式",由它来自始至终地规划和执行语言动作。这种"内部模式"必须经过刻苦训练才能形成。播音主持艺术发声是一门学问,掌握这门学问,也应有科学的思想、踏实的作风。

为了便于学习和训练，书中列举了很多字、词、绕口令。基本功的训练会比较单调、枯燥，但假以时日，即会尝到乐趣，取得成果。我在此道上走过45年，借此机会，将阅读的认识和感受告诉此书的读者和学子，讲得不一定周全，但是情真。

胡黎娜老师嘱我为书作序，实不敢承担。权且以此文代序。

铁　城
2006年7月10日

（注：铁城系享受国务院特殊津贴专家、全国政协委员、中国广播电视协会播音主持委员会理事长、中央人民广播电台播音指导）

第 2 版序言

记得当年在广院读书,临近毕业拍班级合影时,张颂老师对我说:找个社教节目做。我也曾到中央电视台联系过自己向往的栏目去实习,听姚喜双老师说,我有"邹韬奋新苗奖"的提名奖,可以申请当时学校刚开办的研究生课程班,所以我也曾有过继续留在学校读书的想法。后来还是选择了回山西。其实对于做教师,我一直很忐忑,源于自己的知识积累和理论水平以及实践经验都太缺乏。可命运就是这样,母校的光环,推着我向前走。我抱着"只要在你的脚下深挖下去,就一定会有清泉涌出"的信念,揣着"只有想不到,没有做不到"的执着,怀着对本专业的崇拜与敬畏之心,守着"教育世家"四代人的信仰,"半路出家"开始挖"播音发声"这口井。其实,我喜欢创作,喜欢在舞台上酣畅淋漓地表达,而我偏偏需要在一个个音素、音节间游走,像个"口腔大夫"面对学生的发音、发声,近乎强迫症般地进行矫正。确实太枯燥了!但是,当我的"矫情"在学生那里有了效果时,我感觉真是太幸福了!这种直接的量化收获,比舞台与节目中的感受要更加具体且深刻。我从心底里感谢我的学生们!教学相长,是他们促使我有了面对问题、解决问题的思考与方法,是他们让我有了今天在前人经验基础上再迈一步的想法。

下面就将我在教材方面无知无畏的改编思路做一个简单的梳理。

语音与发声:播音主持艺术发声从语音学和发声学角度划分为两部分,有些学校将此课程分别设置为"普通话语音"和"播音发声",因此,前人的教材编写主要依据学科分类进行章节内容的安排,前半部分为语音,后半部分为发声。而在实际学习中,声音的获取必须以语音为载体。例如讲到"舌尖前音"的发音位置时,要求舌尖抵住下齿龈,训练中还要强调力度,否则即使发音位置正确,声音也不会清晰。显然,发音位置与发音力度并不属于同一学科概念,发音位置属于语音知识,发音力度则属于发声的要求。又如,掌握元音的舌位,如果不结合口腔的静态控制,即使舌位准确,口腔没有开度或处于相对的静态控制,字音也不会饱满,声音也不会圆润。经过教学实践与摸索,在总结前人经验的基础上,我尝试突破传统教材编写体例"前语音,后发声"的束缚,在符合综合训练的前提下,将语音与发声内容整合在一起进行讲解,避免学习者在学习中"前翻后找"的"两张皮"问题,试图为提高学生的播音主持艺术发声综合能力提供一个合理、有效的教学依据。

章节与设计：此教材的内容设计与编排注重理论学习与训练内容的同步性。例如，"气息与状态"一章，因为口腔的静态动态控制、语音训练都还没有进行，因此本章节不进行词、句、段等绕口令的设计与训练，气息学习的第一阶段只要求在状态积极的前提下，掌握正确的、纯粹的呼吸方式即可，不要求结合发音发声。随着学习内容的逐步增加，将不断提高气息在每个章节内词、句、段中的应用要求。又如，在"口腔与声母"一章，没有涉及含复元音韵母的音节，只需要掌握口腔静态控制与声母拼单元音韵母发音即可，避免在学习过程中顾此失彼，有利于学习者牢固掌握此阶段的发音发声，到"口腔与韵母"一章时，再结合声韵进行口腔（唇舌）的动态训练。从生理与物理角度分析，声调的变化（及语流音变）可以说主要是由喉部声带控制产生的，所以将"喉部与声调"合为一章，再辅以气息控制进行音节训练，更能体现教学效果。此阶段的材料编排也考虑到尽量避免轻声词、儿化音及语气词"啊"音变的介入，在不同声调拼合的双音节词、四音节词的基础上，结合语义只选用了诗、词、曲句。进入"喉部与音变"一章时，语音知识和基本的发声要领已基本掌握，因此编排了语流变化与内容情感较为丰富的绕口令和短文，并根据教学实践，解决喉部、共鸣等方面可能出现的诸多问题。最后的"情感与弹性"一章，添加了与下一阶段"播音创作基础"课程有衔接的理解与感受，并将第1版的第三节"播音主持艺术发声与其他语言艺术发声"调整在了二维码链接内。

教材的训练内容从音素、音节、词组、语句，到故事、片段、诗歌、散文以及贯口、台词、歌曲等，从基础的元素训练、吐字归音到完整篇章，构成一个情、气、声、音、态、义综合运用的训练体系，由简入繁、由浅入深。此教材配合课程总体训练目标可定为第一阶段"练正确，求稳定"，第二阶段"练速度，求变化"。

在每个训练阶段的"提示"中，体现了"知其所以然"的学习特点，尽量做到"事无巨细"。为了方便学习者形象感知、理性把握，教材将每一个训练环节的演唱曲谱及原唱，都设计了扫码学习，并将每一个阶段要训练的内容与曲谱对应，希望通过演唱能让学习者达到触类旁通的效果，调动情、气，巩固音、声，表达态、义。尤其是口腔的静、动态控制与声母、韵母的音素及音节，通过学生在镜头前的发音（录像），教师在画外简单指导，以视频示范的方式，为初学者提供了"有规可循"的教学过程。当然，用气发声，或语音纠正，都不是一蹴而就的，视频中学生的各种控制还存在很多问题，这个过程仅为展示或提示参考，初学者要有持之以恒的思想准备及"行动"——只有经过一定训练量的积累，才可能完成学习目标。不同层级的训练材料（与方法）就像一块块优质的声音磨刀石，为掌握本教材知识并融会贯通地运用奠定了基础。相信通过大量的训练和努力，所有的"磨刀石"都会变为学习者成功路上的"垫脚石"。

实践证明，任何专业凡能超越标准达到审美要求的人，皆以扎实的基本功为基础。需要特别指出的是，教与学，从静态到动态，从个体到整体，从单一到综合，从技巧到艺术，即使"提示"再具体，也无法将内容与相对应的声音中的丰富层次与细腻变化描述准确；即使表达者的理解再透彻，也不是"量化标准"就可以完成的，声音弹性的诸要素运用需要通过训练、听辨、揣摩及体悟才能做到。

其实,教材内许多有效的方法,我确实不能从数据上给出一个科学的证明,只有感官上的经验之谈。我的愿望是有一个仪器设备能在人发音发声时,观察到声带和口腔后部动态的细微变化,以便于能有一个科学的实证研究提供理论依据。有幸学习了孔江平教授关于语音学方面的研究成果,虽然文章内的论证方式与过程对我来说艰涩难懂(为实验语音学的实证研究,通过仪器测量语音,论证其生成规律),但是孔教授的研究给了我很大的启发与思考。例如,我想进行生活语言的发音发声与艺术语言的发音发声在生理控制与物理效果上的差异研究、口腔与唇舌在力度上的变化对声音的影响及物理性的数据采集、艺术语言声音的强弱控制在呼吸上的数据采集等,希望在接下来的时间我能有条件、有机会及有能力身体力行。

以上思路与设计甚至遐想,纯粹是自己在教学中的经验所得与兴趣所致,如果在教法与专业认知上出现了谬误,还请专家、同仁不吝赐教。

胡黎娜

2019 年 6 月 26 日

第一章　概说与认识
——艺术发声的总论

导读

随着时代的发展、社会的进步,我国广播电视事业取得了辉煌的成就。越来越多的优秀人才渴望加入这一行业,还有许多初学者对播音主持工作产生了浓厚的兴趣。想要成为一名优秀的播音员、主持人,扎实的播音主持艺术发声功底是必备的基本素质之一,那么,什么是播音主持艺术发声?我们又该如何练就扎实的播音主持艺术发声基本功呢?本书将就这些问题为学习者做出详细的解答。在第一章中我们将对播音主持艺术发声进行简单的介绍,使大家有一个初步的认识,为后续章节的学习打好基础。

第一节　什么是播音主持艺术发声

老舍先生说,耳朵不像眼睛那样有耐性,听到一个不懂的字、一句不懂的话,马上就不耐烦。播音员、主持人作为有声语言工作者,怎样在传递信息的同时,使受众真正感受到"内容上能悦心悦神,形式上又悦耳悦目"呢?学习播音主持艺术发声,就像建造播音主持这座富丽堂皇大厦的地基,虽然地基被矗立在地面上那豪华的建筑所埋没,但它却是支撑大厦坚实的基座。这坚实的基座要有上好的材质,更要有能够合理使用这些材质的科学方法与技术。唯有如此,艺术性的"音、声"之美才能得以完美展现。

一、语音

语音是人的发音器官发出的具有一定社会意义的声音。它是语言的物质外壳,是语言的外部形式,是直接记录人的思维活动的符号体系。

有声语言是声音和意义的结合体,是人类社会特有的赖以生存和发展的必要条件,是最主要的交流工具。

二、播音主持

播音主持是在具备了一定的语音条件的基础上,所进行的一项语言艺术的创作性传播活动,即播音员、主持人运用有声语言和副语言,通过广播、电视、网络等传播媒介所进行的创造性活动。在这个创造性活动中,艺术化的有声语言是播音主持艺术的主要创作媒介,它是非自然状态的有声语言,要受到明确的传播目的的约束,受到艺术创作规范的限制,在传达方式、美感质量等方面具有新的含义。

三、播音主持语言与生活语言的区别

不同时期的人有不同的审美追求,随着时代的变革与进步,人们更欣赏淳朴自然的语言表达风格。然而,淳朴自然不等于随意自由,作为一名有声语言传播者,要摒弃那些只要求"书同文",不讲究"语同音"的错误观点,在准确、迅速传递信息的同时,崇尚并追求传播语言的美感,给人带来听觉上的享受,达到生活语言规范化,规范语言生活化,有声语言审美化。播音主持有声语言艺术的再创作,是由大众传播特点所决定的。

(一)线性传播的准确要求

生活语言是在自然状态下没有任何修饰的言语发声状态,更多用于人际交流中。因为没有"当众性"的传播环境,对语言内容、逻辑关系也就没有严格要求。所以,人们随想随说,或一句话换一口气,或几句话换一口气,根据表达内容或表达时的情绪而定,不会特意进行调控。即使错了、漏了,或听不清了,也可以重复,只要有说话的能力就都可以交流。

电视、广播、网络等属于视听媒介,具有时效性强,保存性、选择性弱,转瞬即逝等特点。播音员、主持人在话筒前说话不仅代表自己,而且代表着媒体形象,甚至代表着一个地区、一个国家的形象,所以其音容笑貌、言谈举止都要与之相符合。加之,播音员、主持人在话筒前的表达,是一个稍纵即逝的过程,不可能像生活中的语言那样松懈与随意、无视受众的听觉习惯,"那么、后来、接下来、然后"等口语词汇随意使用,"自然"的方言乡音"驾轻就熟",否则,不仅破坏语意,影响传播,而且阻碍"推普",更会降低节目品位。所以,传播者必须口齿清晰、流畅,具备过硬的吐字归音基本功,思维敏捷,有声语言驾驭能力强。播音员、主持人在单位时间内传播的信息量越大、清晰度越高,才越符合线性传播对准确性的要求。

(二)线性传播的审美要求

生活语言的表达,是纯自然状态下的一种原生态,往往不加任何修饰。共鸣的运用及声音的使用,纯粹自然形成,当然也不排除有些人从小因自然条件和语言环境良好,或后天自学能力强,自身语言表达还较准确流畅的情况。如果发音不准确,养成了说话时喉头挤压、声音干涩的不良习惯,势必影响传播的审美性。目前,随着各种媒体及频道的增多,受众的选择范围也相对加大,人们在忙碌的工作之余收听收看节目,不仅要了解信息并积累知识,同时还要娱乐,所以良好的声音形象会满足受众的审美需求,愉悦身心,

为节目增光添彩。原生态的生活语言已不能完全满足受众在此方面的审美需求。而有些人认为"语言是生活中人际交流的工具,生活中怎样说传播媒介中就怎样说,无须着意加工,一强调规范和艺术,就会失去自然和亲切,就会拉大同受众的距离。这种观点显然是受了自然主义语言观的影响,忘记了广播电视语言传播的性质、任务和不可估量的社会价值"[①]。

曹可凡和王群早在他们撰写的《节目主持人语言艺术》一书里说道:"受港台一些节目的影响,使得不少人产生了模糊认识,甚至提出主持人不需要有声语言技能的怪论。"诚然,有些播音员、主持人(包括港台在内)在语义表达上有一定的特点,但是这些人的语音不能不说是一种缺陷。事实上,在受众心目中占有一席之地的播音员、主持人,无一不在语音发声上有很高的水平。他们悦耳的声音、清晰的口齿,不仅给观众带来了美的享受,而且更有效地促进了与受众间思想情感的交流。"所谓形象就是内容和形式"[②],播音员、主持人理应以最纯粹、最动听、最优美的声音形式把传播内容传达给受众,并努力强化和提升受众的审美意识及能力。

四、播音主持艺术发声

播音主持艺术发声(简称播音发声)是指播音员、主持人在语言表达过程中,声音在情感、气息、共鸣、咬字器官的相互作用下,使有声语言的美感质量具有一定提高的技巧性活动。它不仅剔除了自然语言的随意与松懈,也是提高语言审美质量、完成各种语言表达方式(样态)的基础。

语音是播音主持艺术发声的载体,播音主持艺术发声是语音的"美化器",悦耳动听是播音发声的训练目标。

第二节 播音主持艺术发声的要求

朴实自然是播音员、主持人对用声的基本要求,这是由媒介传播的特征决定的,真实可信的语言表达是媒介传播一贯坚持的原则。播音主持艺术发声要求无论是从媒介传播的特点,还是从代言人的形象角度来说,抑或是从受众的心理需求及审美角度来看都应当追求朴实自然。

一、根据内容 决定形式

播音员、主持人要根据不同节目类型、不同节目形式、不同节目语境灵活调整自己的

---

① 张颂.语言传播文论:续集[M].北京:北京广播学院出版社,2002:166.
② 宗白华.美学的散步[M].合肥:安徽教育出版社,2006:127.

声音(但不能因为发声影响语音),或大或小、或高或低、或虚或实、或明或暗等。比如,新闻性节目和娱乐综艺性节目的声音运用不同,播报类与谈话类节目的声音运用也不一样。严格说来,"菜篮子"新闻与大政方针类新闻的声音运用也有区别。所以声音的运用是建立在节目内容基础上的,在既不能因为"质朴"而失美,又不能因"华丽"而害美的前提下,训练出大众喜闻乐听的朴实自然的声音来。这种朴实自然是"天然去雕饰"的自然,是具备了一定发音用声技能、包含着艺术创作过程的一种自然,是一种艺术化处理后的语言生活化的展现。

二、依据条件 因人而异

在变化中求共性,在不变中求个性,每个人发声通道的生理构造不一,它所产生的音质也不尽相同。在初学阶段,适当的模仿是可以的,但语音的学习、音色的改善、共鸣的调整不是单靠模仿就能实现的。有的人为了模仿别人,故意挤压喉部或提高音调,违背了自身的生理条件,结果只能适得其反。所以,应当根据自己的声音条件发挥其所长,克服其所短,通过科学的训练找到自己最佳的语音发声状态与位置,在此基础上进行声音弹性的训练,使其能在"表音"的基础上做到表意和表情。

总之,声音的运用要在自身条件的基础上,在良好的发声状态(生理与心理)调节下,经过科学的语音发声训练得到改善,并依据不同的节目内容、节目形式、节目环境等进行调整、运用,起到传情达意的作用。

徐恒《播音发声学》中对声音的要求为:准确规范、清晰流畅、圆润集中、朴实明朗、刚柔并济、虚实结合、色彩丰富、变化自如。这是从吐字归音、气息运用、共鸣控制、声音弹性等方面对播音员、主持人声音运用的总体要求。

第三节 怎样进行播音主持艺术发声训练

艺术的本质就在于实践。有位艺术教育家曾说过,艺术教育的过程就是要把艺术创作过程及能力分解成可训练的元素。播音发声元素的训练,与其他艺术类的专业训练一样,不仅仅是一个理解加记忆的学习过程。"知道"不等于"做到",学习者必须在理解、记忆的前提下,通过量的积累进行纠正或重新塑造,既要了解理论、讲究科学、强调意识、勤于思考,还要会用耳、能用眼、善用情、肯苦练。对于艺术类专业的学习来说,合理利用感觉器官帮助技能的掌握,是达到艺术表现的最佳途径。

"训练",就是有计划、有步骤地通过学习和辅导掌握某种技能。"接受训练就是先通过模仿而向这个模式系统归化。通过熟练模仿而把这个模式变成自我技能习惯。"[①]播音

---

① 崔文华.有声语言艺术美学[M].北京:东方出版社,1989:110.

主持艺术发声训练,就是让肌肉形成记忆的过程,也是改变固有的肌肉组合习惯,重建肌肉的控制过程,使发音发声各器官的肌肉能协调运用。如唇与舌的协调,唇舌与颧肌、口腔及下颌的协调,唇舌与喉部的协调,喉部与声带的协调,口腔、喉部与腰部肌肉的协调等。练气,要有腰带辅助进行相对控制;练唇舌,需要镜子观察与提示;练声音,需要敏锐的耳朵。例如运动员的身体肌肉,即使在他们完全放松的状态下,触觉感受也很健壮、饱满、坚实,而没有经过训练的人即使再使劲儿,也达不到运动员那样的效果。即运动员的肌肉已经形成记忆,而没有经过训练的人,临时抱佛脚是不可能达到那样的肌肉控制能力的。播音主持艺术发声的唇舌肌肉与腰腹部肌肉也需要像运动员的身体肌肉那样勤于训练,即参与发音发声的身体肌肉的整体控制达到"两头紧,中间松",口腔的总体控制原则做到"后面开度,前面力度",这样才能在吐字归音和用气过程中集中、清晰、有力。就像舞蹈演员,通过训练让身体肌肉形成记忆后展示视觉美感,表现形体艺术,而播音主持艺术发声,则是通过训练,让口腔及腰腹部肌肉尤其是唇舌力度形成记忆,为视觉美感、听觉享受提供很好的声音制造场。

一、科学训练　以情带声

科学的训练方法是通向有声语言艺术化的必经之路。发声训练是指在心理状态积极(不紧张)、各发声器官的生理机能相对放松、稳定的情况下,逐步进行的一种训练。科学发声首先要了解发音、发声原理,掌握科学的发音、发声要领。其次,要重视基础训练。万丈高楼平地起,做任何事情都要有一个循序渐进的过程,不能操之过急,否则只能使声音训练不扎实,基础不牢固,经不起长期考验,没有持久性。最后,要因人而异,不要盲目模仿。最初的练习离不开模仿,但一定要在老师指导下进行,依据自身条件"量身定做",根据自身问题对症下药,即采用正确的方法;有目的地刻意练习,真正训练自己的心理表征,即训练思考事物时对应的心理结构,而不只是一味地追求速度和技术。一切具有艺术创作特征的训练都是不好学或不可自学的(除非是天才),所以,为了尽快掌握科学合理的发声方法,少走弯路,一定不要封闭自学,要在优秀老师的指导下,运用成熟的技能与合理的方法,依据科学的评价标准进行训练。

感人心者,莫先乎情。声音的训练要建立在情感基础之上,不能孤立地进行,否则即使洪亮的声音也是无意义之声,会显得呆、僵、死、不生动、不灵活,起不到传情达意的作用。

首先,要以情练音。声音训练就是为了表情达意,在一开始就要养成良好的习惯。积极的心态是以情带声的基础,哪怕是一个绕口令、一个单元音,都要赋予它丰富的感情色彩,不能遇到有故事情节的段子才动情,没有词语环境的音素就不生情。要学会设计语言环境,调动情感,用情来带动声音进行训练。据说著名的男高音歌唱家帕瓦罗蒂能把一个菜谱唱得让观众落泪,可见情绪的调动及感染力有多么重要。早期的《音画时尚》节目有一期专门讲的是相声表演艺术家丁广泉和他的洋弟子们学汉语的故事,节目中丁广泉的女儿用美国的摇滚音乐唱了一段绕口令,非常动听,借优美的旋律避免了单调的绕口令学习。其次,要以情带气,以情变声。气息的训练可用情来调动,气随情动,声随情走。只有情动于内才能声发于外。情是气息、声音的生命线。只要情感到位,声音的训练就会事半功倍。本书的学习内容全部采用情境设计的方法,意在启发调动学习者的主观能动性,培养学习兴趣。

二、意识控制[①]　勤学苦练

播音主持表达过程是一个有意与无意同时外化的过程。在表达时如果要想把注意力全部集中在稿件和节目内容上,那么声音形式的表现,即气息调节、共鸣运用、口腔控制就必须处在一个无意识运用的状态中,否则就会顾此失彼。"口必至于忘声而后能言"(苏轼《虔州崇庆禅院新经藏记》),经常有人已走上工作岗位,甚至面对镜头即将播出,还在考虑声音是否圆润、咬字是否到位等,却把本应注意的内容理解放在一旁。因此就有了播音员、主持人是个"肉喇叭、花瓶儿","学了本专业反而不会说人话"等评价。

意识是人脑的机能,是客观存在的主观映像——换句话说,就是思考并觉知我们自己的存在。学习播音发声,增强控制意识非常重要,应将其贯穿在我们生活中的时时刻刻。语言的训练不受操作手段及工具的限制,随时可以进行,控制意识不能仅限于课上或课下的具体训练,尤其要注意平时的生活语言。即使在校的专业学生按现在一般的课时分配,每周上8节专业课,每个学生在老师面前被指导的时间加上平时的练习量,也远不如平时生活中的语言交流量大,所以生活中强化训练意识,是提高训练质量的重要保证。如果一个人在阅读或思考问题时仍旧习惯用方言,那么外化为有声语言时就难免附着方言色彩。人在阅读时,生理器官也在做着相应的配合,因此,发音训练时,就更要有发音的动觉感受,清楚发音控制的每个环节,用意识指导,有意识训练,从而达到无意识的自如运用。

不积跬步,无以至千里。在学习的道路上是没有捷径可走的,只有量的积累才可能达到质的飞跃,勤学苦练是学习本专业最基本的要求。俗话说:台上一分钟,台下十年功。任何一门艺术都是通过严格的技巧来表现和完成的,而技巧的训练过程往往是枯燥和乏味的。采用什么样的训练法能起到事半功倍的效果呢?本教材涉及的训练方法很多,甚至有牙签等刺激舌体的"酷刑利器"训练法,有强调肌肉形成记忆的"矫枉过正"训练法,还有调整发音习惯的"以毒攻毒"训练法,亦有通过调动各感官进行的"触类旁通"训练法,等等。正如广为人知的"一万小时天才定律"那样,要有坚强的意志力,要能克服重复训练带来的枯燥和乏味,突破舒适区进行训练,在学习过程中甘于忍受孤独与寂寞,甚至学会欣赏孤独与寂寞,变苦为乐,坚持不懈,才会看到"铁树开花"。

[①] "控制"即掌握、支配,使之不越出一定范围。对于一个社会人,控制可理解为行为规范,而对于一个创作者,控制则是完成每一个艺术作品行为时所需要的专业技能和所遵循的法则。

三、视觉调整　触觉感受

初学者训练时需要在老师的指导下进行,但是如果仅靠老师说、教和学生听、练,未必能达到理想的效果。语言艺术是一门视听艺术,它的规范与完善离不开视觉与听觉的相互作用,所以发声训练的一个重要方法就是:用视觉来调整听觉。一是观察老师,二是观察自己。在观察老师的正确发声状态后,再通过镜子对照自己的发声状态,对问题的认识才会更加直接,也才能进行纠正,效果才会更佳。比如,观察唇齿是否相依、颧肌是否上提、上下齿是否错位等,以此判断声音位置、吐字归音是否准确、规范,所以镜子是训练发声的必备工具。就连气息流动方向的调整也离不开视觉判断。

将人体作为物质材料进行训练的艺术专业,除了运用视觉和听觉调整外,还可以采用触觉感受。这也是一种最直观的训练方法。例如,如果将手掌比作舌体,指甲盖(指腹)就是舌尖,由指尖向后的第一个指关节(远端指关节)是舌叶,第二个指关节(近端指关节)是舌面前部,手腕(腕关节)是舌根[另一只手手心朝下比作上口盖,指腹是门齿,第二指节到手心是硬腭,手心是穹隆状的软硬腭交界处,手腕(腕关节)是软腭]。又如,在发合口呼、撮口呼音节时,可用手指贴近上唇感受发合口音、撮口音及归音时唇的肌肉走向是否向唇的中央三分之一处集中。另外,训练气息也可用双手扶住腰腹部,或使用腰带,以感受气流的走向。寻找胸腔共鸣可将手放在前胸,体会腔体的振动感。因此,镜子、手电、牙签、腰带等物件,是训练中的必备教具(刑具)。

四、听觉判断　客观识辨

播音主持专业是口耳之学,声音训练的过程也是一个听觉调整的过程。其严格的审美性要求学习播音主持的人,首先应有敏锐的听觉判断能力,要学会快速辨别老师及其他同学的发音、发声等问题。只有具备了听觉辨别力才能很快纠正自己的发音、发声、用声问题,如果听觉判断与动觉调整不能很好地配合,就谈不上提高自己的播音发声能力。

我们在练习发声的过程中,一边监听自己的声音,一边及时纠正在监听过程中认为不正确的语音、发声问题,但由于受骨传导的影响,监听自己的声音与别人听到的声音感觉是不一样的。所以,可以采用录音的方式,把自己的声音录下来,反复以"旁观者"的身份审视自己的声音,以提高训练质量。另外,声音通过电能与声能的转换,也会与自己听觉印象中的声音有一定差距(排除录音系统的质量问题),播音员、主持人的声音形象恰恰是要通过电传导后才能接受受众的评判,所以录音是最好的训练方法之一。

五、善于思考　融会贯通

任何一门专业的学习都不能盲目、笼统,都不能只靠生硬照搬、死记硬背。在播音发声训练中,有些人的训练往往事倍功半,收效甚微,这与方法不当有很大关系。学习者要学会思考、善于分析,同样一种方法不一定适合每一个人,同样一个问题不一定只有一种解决办法,应因人而异,这样才能达到殊途同归的目的。学习播音主持专业的人,由于训练中极强的技巧性和重复性,往往占用了许多时间,容易"睁眼看字不动脑,张口说话不动心",所以一定要做一个有心人、动心人、用心人,提高语音发声的理论素养,摆脱人们对从事口耳之学的人是"鹦鹉学舌、不思原理的初等匠人"的认识。

在前面我们探讨了播音主持语言与生活语言的区别,也特别强调了音准、声美对传播的准确性、审美性的重要作用。本书的语音发声训练不仅是对"错误"的纠正,而且是对"缺陷"的改善,更是对"音、声、义"的美化。因此,采用"发声"带"语音"和"表达"带"发声"进行训练,并将之视为学习播音发声的基本方法。学习者一定要注意本教材前后内容的融会贯通,并吸纳体态语、表演等专业技能,训练中不仅要注意音、声、气等内容,还要运用体态、表情等副语言,培养演播空间的利用意识,进行"动"中说,达到"音、声、气、情、态、义"综合学习与应用的目的。

对气息、音素、音节的训练开始要求正确、完整,相对于语句的连贯、流畅难免稍显生硬,就像一个刚学竞走的运动员,只有走姿科学合理,才能加快速度,所以要正确认识学习初期的生硬。随着量的积累,逐渐学会理性控制与感性调动的肌肉协调关系,灵活处理个体训练与整体应用的关系。既要认真进行"分解"训练,又不能因为"标准"不顾及内容而将丰富的语意置于僵硬的"吐字归音"中。

不可否认,一切事情的成功与否和本人的悟性有很大关系,尤其是对于艺术性专业的学习来说。据中央电视台《第一时间》节目报道,英国科学家经过研究发现,人体基因内含复合胺多的人适合从事舞蹈专业,因为容易培养配合意识,增强节奏感。学习播音主持艺术专业的人则要具备较强的语言天赋,这是因为进行播音发声训练要求听觉判断能力强,语流、语感好,模仿能力强(理解力是基本要求),否则,即便再努力学习,也会心有余而"口"不足。当然,态度是前提,学法是关键,能力是根本,勤奋是途径。

六、课程设计　理实结合

本专业核心课程的学习方式为:理论学习上大课,技巧训练上小课。"播音发声"课程也同样如此。据了解,教育部对本专业理论与实践课比例的规定为1∶5,即1课时理论课,与5课时实践课,实践课即小课、实训课。同时教育部对本专业上小课人数的规定是1∶10,即1名教师带10名学生。目前各个学校实际情况不一,或10人一组,或15人一组,甚或20人一组。如果按照1∶15和周8课时计算,每生每周接受教师课堂辅导的时间仅26分钟左右,即使以教师总评时间再累加对其他同学辅导的时间,每生每周的课上时间也仅能达到400分钟。有的学校此门课程只有4课时/周,课堂学习时间便减半了,那么,课上领会课下训练就显得尤为重要了(课上与课下训练比能基本达到1∶6为好)。

本课程的理论知识学习有几种方式。一种是在开学第一周,将所有本学期的知识点集中讲授后,开始分小组训练掌握;另一种是根据学习内容与进度,大小课结合起来分阶段进行;还有一种是由小课老师根据各组进度自行安排,理论大课与实践小课同步进行。几种方式各有利弊。

▶▶▶ 回顾

本章我们围绕播音主持艺术发声,从它的定义、要求和训练方法三个方面进行了阐述,并对一些容易混淆的概念进行了详细的解释。本章介绍了播音主持艺术发声体系的基本架构和主要特点,从传播学、新闻学、美学、艺术学等角度对语音的认识、播音发声的理解做了简单阐述,意在提高初学者对本专业基础内容重要性的认识。同时,对本课程教法作了简要的说明,并介绍了播音主持艺术发声的几种训练方法,把抽象的发声原理以形象化的比喻予以讲解并辅以科学的训练方法,避免了学习过程的艰涩和枯燥,易于调动形象思维。我们在本章进行的是比较简洁的介绍,目的是让学习者能够对本书的核心内容有一个整体的认识与了解。希望大家能够较为扎实地掌握本章论述的概念并对介绍的训练方法多思考、多揣摩。"不积跬步,无以至千里",我们只有打好坚实的地基,建造的房子才不会是空中楼阁。

本章重点
什么是播音主持艺术发声及如何进行训练。

学习时间
课上☞大课1课时。
课下☞1周。

思考题
1. 掌握并识记以下词语:
   语音　播音主持　播音主持艺术发声　训练　协调　控制　意识
2. 语音和声音之间有什么区别和联系?
3. 播音主持艺术发声对声音的具体要求是怎样的?
4. 播音主持语言与生活语言的区别有哪些?
5. 播音主持艺术发声的总体训练目标是什么?
6. 在日常进行播音主持艺术发声训练时应注意哪些要点?
7. 简述怎样进行播音主持艺术发声训练?
8. 收看译制片《国王的演讲》《铁娘子》《窈窕淑女》,并写观后感。
9. 阅读埃里克森的《刻意练习:如何从新手到大师》一书,并写读后感。

第二章 特性与机理
——艺术发声的条件

导读

在我们生活的这个大千世界里,时时刻刻都充满了各种声音。有的悦耳动听,有的嘶哑刺耳,有的如黄钟大吕,有的又细弱游丝。具体到人类的声音,也同样各有千秋,我们常听人说康辉的声音有"磁性",还有人说"万人迷"贝克汉姆的声音是"公鸡嗓"。不同的声源造成我们听觉上差异的原因是什么?人类的语音和自然界其他声源发出的声音有什么异同?本章我们将从自然界所有声音的共性、人类语音的特性入手,为大家解析"声音"。

第一节 播音主持艺术发声的物理性

声音是由物体振动产生的,我们都能听到的声音是声源的振动在周围大气中传播形成声波的缘故,是一种物理现象。人的声音的产生是位于喉室中央的两条声带通过气流冲击振动后形成的,它的生成同样与其他物体振动产生的物理效果一样,具有音高、音强、音色、音长四大特点。

一、音高

音高指声音的高低,它由物体振动的频率决定。在单位时间内发音体振动次数越多越快,频率越高,音调也越高;频率越低,音调就越低,即频率大小与声音的高低成正比。频率每增加一倍,音高给人的感觉则大约会随之翻高一倍。物理学称振动次数为"音频",用"赫兹"Hz表示。如图2-1。

从图2-1可以看出,在相同时间里,由于甲的振动频率比乙多出一倍,所以甲的音高就比乙的音高高出一倍。那么,在作用力相等的条件下,物体发出的声音为什么还有高低区别呢?

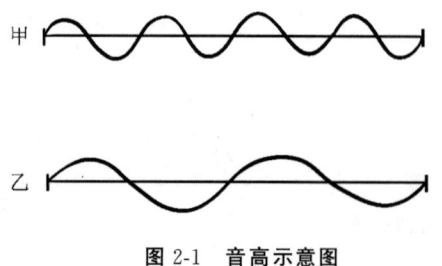

图2-1 音高示意图

主要是作为振动体的物体有长短、粗细、厚薄及结构松紧的差异造成的,如小提琴和大提琴的区别。当然,声音的高低还取决于基音的多少和高低。

对于人的声音来说,除了气流冲击声带造成的频率高低外,还有声带本身的长短厚薄的区别。声带薄、短,声音就高,反之声音就低。所以每个人的自如声区的最低音到最高音的音域范围有所不同。一般未经训练的普通人,音域范围约为一个半到两个八度音,叫自然音域,日常说话的音高幅度变化仅为自然音域底部的五六个音,中间一段为自如声区。音乐里所说的音高是绝对的音高,有"C、D、E、F、G、A、B"等调号的区别。音乐里的音高变化像上下台阶,并且相对差距大。而在一个音符里的音高是相对固定的,就像上到一个相对稳定的台阶。比如"哆(1—)、来(2—)、咪(3—)、发(4—)、嗦(5—)、啦(6—)、唏(7—)……"而普通话声调的个体音高变化像上下坡,但坡度较小。"阴平、阳平、上声、去声",每一个声调的起音和落音都不同,又有绝对音高与相对音高的把握,每个声调的调值是绝对的,但是有的相同音节、相同声调,由于表达者语言目的不同,即重音不同,音高也会随之变化,因此二者绝对音高会有所不同。人的说话音高也是相对的,有时低些,有时高些,根据自身条件以及情绪和环境而有所变化。还有一些认识原因,像不同共鸣区的使用引起音高的变化等。

二、音强

音强指声音的强弱,即音量的大小,它由物体振动的幅度来决定。振幅越大,音强越强;振幅越小,音强越弱。振幅大小是由使发音体振动的外力大小决定的。比如击鼓,用力大,振幅大,声音强;用力小,振幅小,声音弱。弹琴时指尖的力度也决定了音强的强度。物理学用"分贝"(dB)来表示,分贝越大,表明音越强。如图2-2。

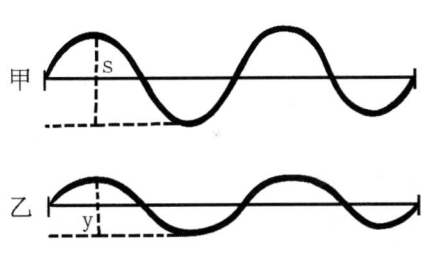

图 2-2 音强示意图

从图2-2可以看出,甲音波峰到波谷的距离 s 比乙音波峰到波谷的距离 y 大一倍,表明甲音振幅比乙音振幅大一倍,音强自然就大一倍。人在发声时,由于用声条件和用声习惯不同,有的人声音强,有的人声音弱。女声和男声同样音高,男声比女声音强强。例如京剧青衣的音高即使比京剧花脸的音高高许多,但音强远比不上花脸。

话剧舞台演员音量的运用比生活语言要大些。播音主持语言根据节目的特殊需要(随着广播电视节目类型的增多,室内、户外环境变化等,要求播音员、主持人的音量运用丰富多样,如综艺晚会、户外主持等),在音强、音量上的使用也不同。训练中首先要做到"先放后收";其次,训练要注意层次丰富。一般初学者容易混淆音高与音强的关系,播音主持语言的声区运用是在生活语言基础上进行音量的相对大小的控制,绝不能以提高绝对音高(音调)来进行声音上的变化(在第九章的共鸣与声区里将详细介绍)。

三、音色

音色是人在听觉上区别具有同样音高、音强的两个声音之所以不同的特性。我们之所以能分辨出每个人的声音就是因为音色的不同。从声学角度来说,音色是声音的独特品质,是声音的个性,是一种声音区别于另一种声音的基本特征,所以音色又叫音质。用声学术语来说,音色是由音波的颤动形式决定的。

从语音学角度来说,不同音位、不同发音方法会产生不同的音色,比如 a 的几个音位变体所产生的音色有所不同,a 与 e 产生的音色也不一样,而 a 与 p 产生的音色就更不相同了。从生理角度来说,不同的生理条件会产生不同的音色,由于声带、共鸣腔体的不同,有的人声音脆甜,有的人声音圆润;有的人浑厚,有的人细窄。所以,在训练时一定要根据自己的生理条件,经过科学用声使其改进得更快更好,千万不要刻意追求自认为好的"美声",甚至违背客观的发声条件,强行改变自己的声音,这样只能造成挤压、不自然、造作的后果。就像风琴弹不出钢琴的音质,笛子吹不出二胡的音色一样(当然特殊的节目内容与形式需要角色化的声音时,可通过共鸣腔体的调整使音色更符合人物角色的要求)。

四、音长

音长取决于发音体振动持续的时间。在汉语音节里,元音的音长比辅音的音长要长,主要元音(韵腹)的音长相对更长。汉语的四声是区别于其他语言的独特之处,它主要是用音长来表现的,并且长短、趋向不一,所以汉语语音优美、悦耳、形象、生动。例如:杨树的杨是阳平,它表现了这种树的挺拔;柳树的柳是上声,它反映了这种树的垂美……

在人的言语发声中,音长通常指音节的长短。音节的长短变化是影响播音主持语速及节奏的重要因素。音长的长短不是平均分配于每个音节,它要根据内容的主次来疏密搭配。比如句子中最能突出语句目的的词作为重音处理时,可以用音长(或音强、音色)来表现;句子中的介词、助词、连词、语气词等轻声词,相对音长就要短些,否则每个音节的音长平均分配,语言就会呆板、乏味,更谈不上节奏和表现力了。之所以有许多人经过专业训练后声音洪亮但语言乏味(甚至有人评价"说的不是人话"),从表达的角度判断,这与理解、感受及句势的技巧掌握有关;从语音的角度判断,是因为还没有完成播音发声的个体吐字归音的训练阶段,整体语流的驾驭与个体音节的发音处理得不好——这与每个音节的音长等距离分配不无关系。

总之,音高、音强、音色、音长是体现语言节奏、增强语言表现力的基本要素。了解它们是学好播音发声的基本要求。

第二节　播音主持艺术发声的生理性

掌握任何一门艺术,都必须包含对这门艺术所使用的物质材料的认识。有声语言所赖以存在的物质材料就是它特殊的生理构造,即呼吸器官、发声器官、咬字器官和共鸣器官等。

一、呼吸器官

呼吸器官是发声的动力系统。它主要由肺、气管、胸腔和膈肌组成。吸气时,气流从口鼻进入,通过气管、支气管最后到达肺内。肺就像是一个伸缩的气囊(或风箱),吸气时这个气囊扩张,即肺容积增大。呼气时,气囊收缩,即肺容积减小,气流就从肺内经过支气管、气管再从口鼻而出,呼出的气流在经过声带时促使声带振动、发声。

二、发声器官

发声器官指喉头和声带。它是成声的基本物质条件。喉头由五块软骨和肌肉组织构成,声带就长在由喉软骨构成的活动小室内。气流冲击声带在喉室形成喉原音,再经过口、咽、胸、鼻腔体使声音扩大、美化。

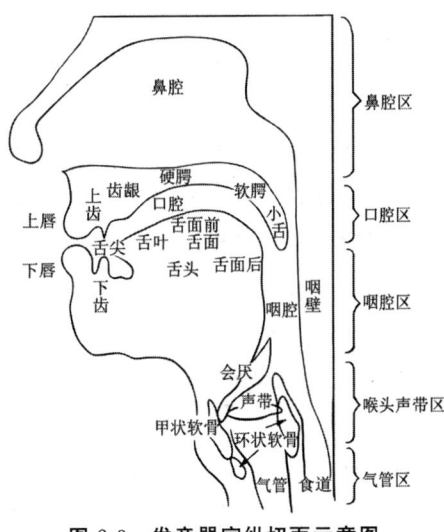

图 2-3　发音器官纵切面示意图

三、咬字器官

咬字器官由口腔中的唇、齿、舌、腭组成,在发声中起着举足轻重的作用。声音通过咬字器官的变化而具有表意功能。唇、齿、舌、腭的不同动作形态可以创造出各不相同的字音来。因此,我们把口腔这个咬字器官形象地称为语音制造场。

四、共鸣器官

共鸣器官由喉腔、咽腔、口腔、鼻腔、胸腔等组成。不同的共鸣腔体就像不同的音箱一样,把喉部微弱的声音扩大、美化,使我们能辨别出不同的声音色彩。也正是因为共鸣腔的不同运用,才使得艺术语言更高雅、更优美,表现力更强。

对以上各生理器官的了解,便于我们在训练中分清"音"与"声"的区别。音,指的是咬字器官运动所产生的具有一定社会意义的字音;声,是在发声器官、共鸣器官等作用下美化字音的物理效果(声调也是喉部作用的结果)。音与声二者相互依存。在播音发声训练中要精确到"音"或者"声",否则,训练效果会事倍功半。

第三节　播音主持艺术发声的心理性

心理学有个名词叫"具身认知"[①],即用生理体验来激活心理感觉,这说明心理与生理等因素的相互作用关系。人的声音是一种物理表现,又是在生理作用下的结果,而声音的各种形态又无不渗透着心理因素的影响。生活中为什么有的人面对十几个交流对象的时候能侃侃而谈,而对着摄像机即使一个人也没有却会紧张呢?每届奥运会为什么有些平时看好的选手却没拿到奖牌,没计划拿奖的反而夺得冠军了呢?毫无疑问,这是心理因素使然(像傅园慧就是一个心理非常强大并能进行自我调节的运动员)。

"人的心理是人脑的机能对客观现实的反映"[②]。这个反映过程是生理与心理相互作用的结果。也就是说,人的心理活动是建立在生理机能基础上的。大脑主要包括左右两个半球,人类的语言活动主要跟大脑左右半球的某些部位相联系。实验证明,控制语言活动的大脑左半球主管理性的抽象思维,右半球更多地参与情感信息的处理,参与表情的产生。在语言活动过程中,起主要作用的有三个神经中枢:发声语言运动中枢(布罗卡区)、听觉语言感觉中枢(维尼克区)和视觉语言感觉中枢。大脑左半球中有一个部位支配人的发音和说话能力,有一个部位支配语言记忆和理解。视觉语言感觉中枢涉及书面语的阅读和理解过程。还有一个书写语言运动中枢,主管书写及绘画能力。它们总称为大脑皮层语言区(并不是孤立存在的)。

人说话这种现象是大脑周围的12对神经传导作用的结果,其中第五对三叉神经的作用最大,它可控制发声的一个主要内感区——前腭区,即上齿龈后面硬腭隆起的一小块区域(医学称为"腭皱襞",语音学称为"齿龈桥"),它在强刺激下会增加嗓音的鲜明性、活跃性和尖锐性(播音发声的声束要打在硬腭前部即与此有关)。

当一个人在说话时,同时他也在听(监听)自己的话,通过听不断调整、修正,使表达更符合自己想要传达的内容。而这种监听反馈由两个系统来完成:一个是言语发声的内部反馈系统,一个是言语发声的外部反馈系统。其中内部反馈系统包括物理反馈和生理反馈。物理反馈主要是通过肌肉传导声波,生理反馈主要是通过发音器官的唇、舌、腭等运动传导声波。因此,说话是一门口耳之学,没有听就没有说。外部反馈系统包括两条渠道:一条是用听觉判断交流对象的言语反应,一条是用视觉观察交流对象的表情、体态的反应。这种外部反馈系统对提高言语的功能起着相当重要的作用。外部输入的反馈信号必须通过说话人的内部反馈系统才能对发声进行调节,所以我们必须重视训练自身的内部反馈系统,来提高言语的表达能力。

那么,影响言语发声,尤其是播音发声的因素有哪些呢?

---

① 贝洛克. 具身认知[M]. 北京:机械工业出版社,2016.
② 徐恒. 播音发声学[M]. 北京:北京广播学院出版社,1985:36.

一、语言环境

语言环境一般分为自然语言环境、局部语言环境和自我营造的人工语言环境。自然语言环境是指以该语言为母语的生活环境。局部语言环境是指学习者部分时间生活于或学习该门语言的语言环境。人工语言环境主要指学习者在头脑中用该门语言复述、描述、记忆或营造的某些场景。对文字材料的背诵是一种最为有效的营造人工语言环境的办法。作为一名传播者,较强的识稿能力、优美的发声能力、迅速的言语组织能力都要建立在一定语言积累及训练的基础上,所以多听、多看、多说,甚至多背,有助于人工语言环境的形成和内部反馈系统的训练。

二、交流环境

交流环境指人与人在沟通时的谈话场。谈话主体对谈话场的把握会直接影响谈话的效果。人在说话时,不同的交流对象、交流环境,对一个人的言语发声起着不可忽视的作用。一般而言,若对周围环境、交流对象熟悉,说话人往往心理放松,状态自如,言语组织、声音运用发挥正常。反之,说话人则会心理紧张,甚至语无伦次。例如,做惯了教师、站惯了讲台的人,改换其他场合并不一定能侃侃而谈。播音员习惯了对着镜头和话筒说话,改做现场有嘉宾、观众的主持人就有可能"口是心非"。

三、性格特点

性格是人对现实的态度以及与之相适应的、习惯化的行为方式所反映的个性心理特征。性格差异是影响播音发声的重要因素之一。人的性格有内向、外向之分,有的人天生具有当众性的表现欲,较少外界环境的约束,人越多发挥得越好,而有的人却生性内向,做事拘谨,说话有音无声,更谈不上当众表现了。

四、情绪状态

情绪是人对客观事物态度的体验,是人的需要获得满足与否的反映。当客观事物能够满足人的需要时,人就会产生积极的情绪体验,如高兴、喜悦、满意,反之则会产生消极的情绪体验,如悲痛、愤怒、生气等。情绪也是影响播音发声的一个因素。如果发声者当时情绪体验积极,发声效果就会相对较好,反之,声音必定暗淡。因此,保持良好的情绪状态对发声者来说非常重要。

此外,专业技能、想象力、理解力都是影响播音发声状态不可忽视的因素。良好的心理状态是完成播音发声的基础。

第四节　播音主持艺术发声的社会性

人的声音的产生与传播除了与物理表现、生理技能、心理作用等有关外,与人受一定社会环境的影响所形成的发音发声习惯也关系紧密。语音是能传达一定意义的声音,作为物质表达形式的语音,自然具有一定的社会性。

一、音意的社会性

语音的社会性首先表现在音和意的关系上。音是形式,意是内容,二者没有必然的联系。什么样的音代表什么样的意,什么样的意又选择什么样的音,音传递意的功能是由社会所赋予的。某一个发音习惯的形成,与人们生活的语言环境有着密不可分的关系。例如同样是[ɑi]这个音,在汉语里是"爱"的意思,在英语里却是"我"的意思。不同的语音形式可表示一个意义,如"玉米、棒子、玉茭、玉蜀黍、苞谷、苞米"等所指为同一种植物;一个语音形式也可表现多种不同的意义,如"tong zhi"有"同志、统治、通知、同治、统制"等多个同音词的存在。这说明语音形式和词的意义之间没有必然的联系,是一定的社会约定俗成的结果。

二、音系的社会性

语音的社会性还表现在不同语言(或方言)各自独特的语音系统上。一套语音系统,用多少个声音作为有区别意义的最小单位,这些声音如何进行组合,也是社会约定俗成的。在普通话(北京)音系里,n 与 l、f 与 h、zh 与 z 等音素各自分工不同,但是在有些方言里就没有辨义的功能了。

三、发声的社会性

一个人声音位置的形成离不开他所固有的发音习惯。以晋语区为例,北部地区的人由于受发音习惯的影响,韵母发音时舌体几乎不变化,声音位置都比较靠后,甚至鼻化;南部地区的人,韵母发音时舌体虽然有变化,但字音不饱满,发声位置都比较靠前。其实,我们在生活中听一个人说话,当还没有听清语意时,已经大概可听辨出这个人是哪个地区的人了,这与此人所在地区由发音养成的发声习惯不无关系。所以播音发声的训练首先是训练人在意识上从一个语言(社会)环境向另一个语言(社会)环境改变的一个复杂的音、声、义相互协调与改造的过程。

如果说气息是一个人生理作用的结果,那么声音就是物理特性的表现,情感是心理状态的反映,对声音的审美理解无不渗透着人们在社会化进程中一种约定俗成的规范与认识,它们相互作用、相互影响。气息虽然是生理作用的结果,但它还要受到人的心理状态、思想感情的影响,并引起声音的相应变化。因此,声音是心理和生理作用下的表现形式,又在社会化的语音规范下得到修饰与美化。有情才能带气,有气才能托声,有声才能发音,有音才好表意。如果说,我们把情比作源泉,那么理解就是水渠,气便是动力,声便是水流,音便是水质了。

在以下的章节我们将逐一进行阐述。

▶▶▶ 回顾

本章对播音主持艺术发声从四个方面进行了讲解。从物理性来说,所有的声音都可以通过音高、音强、音长、音色四个方面进行衡量,它们是体现语言节奏、增加语言表现力的基本要素,了解它们是学好播音发声的基本要求。第二节从生理角度——语音发声的机体器官进行了介绍,后两小节从人类语音特有的心理性和社会性方面对发声的机理进行了阐述。从以上四个方面我们可以看出,人类语音不仅有与其他自然声音相同的性质,还有其独具的特性。语音的物理性和生理性是它的基础属性,心理性和社会性是它的核心属性。

本章重点

对各个机理的理解及之后学习中的相互协调处理。

学习时间

课上☞大课1课时。
课下☞1周。

思考题

1. 掌握并识记以下词语:
   音高 音长 音强 音色 具身认知
2. 从物理学角度考虑,试分析声音的四要素及其各自的决定因素。
3. 人的呼吸器官、发声器官、咬字器官和共鸣器官分别由哪些部分构成?
4. 简述影响言语发声,尤其是播音发声的因素有哪些。

第三章 语音与标准
——艺术发声的载体

导读

当前学术界对汉语方言种类的划分并不一致,但大致可将其分为七大方言:北方方言、闽方言、粤方言、客家方言、湘方言、赣方言和吴方言。最近也有人提出十大方言说,即在原七大方言基础上,又增加了山西的"晋语"、安徽的"徽语"和广西的"平话"。汉语方言的存在客观上给人们造成了工作和生活上的不便,这也就催生了现代汉民族的共同语——普通话。

第一节 普通话的认识

使用普通话是中华人民共和国所有进行公众交流的人和从事有声语言工作的人应该具备的基本能力,普通话也是广播电视等传媒从业人员,尤其是播音员、主持人传播信息的重要载体。对普通话的驾驭程度不仅直接关系到语意传达、个人公众形象,甚至还会影响一个地区、一个国家的整体形象。

一、普通话的形成

任何一个国家都有一种以某种权威方言为基础的共同的标准语,例如英语里的伦敦话,日语里的东京话。就汉语的历史发展来看,北京自金元以来的800年中,一直是中国政治、经济、文化的中心。北京话作为官方的通用语传播到了全国各地,发展成为"官话",成了各方言区之间共同使用的交际工具。自辛亥革命以后,随着国家意识的高涨,便改官话为"国语"了。特别是"五四"运动时期的"白话文运动"和"国语运动",促使以北京话为代表的口语和书面语的影响不断扩大。

一直到新中国成立初期,"普通话"的概念尚不明确,1951年6月6日《人民日报》发表了《正确地使用祖国的语言,为语言的纯洁和健康而斗争》的社论,其中指出:"语言的使用是社会政治经济文化生活的重要条件","用正确的语言来表现思想,使思想为群众所正确地掌握,才能产生正确的物质的力量。"为帮助人们正确地使用语言,《人民日报》还从当天起连载吕叔湘、朱德熙的《语法修辞讲话》。与此同时,我国的报刊书籍、公文政令完全统一使用"白话",广播、电影和话剧也都使用以北京话为代表的北方话,这在书面语和口语两个方面为普通话标准的确立奠定了基础。1955年10月,全国文字改革会议和现代汉语规范问题学术会议明确规定了普通话的概念。1956年,在国务院发布的《关于推广普通话的指示》中,正式确定了普通话的含义。

二、普通话的重要性

1982年通过的《中华人民共和国宪法》中明确规定:"国家推广全国通用的普通话。""推普"工作从此被放在了极其重要的位置上。

1994年10月,国家语言文字工作委员会、国家教育委员会、广播电影电视部联合发布《关于开展普通话水平测试工作的决定》。1997年8月,国务院发布的《广播电视管理条例》中规定:广播电台、电视台应当使用规范的语言文字。广播电台、电视台应当推广全国通用的普通话。2000年10月,全国人大通过的《中华人民共和国国家通用语言文字法》中规定:"广播电台、电视台以普通话为基本的播音用语。""凡以普通话作为工作语言的岗位,其工作人员应当具备说普通话的能力。以普通话作为工作语言的播音员、节目主持人和影视话剧演员、教师、国家机关工作人员的普通话水平,应当分别达到国家规定的等级标准。"

在《中国广播电视播音员、主持人职业道德准则》中,对语言的使用有更为具体的要求:广播电视播音员、主持人要积极推广、普及普通话,规范使用通用语言文字,为维护祖国语言和文字的纯洁,发挥示范作用。不模仿有地域特点的发音和表达方式,不使用对规范语言有损害的口音、语调、粗俗语言、俚语、行话,不在普通话中夹杂不必要的外文。用词造句要遵守现代汉语的语法规则,语序合理,修辞恰当,层次清楚。避免滥用方言词语、文言词语、简称略语或生造词语。

播音员、主持人是有声语言工作者,普通话是汉语普通话节目的播音员、主持人的工作语言,坚持使用标准的普通话进行播音主持是最基本的要求。普通话的使用是集科学性、社会性、政治性、经济性及审美性于一体的必然结果。

三、普通话的概念

普通话是以北京语音为标准音,以北方话为基础方言,以典范的现代白话文著作为语法规范的现代汉民族共同语。

此概念从语音、词汇、语法等角度对普通话作了全面的界定。

四、普通话的特点

每一种语言都有自己的特点,普通话是在北京语音的基础上建立起来的具有民族特点的现代汉民族共同语。北京语音即是通过归纳整理所有使用的音素和各音素之间的组合规律所构成的语音系统。

以北京语音为代表的普通话语音主要具有如下特点。

(一)简单易学,清晰明快

普通话由一个个方块汉字组成,每一个字音分为声、韵、调三部分,声母和韵母以不同质的音素相互间隔与连接,使音节之间界限分明,结构严谨并富于节律感,从发音上要求以"力度"区分。即使没有辅音声母,也要在发音前加一个半元音,以起到声母的作用。普通话常用的音节仅有 400 多个,加上声调也不过 1 250 多个,记认方便;与其他方言相比简单易学。

(二)富有音乐性,表现力强

普通话里元音是语音的主要音素,其中在发音中以开口度最大的"a"元音做主要元音的音节就有 164 个(包括"a"的变体),占全部音节的 40% 还多,而且元音常以复合形式承担主要使命。在全部音节中,由复元音组成的音节有 159 个,在使用音素最多(4 个)的一个音节里,元音就占到 3 个,并且发音时辅音不连续发音(没有复辅音),因此听觉效果就显得响亮、饱满、悦耳,富有音乐性。另外,由于普通话有阴、阳、上、去 4 个声调,在高、扬、转、降的过程中使语句富于抑扬顿挫的变化,而儿化韵、双声、叠韵、叠音等都为普通话的语流增添了音韵美感和表现力。

五、汉语拼音方案

1958 年 2 月 11 日第一届全国人民代表大会第五次会议批准公布了采用拉丁字母给汉字注标准音(普通话语音)的《汉语拼音方案》。方案由字母表、声母表、韵母表、声调符号、隔音符号五部分组成。

表 3-1 字母表

字母名称	Aa	Bb	Cc	Dd	Ee	Ff	Gg
	ㄚ	ㄅㄝ	ㄘㄝ	ㄉㄝ	ㄜ	ㄝㄈ	ㄍㄝ
	Hh	Ii	Jj	Kk	Ll	Mm	Nn
	ㄏㄚ	ㄧ	ㄐㄧㄝ	ㄎㄝ	ㄝㄌ	ㄝㄇ	ㄋㄝ
	Oo	Pp	Qq	Rr	Ss	Tt	
	ㄛ	ㄆㄝ	ㄑㄧㄡ	ㄚㄦ	ㄝㄙ	ㄊㄝ	
	Uu	Vv	Ww	Xx	Yy	Zz	
	ㄨ	ㄪㄝ	ㄨㄚ	ㄒㄧ	ㄧㄚ	ㄗㄝ	

v 只用来拼写外来语、少数民族语言和方言。

字母的手写体依照拉丁字母的一般书写习惯。

表 3-2　声母表

b ㄅ玻	p ㄆ坡	m ㄇ摸	f ㄈ佛	d ㄉ得	t ㄊ特	n ㄋ讷	l ㄌ勒
g ㄍ哥	k ㄎ科	h ㄏ喝		j ㄐ基	q ㄑ欺	x ㄒ希	
zh ㄓ知	ch ㄔ蚩	sh ㄕ诗	r ㄖ日	z ㄗ资	c ㄘ雌	s ㄙ思	

在给汉字注音的时候，为了使拼式简短，zh ch sh 可以省作 ẑ ĉ ŝ。

表 3-3　韵母表

	i ㄧ 衣	u ㄨ 乌	ü ㄩ 迂
a ㄚ 啊	ia ㄧㄚ 呀	ua ㄨㄚ 蛙	
o ㄛ 喔		uo ㄨㄛ 窝	
e ㄜ 鹅	ie ㄧㄝ 耶		üe ㄩㄝ 约
ai ㄞ 哀		uai ㄨㄞ 歪	
ei ㄟ 欸		uei ㄨㄟ 威	
ao ㄠ 熬	iao ㄧㄠ 腰		
ou ㄡ 欧	iou ㄧㄡ 忧		
an ㄢ 安	ian ㄧㄢ 烟	uan ㄨㄢ 弯	üan ㄩㄢ 冤
en ㄣ 恩	in ㄧㄣ 因	uen ㄨㄣ 温	ün ㄩㄣ 晕
ang ㄤ 昂	iang ㄧㄤ 央	uang ㄨㄤ 汪	
eng ㄥ 亨的韵母	ing ㄧㄥ 英	ueng ㄨㄥ 翁	
ong (ㄨㄥ) 轰的韵母	iong ㄩㄥ 雍		

(1)"知、蚩、诗、日、资、雌、思"等七个音节的韵母用 i,即:知、蚩、诗、日、资、雌、思等字拼作 zhi,chi,shi,ri,zi,ci,si。

(2)韵母儿写成 er,用作韵尾的时候写成 r。例如"儿童"拼作 ertong,"花儿"拼作 huar。

(3)韵母ㄝ单用的时候写成 ê。

(4)i 行的韵母,前面没有声母的时候,写成 yi(衣),ya(呀),ye(耶),yao(腰),you(忧),yan(烟),yin(因),yang(央),ying(英),yong(雍)。

　　u 行的韵母,前面没有声母的时候,写成 wu(乌),wa(蛙),wo(窝),wai(歪),wei(威),wan(弯),wen(温),wang(汪),weng(翁)。

　　ü 行的韵母,前面没有声母的时候,写成 yu(迂),yue(约),yuan(冤),yun(晕);ü 上两点省略。

　　ü 行的韵母跟声母 j,q,x 拼的时候,写成 ju(居),qu(区),xu(虚),ü 上两点省略;但是跟声母 n,l 拼的时候,仍然写成 nü(女),lü(吕)。

(5)iou,uei,uen 前面加声母的时候,写成 iu,ui,un,例如 niu(牛),gui(归),lun(论)。

(6)在给汉字注音的时候,为了使拼式简短,ng 可以省作 ŋ。

声调符号

阴平	阳平	上声	去声
ˉ	ˊ	ˇ	ˋ

声调符号标在音节的主要母音上,轻声不标。例如:

妈 mā　　麻 má　　马 mǎ　　骂 mà　　吗 ma
(阴平)　　(阳平)　　(上声)　　(去声)　　(轻声)

隔音符号

a,o,e 开头的音节连接在其他音节后面的时候,如果音节的界限发生混淆,用隔音符号(')隔开,例如:pi'ao(皮袄)。

六、国际音标

国际音标是国际语音学会制定的一套记录语音的符号。按照"一个音素一个符号,一个符号一个音素"的原则制定,共有 100 多个符号,有"严式"和"宽式"之分,记音精细,适合任何语言的学习,具有较强的应用价值,为各国所公认,并普遍被使用。

附：国际音标简表[①]

表 3-4　元音表

舌位\口腔\唇形\类别\舌位			舌尖元音						舌面元音						
			前		央		后		前		央			后	
			不圆	圆	自然	不圆	圆	不圆	圆	不圆	圆	自然	不圆	圆	
高	最高	闭	ɿ	ʮ		ʅ	ʯ			i	y			ɯ	u	
	近高									ɪ					ʊ	
中	半高	平闭								e	ø			ɤ	o	
	正中											ə				
	半低	半开								ɛ	œ			ʌ	ɔ	
低	近低									æ		ɐ				
	最低	开								a			A		ɑ	ɒ

表 3-5　辅音表

发音方法\发音部位			双唇	齿	舌尖前	舌尖中	舌尖后		舌面前	舌面中	舌面后	
			上唇下唇	上齿下唇	舌尖齿背	舌尖上齿龈	舌尖硬腭前	舌叶	舌面前硬腭前	舌面中硬腭	舌面后硬腭	喉
塞音	清	不送气	p			t	t		ȶ	c	k	ʔ
		送气	pʻ			tʻ	tʻ		ȶʻ	cʻ	kʻ	
	浊		b			d	ɖ		ȡ	ɟ	g	
塞擦音	清	不送气		pf	ts		tʂ	tʃ	tɕ			
		送气		pfʻ	tsʻ		tʂʻ	tʃʻ	tɕʻ			
	浊				dz		dʐ	dʒ	dʑ			
鼻音	浊		m	ɱ		n	ɳ		ȵ		ŋ	
闪音	浊					ɾ						
边音	浊					l						
擦音	清		ɸ	f	s		ʂ	ʃ	ɕ	ç	x	h
	浊		β	v	z		ʐ	ʒ	ʑ	j	ɣ	ɦ
半元音			w	ɥ		ʋ				j(ɥ)	(w)	

表 3-6　汉语拼音字母、注音符号、国际音标对照表

拼音字母	注音符号	国际音标	拼音字母	注音符号	国际音标	拼音字母	注音符号	国际音标
b	ㄅ	[p]	z	ㄗ	[ts]	ia	ㄧㄚ	[iA]
p	ㄆ	[pʻ]	c	ㄘ	[tsʻ]	ie	ㄧㄝ	[iɛ]
m	ㄇ	[m]	s	ㄙ	[s]	iao	ㄧㄠ	[iau]
f	ㄈ	[f]	a	ㄚ	[A]	iou	ㄧㄡ	[iou]

[①] 黄伯荣,廖序东.现代汉语:增订六版:上册[M].北京:高等教育出版社,2017:27-28.

续表

拼音字母	注音符号	国际音标	拼音字母	注音符号	国际音标	拼音字母	注音符号	国际音标
v	ㄅ	[v]	o	ㄛ	[o]	ian	ㄧㄢ	[iɛn]
d	ㄉ	[t]	e	ㄜ	[ɤ]	in	ㄧㄣ	[in]
t	ㄊ	[t']	ê	ㄝ	[ɛ]	iang	ㄧㄤ	[iɑŋ]
n	ㄋ	[n]	i	ㄧ	[i]	ing	ㄧㄥ	[iŋ]
l	ㄌ	[l]	-i(前)	ㄭ	[ɿ]	ua	ㄨㄚ	[uA]
g	ㄍ	[k]	-i(后)	ㄭ	[ʅ]	uo	ㄨㄛ	[uo]
k	ㄎ	[k']	u	ㄨ	[u]	uai	ㄨㄞ	[uai]
ng	ㄫ	[ŋ]	ü	ㄩ	[y]	uei	ㄨㄟ	[uei]
h	ㄏ	[x]	er	ㄦ	[ər]	uan	ㄨㄢ	[uan]
j	ㄐ	[tɕ]	ai	ㄞ	[ai]	uen	ㄨㄣ	[uən]
q	ㄑ	[tɕ']	ei	ㄟ	[ei]	uang	ㄨㄤ	[uɑŋ]
/	ㄬ	[ɲ]	ao	ㄠ	[au]	ueng	ㄨㄥ	[uəŋ]
x	ㄒ	[ɕ]	ou	ㄡ	[ou]	ong	ㄨㄥ	[uŋ]
zh	ㄓ	[tʂ]	an	ㄢ	[an]	üe	ㄩㄝ	[yɛ]
ch	ㄔ	[tʂ']	en	ㄣ	[ən]	üan	ㄩㄢ	[yan]
sh	ㄕ	[ʂ]	ang	ㄤ	[aŋ]	ün	ㄩㄣ	[yn]
r	ㄖ	[ʐ]	eng	ㄥ	[əŋ]	iong	ㄩㄥ	[yŋ]

第二节　普通话的语音

学习语音概念、掌握语音知识、了解发音原理，摆脱盲目的"口耳之学"，是学好标准普通话的前提。

一、音节和音素

音节和音素是根据听觉划分出来的两个语音概念。

(一)音节

音节是用听觉可以区分的语音结构的基本单位，它是依据发音时肌肉的松紧划分出来的最小语音片段。根据书写单位又可认为一个方块汉字就是一个音节。例如，"广播电影电视"是6个音节，不过有时带儿化音的音节是两个汉字为一个音节，例如"花儿"等。汉语普通话常用的音节共有400多个。音节是句子的最小单位，但不是语音中的最小单位，例如"影"(ying)还可分为"y、i、ng"3个音素成分。

(二)音素

音素是从音色的角度划分出来的语音中的最小单位。1个音节可以由1个到4个音素组成。

例如"shuang"由4个音素组成,即 sh、u、a、ng。

音素既然是最小的语音单位,它就是音节中再也不能划分的实体单位,是内容和实质;而字母则是书写符号,是表象和形式,二者不能混为一谈。音素是由字母组成的,一个音素可以是一个字母,也可以是两个字母,如前所述,"a、h、s、r、x、p、e"等属于单字母音素,"zh、ch、sh、er、ng"属于双字母音素。

二、元音和辅音

从发音性质即音色的角度可以把音素划分为元音和辅音两大类。

(一)元音

我们把气流从喉腔、咽腔、口腔顺利通过所产生的开放型的最小音段称为"元音"(也叫"母音")。普通话里有10个单元音,分别是"a、o、e、ê、i、u、ü、-i[ɿ]、-i[ʅ]、er"。

发元音时气流不受阻碍,发音器官均衡用力,气流较弱,加之声带振动,所以元音都是浊音,声音响亮。在普通话里元音的作用主要是充当韵母,它是字音响亮的保证。

根据声腔的开放和封闭基本上可以把元音和辅音分辨清楚。但是有些元音由于发音时所处的位置及承担的任务不同,气流外出时会受到一些阻碍,听起来有些轻微的摩擦声,或者发音时喉部相对紧张,这种处于元音和辅音之间的声音就称为"半元音"或"开元音",例如"yi""wa"等,也叫零声母音。

(二)辅音

我们把气流不能从喉腔、咽腔、口腔顺利通过所产生的封闭型的最小音段称为"辅音"(也叫"子音")。辅音是发音时气流在口腔受到不同阻碍而构成的音素。辅音有口音和鼻音之分。汉语普通话中有22个辅音,分别是 b、p、m、f、z、c、s、d、t、n、l、zh、ch、sh、r、j、q、x、g、k、h、ng。

由于发辅音时气流通过口腔要受到阻碍,又要冲破阻碍,因此气流冲击力较强,发音器官用力不均衡,所以声音不如元音响亮。普通话里辅音的主要作用是充当声母(除 ng 外,其他21个辅音皆可做声母;普通话中没有复辅音),它是字音准确的保证。

三、声母和韵母

根据传统语音学的划分方法,普通话的音节结构可划分为声母、韵母和声调三个部分。

(一)声母

声母是由辅音承担的,位于音节的开头,例如"播(bō)"音节中的"b"。有些音节开头没有辅音,称为零声母音节,如"安(ān)""欧(ōu)""鹅(é)"等音节;辅音承担的声母具有区别意义的作用,例如"开(kāi)"和"掰(bāi)"中的"k"和"b"。

在普通话声母中,除零声母之外,声母全部由辅音承担,但并不是所有的辅音都能充当声母。比如汉语普通话中有 22 个辅音,只有 21 个充当声母,其中的"ng"不能充当声母,只能担任韵母里韵尾的角色,例如"guǎng"中的"ng";另外,辅音"n"既能充当声母也能充当韵母。辅音是从音色的角度划分的,与元音相对;而声母是根据它所处的位置划分的,与韵母相对。

1. 辅音声母

辅音声母分别有 b、p、m、f、z、c、s、d、t、n、l、zh、ch、sh、r、j、q、x、g、k、h,共 21 个。根据辅音发音时气流受阻的位置和冲击气流的方法,我们把辅音声母按发音部位和发音方法分为两大类。

☆发音部位

发音部位是辅音发音时气流在口腔受阻的位置,也就是某两个发音器官为发音而接触或接近形成阻气的着力点。根据阻气部位的不同,把 21 个辅音声母分为 7 个发音部位。

(1)双唇音

由上唇与下唇的内缘构成阻碍成音。普通话中有 3 个双唇阻声母音:b、p、m。

(2)唇齿音

由上齿与下唇的内缘构成阻碍成音。普通话中只有 1 个唇齿阻声母音:f。

(3)舌尖前音

由舌尖抵住或接近下齿背构成阻碍成音。普通话中有 3 个舌尖前阻声母音:z、c、s。

(4)舌尖中音

由舌尖抵住上齿龈构成阻碍成音。普通话中有 4 个舌尖中阻声母音:d、t、n、l。

(5)舌尖后音

由舌尖抵住或接近硬腭前部构成阻碍成音。普通话中有 4 个舌尖后阻声母音:zh、ch、sh、r。

(6)舌面音

由舌面前部抵住或接近硬腭前部构成阻碍成音。普通话中有 3 个舌面声母音:j、q、x。

(7)舌根音

由舌根抵住或接近软硬腭交界处构成阻碍成音。普通话中有 3 个舌根声母音:g、k、h。

☆发音方法

发音方法是发音时解除发音部位气流阻碍的方式。根据发音过程、发音部位的成阻方式及除阻方式,我们可从以下几个方面来认识辅音声母的发音方法。

(1)发音阶段

气流冲击受阻的发音部位都会有一个动程,这个动程按时间顺序可以分为三个阶段。

构成阻碍阶段:指发音器官的活动部分开始向固定部分靠拢,形成阻碍的过程。简称成阻。

保持阻碍阶段:指发音器官的肌肉保持一定时间的紧张,使阻碍持续的过程。简称持阻。

解除阻碍阶段:指发音器官的活动部分脱离固定部分,肌肉相对放松,解除阻碍的过程。简称除阻。

(2)阻碍方式

辅音声母的阻碍方式指的是气流冲破阻碍时所采取的方式。发音时三个阶段不同形式的组合,形成不同的发音方法,主要有以下几种:

塞音:发音时,构成阻碍的两个部位成阻与持阻阶段完全闭塞,声音短暂间歇,维持到除阻阶段,同时积蓄在口腔里的气流骤然冲出,阻碍突然放开,发音成声。由于这种辅音声母听起来有爆发破裂的感觉,又称为"爆发音"或"破裂音"。普通话里有6个塞音声母:b、p、d、t、g、k。

擦音:发音时,构成阻碍的两个部位并不完全闭塞,形成适度的缝隙,让气流从这个窄缝隙里挤出去,发音成声。由于气流挤过阻碍时必然发生摩擦,因此称为"擦音"或"摩擦音"。普通话里有6个擦音声母:f、h、x、s、sh、r。

塞擦音:发音时,构成阻碍的两个部位成阻时完全闭塞,气流无法通过,进入持阻阶段后阻碍略微放松,让气流挤出去产生摩擦,发音成声,就形成了先塞后擦的音,所以称为"塞擦音"。普通话里有6个塞擦音声母:z、c、zh、ch、j、q。

鼻音:发音时,口腔当中构成阻碍的部位完全闭合,在持阻阶段气流振动声带,气流到达口腔受到阻碍,只好在除阻时从鼻腔流出,发音成声,因此称为"鼻音"。普通话里有两个鼻音声母:m、n。

边音:发音时,舌尖与上齿龈形成阻碍的部位完全闭合,气流振动声带后不能从此处通过,而从舌体两边流出,发音成声,这样就称为"边音"。普通话里只有1个边音声母:l。

(3)清浊和送气

在普通话发音中,辅音的发音方法除了以上划分方式外,还可根据声带振动与否、气息的强度大小分为清音与浊音、送气与不送气两类辅音。

清浊音:辅音声母发音时,声带处于两种状态——一种是声带不振动,称为"清辅音";另一种是声带振动,产生浊音,称为"浊辅音"。

普通话里的清辅音声母有 17 个：b、p、f、z、c、s、d、t、zh、ch、sh、j、q、x、g、k、h。

普通话里的浊辅音声母有 4 个：m、n、l、r。

送气音和不送气音：发音时根据气流的强弱把塞音和塞擦音区分为送气音和不送气音。送气音与不送气音主要区别那些发音部位相同，发音方法成阻、持阻阶段（全是清音）相同，但除阻时气流大小不同的辅音声母。

普通话声母里的送气辅音声母有 6 个：p、t、k、c、ch、q。

普通话声母里的不送气辅音声母有 6 个：b、d、g、z、zh、j。

综合以上分类，我们把 21 个辅音声母的发音条件列总表如下：

表 3-7 普通话辅音声母总表

发音方法		辅音发音部位	唇音				舌尖前音		舌尖中音		舌尖后音		舌面前音		舌面后音	
			双唇音		唇齿音											
			上唇	下唇	上齿	下唇	舌尖	下齿背	舌尖	上齿龈	舌尖	硬腭前	舌尖前	硬腭前	舌面后	软腭
塞音	清音	不送气	b[p]						d[t]						g[k]	
		送气	p[p']						t[t']						k[k']	
塞擦音	清音	不送气					z[ts]				zh[tʂ]		j[tɕ]			
		送气					c[ts']				ch[tʂ']		q[tɕ']			
擦音	清音				f[f]		s[s]				sh[ʂ]		x[ɕ]		h[x]	
	浊音										r[ʐ]					
鼻音	浊音		m[m]						n[n]							
边音	浊音								l[l]							

2．零声母

普通话语音中还有一部分音节没有辅音声母，它们以元音开头，在发音时元音却要起到声母的作用，语音学把存在这种发音现象的音节叫作零声母音节。普通话中 7 个舌面元音都可以充当零声母。在普通话音节中，共有 35 个零声母音节。根据舌位不同可把它们分为两类。

（1）开元音零声母

开元音零声母是指在零声母音节中，发音时相对舌位低、口腔开度大的元音起头的零声母音节。发音时，由于元音要起到零声母的作用，元音的舌位，即发音着力点，要比承担韵母任务时力度大。普通话里的开元音零声母有 4 个：a、o、e、ê。

普通话零声母以 a 起头的音节有 5 个，以 o 起头的音节有 2 个，以 e 起头的音节有 4 个，ê 自成音节时只有"欸"等语气词。

（2）半元音零声母

半元音零声母是指发音时相对舌位高、口腔开度小的元音起头的零声母音节。发音时,由于元音在零声母音节中要起到声母的作用,元音的舌位,即发音着力点,要比承担韵母任务时力度大,气流通过时有轻微的摩擦声。普通话里的半元音零声母有 3 个:i、u、ü。

普通话零声母以 i 起头的音节有 10 个(iong 起音发 ü),以 ü 起头的音节有 4 个,以 u 起头的音节有 9 个。

表 3-8　零声母表

韵类	所带半元音、辅音	例字	汉语拼音	国际音标
开口呼	[ɤ][ʔ]	暗、欧	an、ou	[ɤan][ʔou]
齐齿呼	[j]	衣、牙	yi、ya	[ji][jiA]
合口呼	[ɥ]	于、约	yu、yue	[ɥy][ɥyɛ]
撮口呼	[w]	乌、蛙	wu、wa	[wu][wA]

(二)韵母

韵母主要由元音承担,位于音节中声母后面的位置。例如"电(diàn)"音节中的"ian"。普通话韵母有 39 个。音节中至少有一个元音,元音在音节中占主要地位。根据元音、辅音在韵母中的数量及音色,可将韵母分为单韵母、复韵母和鼻韵母,例如"啊(a)、播(bō)、会(huì)、怪(guài)、员(yuán)、矿(kuàng)"等几个音节里的"a、o、ui、uai、uan、uang"。韵母又可根据发音过程或顺序分为韵头、韵腹和韵尾三部分,例如"广(guǎng)"音节里的"u、a、ng"就分别担任了韵头、韵腹、韵尾的角色。普通话音节中充当韵头的是元音 i、u、ü,充当韵尾的是元音 i、u(韵尾的元音 u,拼音字母有时写作 o,如 ao、iao,不要误以为 o 是韵尾,它们的韵尾是 u)和辅音 n、ng;音节中可以没有声母、韵头、韵尾,但是不能没有韵腹,韵腹由主要元音充当。

韵母和元音不能等同,一个韵母既可以由元音承担,也可以由元音和辅音共同承担,因此韵母的范围要比元音大。

普通话韵母除了鼻韵母由元音和辅音共同承担外,其他的主要由元音充当。39 个韵母,根据其组成成分的特点可分为单韵母、复韵母和鼻韵母三大类。

1. 单韵母

单韵母是指不与其他元音或辅音结合就能在音节中单独存在的韵母,也称为单元音韵母。单韵母由元音充当,共有 10 个,分别为 a、o、e、i、u、ü、ê、-i[ɿ]、-i[ʅ]、er。其中 a、o、e、i、u、ü、ê 为舌面元音,-i[ɿ]、-i[ʅ]、er 为特殊元音,-i[ɿ]、-i[ʅ]分别为特殊舌尖前元音和特殊舌尖后元音,er 为特殊卷舌元音。根据每个元音的发音条件,10 个单元音韵母可从以下几个方面区分。

(1)舌位高低

舌位指发音时舌体在口腔中着力点所处的位置,即发音时舌体的"着力点",舌位高口腔开度小,舌位低口腔开度大。因此,我们把发音时舌位在口腔中的位置分成高、半高、半低和低四种类型。

①发音时舌位接近上腭,口腔开度最小的元音叫高元音:i、u、ü、-i[ɿ]、-i[ʅ]。
②发音时舌位稍低于高元音,口腔半闭的元音叫半高元音:o、e。
③发音时舌位比半高元音低些,口腔半开的元音叫半低元音:ê。
④发音时舌位在口腔的最低点,口腔开度最大的元音叫低元音:a。
在发音时,还有一种特殊现象,即发音时舌位在口腔中央,我们称为央元音:er。

(2)舌位前后

发音时舌体的着力点即舌位不仅表现在高低升降方面,还体现在发音时舌体着力点位置前后的变化上。因此,发音时舌位在口腔中的位置又可分为前、央、后三种类型。

①发音时舌位在舌体前部的元音叫前元音:i、ü、ê、-i[ɿ]、-i[ʅ]。
②发音时舌位在舌体中央的元音叫央元音:a、er。
③发音时舌位在舌体后部的元音叫后元音:o、e、u。

(3)唇形圆展

发音时舌位的高低、前后一致,而唇形的圆展不同,音色也会不同。因此,根据发音时唇形的变化,可将单韵母分为圆唇和不圆唇两类。

①发音时双唇呈圆形的元音叫圆唇元音:ü、u、o。
②发音时双唇呈自然展开的元音叫不圆唇元音:i、e、ê、a、-i[ɿ]、-i[ʅ]、er。

在10个单元音韵母中,有8个都可以自成音节,-i[ɿ]、-i[ʅ]两个单元音韵母,只能出现在同部位的塞擦音和擦音后面,即-i[ɿ]只能和 z、c、s 相拼,-i[ʅ]只能和 zh、ch、sh、r 相拼。卷舌音恰恰相反,只能自成音节,不能和声母相拼。至于韵母儿化所产生的卷舌动作,属于"儿化音"。

下面通过舌位图全面认识一下单(元音)韵母的发音条件。为了更加清晰地掌握元音舌位即着力点,本书对习惯性的发音顺序进行了调整,例如 ü 与 u(因 i 与 ü 舌位相同),还有后面复韵母里 ian 和 üan。另,由于语音学将舌尖前高不圆唇元音-i[ɿ]和舌尖后高不圆唇元音-i[ʅ]与舌面前高不圆唇元音 i 归为一个音位,因此,前两个舌尖元音未在图 3-1 中体现。

舌面央低不圆唇元音:a;

舌面后半高圆唇元音:o;

舌面后半高不圆唇元音:e;

舌面前半低不圆唇元音:ê;

舌面前高不圆唇元音:i;

舌面前高圆唇元音:ü;

舌面后高圆唇元音:u;

卷舌央不圆唇元音:er;

舌尖前高不圆唇元音:-i[ɿ];

舌尖后高不圆唇元音:-i[ʅ]。

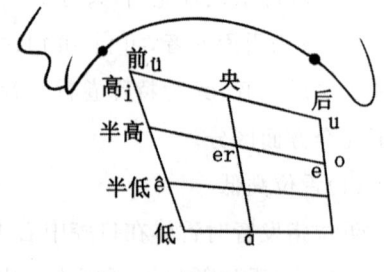

图 3-1 元音舌位图

表 3-9　10 个元音(单韵母)的分类和发音情况表

口腔开闭\舌位高低	唇形圆展\舌位前后	舌面元音					舌尖元音		卷舌元音
		前元音		央元音	后元音		前元音	后元音	央元音
		不圆	圆	自然	不圆	圆	不圆	不圆	自然
高元音	闭元音	i[i]	ü[y]			u[u]	-i[ɿ]	-i[ʅ]	
半高元音	半闭元音				e[ɤ]	o[o]			
正中元音	元音								er[ər]
半低元音	半开元音	ê[ɛ]							
低元音	开元音			a[A]					

2. 复韵母

复韵母是指由两个或三个元音在音节中以组合的方式存在的韵母,也称为复元音韵母。复韵母共有 13 个,分别为 ai、ei、ao、ou、ia、ie、üe、ua、uo、iao、iou、uai、uei。根据发音时舌位高低、口腔开合及在韵母中所处的位置,可将复韵母分为以下几类:

(1)前响复韵母

发音时舌位由低到高,口腔开度由大到小;没有韵头,只有韵腹和韵尾。因发音响亮的韵腹在前,所以称为前响复韵母,包括 ai、ei、ao、ou。

(2)中响复韵母

发音时舌位由高到低再到高,口腔由小到大再到小;韵头、韵腹、韵尾俱全。因发音响亮的韵腹居中,所以称为中响复韵母,包括 iao、iou、uai、uei。

(3)后响复韵母

发音时舌位由高到低,口腔开度由小到大;有韵头、韵腹,没有韵尾。因发音响亮的韵腹在后,所以称为后响复韵母,包括 ia、ie、üe、ua、uo。

3. 鼻韵母

鼻韵母是指由元音和鼻辅音 n 或 ng 在音节中以组合的方式存在的韵母,也称为鼻辅音韵母。鼻韵母共有 16 个,分别为 an、ian、üan、uan、en、uen、ün、in、ang、iang、uang、eng、ueng、ong、iong、ing。根据鼻韵母发音时舌尖与舌根归音的区别,可分为以下两类:

(1)前鼻音韵母

发音时以舌尖归音结束发音的鼻辅音韵母称为舌尖前鼻音韵母,包括 an、ian、üan、uan、en、uen、ün、in。

(2)后鼻音韵母

发音时以舌根归音结束发音的鼻辅音韵母称为舌根后鼻音韵母,包括 ang、iang、uang、eng、ueng、ong、iong、ing。

根据以上分析,普通话韵母结构列表如下:

表 3-10 普通话韵母结构表

韵母例字	韵母			韵母类型
	韵头 (介音 i、u、ü)	韵腹 (10个单元音)	韵尾 (元音 i、u,辅音 n、ng)	
鹅(é)		e		单韵母
于(yú)		ü		
五(wǔ)		u		
儿(ér)		er		
紫(zǐ)		-i[ɿ]		
至(zhì)		-i[ʅ]		
爱(ài)		a	i	复韵母
优(yōu)	i	o	u	
越(yuè)	ü	e		
腰(yāo)	i	a	o(u)	
音(yīn)		i	n	鼻韵母
汪(wāng)	u	a	ng	

4."四呼"

我国音韵学家根据韵母开头的唇形特点,将韵母分为四类,也叫"四呼"。

(1)开口呼

开口呼是指没有韵头,韵腹又不是 i、u、ü 的韵母,共有 15 个:a、o、e、ai、ei、ao、ou、an、en、ang、eng、ê、-i[ɿ]、-i[ʅ]、er。

(2)齐齿呼

齐齿呼是指韵头或韵腹是 i 的韵母,共有 9 个:i、ia、ie、iao、iou、ian、in、iang、ing。

(3)合口呼

合口呼是指韵头或韵腹是 u 的韵母,共有 10 个:u、ua、uo、uai、uei、uan、uen、uang、ueng、ong。

(4)撮口呼

撮口呼是指韵头或韵腹是 ü 的韵母,共有 5 个:ü、üe、üan、ün、iong。

由于考虑到字形便于辨认、便于书写等因素,汉语拼音方案把 au、ung、üng 写成了 ao、ong、iong,因此在实际发音时应该按照 au、ung、üng 来发音,所以以上 ong 和 iong 就分别归在了合口呼和撮口呼。

根据韵母的分类标准,我们把普通话韵母列总表如下:

表 3-11　普通话韵母总表

按结构分 \ 按口形分	开口呼	齐齿呼	合口呼	撮口呼	按韵尾分
单元音韵母	-i[ɿ]、-i[ʅ]	i[i]	u[u]	ü[y]	无韵尾韵母
单元音韵母	a[A]				无韵尾韵母
单元音韵母	o[o]				无韵尾韵母
单元音韵母	e[ɤ]				无韵尾韵母
单元音韵母	ê[ɛ]				无韵尾韵母
单元音韵母	er[ɚ]				无韵尾韵母
复元音韵母		ia[iA]	ua[uA]		
复元音韵母			uo[uo]		
复元音韵母		ie[iɛ]		üe[yɛ]	
复元音韵母	ai[ai]		uai[uai]		元音韵尾韵母
复元音韵母	ei[ei]		uei[uei]		元音韵尾韵母
复元音韵母	ao[au]	iao[iau]			元音韵尾韵母
复元音韵母	ou[ou]	iou[iou]			元音韵尾韵母
带鼻音韵母	an[an]	ian[iɛn]	uan[uan]	üan[yan]	鼻音韵尾韵母
带鼻音韵母	en[ən]	in[in]	uen[uən]	ün[yn]	鼻音韵尾韵母
带鼻音韵母	ang[aŋ]	iang[iaŋ]	uang[uaŋ]		鼻音韵尾韵母
带鼻音韵母	eng[əŋ]	ing[iŋ]	ueng[uəŋ]		鼻音韵尾韵母
带鼻音韵母			ong[uŋ]	iong[yŋ]	鼻音韵尾韵母

(三)拼合规律

普通话音节的声母与韵母拼合是有一定规律的。

1. 声母角度

从声母出发,有以下规律:

(1)双唇音和舌尖中音 d、t 能与开口呼、齐齿呼、合口呼韵母拼合,不能与撮口呼韵母拼合。双唇音拼合口呼仅限于 u。

(2)唇齿音、舌根音、舌尖前音、舌尖后音等几组声母能与开口呼、合口呼韵母拼合,不能与齐齿呼、撮口呼韵母拼合。唇齿音拼合口呼仅限于 u。

(3)舌面前音同上述四组声母相反,只能与齐齿呼、撮口呼韵母相拼合,不能与开口呼、合口呼韵母拼合。

(4)舌尖中音 n、l 能与四呼韵母拼合。零声母音节在四呼中都有。[1]

---

[1] 黄伯荣,廖序东. 现代汉语:增订六版:上册[M]. 北京:高等教育出版社,2017:76-77.

2. 韵母角度

从韵母出发，有以下规律：

(1)"o"韵母只拼双唇音、唇齿音声母，而"uo"韵母却不能与双唇音或唇齿音声母相拼。

(2)"ong"韵母必须与辅音声母相拼，"ueng"不能有辅音声母。

(3)-i[ɿ]韵母只与"z、c、s"3个声母相拼，-i[ʅ]韵母只拼"zh、ch、sh、r"4个声母，并且都没有零声母音节相拼。

(4)"er"韵母不与辅音声母相拼，只有零声母音节。①

表 3-12　普通话声韵拼合简表②

能否配合 声母 \ 韵母		开口呼	齐齿呼	合口呼	撮口呼
双唇音	b、p、m	+	+	只跟 u 相拼	
唇齿音	f	+		只跟 u 相拼	
舌尖中音	d、t	+	+	+	
	n、l	+	+	+	+
舌面前音	j、q、x		+		+
舌面后音	g、k、h	+		+	
舌尖后音	zh、ch、sh、r	+		+	
舌尖前音	z、c、s	+		+	
零声母	∅	+	+	+	+

表 3-13　普通话声韵配合表③

四呼	声母 韵母	唇音				舌尖中音				舌面后音			舌面前音			舌尖后音				舌尖前音			∅
		b	p	m	f	d	t	n	l	g	k	h	j	q	x	zh	ch	sh	r	z	c	s	
开口呼	-i[ɿ,ʅ]															知	吃	诗	日	滋	雌	司	
	a	巴	爬	妈	发	搭	他	拿	拉	嘎	咖	哈				渣	插	沙		杂	擦	萨	阿
	o	玻	坡	摸	佛																		喔
	e			么		德	特	讷	乐	哥	科	喝				遮	车	奢	热	则	侧	瑟	鹅
	ê																						欸
	er																						儿
	ai	白	拍	买		呆	胎	奶	来	该	开	海				摘	差	筛		灾	猜	腮	哀
	ei	杯	培	梅	非	得		内	雷	给	剋	黑					谁			贼			欸
	ao	包	抛	猫		刀	掏	脑	劳	高	考	耗				招	超	烧	绕	糟	操	骚	熬
	ou		剖	谋	否	兜	偷	耨	楼	沟	口	侯				舟	抽	收	柔	邹	凑	搜	欧

---

① 黄伯荣,廖序东.现代汉语:增订六版:上册[M].北京:高等教育出版社,2017:77.

② 黄伯荣,廖序东.现代汉语:增订六版:上册[M].北京:高等教育出版社,2017:76.

③ 黄伯荣,廖序东.现代汉语:增订六版:上册[M].北京:高等教育出版社,2017:77-78.

续表

四呼	声母\韵母	唇音				舌尖中音				舌面后音			舌面前音			舌尖后音				舌尖前音			ø
		b	p	m	f	d	t	n	l	g	k	h	j	q	x	zh	ch	sh	r	z	c	s	
开口呼	an	般	潘	瞒	帆	担	摊	男	兰	干	看	寒				占	产	山	然	簪	残	三	安
	en	奔	喷	门	分	扽		嫩		根	肯	很				针	陈	身	人	怎	岑	森	恩
	ang	邦	旁	忙	方	当	汤	囊	郎	刚	康	杭				张	昌	商	嚷	藏	仓	桑	昂
	eng	绷	烹	蒙	风	登	滕	能	冷	庚	坑	横				争	成	生	扔	增	层	僧	鞥
齐齿呼	i	鼻	皮	迷		低	梯	泥	梨				鸡	欺	希								衣
	ia								俩				家	恰	瞎								呀
	ie	别	撇	灭		爹	贴	捏	列				街	切	歇								耶
	iao	标	飘	秒		刁	挑	鸟	料				交	敲	消								腰
	iou			谬				丢	牛	溜			纠	秋	休								优
	ian	边	偏	面		颠	天	年	连				间	千	先								烟
	in	宾	拼	民				您	林				斤	亲	新								因
	iang							娘	良				江	腔	香								央
	ing	兵	平	名		丁	听	宁	零				京	青	星								英
合口呼	u	布	普	木	父	杜	图	奴	路	姑	哭	呼				朱	出	书	如	租	粗	苏	乌
	ua									瓜	夸	花				抓	欻	刷					挖
	uo					多	托	挪	罗	郭	阔	活				桌	戳	说	若	昨	错	所	窝
	uai									乖	快	槐				拽	揣	衰					歪
	uei					对	腿			规	亏	灰				追	吹	水	瑞	嘴	催	虽	威
	uan					端	团	暖	乱	官	款	欢				专	川	拴	软	钻	窜	酸	弯
	uen					敦	吞		论	棍	困	昏				准	春	顺	闰	尊	村	孙	温
	uang									光	筐	荒				庄	窗	双					汪
	ueng																						翁
	ong					东	通	农	龙	工	空	轰				中	充		绒	宗	葱	松	
撮口呼	ü							女	吕				居	区	虚								迂
	üe							虐	掠				诀	缺	学								约
	üan												捐	圈	宣								渊
	ün												均	群	勋								晕
	iong												窘	穷	凶								拥

四、声调和音变

普通话的动听除了元音运用丰富以外,最大的特点就在于有声调及语流中的音变。

(一)声调

声调也叫"字调"。比如,普通话中"芭、拔、把、爸"四个字发音高低升降不同,分属于不同的声调。声调贯穿整个音节,具有区别意义的作用;在音节中声调是不可缺少的一部分;声调有调类、调值、调号之分(前面《汉语拼音方案》提到了调类、调号,后面章节会对调值有具体的阐释与训练)。

(二)音变

我们用语言进行交际时,总会形成长短不一的一段语流。在连续发音的过程中,语流内的一连串音总会受到相邻音节中相邻音素的影响,使一些音节中的声母、韵母或声调发生变化,我们称之为"语流音变"。语流音变包括轻声、儿化、变调、语气词"啊"的变化、词的轻重格式等。

普通话的音节结构列表如下:

表 3-14　普通话音节结构表

结构成分 音位标音 例字及注音	声母	韵母			声调	说明
		韵头 (介音)	韵(韵身)			
			韵腹 (主要元音)	韵尾		
				(元音韵尾)	(辅音韵尾)		
我(wǒ)	ø	u	o			上声	无辅音声母、无韵尾
知(zhī)	zh		-i[ʅ]			阴平	无韵头、无韵尾
道(dào)	d		a	o(u)		去声	无韵头
学(xué)	x	ü	e			阳平	无韵尾
外(wài)	ø	u	a	i		去声	无辅音声母
语(yǔ)	ø		ü			上声	无辅音声母、无韵头、无韵尾
墙(qiáng)	q	i	a		ng	阳平	声、韵(韵头、韵腹、韵尾)调俱全

五、音位和音位变体

由于普通话音系(北京音系)的实际发音和汉语拼音的内容与音位归纳有不一致的地方,在此阐述,以便实际发音时能准确掌握。

(一)音位

音位是语音中具有区别意义作用的最小语音单位。如普通话里"怕(pà)"和"爸(bà)"两个音节是靠 p 和 b 来区别的,p 和 b 就是两个音位;"难(nàn)"和"嫩(nèn)"两个音节是靠 a 和 e 来区别的,a 和 e 也是两个音位。在汉语中,声调有区别意义的作用,不同的调类是不同的音位,也叫调位。

根据《汉语拼音方案》所归纳的,普通话音位一共有 10 个元音音位、22 个辅音音位和 4 个调位。音位符号用//表示。

(二)音位变体

构成同一音位的几个音素是该音位的变异形式,叫作音位变体。例如普通话里"帮(bāng)"和"边(biān)"两个音节里的 a 音,由于受后鼻音[ŋ]和前鼻音[n]的影响,虽都是 a 元音,不过一个是后低不圆唇元音[ɑ],一个是前低不圆唇元音[a],是 a 音的两个变体。因此,归纳在一个音位里的各个变体用同一个音位符号标写,变体的不同读音由不同的语音环境决定。音位变体又可分为条件变体和自由变体。

1. 条件变体

同一音素由于受语音环境的制约,出现各自不同的语音音位,叫条件变体。语音条件主要是指变体所处的语音环境,包括临近音的性质、发音部位、发音方法以及其他因素的影响等。例如普通话里的央低不圆唇元音 a[A]实际发音时,受前后音素的影响就产生了条件变体;舌尖中音 n 在与 i 和 ü 相拼时,就会产生条件变体,舌尖由抵上齿龈变为抵下齿龈;普通话里 i 的音位包含多个变体,都有各自的出现条件,按照元音为 6 个音位的理解,-i[ɿ]、-i[ʅ]与 i[i]被认定为一个音位,-i[ɿ]必须与 z、c、s 相拼,-i[ʅ]必须与 zh、ch、sh、r 相拼,而 i[i]是不能与 z、c、s、zh、ch、sh、r 相拼的,其实 i[i]本身受音节所处位置及前后音素的影响,发音时也会产生变体;连续变调所产生的种种不同调值也是调位的不同变体,像上声调有"211、214、35"三个调位变体。再比如有专家认为汉语普通话中的/ɣ/音位包括[ɣ][o][ɛ]三个音位变体,"歌""活""靴"是这三个音位变体实际读音的体现。

2. 自由变体

有些音素可以在同一语音环境中自由替换而又不能区别词的语音形式和意义,由这种音素构成的同一音位的变体叫自由变体。自由变体在音质上是有明显差别的。

比如普通话里并没有 v 这个声母,但是有些人在发音时把许多零声母的 w 音发成了 v 音,尤其是 w 音后面是开口呼元音的音节,大多数普通话使用者都发成 v 音了,例如"问(wèn)"读成了"vèn",这就是一种自由变体的现象;又比如舌尖中音 n 与 i 和 ü 相拼后,舌尖应由原来抵上齿龈变为抵下齿龈,但是有许多人仍抵在上齿龈,使原本的声母发音的音色(音质)发生了变化,导致发音不规范;在方言里的"n、l""zh、z"不分现象,也属于一种自由变体。对于普通话学习来说,这些都是不规范的发音问题,应予以纠正。

六、舌位和舌位动程

舌位和舌位动程准确与否,是实际发音训练中判断元音及韵母音色、保证字音响亮的关键。

(一)舌位

舌体在口腔中隆起的最高点所处的位置称为舌位。这也是所有语音学和有关语音训练书籍里对元音的舌位描述。例如,"a"的舌位被描述为"央低不圆唇元音",也就是"a"在发音时舌体应在口腔的"央低"位置,但是在许多书中对"a"的具体发音的描述又为:舌面中部或后部稍稍"隆起"。这样,关于"a"的舌位界定与具体发音时的舌位描述就出现了矛盾。其实,在实际训练中,发"a"音时所谓的舌高点要做到真正的"央低",也就是舌体中央比前后低些,肌肉紧张度相对就会大些。这样,舌体后部在不压喉的同时相对降低,随软腭上提,声道才有可能通畅,"a"的音色才会圆润、饱满。因此,舌位是发音时由舌体的着力点在口腔中的前后高低位置来界定的。关于舌位的理解,如界定为"发音时,舌体在口腔中着力点所处的位置,简称为舌位"也许更为确切。

(二)舌位动程

复合元音韵母在发音过程中,舌位的前后、高低和唇形的圆展发生连续移动的变化过程,叫作舌位动程。例如前响复韵母 ai 的舌位动程,发音时舌位由"前低 a"起音向"前高 i"滑动,即舌体发音着力点由发 a 时的"前低"过渡到"前高",形成了发 ai 韵母的舌位动程。

从以上可以得出,音位、音素、舌位相互之间既有区别又有联系。音位与音素都是最小的语音单位,音素是从音质角度划分的,具有生理性和物理性特征,以音色不同区分,不考虑是否区别意义,而音位具有社会属性,具有区别词义的作用。音位比音素的单位要大,一个音位可以是一个音素,也可能包含几个音素。例如,普通话里"zhi""zi""ji"里的 i 元音,它们属于 1 个音位,但实际上是 3 个音素,各自读音并不相同(实际发音时舌体的着力点也相差很大)。

舌位是区别音素的具体表现,舌位决定音素,例如"u[u]"的舌位是"后高",那么就决定了"u"这个音素的发音,如果舌位是后半高就成了"o[o]"音素。所以,音位变体产生的几个音素也是由具体的舌位变化引起的。

▶▶▶ 回顾

通过本章对普通话感性的介绍和理性的分析,我们发现普通话其实并不"普通"。特别是对普通话语音部分知识的讲解,里面涉及诸多重要概念,我们相对比较熟悉的有元音、辅音、声母、韵母、声调等概念,还有诸如音节、音素、音位、音位变体等比较难理解的概念。掌握好这些概念对本书的学习非常重要,更重要的是,扎实领会这些概念是进一步从事理论研究的基础,也是接下来训练与掌握专业技巧的前提。在这里借用"推普"活动的一句宣传语来结束我们本章的学习,"学好普通话不仅是我们的权利,更是我们的义务!"

本章重点

对普通话语音知识的理解与掌握。

学习时间

课上☞大课:2 课时;小课:针对性学习 2 课时左右。
课下☞结合所学内容保证每天坚持复习 1 小时。

思考题

1. 掌握并识记以下概念:
   音节　音素　元音　辅音　声母　韵母　四呼　声调　舌位　舌位动程　音位　音位变体
2. 什么是普通话?普通话的特点是什么?
3. 简述音位变体中的自由变体和条件变体,并举例说明。
4. 简述元音与辅音的区别。
5. 了解国际音标,并从国际音标中找出汉语拼音所需的元音与辅音。
6. 了解声韵拼合规律。
7. 举例说明什么是声母的发音部位、发音方法以及声母的发音阶段。
8. 普通话的元音和辅音有哪些?声母和韵母有哪些?它们之间的关系是怎样的?

第四章 气息与状态
——艺术发声的动力

导读

韩愈在《答李翊书》里说:"气,水也;言,浮物也。水大而物之浮者,大小毕浮。气之与言犹是也;气盛,则言之短长与声之高下者皆宜。"[①]就是说,气好比是水;语言,好比是水中的漂浮物。水势大,那么漂浮的东西不管是大的小的都能浮得起来。气和言的关系也是如此。气盛,那么言辞的长短和声音的高下都会合适。韩愈这里主要指的是文章的写作首先要有气,即文气。声音和气息的关系何尝不是如此呢?气,是吐字清晰的动力,是语句连贯的基础,是声音富于弹性的来源。气息是发声的源动力,是声音之本。气息的获取建立在积极的表达愿望与状态基础上。

第一节 艺术发声对气息与状态的要求

气息是我们人类生命的本源,是人的机体运动的最基本动力,也是我们的精神活动、语言活动乃至情感活动的最基本动力。播音发声,是指在正常呼吸规律的基础上各机能的活动合乎科学原理,尽可能发挥更大的能量来听从播音员、主持人的意志的分配、调节和控制。播音发声使生活中无意识的呼和吸变为有意识的活动,并经过训练建立良好的呼吸、发声习惯,使之运用自如,最后达到艺术语言的传递要求。

播音主持用声的特点决定了其对气息控制和状态的特殊要求。

一、积极状态下气息的持久控制

话剧、电视剧等其他艺术门类的台词,除了特殊剧情需要有较长的独白外,大多以对白的方式进行,它们在语言上有较强的互动性、交替性。播音员、主持人大多数情况下是以独立创作的身份出现的。一篇稿件、一段串词,时间十几分钟甚至几十分钟,还有的一

---

① 冯其庸,等. 历代文选[M]. 北京:中国青年出版社,1963:40.

句话多则几十个音节(字),尤其是新闻性节目,如果没有扎实的气息基本功来支撑,播读的句子就会"头重脚轻",前明后暗,要么换气频繁,句子凌乱,语意传达不清;要么声嘶力竭,气弱声衰。这样不但会损伤声带,还会影响共鸣,达不到审美的要求,更重要的是降低了节目的传播质量。当然,持久的气息控制,必须在积极的播讲愿望的支持下进行,无论主持串词或播读的稿件句子有多长,状态积极与否是气息持久与否的重要因素。

二、积极状态下气息的稳劲控制

我们日常说话对声音没有什么特殊要求,在说话时往往是前面比后面的声音亮,越往后声音、气息越弱,大多都是有意识地说、无意识地呼吸;根据情感的变化,需大音量时就毫无保留地用气,需低声说话就一点气息都不用,处于完全自然的状态,没有积极的状态与气息控制意识,造成高音拙、劈,低音弱、虚的现象。作为从事大众传播的播音员、主持人,气息要根据语言传达目的及情感的变化进行相应的调节,声音的高或低、强或弱都需要有一定的气息压力,更需要保持积极、稳定的播讲状态。音量越小,气息的控制力度越要强,积极的播讲状态越不能懈怠,这样才能保证语言目的的准确传达,才能达到理想的传播审美效果。

三、积极状态下气息的自如控制

播音主持中稿件(节目)内容千变万化,情感起伏有高有低,声音形式自然也应丰富多样。播音员、主持人应在准确传达信息的基础上,做到语音清晰流畅、语意明确、重点突出。状态的保持、气息的自如应用,起着关键的作用。有些内容为体现一个层次的整体感,需要一气呵成;有些段落意味深长,需要气息停而不断;有的稿件要显现较强的节奏感,需要快而不乱;有些节目形式又要求播音员或"遏云响谷"或"润物细无声"。节目对气息的各种要求,仅靠播音员、主持人纯自然的"信马由缰"是万万做不到的。

不同节目、不同语言样态、不同环境应有不同的气息支撑。有的节目内容表达语言单位大,语句连贯流畅,需受众接受信息的整体感强,而有的节目情感变化大,需受众产生强烈的共鸣,这些都与表达者稳定、积极的状态及较强的气息控制能力是分不开的。那么,怎样达到以上要求呢?首先要对呼吸方法进行科学的认识。

第二节 呼吸器官的认识

任何一门艺术都要对其艺术材料进行科学的认识与分析。播音发声赖以存在的物质材料就是它的生理器官,气息的调节、运用是依靠呼吸器官来进行的。

一、呼吸器官

呼吸器官主要由呼吸道、肺等几部分组成,它们成为一个统一的联合体,在人的意识

控制下,使呼吸沿着一定的路线进行:

(吸)←→口、鼻←→咽腔(口咽、鼻咽)←→喉咽←→喉←→气管←→支气管←→肺(泡)←→呼

气息虽然是沿着呼吸通道进行运动的,但促使它运动的呼吸器官不只这些,胸腔、胸廓及膈肌、腹肌等与它一起构成了一个统一的联合体。

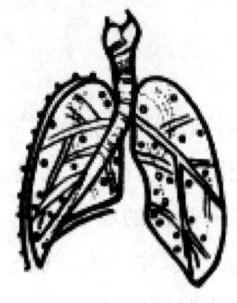

图 4-1　肺部图

肺,位于人体胸部左右两侧(如图 4-1),由无数含有纤维的上皮组织构成,状若海绵,有一定的伸缩性。气息就像一个来去匆匆的过客,肺在这个通道内就像一个提供歇脚的可伸缩的"驿站",在胸廓这个"开路先锋"的扩张与收缩中完成它的工作任务。肺在呼吸通道内是一个被动器官,本身没有改变容积与压力的能力,它的伸展收缩是靠着胸廓的运动而进行的。总之,肺也就像一个整存零取的银行。

胸廓,由肋骨、肋软骨、胸骨、胸椎构成,形似鸟笼,由 12 对上下平行并列的弓状肋骨笼罩着。各肋骨间有两层肌肉,外层叫肋间外肌,吸气时做收缩运动,使肋骨向上向外扩张;里层叫肋间内肌,呼气时做收缩运动,使肋骨恢复原位。胸廓的运动就是由构成胸廓的肋骨在肋间肌的伸缩下进行的。因此,能使胸腔容积扩大的肌肉群就称为吸气肌肉群,像肋间外肌、膈肌等;能使胸腔容积缩小的肌肉群就称为呼气肌肉群,像肋间内肌、腹横肌等。它们的运动改变着胸腔的左右径,影响着肺的扩张和收缩。

图 4-2　膈肌图

膈肌,像一个倒扣在胸腹之间的圆顶帽(如图 4-2),周围和胸腔壁相连。吸气时膈肌下降,胸腔内部上下径扩大;呼气时膈肌恢复原状,胸腔容积变小。膈肌是呼吸器官中的一个重要器官,对气息量的增加起着不可忽视的作用。

胸腔与肺的关系就像两个不可分割、大小不一的活动房子。肺这所小房子要根据胸腔这所大房子的变化而变化,胸廓和膈肌就像大房子的几面活动墙壁,肋间肌与胸骨组成的墙壁就像可伸缩的"屏风",随着意识的控制,胸腔、肺做大小的调节。

腹肌,属于呼吸辅助肌,在吸气后膈肌下降产生压力的情况下,会与之形成一种相互的抗衡状态,起到牵制膈肌、腹肌的作用,以保证用气发声的需要。

二、呼吸方法

呼吸一般由个人素质和各方面的习惯来决定,可分为以胸式呼吸为主的呼吸方式,以腹式呼吸为主的呼吸方式和胸腹式联合的呼吸方式三种。

(一)胸式呼吸

以胸式呼吸为主的呼吸方式的特点是:提肩、吸气浅,因为它是以提锁骨的方式来完

成进气的,所以胸腔、膈肌运动量小、气量少,从视觉判断上为上下呼吸,从听觉感受上为浅吸频换,给人上气不接下气的感觉,造成声音位置高、飘、尖、虚。一般生活中的女性多采用此种方式。

(二)腹式呼吸

以腹式呼吸为主的呼吸方式的特点是:腹凸、腹围增大,吸气量较多,主要以膈肌运动为主,胸腔参与较少,造成的听觉感受是声音低、闷、沉、深,视觉判断是以腹部凸起、回缩来表现的。由于吸气时腹部明显凸起,播音员、主持人如果采用站姿工作的话,有损视觉形象,并且由于腹式呼吸吸气深,也不利于播音语言的灵活运用。

(三)胸腹式联合呼吸

目前,最科学的呼吸方式是胸腹式联合呼吸。它的显著特点有两个:第一,由于胸腹各呼吸器官同时参与运动,增加了胸腔的容积,使气息的容量加大;第二,有利于在人的意志支配下形成呼气肌肉群与吸气肌肉群的相互对抗,即肋间肌肉和腹部肌肉的拮抗,以保证对声音的支撑。由于生活中很少采用这种呼吸方式,所以,必须经过有意识的训练才能自如使用。视觉判断是以腰部的横向扩张收缩来表现的。"生理学表明,运用相互对抗、相互制约的力量,可对肌体的某部分进行调节、控制。"[1]声音的变化就是在积极的状态与内容情感的支配下,靠人的意志调控气息来完成的。

第三节 呼吸(气息)控制要领

在生活中,呼和吸的时间差别不太大,基本上吸多少时间就呼多少时间,吸比呼稍短一些。但在播音主持中,不论从稿件内容出发,还是从听觉审美要求来看,都应该采用快吸慢呼的方法,并在呼气过程中保持相对的吸气状态,以达到表情达意的目的。

气息控制是指呼吸过程中,两大呼吸肌肉群的拮抗过程。播音主持即采用胸腹式联合呼吸,在呼气肌肉群和吸气肌肉群的相互对抗中进行创作。吸气时,打开呼吸通道,两肋向外扩张,膈肌下降,气息自然从口鼻进入,腰间裤带感觉渐紧,腹部肌肉要有一定的紧张度。呼气时,两肋、膈肌逐渐回缩,小腹继续保持一定的紧张度,不要完全放松,直至膈肌和两肋恢复自然状态。下面分步了解吸气和呼气及换气的控制要领。

一、吸气要领

呼吸的运用方式主要由吸气的方式来决定。采用胸腹式联合呼吸作为播音主持的用气方法,吸气要领的掌握须从以下几个方面进行。

---

[1] 徐恒.播音发声学[M].北京:北京广播学院出版社,1985:58.

(一)两肩放松

对于初学者来说,两肩放松在发声用气前尤为重要。胸腹式联合呼吸的控制部位在腰腹部,上胸应该保持相对放松的状态。如果两肩上提或使劲儿,就不利于膈肌下降、气息下沉,正确的呼吸必然受到阻碍,进行视频播音主持时也会"有碍观瞻",并且位于肩部附近的喉部也会受到挤压,从而影响发声。

(二)两肋打开

在两肩放松的情况下,从容地打开胸腔两侧下肋,使吸气肌肉群处于紧张的工作状态,为肺部扩张提供空间,保证气量的增加。根据高气压会向低气压流动的原理,当用气者放松身心,保持呼吸通道畅通,打开两肋,体腔内气压小于体外气压时,气息自然就会从打开的口鼻进入体内完成吸气。因此说"兴奋从容两肋开,不觉吸气气自来"(如图4-3)。但是要注意,不能为了从触觉上寻找腰腹胀开的感觉,而憋着气、鼓起腰造成假吸气。

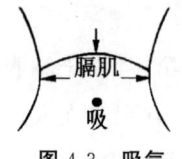

图4-3 吸气

(三)肺部进气

因为膈肌、吸气肌肉群的下降和收缩,使肺这个"驿站"的空间变大,"过客"气流聚集量相对增加。而增加肺部进气量并不是吸得越满越好,要在已经吸好气的情况下留有余地。如果吸气过满,气息容易僵滞,不便使用。肺部进气有些像给自行车打气一样,过少,"骑起来不出路";过满,轮胎易爆,骑起来易颠簸。因此,气息的多少要根据"容纳量"和"活动目的"来调节。在播音主持中,情感的变化和意群的长短就是进气量的"度量衡"。

(四)膈肌下降

膈肌是吸气肌,它的活动应该在快吸慢呼的播音发声呼吸法的要求下,做到迅速、灵活。膈肌在活动时与肺部一样看不见、摸不着,只能通过触觉感受腰部的打开幅度来判断膈肌的下降程度。这里的"意识"调整是一个既形象又抽象的控制方法,在两肋横向打开的同时体会气息的下行感,即膈肌的下降感。膈肌下降,进气量才有可能增大,也才有可能保证充分的用气(如图4-3)。

(五)腹壁"站定"

腹肌是呼气过程中的控制肌,腹壁"站定"是指随气息在吸进的同时,腹部肌肉要有一定的紧张度,保持相对"警惕"的控制状态,不能有明显凸起,以防造成腹式呼吸;但也不能回缩,以免阻碍膈肌下降影响气量,造成气息上提现象。要随时处于一个准备呼气的状态,待到用声呼气时发挥它重要的"牵制"作用,即"拽住"膈肌,使膈肌保持较慢的速度上升回收,这样才能使气息在"呼"的过程中控制相对持久。

以上五步动作在实际用气过程中是同步进行的。保持一个良好的精神状态,对用气前的身心放松是非常重要的。所谓"兴奋从容两肋开,不觉吸气气自来",此处"兴奋"就是一种积极的状态,而并非不顾及稿件内容的"喜滋滋"。

二、呼气要领

如果说吸气要注意吸的位置,那么,呼气则要注意呼的时间。我们发音用声就是在呼气的过程中进行的,这个过程的控制状态决定了发音用声的最终效果。在播音发声的用气过程中掌握呼气要领,做到稳劲、持久、自如,是用气的关键所在。

(一)稳、久、活

呼气的过程实际上是气息控制的过程,当吸气完成后,进行呼气时,在意念上仍要保持吸气的状态,也就是呼气肌肉群在进行收缩工作时,吸气肌肉群不能完全处于放松状态,仍要保持一定的工作状态,使吸气肌肉群与呼气肌肉群形成一种对抗(以吸调呼)。其实,呼气的稳定状态和持续时间的长短控制,就是靠吸气肌肉群的收缩力与张力的调节来完成的。由于膈肌只承担吸气的任务,而腹肌是随意肌,收缩、张开可任意调节,以此来控制膈肌的过速回弹,所以在呼的过程中小腹"被拉住"的感觉尤为重要。所谓"丹田气",并不是指气真正吸到丹田(腹部脐下二指),而是丹田部位的肌肉形成控制力,以达到控制气流速度的目的。正所谓:呼气要保持吸气的状态(如图4-4)。

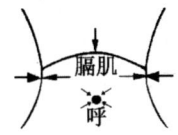

图 4-4　呼气

(二)气、态结合

如前所述,播讲者只要进入工作环境,就要调动积极的播讲愿望。即便在训练中,也要具备基本的训练状态,无论是发声用气还是无声练气,训练内容无论是热情赞扬、沉郁顿挫,还是温婉舒缓、客观从容,都要有饱满的"精气神儿",有控制地调动气息,才能在此基础根据内容的情感基调驾驭声音形式。

(三)气、情结合

发声是在情感调动的基础上进行的,气息运用的最终目的是为了表情达意。在呼气的训练中不能忘记情感的调动。人常说"气乃情所至","声为情所言"。只有做到"情、气为本",才能有"语流为貌"。未有曲调先有情,既是对表达前状态的提示,更是对情感基调把握的要求。气息控制的关键是情感的运动,用气发声要使感情运动起来,要有感而发。没有感情的变化,气息的控制必然是单调、僵硬的,势必影响声音色彩的变化,也就表现不出语言目的,更谈不上传情达意了。

(四)气、声结合

呼气的控制目的是为了发声的需要,所以在训练呼气控制时,一定要注意结合用声来进行。刚开始学习用气,为了不顾此失彼,可先在无声的状态下集中精力练习气息。一旦掌握了正确的方法,要尽快结合发声来进行,使气、声同步,做到"气脉为本,声音为貌"。

另外,气息的控制与喉部控制、口腔控制、唇舌力度控制等不无关系,喉、口腔、唇舌不仅是发音器官,同时对气息的控制也起着"阀门"的作用。

总之，如果说唇舌是表达的载体，声音是表达的形式，情感是表达的关键，那么状态则是表达的前提，气息是表达的基础。

三、换气要领

换气是满足生理需要所必须进行的规律性运动，同时也是表达过程中区别语意的表现手段之一，是有声语言的标点符号之一，是表情的方法之一。那么，怎样在符合生理需要的前提下，让换气起到起承转合的作用呢？

（一）句首换气

乍听起来句首换气太容易了，不就是一句话准备开始时换气吗？但是在表达中，由于句与句之间的间隙较小，初学者往往在前一句话的最后一个音节刚结束，甚至余音还没结束时，就开始换气，这种习惯从听觉上给人一种上气不接下气的感觉。正确的方法应该在前一句末尾一个音节读完时气息（唇舌及口腔）稍作保持，等到下一句开始时再换气，不论语速多快都应该有这样的意识。只有这样才能让受众不会因为传播者换气（声）而影响收听效果。播音主持表达中讲的"快而不乱"也与此有关，这需要学习者用心体会与把握。

（二）换气到位

采用正确的呼吸方法是为保证足够的气量以适应语句的贯穿、语言的连贯和传情达意的需要。初学者在开始练习时，正确的呼吸方式比较容易掌握，但是一结合发声，尤其是一结合表达，在进行换气时就容易出现换气不到位或不正确的现象，主要表现为无意识换气和不敢大胆换气。换气一定要吸到肺底，不能浅吸，否则会因为吸气过少（或不正确）而造成下一句气息不够，以致频繁换气，形成不良循环。即便在不割裂语意的时候换气（抢气、偷气等），用气量虽少也应该到位，不能因为吸得少就使用错误的呼吸方法，比如提肩。

（三）随换随用

前面谈过换气要和发声表达结合起来，除非角色需要。播音主持时要把握换气后呼气和发声同步，表达中做到以气托声。初学者要把握好"呼气时保持吸气状态"的分寸，防止"过犹不及"；还要防止"为换气而换气"的现象，即换气时口腔及呼吸通道虽没有打开但保持准备发声（吸气）的状态，气换好后才准备发声，这样的时间差就造成了表达中的断层，气息也不能很好保持。不过，为了体会呼气时保持吸气的状态，可以尝试吸好气后腰腹先不要回收，仔细体会在发声时腰腹肌肉（呼气肌肉群）的控制感。

（四）补气自如

换气通常分两种情况，一种是上面提到的因语意需要和生理需要的正常换气，这种换气时间较长，且较从容。另一种情况是由于语意的需要导致句子较长，超出了生理的驾驭能力,必须在句子中间的某一处换气,我们叫"补气"或"偷气",即要不露换气痕迹,不能割裂语意而无声地进行,也就是音断、气断意不断。在准备补气时,保持住发声的气息控制状态,根据前面讲到的气压差原理,两肋迅速向外扩张,在呼吸肌肉群(腰腹)松紧的刹那间变化(偷气、抢气)后,气息自然流入完成换气。要体会胸廓在瞬间补气时的"橡皮球"感,做到"停而不断",给人一气呵成之感。

(五)换气无声

换气无声是由播音主持语言的特点决定的,播音主持语言不像角色化的语言,在语言环境的需要下,角色化的语言必须采用出声换气来表现人物情感。播音主持表达换气不应该出声,补气时喉部、口腔及上下呼吸通道要保持打开的状态,避免声带等器官形成阻碍,出现进气有声的现象,避免话筒前的噪音干扰听觉,破坏表达效果。

第四节 呼吸控制训练

改变原有不良的呼吸习惯,就是从开始自然、自由的无意识呼吸状态到采用正确方法后的有意识控制状态,再由采用正确方法后的不习惯、不自如状态到经过量的积累,达到一个无意识自如运用的控制状态的过程。即经历一个自然—必然—自如的由量到质的过程。只有通过大量的呼吸训练,甚至模仿,才能达到自如运用正确呼吸状态的目的。

一、呼吸控制训练

在训练中为了便于寻找胸腹式联合呼吸时气息的横向流动方向,避免气息纵向上提,训练前先将腰带扎住、系紧。同时建议先采用坐姿训练。因为吸气时气息是下行的,气息与自身的座位形成了一种作用与反作用的力,这样比较有利于初学者感受并掌握正确的呼吸方法。待坐姿的正确呼吸方法掌握后再进行站姿训练。为了能专心体会正确的呼吸方法,在训练最初先不要出声,随着吸气方法的逐步掌握,再结合发声进行呼气的控制训练。并且在进行每一个训练内容前都必须设计情境,即要结合情境训练。训练刚开始肌肉弹性有限,呼气的时间可能会不持久,要细心体会。先做到慢中求对,再尝试快中求稳。

(一)慢吸慢呼训练

由于要改变原有不科学的呼吸方式,可有意识地强调生理机能的调控。初期的训练只能先采用慢吸的方法,通过训练认识科学呼吸的具体部位与有关肌肉群的运动状态,从而达到正确进气的目的。

1. 坐姿情境训练

坐于硬面凳子的前半端，双肩放松，双眼平视前方，收颌、立腰；状态积极，身心放松，根据情境，进行吸气、呼气训练（如图4-5）。

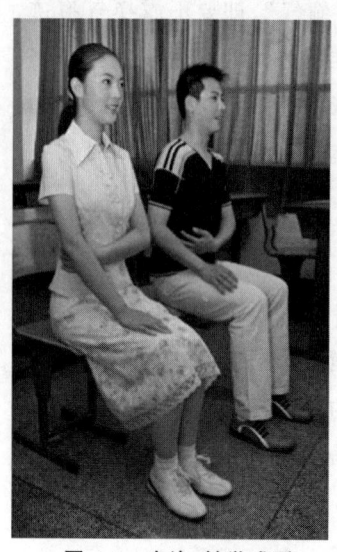

图4-5　坐姿、触觉感受

● 情境设计1：想象鲜花满地、芬芳宜人，但你不能上去摘，只能借助视觉和味觉来欣赏。此时，口鼻同时打开，保持积极、兴奋的状态，用心深吸一口清香的空气，体会扑鼻而来的芬芳。与此同时，肩松、肋开、腰胀、腹紧、气沉，气流呈横向走势将腰部的腰带撑开，在瞬间保持后慢慢吐出，从心底里发"啊"，气息瞬间吐出，并体会腰腹肌肉随即放松的感觉。

● 情境设计2：设想有位好朋友正在给你讲一件让你感兴趣的事，听着听着你不禁露出"啊！原来是这样"的神情……（结合呼吸要领，体会此时的用气位置）

● 情境设计3：设想有位好朋友正在给你讲一件让你非常不快的事，你听着听着表现出"真是的"神情……（结合呼吸要领，体会此时的用气位置）

● 情境设计4：通过以上几个情境设计，若正确的吸气方法仍没有找到，可以采用搬重物的方法来进行体会与训练。先弯下腰（或假设，或真做）搬一个必须用大力气才可以搬动的物体，用心体会用力的部位（在腰部）；然后，再采用坐姿用气，找搬重物用力时吸气的部位……（结合呼吸要领，体会此时的用气位置）

2. 站姿情境训练

双肩自然放松，双臂自然下垂，双眼平视前方，收颌、立腰，双脚站定，重心在前脚掌。男士双脚的后脚跟分开（保持一拳头距离），双脚（外踝）距离与肩同宽；女士双脚呈"v"字形，若双腿不直，可一只脚跟抵在另一只脚的脚心处，前脚掌分开，呈"丁"字形。状态积极，身心放松，根据情境，结合吸气、呼气要领进行训练（如图4-6）。

图4-6　站姿、户外训练

● 情境设计1：想象前面有一张很多天没有清理的桌子，上面有薄薄的一层灰尘，你想清理，但没有合适的工具，只能用嘴吹，而桌子上的物品又不能因清理桌面而被弄脏。此时口鼻同时打开，双唇力度集中在唇的中央，深吸一口气，松肩、开肋、胀腰、紧腹、沉气，轻、匀、稳地慢慢吹去桌上的灰尘。注意控制气息，不能忽有忽无，想象桌上的灰尘被吹得干干净净，用心体会呼气（吹灰）时保持吸气感觉肌肉的紧张状态（结合呼吸要领，体会此时的用气位置）。

● 情境设计2：假设误吃了一口自己非常不喜欢吃的食物，或喝了一碗中药，口腔打开发"a"的气声，努力想把嘴里的苦味全吐出来……（结合呼吸要领，体会此时的用气位置）。

● 情境设计3：模仿一自然现象，发"si"或"xu"的气声。在发声时应保持相对较长的时间，虽然发声时声带没有振动，不是乐音，但是从听觉上能分辨出"si"或"xu"音的音强、音量、音长是否均匀，以判断呼气稳劲、持久的能力（结合呼吸要领，体会此时的用气位置）。

● 情境设计4：心情很愉快地走在美丽、安静的林荫道上，两手各提一暖水壶或重物，这样可以牵制住肩膀不得上提，体会气息向下的横向运动的感觉。找到正确的气息后再丢开水壶或重物训练（结合呼吸要领，体会此时的用气位置）。

3. 提示

(1)训练初期一定要系腰带，并采用手扶腰的办法（左手扶腰右侧，反之亦然。这样做是为了避免双手叉腰导致双肩紧张，气息上提），感受气息的流动方向是纵向还是横向，感觉吸气时气息运动是否能把手撑开（如图4-5）。整个吸气过程就像缓缓打开的一本书向两边展开，气量在腰腹部的感觉是：腰的两侧大于前后，后腰又大于前腹。另外，可以两个人互相扶腰体会，通过触觉感受调控气息的吸与呼过程。

(2)对照镜子或两人相互观察在吸气时两肩是否上提，上胸是否起伏。如果有，证明气息还没有下沉，应尽快调整。

(3)只要吸气时状态积极，呼吸通道打开，气流就会自然通过口腔、咽腔进入气管和肺部。因为状态积极，身体肌肉相对紧张，体内气压低，体外气压高，气流就会自然而然地由外向内流动。正所谓：兴奋从容两肋开，不觉吸气气自来。

(4)要注意防止假吸气现象，即腰腹鼓起来了，但气息并没有吸进去。

(5)体会采用坐姿用气时与座位形成的作用力与反作用力，感受与站姿用气的区别。

(6)如果找不到呼气肌肉群的控制力度，可先吸好气后不要呼气，以此体会腰腹的控制感。稍后腰腹部肌肉随着声音的发出有控制地、均匀地回缩。切记：腹部肌肉要保持一定的紧张度，即呼气保持吸气的状态——吸气肌肉群向外作用力，气息均匀地呼出。

(7)播音发声课是播音主持艺术专业第一门专业基础课，从一开始就要养成良好的正确姿势。从整体看，上身与下肢要舒展，要端庄大方。此阶段要配合形体与体态语课的训练，无论坐还是站，双脚要立稳，重心在前脚掌，上身要有"直立延伸"头顶蓝天的感觉。

(8)初学者一般比较容易掌握吸气，但当准备呼气时受旧习惯影响，易瞬间气息上提，所以一定要注意吸好气后，腰腹做好控制后，呼气肌肉群再慢慢回缩，加强控制的意识；注意站姿训练时在没有座位的反作用力对抗下，气息要有下沉意识。重复以上训练，呼气时间最好能持续30秒。

(二)快吸慢呼训练

人在不说话时呼和吸时间是差不多相等的，但一旦开口说话，呼的时间就比吸的时间长了,加之播音发声艺术语言的训练,为了语意的连贯、完整,换气的时间大为缩短,应迅速完成才行。所以,快吸慢呼是气息控制的终极目标,也是适应表达的最基本要求。通过训练,学习者要做到声高不劈、气不竭,声低不压、气不懈。

1. "无声"情境训练

● 情境设计1:设想有一位好久没见的亲人或好友突然出现在你面前,让你十分惊讶……(结合呼吸要领,体会此时的吸气位置与速度)

● 情境设计2:突然接到一封盼望已久的信,兴奋与激动溢于言表,快速打开信件,边看气息边慢慢呼出……(体会一刹那进气的感觉)

● 情境设计3:在听别人讲一件事时,急于插话,但欲言又止……(体会此时气息的快吸感觉)

2. "有声"情境训练

在没有进行语音和口腔控制学习的情况下,此时的"有声"训练较为简单,为的是避免不正确的口腔控制而损坏声带。

● 情境设计1:想象面前摆了许多你喜欢的食物,此时你垂涎欲滴,打开口腔(在没有学习口腔控制前先根据自己的理解把握),选择自己平时说话的最佳声区发出"啊"的感叹……(结合呼吸要领,体会此时的用气位置)

● 情境设计2:平视前方某一人,设想他就是你的交流对象,是你很要好的朋友、同学或家人,打开口腔,选择自己平时说话的最佳声区发"a"音。要把发"a"音的过程设想成是和他交流的语言,既积极主动又平和委婉。吸气时,气息将扎在腰部的腰带(横向)撑开,呼气时饱满均匀,结实有力;声音外送洪亮、音色甜美。如果声音发颤、发抖,就说明气息支撑力不够,应做反复训练。

《我和你》原歌曲谱、配"啊"演唱曲谱及原唱视频

● 情境设计3:选用耳熟能详且比较简单的歌曲或音阶,用"啊"演唱旋律,体会正确的吸和呼,并逐步把握气息控制。例如《我和你》。

3. 提示

(1)牢记换气要领,无论"有声"训练还是"无声"训练,都要注意呼吸通道打开,换气无声。

(2)在没有学习口腔控制之前,发"啊"音时口腔、舌位都不会控制到位,可在情感带动下,起码做到让后声腔打开。

(3)体会由于情绪的惊讶、惊愕、兴奋、紧张等变化,瞬间使两肋打开、腹部控制、气息凝固的感觉,这种感觉会对后面吐字归音中要具备的积极的腰腹部控制状态有很大帮助。

(4)设想通过发"a"音把平视前方的某一点打穿,以此调动气息的控制力,练习声音的穿透力。

(5)在户外练习时不要迎风进行,最好对着墙或某一物体进行练习。

(6)在没有学习吐字归音和喉部控制的前提下,点击进入《我和你》相关资料二维码链接,用发"啊"音演唱旋律,用旋律寻找气息,关注点在腰腹部和旋律上,喉部不要用力,并按照规定好的换气口换气。

二、呼吸肌控制训练

呼吸肌弹性的好坏直接影响气息控制能力的强弱,所以必要的针对性训练可帮助学习者提高呼吸肌肉群的弹性,并较快地掌握气息。

(一)静态训练

发"hei、ha"音,设想自己在野外急需做饭用的木柴,必须用一个大斧子才能把木头劈开,于是专心致志,腰腹用力(打开),随着斧子的起落,发出"hei、ha"音。反复训练,感受膈肌与腹肌的弹发力。开始进行弹发力训练时,声音与肌肉配合还较协调,但持续时间一长,有的人可能就会出现声音与胸腹膈肌配合不协调的现象,即意识超前于声音,腹肌运动无力,这证明腹肌的弹性还不具备,应多加练习。

(二)动态训练

可采用仰卧起坐、俯卧撑、跑步、游泳等户外运动来增强腹肌的弹性。训练初期可能会觉得腰腹困、痛,甚至还感觉肌肉有些疼,这是因为相对练习量大,绝对练习量少。随着练习量的逐步增加,采用科学的训练方法,这种感觉便会逐渐消失。

对于初学者来说,气息训练中容易出现几种问题:第一,呼气时为了保持吸气状态,气不敢用,由于没有气息的调节,声音僵、硬、憋;第二,当发声用气时,吸气肌肉群控制不住,气息很快呼尽,造成声音"头重脚轻";第三,本已采用正确的方法进气,但在准备呼气的一瞬间不仅"横向"收缩,锁骨及胸也同时上提,变成了胸式呼吸;第四,往往第一口气能采用正确的呼吸方式,但是到换气时,因关注内容而忘记了正确换气方式,或是由于呼吸肌肉群弹性不好,加上紧张,怕换气时间长影响语句连贯,就急吸、浅吸,结果适得其反,致使呼吸"反弹"回归胸式呼吸。这些具体训练中出现的问题,都将在后面的章节中结合材料进行针对性的训练。

▶▶▶回顾

呼吸是发声的原动力,没有良好的呼吸和控制气息的能力,就难以获得有表现力的声音。如果没有良好的气息控制,就难以掌控播读的语句。气息不沉、不稳,是很多学习者甚至从业者在表达中声音"吊、冒、虚、飘"的主要原因。教材的系统性、体例性决定了知识的讲解是分步骤进行的,而训练过程,例如在稿件的播报中,气息是需要综合控制的,有的是偷气问题,有的是呼吸问题,等等不一。因此,本章讲到的吸气、呼气和换气要领,学习者要循序渐进逐步掌握。以下各章节训练内容的设计也会尽量考虑到此问题,将气息控制训练有步骤地贯穿在以后的各个章节训练中,便于学习者循序渐进地学习与掌握。要特别注意,在练习时一定要状态积极,并将自己代入某种情境中,运用想象来引导情感进行气息训练。对于刚刚接触气息控制的学习者来说,这部分知识比较生疏,身体各个器官还不能统一协调地控制气息,这就需要借助情境想象,帮助我们尽快找到感觉,辅以视觉调整、触觉感受等方法,从而形成自如的协调控制。

本章重点
掌握胸腹式联合呼吸。

学习时间
课上☞大课:2课时;小课:针对性训练28课时左右。
课下☞结合所学内容,每天训练1小时。

思考题
1. 掌握并识记以下词语或概念:
 膈肌 腹壁"站定" 胸廓 腹肌 呼气肌肉群 吸气肌肉群
2. 播音发声时应采用哪种呼吸方法?为什么?
3. 播音发声对气息控制的特殊要求是什么?
4. 简述胸腹式联合呼吸法吸气、呼气以及换气的要领。
5. 怎样理解"丹田气"?
6. 怎样理解"状态、情感"和"用气、发声"的关系?
7. 气息控制训练应该注意哪几点?
8. 初学者容易产生哪些用气问题?

第五章　口腔与声母
——字音准确的关键

导读

万事开头难，"起头"对于做任何事情来说都是至关重要的一步，好的开头给人以成功的信心。口腔的静态控制和声母发音亦是学习播音主持艺术发声的关键。

口腔是人们区别语意、表情达意的重要器官，是语音的"制造场"，是声音的"集散地"，是保证播音发声质量的关键环节。口腔控制与普通话语音的联系最为密切，没有语音就谈不上艺术发声。腔体内任何一处的细微变化都会影响（或改变）一个音节的出声位置与舌位变化。声母是字音准确的关键，就像建房子打地基之前的定位，怎样"找位置、建房子"，对于追求生活质量的人来说，非常重要。怎样使舌体在吐字归音时自如、灵活，对于追求播音主持的声音美感来说，非常重要。

从本章开始内容将按照两条线索进行组织，一条是理论线索，即对口腔的静态控制与声母的发音从发声、发音机理上进行解释；另一条是实践线索，即为每一个声母都准备了有针对性的训练内容并辅以情境设计，使学习者能够学练结合，达到事半功倍的效果。

第一节　吐字发声的要求

客观地讲，每个人的生理条件不一样，形成的声音、语音特点也各异，但是独特的发音方式和嗓音条件是以标准的普通话为基础，以符合大众的审美习惯为目标，以艺术化的听觉需要为追求的。因此，播音主持的吐字归音必须做到：准确、清晰、集中、饱满、圆润、流畅。

一、准确

准确是对吐字的基本要求，也是最低要求。准确主要指字音的准确规范，即音节的发音部位和发音方法及声调等是否标准，它强调的是一般在生活中不易被察觉的细微区别。比如在发"z、c、s"时，按要求舌尖应抵住下齿背（也可在上齿背），但是由于口腔整体的控制不好(上下齿没有错位),结果发音出现"嘶嘶"声,声音经过话筒后问题被放大,有可能会影响受众的接收效果。所以,这里指的准确比一般生活语言要求得更为严格和精细。

二、清晰

是传播特点对吐字提出的又一要求,主要指的是发音过程中唇舌的力度、声音位置变化等。例如声母"h",它的发音方法为清擦音,发音部位是舌根,发音过程是舌根接近软硬腭交界处,气流冲击舌根与软硬腭交界处后摩擦成声。而没有经过训练的有些人发这个音时,舌根与软硬腭交界处的空隙太大,气流通过成阻部位时没有摩擦,从而造成声母发音不清晰的问题。又比如,"包(bāo)"的声母是双唇音,如果力度没有控制在唇中部的三分之一处发声,声音通过口腔时随韵母"ao"的发音,会造成"声包字"现象。所以发音部位的着力点一定要做到"点状"。

三、集中

主要指的是声音的集中。声音虽然看不见、摸不着,但它有一定的方向性。播音主持艺术发声是一个与话筒保持近距离接触的声音活动过程。除了发音器官力量的相对集中外,在发音过程中发音者对自己的声音要有很强的收束感、目标感、距离感。通过意识、听觉判断调整发声器官,使自己的声音有磁性、有穿透力。加之话筒接收的方向、辐射有限,也会影响听众的收听效果。通过吐字归音,以发音带发声,力求达到集中的效果。例如"刚(gāng)",舌根上抵到软硬腭交界处,成阻部位要"点状",舌根不能是"片状"与软硬腭交界处接触,否则发音就会太散。中国传媒大学罗莉教授将咬字时口腔的控制形容为"一根针,两条线"。她说:"一根针"指的是咬字时,本人感觉上唇中间的着力点似"一根针",这样可以增强学生咬字的集中意识和集中力。"两条线"指的是口腔控制的集中感;"一条线"是指上口盖软硬腭似向中间集中,形成口腔内的"天";"一条线"是指舌头向舌中间集中的收缩感,似口腔内的"地"。咬字时,上下两条线都向中间集中,其咬合力就强、就集中,就容易形成较强的口腔控制力和集中感。因而,咬字也就更清晰、有力。

四、饱满

这里对饱满的理解含有吐字归音过程对空间的要求与把握。饱满既指口腔的开度,又指舌位动程的幅度。例如"太(tài)",舌由舌尖抵住上齿龈后迅速转移到抵住下齿龈,舌体由口腔最低到最高(舌位,即发音着力点由央低到前高)瞬间完成,口腔随舌位变化由半开到全开再到闭合,动作过程幅度要大,才可能使字音饱满。而此时口腔还要保持相对的静态控制,确保吐字归音时腔体的容积能达到饱满的效果。饱满也为吐字归音的进一步圆润与流畅奠定了基础。

五、圆润

对吐字最简要的概括就是：字正腔圆。如果说准确、清晰要求的是"字正"，那么集中、饱满、圆润指向的则是"腔圆"了。"吐字如珠"即是对吐字要求圆润的形象比喻。饱满不等于圆润，怎样使音节发音过程既完整又不失圆润饱满，把握韵母发音的舌体动程、调整口腔腔体、运用好共鸣等都非常关键。例如"跳（tiào）"，当声母舌尖中音"t"位置准确、力度适中，迅速与"i"相拼后过渡至"a"再归到"o"时，舌位的动程虽要趋向鲜明，但更强调过渡流畅、柔和，这是圆润的保障；与此同时，音节内音素的时长要分配合理，例如若"o"归音时间过长，不削弱这个字音的饱满度，但会影响其圆润度。再如"ting"音节，不能因为"i"是高元音就使整个舌体紧靠上腭，从而造成声音的捏挤。又如，句子里既有关键词，又有语气词、助词、连词等非关键词，每一个音节都需要圆润。如果说关键词里的每一个音节都是大颗珍珠，那么非关键词里的每个音节就是小颗珍珠。所以在发音过程中，腔体应保持相对的静态控制，以确保共鸣的美化，达到吐字圆润及悦耳的要求。

六、流畅

这是吐字的最高要求。前面提到过汉语普通话的音节特点，语言的最小单位是音节，而音节又是由不同的音素组成的。我们在练习过程中之所以把每一个音节拆分成一个个个体，再慢慢拼接组合，是为了发现问题、修正问题，而不是让有声语言以字的形式，甚至音素的形式"单摆浮搁"。这就要求我们在训练时把握好个体与整体的关系，发音时既不生硬又不囫囵吞枣，同时还能保证吐字如珠如流。

一个句子中的主要词语该强则强，强而不拙、强而不僵，句子中的次要词语该弱则弱，弱而不挤、弱而不飘，要做到这一点首先应对轻声词、词的轻重格式等语流音变驾轻就熟，并且对音节与音节之间的过渡即超音质部分，仔细体味与把握，以满足人们以句子为单位获取信息的听觉习惯，使语流中的吐字归音犹如大珠小珠落玉盘一般。

准确、清晰、集中、饱满、圆润、流畅，各要点的掌握既相互独立又各有侧重；既相互联系、相互影响、相互制约又相互促进与完善。为此，我们要采取一些行之有效的训练技巧，把有意识的控制变为无意识的运用。

第二节 发音器官的认识

从发声学角度来认识，呼气的目的是为了发声，气息通过喉部时的声带闭合，只是形成了喉元音，语音是经过口腔时才形成的，即声音在口腔内受到各种节制而形成不同的字音，这个节制的过程就叫咬字过程。比如唇，它是发声的主要出口，是吐字的主要器官;又比如舌,它是最积极、最灵活、影响最大的咬字器官。口腔内对声音起节制作用的各个部位,叫作咬字器官,包括唇、齿、舌、牙、腭等。通过口腔内咬字器官的各种活动,完成吐字过程。如果把口腔比作一间房子,颧肌就是房子的"门脸",唇是可关闭的门,舌是活动的人,齿为挡风的门槛,腭为可提高空间的房顶,上磨牙似挺立的横梁,小舌(悬雍垂)像升降的后窗帘。那么,怎样使房间宽敞明亮、冬暖夏凉,怎样让人精神饱满、活动自如,怎样使门脸阳光漂亮(即怎样使口腔腔体符合发音发声的要求),怎样科学地丰富口腔共鸣,需要我们逐一认识、理解与掌握。

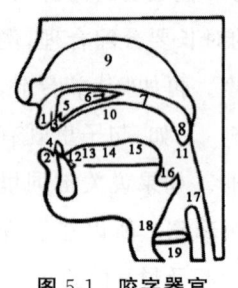

1. 上唇 2. 下唇 3. 上齿 4. 下齿 5. 上齿龈 6. 硬腭
7. 软腭 8. 小舌 9. 鼻腔 10. 口腔 11. 咽腔 12. 舌尖
13. 舌叶 14. 舌面 15. 舌根 16. 会厌软骨 17. 食道
18. 喉头和声带 19. 气管

图 5-1 咬字器官

一、主动发音器官

在发音过程中唇、舌、腭(软腭)、颧肌是活动积极的器官。

(一)唇

唇分为上唇和下唇。唇是发声的主要出口,是吐字的主要器官。汉语音节发音有许多音是以唇的活动为主体的,例如声母 b、p、m、f 的发音部位以唇为成阻部位;韵母 u、iu、ao、ou 等音的归音以唇(合口)来归音;又如语音学所讲的"四呼"是以音节的起音(声母、介音),即字头发音时唇形的圆展变化来界定的;即使唇对于 a、o、e 等开口呼音发音时的作用相对较小,也应依据中国传统的审美习惯做到开音闭发,以使声音集中、圆润。这些都是以唇的控制来实现的,所以唇是吐字的重要器官。唇还是一个控制气息的大门,就像房子无论有多大,唇这个"门"都不能像车库的门那样打开后一览无余,否则就叫说话"不把门"。

(二)舌

舌是发音过程中起关键作用的一个咬字器官,舌分舌尖、舌叶、舌面、舌面后(即舌根)。舌体在口腔内上、下、前、后的不同变化及着力点的位置,决定一个字音的形成,改变着口腔的共鸣状态,并影响字音的准确、清晰和集中。舌的力度相对越强,舌体肌肉的紧张度相对越大,声音就会越清晰。舌体运动的着力点越鲜明,元音的音色也就越圆润。例如:i 音在发音过程中如果舌根位置高,就会堵住口腔通道,势必阻碍声音从口腔流出(只能"上楼"走鼻腔);a 音太低又会导致喉部肌肉过度紧张;如果舌体松软,就会吸收声音,削减共鸣。总之,舌是最积极、最灵活、影响最大的咬字器官,锻炼灵活的舌体是口腔控制最重要的任务。就像房子再结实,舌这个"人"要有生活的热情,要有积极的状态,或站,或坐,或走,不能像个无精打采的慵懒病人。

(三)腭

腭也称上口盖,分前后两个部分,前三分之二为硬腭,后三分之一为软腭。腭就像一个"隔板",把鼻腔、口腔上下分开,活动的软腭就像一个可随意调节的阀门,使声音按旨意向口腔或鼻腔流动;腭又像一个可控的穹窿体,这个穹隆状态决定声音进入口腔或鼻腔的共鸣状况。小舌(悬雍垂),这个附着在软腭上的"后窗帘"要起降自如。发鼻辅音时,小舌(悬雍垂)要被动关闭(因为舌或唇主动运动),其他音(特别是元音)要打开。

(四)颧肌

在生活语言中颧肌不属于发音器官,它是人在情绪表达时最重要的一个面部表情符号。而在播音主持艺术表达中,颧肌是口腔静态控制中的首个要领。口腔这所房子的"门脸"能始终保持向上稳定提起,是传递信息者面部表情控制的关键,也是决定在播音主持艺术发声中保持唇齿相依的关键。人们在面对面传递信息时,除了眼睛、眉毛、唇角等微观表情外,最突出的表现就是面部肌肉的变化,具体地说就是颧肌的起伏;颧肌还能影响吐字归音的声音效果,例如双唇在发"撮口呼"和"合口呼"音时,面部肌肉即颧肌与唇(口轮咂肌)保持拮抗状态与否,声音效果完全不同。

二、被动发音器官

相对来讲,在发音过程中齿(门齿)、牙(磨牙)、硬腭、下颌是被动器官。

(一)齿

齿包括上下门齿(医学上所指的中切牙和侧切牙),它是舌尖前音成阻的部位。人在不说话口腔保持静态时(或开或合),从外形上看是上齿在下齿的前面(除非生理缺陷),也就是说上下门齿是错位的,但往往由于其他器官(例如舌)在发音时不能积极主动地运动,使得下颌踊跃"帮倒忙",导致上下门齿对齐甚至下齿"跑"到上齿的前面,造成发音嗲、媚、噪,尤其在发舌尖前音 z、c、s,舌面音 j、q、x,舌尖后音 zh、ch、sh 的时候更为突出。应该指出,尽管传统语音学把韵头为 i 的音节称作齐齿呼,但在实际发音中,"齐齿"也是相对而言的。

从以上分析得出,门齿这个"门槛",虽然是一个被动吐字器官,是由唇舌和口腔上下的活动决定其作用和效果的,但是它既挡风阻气,又是口腔保持正确状态的"鉴定器"。

(二)牙

牙主要指位于口腔后部两侧的牙齿(医学上所指的磨牙,俗称槽牙)。它的开合直接影响口腔的开度与容积。牙关打开,声束由咽腔向前进入口腔通道,能使口咽部的共鸣充分发挥,声音通畅响亮。如果牙关紧咬,所谓的语音制造场就没有场所可言,舌体的活动就无从谈起,声音自然会挤、扁、压、闷,例如,含有 i、ü、e 等元音的音节中,如果口腔通道不畅,声音被迫顺鼻腔而走,造成字音鼻化,从而影响字音的清晰与美化。另外,牙同样起到束舌的作用。例如,发高元音 i 时,舌在口腔里活动发音要始终收束在上下磨牙内侧。因此,上磨牙,这个"横梁",也是一个控制器官,它的主动灵活其实是由上磨牙关(甚至上口盖)整体向上带动的。它要积极上提,起到支撑房子的作用。

(三)硬腭

如前所述,腭分为硬腭和软腭。硬腭前部的"硬棱儿"处,从医学角度叫"腭皱襞",从语音学角度叫"齿龈桥"。硬腭前部是声音的内感区,声束只有打在这个地方,才会集中明亮,否则声音就会发散。另外,腭还与舌共同构成阻碍,从而产生不同的字音,如翘舌音 zh、ch、sh、r(舌尖与硬腭前部即"齿龈桥"构成阻碍),舌根音 g、k、h(舌根与软硬腭交界处构成阻碍),舌面音 j、q、x(舌面前部与硬腭前部构成阻碍),都离不开腭的作用。房子是否结实、宽敞,口腔是否打开、挺立,腭这个穹隆状的房顶起着很关键的作用。

(四)下颌

下颌俗称下巴。如果说以上发音器官,无论主动还是被动,在发音中都会对字音产生积极的作用,那么只有下颌是最不需要参与运动的一个器官。因为其位置的特殊性,在舌体变化中由于下颌的连带不得不动,才有了口腔静态控制中的"松下巴"要领。下颌也像口腔这所房子的地基,所以,不能随意晃动。当然,下颌也可以对唇舌发音是否具备力度起监督作用。

第三节 口腔的静态控制

口腔既然是语音的制造场,那么吐字的过程就是各个咬字器官相互配合协作的过程。各咬字器官之间的配合,直接影响到发音的质量。为了达到播音主持艺术语言对吐字的要求,使字音听起来准确、清晰、集中、饱满、圆润、流畅,首先要打开口腔,也就是让口腔"立"起来,创造一个良好的口腔环境,使其满足吐字的要求。如前所述,如果把口腔比作房子,舌体就像活动在房子里的人。人要想在房子里活动自如,房子就得有空间,并且规范,不能摇晃,更不能倒塌。那么,支撑口腔这所房子的腔壁是否结实、挺立,直接影响舌、唇活动后形成的字音的准确、清晰、集中、圆润程度。《中国播音学》把这种在发音过程中对口腔状态进行适度的调整,使其保持相对稳定的状态,称为口腔的"静态"控制。这种调整后的口腔状态贯穿在整个发音吐字的过程当中,构成发音动作的基础。

一、打开口腔

为了提高发音质量,艺术语言的发音吐字比日常生活语言的口腔开度要大些。口腔开度大并不是张大嘴巴,因为张大嘴巴地开口腔实际上是上下颌自然打开,表现结果是前开后闭的喇叭口,呈">"型,这种口型并不符合发声的要求。正确的打开口腔是下巴微收,上口盖平行上提,像穹隆形状倒扣在口腔上部,口腔前收后开像马蹄型,呈"⊃"状。就像搭建一顶帐篷,内空间要大,门(唇)要小,否则就是"店面"或者"车库",声音通过口腔就不会集中,也就没有明亮的可能。没有经过训练的人在发音时是很少能达到这种口腔状态的,所以我们必须通过有意识地提颧肌、打牙关、挺软腭、松下巴训练来实现。如图5-2。口腔的静态控制并不是绝对的、一成不变的,在发音过程中会根据各音素的变化进行相应的调整。这种相对的静态控制对建立良好的口腔发声环境具有积极的作用。其实,口腔的静态控制即是一个口腔前后平行提起上口盖的动作的保持。有的人认为,练习时只要头部上仰、张大嘴巴就可以达到训练的目的,这是错误的认识,应予以纠正。

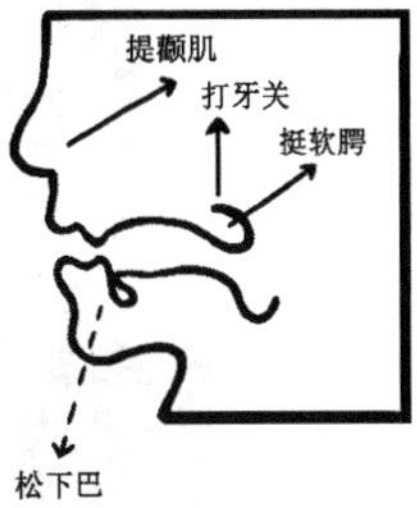

图 5-2　口腔静态控制

(一)提颧肌

提颧肌是提起上口盖的前部动作。颧肌微提,鼻翼微张,上唇微展,上齿微露,唇齿相依。在发音过程中颧肌要始终保持微提的状态,即使发合口呼、撮口呼的字音时双唇的肌肉也要往唇的中央收束,颧肌仍要向上提,使面部肌肉形成一种呈反方向运动的状态。鼻翼微张,上唇微展,上唇呈"一"字形,是发音中齐齿呼、开口呼的上唇控制状态,但切不可为追求上唇呈"一"字形而咧唇,这样肌肉横向运动(合口呼、撮口呼音的上唇肌肉走向是横向运动),效果会适得其反。正确的提颧肌,肌肉走向应是向上提起。唇齿相依利于唇在发音的动作过程中找到依托,便于发挥唇的力量,利于声音的准确、清晰、响亮。唇齿相依与提颧肌是一种相辅相成的控制关系,如果颧肌不提,上唇会呈"△"形,如图5-3、5-5,发音时唇齿就会"分家",尤其在发合口呼、撮口呼的字音时双唇噘起,发音状态就像一只嗷嗷待哺的小鸟,造成口腔前面又多加了一个"嘴子",致使声音闷暗,并且影响视觉效果。因此,保持合口呼、撮口呼发音时颧肌上提是关键,如图5-4、5-6。

图 5-3　颧肌未提

特别注意:有的初学者开始学习提颧肌时,即使心理状态很积极,颧肌仍提不上,建议先用"微笑"来体会,因为人在微笑时颧肌是上提的(严格地说,人的面部肌肉很丰富,颧肌与笑肌分属两块肌肉)。但切记,颧肌上提只是保证发音的一种状态,并不是不顾播音主持内容的需要形成一种"美滋滋"的毛病,更不是皮笑肉不笑。它是在心理状态的调动下和心理意志的支配下口腔上部(上口盖),即面部肌肉与骨骼积极主动向上运动的一个技巧性(生理性)动作,就像舞蹈演员的身体肌肉一样,要紧凑、挺拔。例如,播音员即使播报讣告,也要用积

图 5-4　颧肌上提

极的播报状态传递令人感到沉痛的消息,不能因为内容不愉悦就颧肌下垂,导致状态懈怠,甚至表情呆滞,音色发暗,如图5-5。因此,初学者一定要正确理解和把握积极状态下肌肉的技巧性控制与情感受内容支配下心理活动的外在表现二者的区别,即面部肌肉的相对控制给人带来积极的表达状态与表达内容的基调不能混为一谈。

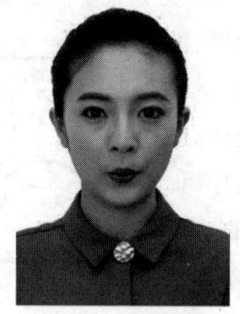
图 5-5 颧肌未提

图 5-6 颧肌上提

中共中央、全国人大常委会、国务院、全国政协讣告:乔石同志逝世

(二)打牙关

打牙关是提起上口盖的中部动作。在面部肌肉即颧肌提起的同时,上口盖一起带动上磨牙上提,使口腔内部空间加大,为吐字归音时的舌体运动提供良好的活动空间,这对丰富口腔共鸣也起着重要的作用。当然生活中也很少有人咬着牙关说话,但是由于播音主持艺术语言对口腔开度的特殊要求,所以必须进行有意识的控制训练。前面讲过生活中的张大嘴是上下磨牙一起运动的,如果下磨牙活动太积极,容易造成压喉的现象,对发音起阻碍作用。这里所说的打牙关,是受意识支配下的、以活动上磨牙为主的向上运动。此时,下磨牙较之上磨牙的运动相对被动并且放松,就像帐篷后窗户两边的柱子要向上支撑一样,而且每个帐篷可根据人的高矮不同有大小之别,口腔也如此,相对的静态开度也会根据元音的舌位在口腔中的高低变化,调整牙关的开度,如图5-4与5-6、5-8等正例。如果在发音中,韵腹为"a"的音节牙关开度类似"e"甚至是"i"的开度,就达不到艺术发声的效果。所以"静态"是在"动态"基础上相对调整的,控制是绝对要有的。

(三)挺软腭

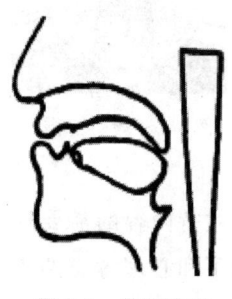
图 5-7 软腭未挺

挺软腭是提起上口盖的后部动作。在提颧肌、打牙关的同时,软腭向上挺起,堵住鼻腔通道,减少鼻音色彩,使口腔容积加大,声音经过口腔的共鸣更加丰富。在双唇的控制下,整个口腔就像一个前收后开的马蹄状。用小镜子和手电筒观察,会发现在口腔后部有一个垂体的小舌,学名"悬雍垂"。悬雍垂附着在软腭后部,软腭挺起,小舌就会随之上挺,与舌体后部产生距离,发声通道就会畅通无阻。虽然生活中大部分人都是在打开的状态下说话的,但要具备听觉享受的艺术发声,还需要通过理智控制,使咽喉与口腔

之间的闸门"打开",增加口腔后部的开度,提高声音的质量。所以,小舌(悬雍垂)与舌体后部的空间距离即是判断软腭是否挺立的标准。如果在舌体平行放于下磨牙的情况下打开牙关(发 a 音的开度)还不能看见小舌,或小舌不能与舌体后部保持一定的空间距离,就说明软腭没有挺起或挺立得不够。如果将软腭比作闸门,软腭上提,闸门打开,声音像水流,才会畅通无阻。即帐篷后窗户的活动窗帘要打开,阳光才能射入。

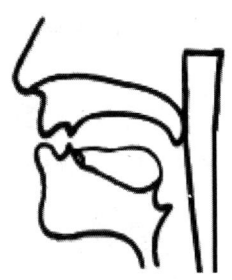

图 5-8 软腭上挺

从声学角度分析,声腔体的腔壁越坚硬,肌肉紧张度越高,声音就越明亮;反之,腔体肌肉松软,紧张度低,声音就越发暗淡,所以开口腔是保证字音响亮的关键环节。但是一切事物都是相对的,挺软腭并不是要软腭绝对挺起,否则会使后声腔肌肉发硬、发僵,反而不利于发声。在发后鼻音时,舌根应该积极上提与软硬腭交界处接触,软腭不要主动下放与被动的舌体接触(在下一章讲到鼻辅音的发音要领时也会涉及),否则就违背了口腔的静态控制。

(四)松下巴

在打开口腔的四个要领中,唯独下巴是要以放松的状态来完成创造口腔发声环境的任务的。发音时下巴内收,可以用牙痛的感觉来体会。从生理角度分析,下巴是一个较积极活跃的器官,生活中说话、表情,下巴的反应都较敏捷,而科学的发音过程是以舌体运动为主的。由于舌体与下巴联系密切,发音中舌体的运动不得不连动下巴。所以,下巴的动作应是从动的、被动的。没有经过专业训练的人在表情丰富说话时往往容易下巴用力,尤其是唇舌无力的人,下巴会格外用力,主动使劲儿"帮倒忙"代替舌体发音,结果导致下巴像铲子一样"铲字"。如图 5-9 所示。既影响字音清晰、圆润,也有损视觉形象。就像人在帐篷里活动,帐篷不能松动,地基更不能塌陷的道理一样。其实,只要提颧肌、打牙关、挺软腭三个要领做到了,舌体力度加强,并且在发音中积极主动了,下巴自然而然也就放松了,如图 5-10 所示。总之,在进行口腔的静态控制时,由于前三个要领在口腔中从前到后呈横向分布,在掌握时应有较强的空间感和方位感,上口盖"平行"上提,不能为了打开口腔提上口盖使头部上抬、下巴上翘,或者上口盖不提下巴用力、前倾,这样是永远也找不到打开口腔的正确状态的。学习初始,结合开口度最大的"a"音,理解发音要领后再用镜子和手电筒观察、调整舌位,同时用开口如打哈欠(哈欠刚开始或快结束时的口腔状态较为接近口腔的后开前闭)、闭口如啃苹果的方法细心体会(面部肌肉要注意上提)。

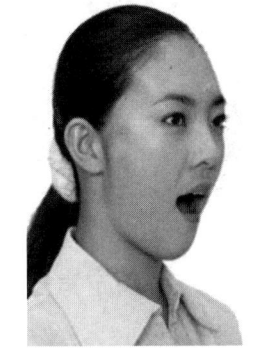

图 5-9 下巴着力

图 5-10 下巴放松

二、收束唇舌

在前面的咬字器官里,我们已经认识了唇舌在发音吐字过程中的重要作用。收束唇舌主要指加大唇舌肌肉的紧张度,集中唇舌的力量。

图 5-11 舌体松软

唇的力量要集中在双唇内缘的中央三分之一处,特别是发合口呼、撮口呼音和需要双唇归音时,在颧肌上提保持静态控制与唇的吐字归音形成一种拮抗的情况下,唇部中央的力度更要加强;即使是开口呼和齐齿呼,在颧肌上提、唇齿相依,上唇保持"一"字形的状态下,也要使唇的相对力度保持在唇的中央三分之一处。

舌的力量要集中在舌的中纵部(舌正中沟)。为了使字音清晰、集中,在发音过程中,除了舌尖中音 d、t、n、l 和舌尖后音 zh、ch、sh、r 及鼻韵母 n 以外,舌尖应始终抵在下齿龈这个"栖息地",在舌尖有依靠的基础上,舌体保持一种"收势"进行舌位动程的变化,防止舌体后部活动引起舌尖后缩,导致舌体蜷缩,不利于舌体力度的控制及发音着力点的寻找。实际生活中的发音和语音学所讲的有些发音位置并不都是如此,但作为训练艺术语言的发音就像舞蹈演员的腿脚一样,无论上身肢体如何动作,身体肌肉都要收束,腰脊椎都要挺立,重心都应保持在前脚掌。因此在发音时,声母发音部位要呈点状成阻,要防止片状接触,舌位动程既明确又滑动自如。可用小镜子对照口腔观察,舌体在口腔内吐字归音应是若隐若现的,不能"一览无余",如图 5-12 所示。否则舌体松软,发音时不能尽职尽责,下巴就会"越俎代庖",如图 5-11 所示。

图 5-12 舌体有力

三、固定声位

声位,即声音通过口腔时所处的位置,是经过生理控制所产生的一种物理效果,是对有声语言进行艺术加工的特有概念。由于艺术语言的特殊要求,尤其是播音主持专业的用声状态、工作方式等有别于其他有声语言艺术,有相对的稳定性,声位从听觉美感的角度规定要打在"硬腭前部",因为硬腭前部属于生理上的一个敏感区,此处腔壁较硬,容易引起"楼上"鼻腔共鸣的振动,从而丰富声音色彩;加之,离双唇这个大门较近,便于声音透出口外,所以声束只有打在此处才会集中、响亮。初学者往往容易使声位随着舌位(着力点)的前后变化,移动声音的前后位置,例如前高不圆唇元音 i 与后高圆唇元音 u。专业教材在讲到声位的时候,要让学生用正确的"ya"音来调整由于舌位靠后导致声位也靠后的不良习惯,原因就是"ya"的舌位靠前,声位也很容易打在硬腭前部,并且根据舌位确定"ya"的声位恰好就在硬腭前部。因此,喉部发出的声音经过咽腔沿上腭(软腭、硬腭)

中纵线前行,向硬腭前部(即用舌尖舔有硬棱儿处)流动冲击,从而使声音挂于这个被称为"腭前区"的地方,通过此处透出口外,这就是声音的正确路线。其实影响声音位置的因素还有声调及发音着力点靠后的音位的音素,在后面的章节中会有所涉及。

总之,绘画离不开素描,舞蹈离不开"踢腿、下腰",积极的表达亦需要技巧性的肌肉理性控制去完成。要做到声束集中,声位明确,首先必须在立腔的前提下,加强唇舌力度,才能保证其在发音时变化灵活,音节中各音素之间的过渡才能做到自如、流畅,字腹饱满。其次,要注意调整牙关开度与唇舌的发音着力点及唇形:宽音窄发,窄音宽发;开音闭发,闭音开发;圆唇扁发,扁唇圆发。这是一个既形象又抽象的理解,声音看不见、摸不着,要靠一定的视、听觉判断和口腔及唇舌的控制与调整才能做到。口腔的总体要求是:后面开度,前面力度。

第四节　口腔静态控制与声母发音发声

房子建好后需要有人住,人要住着舒适,与房子布局合理、房内设施有机协调有关。口腔的静态控制亦是为美化字音提供良好环境的。在静态控制学习中,将发音过程相对简单的声母结合起来一起掌握,更符合"训练"与"目的"之间关系的处理原则。

普通话声母分为两大类:辅音声母和零声母。不同的辅音声母是由不同的发音部位和发音方法决定的。不同的零声母是由不同的舌位(着力点)高低、前后(口腔开度)及唇形(圆展)决定的。对于追求艺术发声的初学者来说,认真领会每一个声母发音要领,稳定掌握口腔的静态控制,准确处理声母与口腔静态控制之间的相互关系,是进入专业基础学习的第一步,且是至关重要的一步。

一、零声母的发音

零声母是由舌面元音承担的。零声母在发音阶段,口腔的通道接近于开放或全开放,气流通过时只产生极轻微的摩擦,有的音甚至没有摩擦。普通话语音里有7个零声母音。其实,所有字腹和大部分韵母也是由元音承担的。之所以将舌面元音作为零声母的角色放在本章节中(并且在最前面)进行学习,原因之一:口腔的静态控制学习必须有语音作为基础。由于零声母在发音中要起到声母的作用,因此,"起音"时唇舌的力度较之承担韵母的发音要强,有利于唇舌肌肉的收束感及紧张度的形成。原因之二:元音发音的特点之一是"起音"与"落音"唇舌静态不变,这样也便于口腔静态控制的掌握。原因之三:承担零声母的7个舌面元音都将在韵母中承担韵腹(音节中承担字腹)的任务,在专业训练中,6个舌面元音叫"六根柱子"(ê的任务较小),也就是说,6个元音是"立腔"之本,所以,在此首要学习,也有利于下一章(口腔与韵母)的掌握。

(一) 开元音零声母

普通话语音里有4个开元音,作为零声母发音时舌位的肌肉相对紧张,喉部也形成一定的喉塞音[ʔ]。因为这几个元音相对口腔开度较大,故称为开元音零声母,在语音学里也叫"喉音"。

1. 央低不圆唇开元音零声母——a[A]

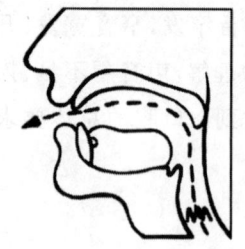

图 5-13　a 发音示意图

发音要领:发音前颧肌上提,唇齿相依,双唇自然打开呈"一"字形,上齿微露,下巴放松;舌尖抵住下齿龈,舌体呈瘦长形收束在下齿内侧并低于下齿;牙关打开,上下磨牙之间保持一个小拇指粗细的开度,软腭与小舌上挺,堵住鼻腔通道,舌体后部在不压喉的前提下与小舌保持一定的空间距离;气流振动声带发音时,舌着力点(舌位)在"央低"。从"起音"到"落音"舌(尖)与口腔等发音器官保持力度与稳定。例如,啊、阿。如图 5-13。

2. 后半高圆唇开元音零声母——o[o]

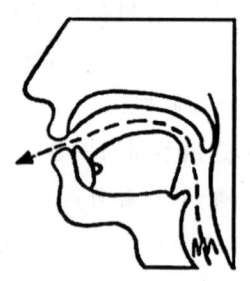

图 5-14　o 发音示意图

发音要领:发音前颧肌上提,唇齿相依,下巴放松;舌尖抵住下齿龈,舌体呈瘦长形收束在下齿内侧;牙关打开,想象上下磨牙之间有一个小拇指粗细的开度,实际保持有一个筷子头粗细的开度;软腭与小舌上挺,堵住鼻腔通道,舌体后部在不压喉的前提下与小舌保持一定的空间距离;双唇(口轮匝肌)呈"一"字形向唇中央集中,横向聚合到半开的圆形并现褶皱,面部肌肉成对抗状态;气流振动声带发音时,着力点在舌后部和唇中央(即舌位为"后半高圆唇")。从"起音"到"落音"唇、舌(尖)与口腔等发音器官保持力度与稳定。例如,喔、哦、噢。如图 5-14。

3. 后半高不圆唇开元音零声母——e[ɤ]

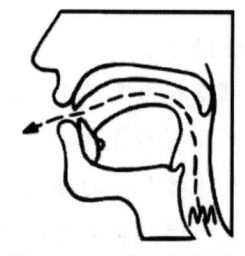

图 5-15　e 发音示意图

发音要领:发音前,颧肌上提,唇齿相依,双唇自然打开呈"一"字形,上齿微露,下巴放松;舌尖抵住下齿龈,舌体呈瘦长形收束在下齿内侧;牙关打开,想象上下磨牙之间有一个小拇指粗细的开度,实际保持有一个筷子头粗细的开度;软腭与小舌上挺堵住鼻腔通道,舌体后部在不压喉的前提下与小舌保持一定的空间距离;气流振动声带发音时,舌着力点(舌位)在"后半高",从"起音"到"落音"舌(尖)与口腔等发音器官保持力度与稳定。例如,鹅、额、俄、恶、饿、厄、鄂、愕、娥、扼、遏。如图 5-15。

4.前半低不圆唇开元音零声母——ê[ɛ]

发音要领：发音前颧肌上提，唇齿相依，双唇自然打开呈"一"字形，上齿微露，下巴放松；舌尖抵住下齿龈，舌体呈瘦长形收束在上下齿内侧，舌体前部处于口腔的半低位置，舌体中部两侧紧靠上磨牙内侧；牙关打开，想象上下磨牙之间有一个小拇指粗细的开度，实际保持有一个筷子头粗细的开度；软腭与小舌上挺，堵住鼻腔通道，舌体后部在不压喉的前提下与小舌保持一定的空间距离；气流振动声带发音时，舌着力点（舌位）在"前半低"，从"起音"到"落音"舌（尖）与口腔等发音器官保持力度与稳定。例如，欸。如图5-16。

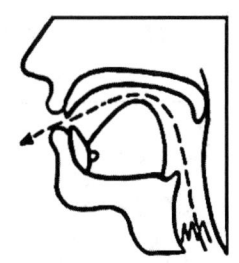

图 5-16 ê发音示意图

(二)半元音零声母

普通话语音里有3个元音，在作为零声母发音时舌位及唇部的肌肉要相对紧张，形成一定的擦音，称为半元音零声母，在语音学里也叫"通音"。

1.前高不圆唇半元音零声母——i[i]

发音要领：发音前，颧肌上提，唇齿相依，双唇自然打开呈"一"字形，上齿微露，下巴放松；舌尖抵住下齿龈，舌体呈瘦长形收束在上磨牙内侧，舌面前中（正中沟）接近硬腭前部（有一定空隙）；牙关打开，想象上下磨牙之间有一个筷子头粗细的开度，实际保持有一个牙签粗细的开度，触觉感受上下齿不接触；软腭与小舌上挺，堵住鼻腔通道，舌体后部在不压喉的前提下与小舌保持一定的空间距离；气流振动声带发音时，舌着力点（舌位）在"前高"，从"起音"到"落音"舌（尖）与口腔等发音器官保持力度与稳定。例如，依、仪、椅、意。如图5-17。

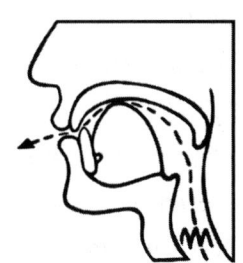

图 5-17 i发音示意图

2.前高圆唇半元音零声母——ü[y]

发音要领：发音前，颧肌上提，唇齿相依，下巴放松；舌尖抵住下齿龈，舌体呈瘦长形收束在上磨牙内侧，舌面前中（正中沟）接近硬腭前部（有一定空隙）；牙关打开，想象上下磨牙之间有一个筷子头粗细的开度，实际保持有一个牙签粗细的开度，触觉感受上下齿不接触；软腭与小舌上挺，堵住鼻腔通道，舌体后部在不压喉的前提下与小舌保持一定的空间距离；双唇（口轮匝肌）呈"一"字形向唇中央集中，横向聚合并现褶皱，面部肌肉成对抗状态；气流振动声带发音时，着力点在舌前部和唇中央（即舌位为"前高圆唇"），从"起音"到"落音"唇、舌（尖）与口腔等发音器官保持力度与稳定。例如，淤、鱼、雨、玉。如图5-18。

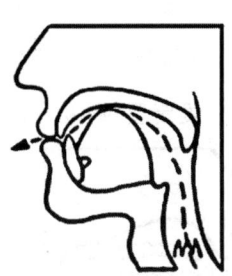

图 5-18 ü发音示意图

3. 后高圆唇半元音零声母——u[u]

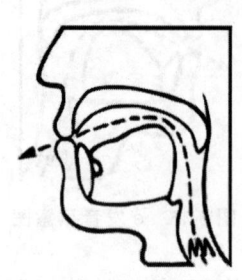

图 5-19　u 发音示意图

发音要领：发音前，颧肌上提，唇齿相依，下巴放松；舌尖抵住下齿龈，舌体呈瘦长形；牙关打开，想象上下磨牙之间有一个小拇指粗细的开度，实际保持有一个筷子头粗细的开度；软腭与小舌上挺，堵住鼻腔通道，舌体后部在不压喉的前提下与小舌保持一定的空间距离；双唇（口轮匝肌）呈"一"字形向唇中央集中，横向聚合并现褶皱，面部肌肉成对抗状态；气流振动声带发音时，着力点在舌体后部和双唇中央（即舌位为"后高圆唇"），从"起音"到"落音"唇、舌（尖）与口腔等发音器官保持力度与稳定。例如，呜、无、舞、雾。如图 5-19。

二、辅音声母的发音

由于辅音发音没有乐音成分，单发本音不便听觉判断，因此小学进行声母教学时，常常通过声母加单元音（呼读音）的办法让学生感受声母，比如：bo、po、mo、fo、zi、ci、si、de、te、ne、le、ge、ke、he、zhi、chi、shi、ri、ji、qi、xi。这样既练习了声母，也通过不同的元音搭配给声母分了类。考虑到"a"音的口腔开度大，使用频率高，为便于口腔静态控制的掌握，同时增强"a"音的舌体力度，在此的所有辅音声母发音中，均加"a"音发音，并针对每一个辅音声母的发音位置、唇舌变化，按照由外而内、由前到后、由下向上的顺序进行学习：ba、pa、ma、fa、za、ca、sa、da、ta、na、la、zha、cha、sha、ra、jia、qia、xia、ga、ka、ha。要特别强调的是：辅音发音示意图里舌体上的"虚线"表示辅音发音结束后"央低不圆唇元音 a"的舌位（ba、pa、ma、fa 在双唇构成阻碍时舌位始终保持为央低不圆唇 a，因此无须虚线）。发音要领中很多要求相同，关键在于准确掌握每个音素和音位之间的细微差别。

（一）双唇音

普通话辅音声母有 3 个双唇音。

1. 双唇阻不送气清塞音 b[p] 与 a 相拼：ba

发音要领：发音前，颧肌上提，唇齿相依，下巴放松，舌尖抵住下齿龈，舌体收束，口腔内保持 a 的舌体力度与牙关开度；同时软腭与小舌上挺，堵住鼻腔通道，舌体后部在不压喉的前提下与小舌保持一定的空间距离；双唇（唇匝肌）呈"一"字形向唇中央集中，横向闭合并现褶皱，双唇内缘构成阻碍，面部肌肉成对抗状态；气流（辅音不振动声带）进入口腔后蓄气，冲击阻气的双唇，并有控制地横向打开，解除阻碍；上口盖平行上提（下巴放松），呈现 a 的口腔开度，此时气流振动声带，发 a 音。从"起音"到"落音"，双唇横向有控制地由聚到开，牙关开度与舌体力度不变。例如，八、拔、把、爸。如图 5-20。

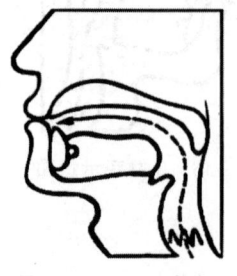

图 5-20　b(a)发音示意图

2. 双唇阻送气清塞音 p[p']与 a 相拼：pa

发音要领：发音前，颧肌上提，唇齿相依，下巴放松，舌尖抵住下齿龈，舌体收束，口腔内保持 a 的舌体力度与牙关开度；同时软腭与小舌上挺，堵住鼻腔通道，舌体后部在不压喉的前提下与小舌保持一定的空间距离；双唇（唇匝肌）呈"一"字形向唇中央集中，横向闭合并现褶皱，双唇内缘构成阻碍，面部肌肉成对抗状态；气流不振动声带进入口腔后蓄气，冲击阻气的双唇（气流较强），双唇有控制地横向打开，解除阻碍；上口盖平行上提（下巴放松），呈现 a 的口腔开度，此时气流振动声带，发 a 音。从"起音"到"落音"，双唇横向有控制地由聚到开，牙关开度与舌体力度不变。例如，啪、趴、爬、怕。如图 5-21。

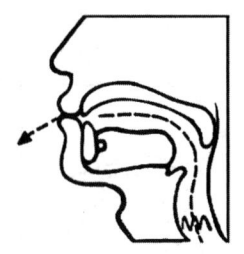

图 5-21　p(a)发音示意图

3. 双唇阻浊鼻音 m[m]与 a 相拼：ma

发音要领：发音前，颧肌上提，唇齿相依，下巴放松，舌尖抵住下齿龈，舌体收束，口腔内保持 a 的舌体力度与牙关开度；同时软腭与小舌上挺，堵住鼻腔通道，舌体后部在不压喉的前提下与小舌保持一定的空间距离；双唇（唇匝肌）呈"一"字形向唇中央集中，横向闭合并现褶皱，双唇内缘构成阻碍，面部肌肉成对抗状态；气流振动声带进入口腔后蓄气，冲击阻气的双唇受阻，转从鼻腔流出，双唇有控制地横向打开，解除阻碍；上口盖平行上提（下巴放松），呈现 a 的口腔开度，此时气流振动声带，发 a 音。从"起音"到"落音"，双唇横向有控制地由聚到开，牙关开度与舌体力度不变。例如，妈、麻、马、骂。如图 5-22。

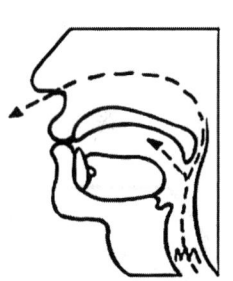

图 5-22　m(a)发音示意图

（二）唇齿音

普通话辅音声母只有 1 个唇齿音。

唇齿阻清擦音 f[f]与 a 相拼：fa

发音要领：发音前，颧肌上提，唇齿相依，下巴放松，舌尖抵住下齿龈，舌体收束，口腔内保持 a 的舌体力度与牙关开度；同时软腭与小舌上挺，堵住鼻腔通道，舌体后部在不压喉的前提下与小舌保持一定的空间距离；双唇（唇匝肌）呈"一"字形向唇中央集中，上齿尖接近下唇内缘构成阻碍，形成一个狭窄的缝隙，面部肌肉成对抗状态；气流振动声带进入口腔后蓄气，再从齿与唇的间隙摩擦通过，上齿（上唇）与下唇有控制地横向打开，解除阻碍；上口盖平行上提（下巴放松），呈现 a 的口腔开度，此时气流振动声带，发 a 音。从"起音"到"落音"，双唇横向有控制地由聚到开，牙关开度与舌体力度不变。例如，发、罚、法、珐。如图 5-23。

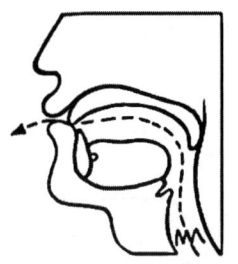

图 5-23　f(a)发音示意图

(三)舌尖前音

普通话辅音声母有3个舌尖前音。

1.舌尖前阻不送气清塞擦音 z[ts]与 a 相拼:za

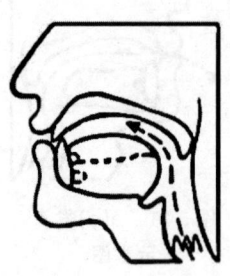

图 5-24 z(a)发音示意图

发音要领:发音前,颧肌上提,唇齿相依,双唇自然打开呈"一"字形,上齿微露,下巴放松;舌尖抵住下齿背,并完全闭塞构成阻碍;舌体收束(舌叶被动接触上齿龈,舌体两边被动接触上磨牙内侧),牙关打开,上下磨牙之间有一个牙签粗细的开度,触觉感受上下磨牙不接触;同时软腭与小舌上挺,堵住鼻腔通道,舌体后部在不压喉的前提下与小舌保持一定的空间距离;气流不振动声带进入口腔后蓄气,阻塞部位的舌尖与下齿背之间形成一个狭窄的缝隙,气流从窄缝中摩擦挤出,解除阻碍;舌尖(与舌体)迅速由下齿向下齿龈(或更下)移动,上口盖平行上提(下巴放松),口腔由闭到开,呈现 a 的开度,此时气流振动声带,发 a 音(示意图虚线为央低不圆唇 a 舌位,以下相同)。从"起音"到"落音"舌体力度不变。例如,咂、杂、咋、扎。如图 5-24。

2.舌尖前阻送气清塞擦音 c[ts']与 a 相拼:ca

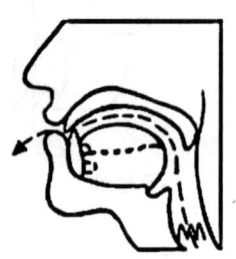

图 5-25 c(a)发音示意图

发音要领:发音前,颧肌上提,唇齿相依,双唇自然打开呈"一"字形,上齿微露,下巴放松;舌尖抵住下齿背,并完全闭塞构成阻碍;舌体收束(舌叶被动接触上齿龈,舌体两边被动接触上磨牙内侧),牙关打开,上下磨牙之间有一个牙签粗细的开度,触觉感受上下磨牙不接触;同时软腭与小舌上挺,堵住鼻腔通道,舌体后部在不压喉的前提下与小舌保持一定的空间距离;气流不振动声带进入口腔后蓄气,阻塞部位的舌尖与下齿背之间形成一个狭窄的缝隙,气流从窄缝中摩擦挤出(气流较强),解除阻碍;舌尖(与舌体)迅速由下齿向下齿龈(或更下)移动,上口盖平行上提(下巴放松),口腔由闭到开,呈现 a 的开度,此时气流振动声带,发 a 音。从"起音"到"落音"舌体力度不变。例如,擦、嚓。如图 5-25。

3.舌尖前阻清擦音 s[s]与 a 相拼:sa

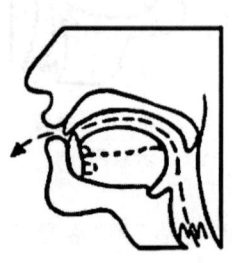

图 5-26 s(a)发音示意图

发音要领:发音前,颧肌上提,唇齿相依,双唇自然打开呈"一"字形,上齿微露,下巴放松;舌尖接近下齿背形成一个狭窄的缝隙构成阻碍;舌体收束(两边被动接触上磨牙内侧),牙关打开,上下磨牙之间有一个牙签粗细的开度,触觉感受上下磨牙不接触;同时软腭与小舌上挺,堵住鼻腔通道,舌体后部在不压喉的前提下与小舌保持一定的空间距离;气流不振动声带进入口腔后蓄气,从窄缝中摩擦挤出,解除阻碍;舌尖(与舌体)迅速由下齿向下齿龈(或更下)移动,上口盖平行上提(下巴放松),口腔由闭到开,呈现 a 的开度,此时气流振动声带,发 a 音。从"起音"到"落音"舌体力度不变。例如,撒、洒、卅。如图 5-26。

(四)舌尖中音

普通话辅音声母有 4 个舌尖中音。

1.舌尖中阻不送气清塞音 d[t]与 a 相拼:da

发音要领:发音前,颧肌上提,唇齿相依,双唇自然打开呈"一"字形,上齿微露,下巴放松;舌尖抵住上齿龈(舌叶接触齿龈桥)完全闭塞构成阻碍;舌体收束(在上磨牙内侧),牙关打开,上下磨牙之间有一个筷子头粗细的开度;同时软腭与小舌上挺,堵住鼻腔通道,舌体后部在不压喉的前提下与小舌保持一定的空间距离;气流不振动声带进入口腔后蓄气,冲击阻气的舌尖,解除阻碍;舌尖(与舌体)迅速由上齿龈向下齿龈(或更下)移动,上口盖平行上提(下巴放松),口腔由半开到开,呈现 a 的开度,此时气流振动声带,发 a 音。从"起音"到"落音"舌体力度不变。例如,搭、达、打、大。如图 5-27。

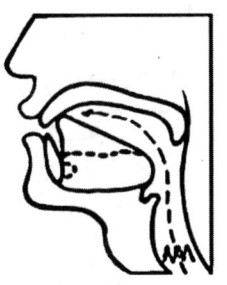

图 5-27 d(a)发音示意图

2.舌尖中阻送气清塞音 t[t']与 a 相拼:ta

发音要领:发音前,颧肌上提,唇齿相依,双唇自然打开呈"一"字形,上齿微露,下巴放松;舌尖抵住上齿龈(舌叶接触齿龈桥)完全闭塞构成阻碍;舌体收束,牙关打开,上下磨牙之间有一个筷子头粗细的开度;同时软腭与小舌上挺,堵住鼻腔通道,舌体后部在不压喉的前提下与小舌保持一定的空间距离;气流不振动声带进入口腔后蓄气,冲击阻气的舌尖(气流较强),解除阻碍;舌尖(与舌体)迅速由上齿龈向下齿龈(或更下)移动,上口盖平行上提(下巴放松),口腔由半开到开,呈现 a 的开度,此时气流振动声带,发 a 音。从"起音"到"落音"舌体力度不变。例如,塌、沓、塔、踏。如图 5-28。

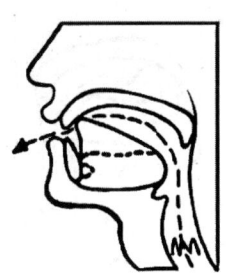

图 5-28 t(a)发音示意图

3.舌尖中阻浊鼻音 n[n]与 a 相拼:na

发音要领:发音前,颧肌上提,唇齿相依,双唇自然打开呈"一"字形,上齿微露,下巴放松;舌尖抵住上齿龈(舌叶接触齿龈桥)完全闭塞构成阻碍;舌体收束,牙关打开,上下磨牙之间有一个筷子头粗细的开度;由于发音时要保持口腔的静态控制,所以软腭和小舌仍要保持上挺,但没有完全堵塞鼻腔通道,舌体后部在不压喉的前提下与小舌保持一定的空间距离;气流振动声带后冲击口腔受阻,转从鼻腔流出,解除阻碍;舌尖(与舌体)迅速由上齿龈向下齿龈(或更下)移动,上口盖平行上提(下巴放松),口腔由半开到开,呈现 a 的开度,此时气流振动声带,发 a 音。从"起音"到"落音"舌体力度不变。例如,拿、哪、那。如图 5-29。

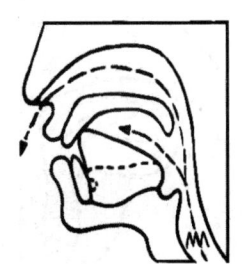

图 5-29 n(a)发音示意图

4.舌尖中阻浊边音 l[l]与ɑ相拼:lɑ

发音要领:发音前,颧肌上提,唇齿相依,双唇自然打开呈"一"字形,上齿微露,下巴放松;舌尖卷起抵住上齿龈后部的齿龈桥构成阻碍;舌体收束,牙关打开,上下磨之间有一个筷子头粗细的开度;同时软腭与小舌上挺,堵住鼻腔通道,舌体后部在不压喉的前提下与小舌保持一定的空间距离;气流振动声带进入口腔后到前部受阻,转从舌体两边流出,解除阻碍;舌尖(与舌体)迅速由齿龈桥向下齿龈(或更下)移动,上口盖平行上提(下巴放松),口腔由半开到开,呈现ɑ的开度,此时气流振动声带,发ɑ音。从"起音"到"落音"舌体力度不变。例如,拉、剌、喇、辣。如图5-30。

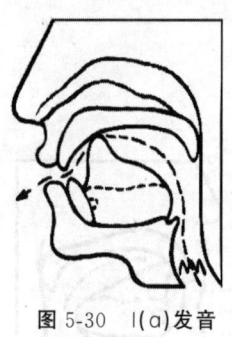

图 5-30　l(ɑ)发音示意图

(五)舌尖后音

普通话辅音声母有4个舌尖后音。

1.舌尖后阻不送气清塞擦音 zh[tʂ]与ɑ相拼:zhɑ

发音要领:发音前,颧肌上提,唇齿相依,双唇自然打开呈"一"字形,上齿微露,下巴放松;舌尖翘起抵住齿龈桥(舌体两边被动接触上磨牙内侧)完全闭塞构成阻碍;舌体收束,牙关打开,上下磨牙之间有一个牙签粗细的开度,触觉感受上下磨牙不接触;同时软腭与小舌上挺,堵住鼻腔通道,舌体后部在不压喉的前提下与小舌保持一定的空间距离;气流不振动声带进入口腔后蓄气,阻塞部位的舌尖与齿龈桥之间形成一个狭窄的缝隙,气流从窄缝中摩擦挤出,解除阻碍;舌尖(与舌体)迅速由齿龈桥向下齿龈(或更下)移动,上口盖平行上提(下巴放松),口腔由闭到开,呈现ɑ的开度,此时气流振动声带,发ɑ音。从"起音"到"落音"舌体力度不变。例如,扎、闸、眨、炸。如图5-31。

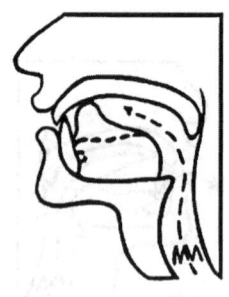

图 5-31　zh(ɑ)发音示意图

2.舌尖后阻送气清塞擦音 ch[tʂ']与ɑ相拼:chɑ

发音要领:发音前,颧肌上提,唇齿相依,双唇自然打开呈"一"字形,上齿微露,下巴放松;舌尖翘起抵住齿龈桥(舌体两边被动接触上磨牙内侧)完全闭塞构成阻碍;舌体收束,牙关打开,上下磨牙之间有一个牙签粗细的开度,触觉感受上下磨牙不接触;同时软腭与小舌上挺,堵住鼻腔通道,舌体后部在不压喉的前提下与小舌保持一定的空间距离;气流不振动声带进入口腔后蓄气,阻塞部位的舌尖与齿龈桥之间形成一个狭窄的缝隙,气流从窄缝中摩擦挤出(气流较强),解除阻碍;舌尖(与舌体)迅速由齿龈桥向下齿龈(或更下)移动,上口盖平行上提(下巴放松),口腔由闭到开,呈现ɑ的开度,此时气流振动声带,发ɑ音。从"起音"到"落音"舌体力度不变。例如,插、查、衩、岔。如图5-32。

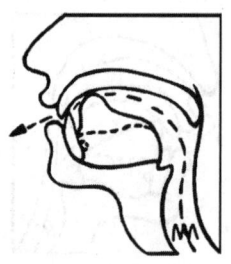

图 5-32　ch(ɑ)发音示意图

3.舌尖后阻清擦音 sh[ʂ]与 a 相拼:sha

发音要领:发音前,颧肌上提,唇齿相依,双唇自然打开呈"一"字形,上齿微露,下巴放松;舌尖翘起与齿龈桥形成一个狭窄的缝隙构成阻碍(舌体两边抵住上磨牙内侧);舌体收束,牙关打开,上下磨牙之间有一个牙签粗细的开度,触觉感受上下磨牙不接触;同时软腭与小舌上挺,堵住鼻腔通道,舌体后部在不压喉的前提下与小舌保持一定的空间距离;气流不振动声带进入口腔后蓄气,从舌尖与齿龈桥之间的窄缝中摩擦挤出,解除阻碍;舌尖(与舌体)迅速由齿龈桥向下齿龈(或更下)移动,上口盖平行上提(下巴放松),口腔由闭到开,呈现 a 的开度,此时气流振动声带,发 a 音。从"起音"到"落音"舌体力度不变。例如,杀、啥、傻、煞。如图 5-33。

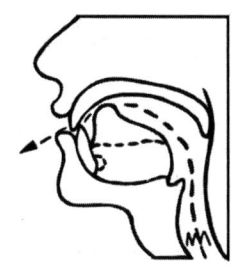

图 5-33　sh(a)发音示意图

4.舌尖后阻浊擦音 r[ʐ]与 a 相拼:ra

发音要领:发音前,颧肌上提,唇齿相依,双唇自然打开呈"一"字形,上齿微露,下巴放松;舌尖翘起与齿龈桥形成一个狭窄的缝隙构成阻碍(舌体两边抵住上磨牙内侧);舌体收束,牙关打开,上下磨牙之间有一个牙签粗细的开度,触觉感受上下磨牙不接触;同时软腭与小舌上挺,堵住鼻腔通道,舌体后部在不压喉的前提下与小舌保持一定的空间距离;气流振动声带后进入口腔,从舌尖与齿龈桥之间的窄缝中摩擦挤出,解除阻碍;舌尖(与舌体)迅速由齿龈桥向下齿龈(或更下)移动,上口盖平行上提(下巴放松),口腔由闭到开,呈现 a 的开度,此时气流振动声带,发 a 音。从"起音"到"落音"舌体力度不变。例如,rā、rá、rǎ、rà(实际无此音,纯为训练)。如图 5-34。

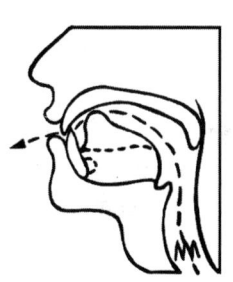

图 5-34　r(a)发音示意图

(六)舌面音

普通话辅音声母有 3 个舌面音。由于普通话舌面音在与 a 拼合时必须有舌面元音 i 作为过渡,因此,在下面的舌面音发音中,唇舌变化较为复杂(属于复元音韵母)。

1.舌面阻不送气清塞擦音 j[tɕ]与 ia 相拼:jia

发音要领:发音前,颧肌上提,唇齿相依,双唇自然打开呈"一"字形,上齿微露,下巴放松;舌尖抵住下齿龈,舌面前部与齿龈桥后(硬腭前部)完全闭塞构成阻碍(舌体两边抵住上磨牙内侧);舌体收束,牙关打开,上下磨牙之间有一个牙签粗细的开度,触觉感受上下齿不接触;同时软腭与小舌上挺,堵住鼻腔通道,舌体后部在不压喉的前提下与小舌保持一定的空间距离;气流不振动声带进入口腔后蓄气,阻塞部位的舌面前部与硬腭前部(齿龈桥后)之间形成一个狭窄的缝隙,气流从窄缝中摩擦挤出,解除阻碍,此时舌

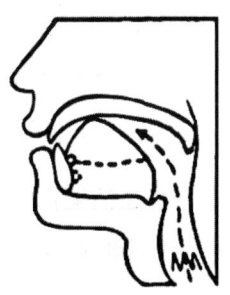

图 5-35　j(ia)发音示意图

体力度迅速由舌面前部的中央部位横向移动至舌面前部的两侧,同时气流振动声带发 i 音,瞬间舌体(力度)再由舌面前部的两侧向下齿龈(或更下)移动,上口盖平行上提(下巴放松),口腔由闭到开,呈现 a 的开度,发 a 音。从"起音"到"落音"舌体力度不变。例如,家、夹、假、嫁。如图 5-35。

2.舌面阻送气清塞擦音 q[tɕ']与 ia 相拼:qia

发音要领:发音前,颧肌上提,唇齿相依,双唇自然打开呈"一"字形,上齿微露,下巴放松;舌尖抵住下齿龈,舌面前部与齿龈桥后(硬腭前部)完全闭塞构成阻碍(舌体两边抵住上磨牙内侧);舌体收束,牙关打开,上下磨牙之间有一个牙签粗细的开度,触觉感受上下齿不接触;同时软腭与小舌上挺,堵住鼻腔通道,舌体后部在不压喉的前提下与小舌保持一定的空间距离;气流不振动声带进入口腔后蓄气,阻塞部位的舌面前部与硬腭前部(齿龈桥后)之间形成一个狭窄的缝隙,气流从窄缝中摩擦挤出(气流较强),解除阻碍,此时舌体力度迅速由舌面前部的中央部位横向移动至舌面前部的两侧,同时气流振动声带发 i 音,瞬间舌体(力度)再由舌面前部的两侧向下齿龈(或更下)移动,上口盖平行上提(下巴放松),口腔由闭到开,呈现 a 的开度,发 a 音。从"起音"到"落音"舌体力度不变。例如,掐、拤、卡、恰。如图 5-36。

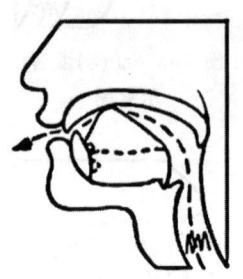

图 5-36　q(ia)发音示意图

3.舌面阻清擦音 x[ɕ]与 ia 相拼:xia

发音要领:发音前,颧肌上提,唇齿相依,双唇自然打开呈"一"字形,上齿微露,下巴放松;舌尖抵住下齿龈,舌面前部接近硬腭前部(齿龈桥后),形成一个狭窄的缝隙构成阻碍(舌体两边抵住上磨牙内侧);舌体收束,牙关打开,上下磨牙之间有一个牙签粗细的开度,触觉感受上下齿不接触;同时软腭与小舌上挺,堵住鼻腔通道,舌体后部在不压喉的前提下与小舌保持一定的空间距离;气流不振动声带进入口腔后(蓄气),从窄缝中摩擦挤出,解除阻碍,此时舌体力度迅速由舌面前部的中央部位横向移动至舌面前部的两侧,同时气流振动声带发 i 音,瞬间舌体(力度)再由舌面前部的两侧向下齿龈(或更下)移动,上口盖平行上提(下巴放松),口腔由闭到开,呈现 a 的开度,发 a 音。从"起音"到"落音"舌体力度不变。例如,瞎、霞、侠、吓。如图 5-37。

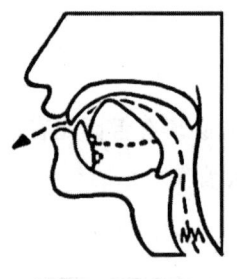

图 5-37　x(ia)发音示意图

(七)舌根音

普通话辅音声母有 3 个舌根音。

1.舌根阻不送气清塞音 g[k]与 a 相拼:ga

发音要领:颧肌上提,唇齿相依,双唇自然打开呈"一"字形,上齿微露,下巴放松;舌尖抵住下齿龈,舌根立起,与软硬腭交界处构成阻碍,舌体收束,牙关打开,上下磨牙之间有一个小拇指粗细的开度;同时软腭与小舌上挺,堵住鼻腔通道,舌体后部在不压喉的前提下与小舌保持一定的空间距离;气流不振动声带进入口腔后蓄气,冲击阻气的舌根,解除阻碍,舌根(与舌体)迅速由软硬腭交界处向下磨牙内侧(或更下)移动,上口盖平行上提(下巴放松、不动),口腔呈现 a 的开度,此时气流振动声带,发 a 音。从"起音"到"落音"舌体力度不变。例如,旮、嘎、尬。如图 5-38。

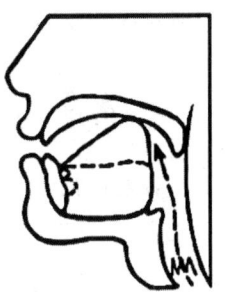

图 5-38 g(a)发音示意图

2.舌根阻送气清塞音 k[k']与 a 相拼:ka

发音要领:颧肌上提,唇齿相依,双唇自然打开呈"一"字形,上齿微露,下巴放松;舌尖抵住下齿龈,舌根立起,与软硬腭交界处构成阻碍,舌体收束,牙关打开,上下磨牙之间有一个小拇指粗细的开度;同时软腭与小舌上挺,堵住鼻腔通道,舌体后部在不压喉的前提下与小舌保持一定的空间距离;气流不振动声带进入口腔后(蓄气),冲击阻气的舌根(气流较强),解除阻碍,舌根(与舌体)迅速由软硬腭交界处向下磨牙内侧(或更下)移动,上口盖平行上提(下巴放松、不动),口腔呈现 a 的开度,此时气流振动声带,发 a 音。从"起音"到"落音"舌体力度不变。例如,喀、咔、胩。如图 5-39。

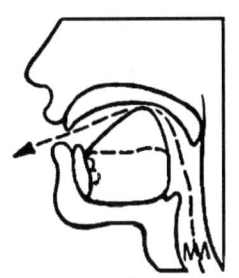

图 5-39 k(a)发音示意图

3.舌根阻清擦音 h[x]与 a 相拼:ha

发音要领:颧肌上提,唇齿相依,双唇自然打开呈"一"字形,上齿微露,下巴放松;舌尖抵住下齿龈,舌根立起接近软硬腭交界处,形成一个狭窄的缝隙构成阻碍,舌体收束,牙关打开,上下磨牙之间有一个小拇指粗细的开度;同时软腭与小舌上挺,堵住鼻腔通道,舌体后部在不压喉的前提下与小舌保持一定的空间距离;气流不振动声带进入口腔后(蓄气),从窄缝中摩擦挤出,解除阻碍,舌根(与舌体)迅速由软硬腭交界处向下磨牙内侧(或更下)移动,上口盖平行上提(下巴放松、不动),口腔呈现 a 的开度,此时气流振动声带,发 a 音。从"起音"到"落音"舌体力度不变。例如,哈、蛤。如图 5-40。

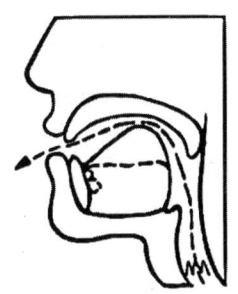

图 5-40 h(a)发音示意图

第五节 口腔静态控制与声母发音发声训练

口腔控制训练是学习语言艺术的最主要内容,唇舌力度的加强是进行口腔控制及吐字准确、清晰训练的重中之重,一定要运用正确的训练方法才行。口腔控制训练和语音密切相关,是在语音标准基础上的对美的追求的训练,它离不开各种感觉器官的密切配合,要在听觉、视觉、触觉等器官灵敏反应的"监督"下,回忆、调整、感受甚至刺激发音中咬字器官的动觉过程。要结合前面所讲与后面训练方法及"提示",融会贯通,综合运用。

一、发音器官控制训练

普通话播音发声中,唇舌的作用直接关系到吐字归音的力度。生活语言中有些人唇舌无力,说话时咬字器官根本不活动或者说不用力,以为张大嘴就能增加音量,结果"满嘴是舌",靠"声音"说话,而有些人虽然唇舌有力但不集中,发音"满脸跑嘴",所以刚入门的初学者需要经过刻意的训练后唇舌肌肉才能被"激活",才能在发音中形成一定的"记忆"。如果我们用手触碰身旁一位职业运动员的大臂,就会感觉肌肉非常结实、有力,正是因为他们有了一定锻炼量的积累。而我们的发音器官也需要经过训练使其形成正确的记忆。例如颧肌与软腭在播音主持艺术发声中属于可调整的发音器官,需要经过严格的训练,以满足吐字归音的要求。

(一)颧肌控制训练

相由心生,意为一个人的内心活动会影响他的外在表情(面相)。作为传递信息的播音员、主持人,要始终保持积极的表达状态,除了"以情带声"及心理情感的支撑外,视觉形象的建立也离不开一些技巧的运用。就像心理学上的"具身认知",用生理体验激活心理感受。例如不能因为稿件内容的悲伤和沉痛,播音员、主持人的面部肌肉(颧肌)走向就集体下懈、慵懒,丢失积极的表达状态。就像房子的门面一样,不能因为房子结实就不讲究样式和装潢。同理,一个人即使舞蹈感觉再好,没有经过高难度的技巧训练,照样不能表现出唯美的舞姿。颧肌的特殊训练亦如此。

1. **心理变化情境训练**

用手触摸颧肌,感受因不同心理活动引起的颧肌上下起伏及面部肌肉走向随即改变的视觉效果。设计语境,调动情感。

2. **意识察觉情境训练**

用小镜子观察面部肌肉向上提起后的状态,有意识地与上口盖一起平行向上提起并保持。设计语境,调动情感,反复进行。

3. **提示**

(1)由于人们说话时面部肌肉都是随着情感表达的变化而变化的,所以很多人从来没有刻意关注过颧肌。在初期训练中,提颧肌的着力点不正确,容易导致唇角向后咧,甚至皱眉、挤眼等问题,应注意随时、及时调整与控制。判断提颧肌最基本的方法,即尖牙(虎牙)是否能被看到,上唇是否保持"一字型"。

(2)怎样在发合口呼、撮口呼时颧肌依然能保持上提是训练的重点。

(3)开始会因控制不住面部肌肉而使之发抖、僵硬,随着训练的增加,面部肌肉控制会慢慢趋于自然。

(二)舌体控制训练

舌是发音中最积极灵活的一个器官。正像一个舞蹈演员要先经过劈叉、下腰,绘画要先经过写生、素描等枯燥的基础训练一样,舌,尤其是舌尖,就像芭蕾舞演员的脚尖一样,要有力量,要能支撑起身体在舞蹈中各种舞姿的动态变化。舌尖没有力量,或力量不稳定,舌体的所谓"收束"就会变为"蜷缩",在发音中就会没有依靠,就会松软、慵懒,声音就没有美感。工欲善其事,必先利其器。舌的力度、灵活性、稳定性,需要经过特别的训练才能得以完成。如图5-41。

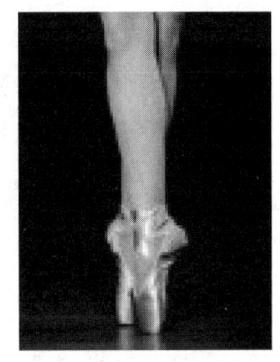

图5-41 "舌尖"力度

1.伸、探、立舌情境训练

● 情境设计:状态积极地进行伸舌训练。伸舌旨在加强舌体(肌肉)的收束感、灵活性及舌尖的控制力。打开口腔(提颧肌、打牙关、挺软腭、松下巴),用镜子、手电观察小舌与舌体后部,使其保持一定的空间距离;舌体在离开门齿的前提下,没有依靠地积极主动向外、向前伸,舌体伸得越瘦、越长、越尖越好,舌体平行控制越稳定越好;用意念使舌尖穿过镜子,如图5-43所示。之后再用意念试图使舌尖用力向上够鼻尖,用力向下够下巴。

伸舌、探舌、弹舌、立舌等视频示范

● 情境设计:状态积极地进行探舌训练。探舌旨在加强舌根的力度、舌体中纵线"正中沟"的力度,即将"正中沟"变为"正中脊",利于发后鼻音和进一步束舌。打开口腔(提颧肌、打牙关、挺软腭、松下巴);舌尖抵住下齿龈,让舌后部尽量向外探,力量集中在舌的中纵线上,由"舌沟"变为"舌脊",并呈"跪式";上门齿(一定要)离开舌面,舌中纵线探得越高越好,呈脊梁状,舌体两侧呈"峭壁"状,如图5-45所示。设计语境,调动情感。

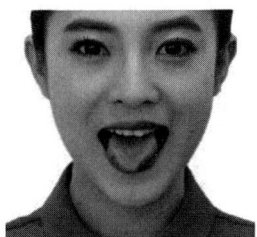 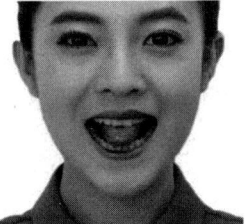 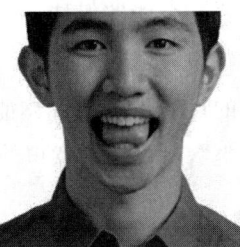 

图5-42 伸舌反例　　图5-43 伸舌正例　　图5-44 探舌反例　　图5-45 探舌正例

● 情境设计:状态积极地进行立舌训练。立舌主要是为了锻炼舌体的灵活性。打开口腔(提颧肌、打牙关、挺软腭、松下巴);舌尖相对控制在下齿龈处,舌体收束呈垂直立起状;在舌体左右翻转垂直立起的同时,下巴控制不动。刚开始练习时,大脑指挥不了舌体,甚至需要外力帮助其立起,随着控制意识的提高,舌体会逐渐灵活。

2. 弹、绕、顶舌情境训练

● 情境设计：状态积极、感情充沛地进行弹舌训练。弹舌主要训练舌尖的力度，利于舌尖音发音的清晰、灵活。打开口腔（提颧肌、打牙关、挺软腭、松下巴）；同时舌尖抵住上齿龈，声带打开不要闭合；气流蓄满口腔并冲击舌尖与上齿龈构成阻碍的部位，弹发打响；舌尖瞬间抵在下齿龈（或更下方），舌体呈发"da"的运动状态（声带不闭合，不产生乐音）。

● 情境设计：状态积极、感情充沛地进行绕舌训练。绕舌同样是为了训练舌体的灵活性。打开口腔（提颧肌、打牙关、挺软腭、松下巴）；唇部肌肉呈横向闭合；舌尖抵住上下唇内侧，做顺时针或逆时针360度环绕，并交替进行，反复练习。

● 情境设计：状态积极、感情充沛地进行顶舌训练。顶舌主要训练舌尖的力度。打开口腔（提颧肌、打牙关、挺软腭、松下巴）；唇部肌肉呈横向闭合；舌尖抵住左内颊，用力顶，可把舌尖想象成针尖，用力去扎破口腔这个气球。再用舌尖顶住右内颊，做同样练习。左右交替，反复练习。

3. 提示

（1）伸舌和探舌的力度训练最为关键，训练中要注意上门齿与舌面应保持一定的空间距离。开始训练伸舌，舌体不能控制在平直前伸的状态，试用一件物品（牙签或笔）放在舌尖前面，意识控制（引诱）舌尖用力前伸与物品接触。刚开始做探舌训练时，可以用牙签刺激舌根，寻找触觉感受，增强舌根力度；也可以用舌面向前伸时与上齿的对抗寻找力度，之后上齿离开舌面，加强舌体的自控力。

（2）训练过程中切不可忽视镜子、手电的作用，借助这些工具观察、对照与调整，定会起到意想不到的效果。

（3）一切训练内容都要在口腔静态控制提、打、挺、松的基础上进行。为了让牙关打开，可在后磨牙中间放置一个能够保持一定空间距离的硬物（例如坚果或一小节牙签），再进行训练。

（4）训练舌体力度的目的是要使舌体能随吐字归音的要求灵活变化，即让舌在口腔内自如地进行"仰卧起坐"，所以控制意识的培养是前提。

（三）唇部控制训练

唇是吐字归音的第一道大门，唇的力度不够不仅影响发音、共鸣，而且还会"跑、漏"气息，甚至影响表情及形象。采用以下方法，可起到加强唇部力量的作用。

1. 聚、转唇情境训练

● 情境设计：状态积极地进行聚唇训练。聚唇主要训练双唇肌肉的横向控制与力度。训练时打开口腔（提颧肌、打牙关、挺软腭、松下巴）；舌尖抵住下齿龈，唇齿相依，双唇肌肉集中于唇的中央三分之一处，形成

聚唇、转唇、喷唇、圆唇视频示范

一合一开的控制状态。如图 5-47。反复练习。

● 情境设计：状态积极地进行转唇训练。转唇主要训练双唇的灵活性，增加唇部的肌肉紧张度。训练时打开口腔（提颧肌、打牙关、挺软腭、松下巴）；舌尖抵住下齿龈，唇齿相依，双唇肌肉集中于唇的中央三分之一处，顺时针转 360 度，逆时针转 360 度。反复练习。

图 5-46　聚唇反例　　图 5-47　聚唇正例　　图 5-48　圆唇反例　　图 5-49　圆唇正例

2. 喷、圆唇情境训练

● 情境设计：状态积极地进行喷唇训练。训练双唇的弹发力度，增加双唇音的发音力度。训练时打开口腔（提颧肌、打牙关、挺软腭、松下巴）；舌尖抵住下齿龈，唇齿相依，双唇肌肉横向集中于唇中央三分之一处，声带打开不要闭合，气流蓄满口腔并冲击双唇成阻的部位弹发打响，双唇有控制地打开，舌体呈发"pa"的运动状态。反复练习。

● 情境设计：状态积极地进行圆唇训练。训练双唇肌肉呈横向半开圆形的"o"状，增加双唇在动态下的肌肉控制力度。训练时打开口腔（提颧肌、打牙关、挺软腭、松下巴）；舌尖抵住下齿龈，唇齿相依，声带打开不要闭合，双唇肌肉横向集中于唇中央三分之一处，双唇肌肉横向运动由开到半开圆形的"o"状，上下唇内形呈橄榄状。如图 5-49。反复练习。

3. 提示

（1）在进行视觉调整、听觉判断的同时，也可采用触觉感受的方式，即用手指感觉双唇的瞬间变化，以促进唇中部力度的加强。

（2）聚唇练习在松唇时唇角不要过于开咧，自然放松即可；转唇时要注意力量集中，防止"散唇"。

（3）在练习时唇与齿要相互依靠。如果口腔的静态控制到位，就会避免唇齿分家。

（4）圆唇训练不好掌握，要结合"o"音发音要领，清晰、准确控制过程。

（四）软腭控制训练

软腭的挺立与否直接关系到声音色彩，如果挺立不够，会产生鼻音，导致声音美感缺失,甚至影响字音清晰。采用以下方法,可起到加强软腭与小舌肌肉力量弹性的作用。

1. 生理反应情境训练

● 情境设计:状态积极,感情充沛。体会打哈欠快结束的感觉,气息还没吐尽,下颌已经有所收回,但牙关还没完全闭合,此时正是软腭上挺的状态。用镜子和手电筒观察,控制并保持住这样的状态。或者深吸一口气观察小舌的变化,一般情况下此时小舌会挺起。

图 5-50　开口腔 a 反例　　　　　图 5-51　开口腔 a 正例

2. 感官刺激情境训练

● 情境设计:状态积极,口腔在保持"提颧肌、打牙关、松下巴"的前提下,用手电筒照射口腔后部,视觉调整软腭向上挺起。必要时采用筷子、牙签等硬物刺激小舌与舌体后部,激活软腭使其带动小舌向上、舌后部收束,使小舌与舌体后部保持一定的空间距离。同时要注意颧肌上提,下巴不要用力,头不要上仰(如图 5-51)。

3. 提示

(1)每个人的语言习惯、生活习惯及性格特点不同,说话时的口腔开度也不一。所以软腭的训练难度有所不同,改变软腭原有慵懒习惯的训练时间也不一。关键在于是否有信心、有韧劲坚持训练。感性调动也好,理性控制也罢,只要坚持,就一定能做到。

(2)在挺软腭时,首先要保证舌尖抵住下齿龈,舌体呈瘦长形,防止舌蜷缩在后部。

(3)初学者一定要通过镜子、手电及必要的物品进行触觉刺激和视觉调整。

二、口腔静态控制与零声母训练

正确掌握口腔的静态控制和把握声母的准确位置是本节训练的主要目的,发音器官肌肉的紧张点与成阻位置要一致。由于长期的口腔发音习惯已养成,矫正过程中,有时并不能根据自己的主观意志准确把握着力点。加之,刚开始训练,正确的听觉习惯还没养成,所以学习者一定不要急于求成,从无声控制到有声训练,从一个音素到一个音节、一个词,循序渐进。尽快学会灵活运用感觉器官判断与调整,尤其要提高听觉判断力,以符合口耳之学的训练要求。

前面讲过"央低不圆唇开元音零声母 a"的口腔开度是所有音素里最大的一个,为了改善和提高吐字归音的口腔环境,静态控制可先用"a"音的口腔状态来进行调整,以起到触类旁通的作用。

(一)理性控制训练

为了寻找正确的口腔控制状态,可先采用被动的、强制性的调整办法来促进技巧的掌握。

1. 视觉调整情境训练

● 情境设计:状态积极,情绪饱满。用镜子和手电对照口腔,观察口腔内的软腭上提程度、牙关开度、舌体力度、双唇控制等变化,进行口腔的静态控制调整。如图 5-52、5-53。

图 5-52　开口腔 a 正例

图 5-53　开口腔 a 正例

2. 触觉感受情境训练

● 情境设计:状态积极,情绪饱满。用手背抵住下颌体会打开口腔,以手背的浮动感判断下巴用力与否,强迫下巴放松、不动,主动调整上口盖。领会"开口如半打哈欠,闭口如啃苹果"的状态,使上口盖平行上提。

在训练时如果前面有桌子,可采用双臂肘关节支撑在桌子上,手心朝下,手背支撑住下颌,平视前方,进行口腔的控制训练;也可采用双手食指按在耳屏前,感受开口腔的上下颌动作。如果是上口盖平行上提,食指感受下颌骨动作不大,其口腔开度是正确的,如图 5-55 所示;如果食指感受下颌骨运动幅度很大,那么就说明下巴用力了,口腔开度是不正确的,如图 5-54 所示。所以上口盖积极平行上提是口腔静态控制的关键。

3. 提示

(1)采用被动训练是为了避免初期训练阶段的顾此失彼。训练时,在视觉调整的过程中,要注意掌握理性控制的要领,学会"透视",用心感受。

(2)根据声音的物理性特点,口腔腔壁及咬字器官的力度决定了声音的亮度,所以要在迅速调动情感的基础上,以情束舌、以情开腔,并通过视觉与触觉,敏锐判断下颌的主动与从动的活动方式,及时进行调整。

图 5-54　开口腔 a 反例　　　　图 5-55　开口腔 a 正例

（3）有的初学者开始训练前没有正确理解打开口腔的要领，用抬头、张嘴、掉下巴的方式练习打开口腔，如图 5-50 所示；如图 5-54，虽然颧肌提起了，但是下巴仍在主动下掉，同样事倍功半。因为嘴张得越大，后声腔就越小，口腔形状的"喇叭口"就越明显，离吐字归音的口腔控制要求也就越远。所以，掌握"内大外小，内开外闭"正确的打开口腔训练方法非常重要。

（4）判断颧肌是否上提的最直接方式，就是观察上唇是不是"一"字形。如果看不到"第一尖牙"（带中切牙，即门齿向后数第 4 颗牙齿），就说明颧肌有所下垂，看不到"尖牙"（带中切牙，即门齿向后数第 3 颗），就说明颧肌下垂明显了。当然，不能为露出"第一尖牙"而咧唇（帮倒忙），如正例图 5-52、5-53、5-55 所示。

（5）通过观察和调整门齿之间的空间距离（"a"的上下后磨牙开度是一个小拇指粗细的空间距离，那么前门齿上下空间不能宽于一个小拇指粗细），保持下巴放松的状态。在舌体力度还不能做到理性控制的情况下，下巴会主动下掉"帮倒忙"，因此，训练过程也是一个培养意志力的过程。

（6）在开始训练时一定不要发声，尤其在软腭没有提起时不要发声，待视觉调整口腔的静态控制正确后再发声，否则会导致声带与唇舌及口腔的肌肉不协调，损坏声带。

（二）感性调动训练

可利用生活常态设计一个语境，结合气息，以发"啊"的方式进行各种感情的调动与抒发，带动提颧肌、打牙关、挺软腭、松下巴，以达到训练口腔静态控制的目的。

1. 对话情境训练

● 情境设计：想象自己看到或听到一件非常感人或非常惊讶的事情，用不同声调、不同的语气，采用积极、兴奋、激动、感动、赞叹、催促、嘱咐等情绪发"啊"音。随着情绪的变化，口腔逐渐闭合。在发"啊"的过程中用小镜子观察口腔内舌体的变化和唇的控制。反复练习。

啊？（你说什么？）疑问或反问。

啊？（这是怎么回事？）疑惑不解的。

啊！（这花多好啊！）赞叹或惊异的。

啊！（真伟大啊！）赞叹的。

啊 ā（是啊！）应诺或醒悟。

啊 á（什么？）没听明白。

啊 ǎ（原来是这样啊！）原来如此。

啊 à（总算结束了！）松了一口气。

图 5-56 "啊"情境训练正例

2.演唱情境训练

● 情境设计：采用一段熟悉的旋律或者简单且耳熟能详的歌曲用发"啊"音演唱，例如《生日歌》。想象同宿舍的同学或者家人、朋友过生日，你热情积极地用发"啊"音的口腔静态控制送上自己由衷的祝福……

口腔静态控制（无声换气）示范及《生日歌》相关练习

3．提示

（1）许多初学者因为发"啊"音时的情绪调动和声调变化，导致颧肌、唇舌、喉部等发音发声器官肌肉相互产生影响，就像人因为生活状态和情绪的改变而导致居住的"房子"也随之移动或变形一样。在训练中要特别注意观察，迅速捕捉发"啊"音时口腔、腔内舌体及下颌的刹那间改变，并做相应调整，控制其稳定状态。

（2）口腔静态控制的训练方法并不是只有以上几种，也不是这几种方法只适合训练口腔的静态控制，训练时要注意所学知识的综合运用。例如每个训练内容与过程都不能忽略气息的运用。

（3）结合气息演唱"啊"音时，只有旋律（声带松紧）变化，注意唇舌不能松动。

（4）"a（啊）"音训练应始终伴随专业学习。"a"是普通话里开口度最大的元音，乐音成分最丰富。发好它是学习播音发声的关键，所以应结合"a"音，反复训练，同时提高气息的控制能力。

（5）有很多著名的播音员、主持人并没有经过此阶段的学习与训练，却能给人以听觉享受，其原因有：第一，先天语言悟性高；第二，从小语言环境好；第三，实践摸索、积累多。基础训练像建房子打桩，虽然枯燥、乏味，但是必须结实、牢固。

（三）零声母音节训练

零声母由元音充当，但在实际发音中，元音充当零声母音节与作为元音发音却有着力度的区别。由于零声母（舌面元音）中的 a、o、e、i、ü、u 在普通话语音中的特殊位置及作用，因此，以 6 个零声母（舌面元音）为基础进行口腔的静态控制训练，是学习有声语言艺术发声的必经阶段，即便是在将来的日常工作中，也须勤加练习。

在普通话语音中,a、o、e属于开元音零声母,i、ü、u属于半元音零声母。半元音零声母发音时舌位(舌体的着力点)高,着力点靠前。发开元音零声母音节要结合口腔的静态控制要求,唇形、喉部要适度紧张,但不能造成压喉现象,否则反而会影响发声。零声母音节起音时唇舌的力度是发好零声母音的关键。舌位力度要相对加大,防止造成与前一个音节合而为一的现象。特别注意在没有进行共鸣和声音弹性学习之前,不要盲目出声"高喊",唇舌着力点准确后再结合气息寻找"话声区"发音发声。

ê作为前半低不圆唇开元音零声母,只有"欸"一个音节,此处训练省略。ê作为韵母,会在"口腔与韵母"一章中进行阐述与训练。

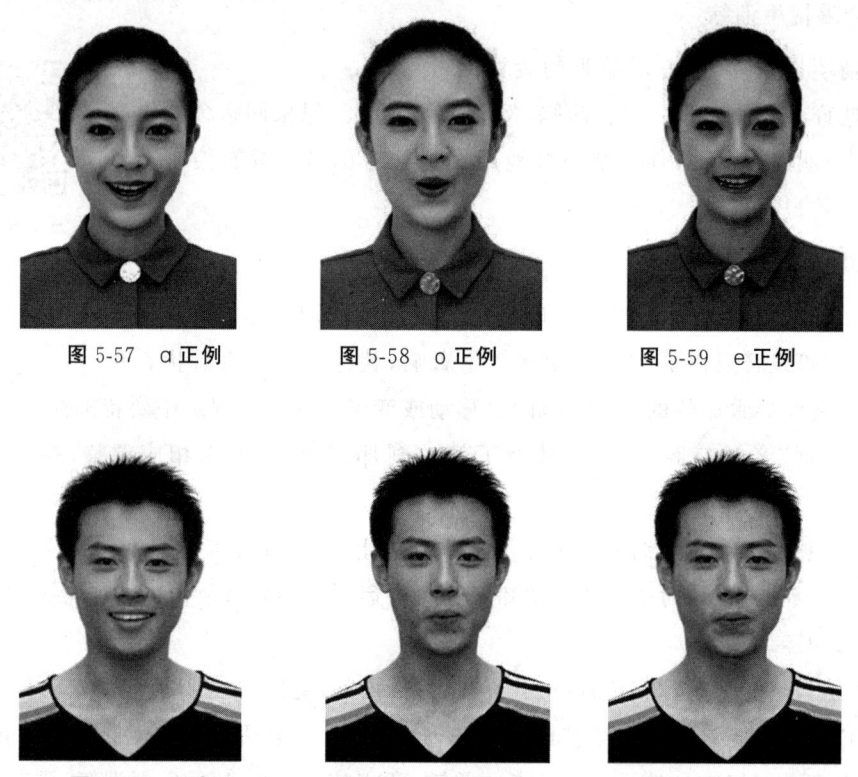

图 5-57　a 正例　　　　图 5-58　o 正例　　　　图 5-59　e 正例

图 5-60　i 正例　　　　图 5-61　ü 正例　　　　图 5-62　u 正例

1. 对话情境训练

● 情境设计:平视前方寻找一个固定的物体,发音时想象此物体是有生命的动物或自己的好朋友,通过发元音与之交流。要状态积极,情绪饱满,满怀热情。结合气息、口腔的静态控制,发一个音用一口气,并想象发一个零声母音与"朋友"说一段话……也可一口气连发 6 个零声母音。想象这个"故事"讲得比上一个更丰富、更生动。采用不同的语气,反复练习。

啊 a……喔 o……鹅 e……咦 i……吁 ü……呜 u……

● 情境设计:用疑问与感叹的语气对零声母叠音词进行训练,结合气息反复练习。

谚谚　污物　无物　无误　一一　依依　意义　异议　熠熠　疑义　奕奕

意译　翼翼　薏苡　移易　移译　佗佗　郁郁　玉宇　寓于　余裕　喝喝

2. 演唱情境训练

● 情境设计：调动情感、结合气息、设计基调用有旋律的音阶演唱 6 个零声母音。

(吸气)a……　(换气)o……　(换气)e……　(换气)i……

(换气)ü……　(换气)u……　(换气)a……　(换气)o……

(换气)e……　(换气)i……　(换气)ü……　(换气)u……

零声母示范视频及零声母配音阶演唱曲谱

● 情境设计：运用歌曲《小燕子》的旋律演唱 6 个零声母，并要求带上情感，将歌曲中体现人与动物共处地球家园的真诚、和谐与温馨表现出来。

a……o……e……i……ü……u……

《小燕子》相关练习

(四)零声母辨正训练

零声母由元音承担，训练中根据每个零声母发音的着力点(舌位)、唇形圆展及口腔开度寻找相互之间的对比关系，进行有针对性的强化训练。

1. 字词情境训练

● 情境设计：a—i　e—ü　ü—e　e—i　i—e(er)

阿姨　阿谀　恶语　鳄鱼　余额　逾额　恶意　遏抑　一二　而已

● 情境设计：u—i　i—u　i—ü　ü—i　u—ü　ü—u

无疑　武艺　无益　无异　物议　无遗

五一　义务　衣物　异物　医务　遗物

抑郁　易于　异域　呓语　一隅　逸豫

予以　语意　雨衣　寓意　羽翼　恩意

喻义　浴衣　雨意　物语　物欲　吴语

乌鱼　无余　屋宇　雨雾　御侮

图 5-63　"o"情境训练正例

2. 词组情境训练

● 情境设计：理解每一个四字词的词义，调动情感，结合气息，慢速有控制地发音。

以物易物　一五一十　羽翼已成　依依不舍　余额不足

一无是处　无恶不作　阿谀奉迎　无一例外　物以类聚

无以复加　郁郁寡欢　无依无靠　于无声处　浑浑噩噩

● 情境设计：选择熟悉的、旋律简单的歌曲谱子，采用以上四字词歌唱，调动情感，结合气息与口腔的静、动态控制进行。例如《新年好》。

《新年好》相关练习

3.提示

(1)训练中要扎紧腰带,结合气息控制,例如双音节与四音节词不能在音节间换气形成"字化";触觉感受,例如发"o"音时可用手指感受上唇运动方向与力度;视觉调整,例如a、o、e训练时用镜子辅助调整;听觉判断,例如i、ü、u除了视觉、触觉外,还可靠耳朵纠正(是否挤压喉部或者声音位置靠后)。

(2)6个零声母(元音)发音时要注意把握口腔后部的开度与舌位着力点(舌前部)力度的关系。之所以将舌面元音列在声母一章内,并且出现在辅音声母前面,目的是根据零声母的发音要求,便于训练打开口腔的同时增强唇舌力度。初期训练口腔开度要正确把握,唇舌力度不怕"过犹不及"。

图 5-64　i 舌体松软(反例)

(3)无论发任何音,舌体都要收束在上下齿内,不能因为发音而让舌体向齿外溢出,发音中起码不能让对方看到"大舌面"(如图 5-64)。

(4)发 o 音时,由于受之前发音习惯的影响,开始时唇会发抖不受控制,尤其在发音即将结束时容易松唇、咧唇,因此,可采用意识控制与视觉调整的方式,使鼻翼侧下方的"提上唇肌"主动积极,上下唇(口轮咂肌)呈"一"字形运动,横向集中到唇中央呈半开的圆形,颧肌仍保持静态上提不下垂,如图 5-58。同时强调发音不结束双唇不能松动,力争做到即使声音结束,双唇也能有意保持一定时间不松动,以便体会唇部力量的稳定控制。

(5)要注意避免提颧肌发 a、e、i 音时,为了追求唇齿相依、上唇呈"一"字形,结果造成唇角用力外咧的问题。所以要正确理解"相对控制与运动"。

(6)初学者在后声腔开度还不够稳定的情况下,发 e 音时着力点很难找到,舌后部容易上提与小舌接触。由于发音器官各肌肉在运动中的相互影响,当阳平声调由低向高时,声带肌肉由松到紧,舌位也会随之从低到高,堵住后声腔的发声通道。建议采用"以毒攻毒"训练法,结合阳平声调发"鹅、鹅、鹅",寻找 e 音的着力点。用镜子与手电边观察边着力,反复(用气)发"鹅"音,使舌后部与小舌能保持一定的空间距离。在发音中,舌后部不得不动,但不能大幅度动,尽量控制为微动。

图 5-65　ü、u 唇角着力(反例)

(7)零声母发音时舌尖都要抵住下齿龈。由于 u 音舌位高,又是合口呼,音色比其他元音暗淡,发音时要特别注意舌前部力度,做到"后音前发"。在生活语流中遇到"u"音时,舌尖未必能抵到下齿龈,但在最初的音素、音节个体训练时,要有意使舌尖抵到下齿龈,让舌体保持收束的状态。用听觉判断声音是否通畅、明亮,声位是否在"硬腭前部"。

(8)将拇指和食指放在上唇两端,用触觉感受发 u、ü 时前唇的肌肉是否由两边向唇中央三分之一处集中。生活语言发 u 音时,

唇中央的力度较之 ü 音要大一些，由于 ü 音的舌位是"前高"，所以影响唇角的力度较之 u 音要稍大一些。但是在艺术语言表达中，唇舌运动不应相互影响，u 和 ü 的唇形要保持同样形状与力度。同时颧肌要保持上提，面部肌肉要呈反方向运动，视觉观察双唇是否出现褶皱。发 ü 前先发 u，唇形不变再发 ü，或者发 ü 前找到"i"的着力点再撮唇发 ü。

（9）零声母中 i 与 ü 舌位着力点、口腔开度相同，o 与 e 舌位着力点、口腔开度相同，唇形圆展不同；u 与 o、e 的口腔开度基本相同，唇形不同；u 与 ü 的唇形控制相同，舌位（着力点）不同。找准异同点，进行有针对性的训练。

三、口腔静态控制与辅音声母训练

至此，口腔的静态控制与唇舌力度的控制意识及状态已基本建立，本阶段的主要训练任务是准确的发音位置和在与单元音拼合时口腔静态控制关系的处理。普通话的 21 个辅音声母，每一组都有各自不同的发音特点，需要从发声的角度，结合口腔、唇舌、气息控制进行综合训练。那么，怎样在确定声母发音位置的基础上，进一步使辅音声母的成阻部位呈点状接触，做到清晰、集中、精准，怎样将声母位置与口腔控制及唇舌力度有机结合，发音中保持"后面开度，前面力度"的口腔状态，即符合有声语言表达的艺术要求，还需要经过科学、合理的训练，体会"音素与音素"相拼后不同着力点的肌肉变化，明确发音位置，分清发音方法，集中发音力度，掌握声母发音。

（一）辅音声母拼 a 训练

针对前面声母发音的要领，将每一个辅音声母与开元音 a 相拼合（a 此处充当了单元音韵母的作用）训练，结合口腔静态控制"提、打、挺、松"要领，设计情境，进行"对话"练习。虽然音素过渡（音节）唇舌变化简单，由于组成语句后产生了语言环境，初学者特别容易顾此失彼，丢失对口腔与唇舌的控制，导致发音发声向方言音"回归"。例如舌尖对于初学者来说，是一个非常难控制的部位。即使在整个音节发音中舌尖不参与发音，同样要抵在下齿龈并保持一定力度，否则，随着音节中不同音素发音着力点的变化，声音会前后游离、惨不忍听。就像人如果双脚不稳定，上身及肢体动作就不会灵活，更谈不上优美。因此，舌尖抵在下齿龈的作用不容忽视。刚开始这一阶段训练，理性分析、慢速调控

图 5-66　双唇音反例　　图 5-67　双唇音正例　　图 5-68　唇齿音反例　　图 5-69　唇齿音正例

很关键。可用触觉感受,借助手电、镜子观察,由简到繁,由音素到词到句。为防止唇舌肌肉与喉部声带肌肉相互影响,此阶段先采用阴平声调练习,随着口腔肌肉控制力的逐渐加强,再结合其他声调的词句进行训练。

1.对话情境训练

● 情境设计:找准每一组声母音的发音位置,将每一个声母与 a 相拼的发音都想象为一个汉字,并透过此汉字进行联想对话。

双唇(齿)音:ba—pa—ma—fa—?!　　舌尖前音:za—ca—sa—?!
舌尖中音:da—ta—na—la—?!　　　舌尖后音:zha—cha—sha—ra—?!
舌面音:jia—qia—xia—?!　　　　　舌根音:ga—ka—ha—?!

图 5-70　舌尖前音反例　　图 5-71　舌尖前音正例　　图 5-72　舌尖中音反例　　图 5-73　舌尖中音正例

● 情境设计:一边根据声母与 a 相拼的发音调整口腔与唇舌的着力点,一边通过字义联想……

八 ba?!　啪 pa?!　妈 ma?!　发 fa?!　咂 za?!　擦 ca?!　仨 sa?!
搭 da?!　塌 ta?!　哪 na?!　拉 la?!　楂 zha?!　插 cha?!　杀 sha?!
ra?!　家 jia?!　掐 qia?!　瞎 xia?!　旮 ga?!　喀 ka?!　哈 ha?!

   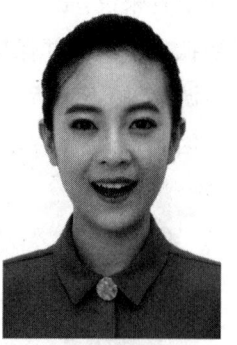

图 5-74　舌尖后音、舌面音反例　　图 5-75　舌尖后音、舌面音正例　　图 5-76　舌尖后音反例　　图 5-77　舌根音正例

2.演唱情境训练

● 情境设计:将21个辅音声母(拼a)用音阶调动情感、结合气息、设计基调演唱。

(吸气)ba pa ma fa……　(换气)za ca sa……

(换气)da ta na la……　(换气)zha cha sha ra……

(换气)jia qia xia……　(换气)ga ka ha……

辅音声母拼a音示范及音阶演唱曲谱

找一段自己熟悉的歌曲,把握基调,调动情感,用每一组辅音声母拼a音演唱,例如《大海啊,故乡》。

《大海啊,故乡》相关练习

3. 提示

(1)ba、pa、ma、fa发音时,首先要使口腔和舌呈a的静态开度及力度,此时颧肌依然要保持静态上提,再控制双唇肌肉横向集中至唇中央,强调口轮咂肌呈"一"字形、现褶皱状。如图-67。不能因为唇部动作而导致颧肌下垂。解除阻碍后双唇打开时仍要保持一定的控制,不能因为双唇的开合而影响口腔开度与舌体力度。因此,颧肌肌肉与唇部肌肉及舌体肌肉要协调控制。在双唇还未形成正确的肌肉运动走向时,不要发声。

(2)普通话语音书中讲z、c、s舌尖前音的发音部位是舌尖抵住上齿背。实践证明,舌尖抵住下齿背,舌叶与上齿龈后部接触或接近构成阻碍,发音时不容易产生噪音,更符合话筒前的声音控制要求。z、c、s发音结束后与a相拼,舌尖应迅速移至下齿龈,为强调舌体力度,舌尖甚至移至更下方,同时上口盖主动平行上提,由闭到开,保证起音与落音上齿都在下齿前面。

(3)d、t、n、l(zh、ch、sh、r)辅音声母与a相拼,在成阻时牙关也要保持a的开度不变,因此舌尖要积极主动上抵到上齿龈。除阻发a音时,舌尖要沿着上齿龈和下齿背,迅速回归到"栖息地"——下齿龈或更下方,否则舌尖无意识自然后缩,会导致发a音的舌尖没有着落,舌体"后坐",声音浑浊,或压喉。传统语音学强调d、t、n舌尖中音发音时,舌尖与上齿龈构成阻碍。为了避免舌体前倾或舌背外露,所谓的"舌尖"不是舌的横断面的"尖"。准确地说,是舌叶前部(舌面最前端)与上齿龈相对抗的过程。如果五指并拢用手掌比作舌体,中指的指腹就是舌尖,是与上齿龈构成阻碍的位置。如果是中指指甲盖抵住了上齿龈,就是舌背面在与上齿龈构成阻碍,说明舌体后部没有做到后收,应尽快调整并加强舌尖力度。发l边音时,实际发音位置比d、t、n的发音位置靠后,舌尖应抵住上齿龈后部,即齿龈桥处(与舌尖后音位置相近),使舌体前部形成一个微卷的状态,便于气流从舌体两边流出。

(4)很多从业者在zh、ch、sh、r翘舌音与j、q、x舌面音发音时,唇角帮倒忙,参与发音。这个问题非常影响口腔开度与音色,甚至影响形象。要加强舌尖与舌面前部的力度训练,放松唇角。如图5-74、图5-76。

(5) 注意 f、x、s、sh、h 的擦音时间及气、音要同步。x 在发音位置的摩擦时间相对较长，尤其要注意不能影响话筒前的音质。f 是擦音中可以延长音值最短的一个，也是形成发音通道(部位)最短、最窄的一个，要注意气流与声音的配合，防止气比音先行，造成漏气的"呲呲"声。防止成阻部位上齿裹下唇发音。在上齿尖与下唇内缘构成阻碍时，即使上唇并不参与运动，在初期个体音素与音节训练时，也要使上唇肌肉由两边向唇中央集中，如图 5-69。

(6) 有许多学习者发 j、q、x 舌面音时，发音位置都靠前，形成舌叶发音的习惯，听觉感受嘈杂、刺耳。纠正方法是：先伸舌，后用牙签等尖锐物件在正确的舌面音发音位置着力划一下，借助划痕处的微痛感找到舌面音的发音位置；或者将舌伸出口外，保持瘦长形且有一定的力度后，用上门齿咬舌，被门齿咬的那个位置就是舌面音的发音部位。之后再将舌尖抵住下齿龈(甚至再靠下)，使舌面前部被划处(被咬处)与硬腭前部构成阻碍(舌收束在上下齿内)。此时要保证口腔的控制状态为上齿在下齿前面(防止下巴主动前倾)，发 j、q、x。

(7) j、q、x 舌面音发音时着力点的前后位置与 i 相同，都在舌面前部，可以先发 i 音来带动发舌面辅音，即舌尖抵在下齿龈(或再靠下)发 i 音，i 音结束舌体不要松动(切记)再发舌面音。但 i 音是舌体前部的两边相对有力，而发舌面音是靠近舌中纵部用力。当 j(或 q、x)解除阻碍发 i 音时，发音位置即着力点应该循着"舌面前部中纵线那个点"横向移动至舌面前部两边，此时由于舌面前部两边力度加大，触觉感受舌体两边紧靠上磨牙内侧，视觉判断舌体不能溢出齿外。要学会"透视"，"看"到舌体的变化与着力点的控制状态。

(8) jia 是复元音韵母，因为舌面音与"a"相拼，必须有"i"作陪。在掌握由 j 到 i 后，再控制舌由"前高 i"到"央低 a"着力(后面复韵母会讲到)。此时要刻意控制下巴不能主动，舌体虽往下走，但上磨牙及上口盖要有意识平行上提，上口盖与舌做对抗运动，使 i 向 a 舌位的高低变化过渡明显，并迅速使口腔打开呈发 a 音状态。时间虽短，动程要到位。

(9) 发 g、k、h 舌根音要注意舌根抬起后舌尖仍要抵在下齿龈，以保证舌体的稳定性，利于收束舌体和扩大口腔共鸣。这组音的位置靠后，发音时声位容易随舌位靠后甚至压喉。在发音时注意舌根尽量向上前方抬起，做到后音前发，切忌舌前部参与运动。在发 ga、ka、ha 时，要注意舌根先上后下的力度及动程(如图 5-77)，尤其是 ha 音，有许多人 h 擦音太轻，发音不清晰，可先用感觉鱼刺扎喉后往外咳的方法体会舌根的着力程度，以此寻找并加强舌根发 h 音的力量，找到感觉后再适度把握。

(10) 上腭前部是发声的敏感区，很多音都要在这个区域产生，舌尖接触的位置前后稍有移动，都会因侵占了其他音的发音部位而造成发音上的不准确。目前，由于语音的"南移"现象，加之对通俗歌曲的盲目模唱，许多人声母发音位置都靠前，所以一定要注意舌尖音呈点状接触(或接近)的准确位置。

图 5-78　舌根慵懒
(反例)

(11)用某一首歌曲旋律演唱"音素"时,可以用一组"音素"唱一个乐句,也可以分不同组"音素"唱一个或者几个乐句。在演唱中,由于单位时间内每个音素的转换相对缓慢,可以悉心体会口腔开度与唇舌的变化与控制,同时注意气息的控制与运用,有意识规定气口。

(二)辅音声母"呼读音"训练

从音节结构来说,元音 o、e、i 等音素在声母发音中实际承担了单元音韵母的作用。为加强唇舌力度,在训练中依然要以发零声母音的力度控制唇舌,此乃"矫枉过正"训练法。继续强调手电、镜子甚至牙签及腰带的重要作用。此阶段结合气息一个音一口气,或一组词、一句话一口气。发音过程要注意下巴不能像"铲子"一样使劲"向前铲",不能违背"上齿保持在下齿前"的自然生理状态("地包天"的生理问题除外)。训练中用镜子"侧视",观察起音到落音上齿与下齿的前后位置,加强舌的控制力度,避免下巴帮倒忙。每一次发音结束后,都要注意口腔和唇舌的控制与保持,即使发音结束,唇舌也不要松动,一为归音,二为形成控制唇舌力度的意识,判断本次发音要领是否执行到位,促进下次发音的调整及把握。例如,bo、po、mo、fo 的归音,唇部肌肉的变化一定是横向的,要有"u"的刹那间过渡(音位变体)与归到单发 o 音时唇的控制;zi、ci、si、zhi、chi、shi、ri 发音结束时,舌尖要保持不松动;ji、qi、xi 舌前部由声母到"i"元音着力点的横向移动,直至发音结束,舌两边依然要保持在上磨牙内侧。

1. 对话情境训练

● 情境设计:找准每一组声母音的发音位置,将每一个声母与相应的元音相拼,形成"呼读音"。将"呼读音"想象成一个汉字,并透过此汉字进行联想对话。

双唇(齿)音:bo—po—mo—fo—?!

舌尖中音:de—te—ne—le—?!

舌根音:ge—ke—he—?!

舌面音:ji—qi—xi—?!

舌尖后音:zhi—chi—shi—ri—?!

舌尖前音:zi—ci—si—?!

● 情境设计:一边根据"呼读音"的发音调整口腔与唇舌着力点,一边通过相应的汉字字义调动情感……

播 bo?!	坡 po?!	摸 mo?!	佛 fo?!
的 de?!	特 te?!	呢 ne?!	了 le?!
歌 ge?!	科 ke?!	喝 he?!	
鸡 ji?!	漆 qi?!	西 xi?!	
只 zhi?!	吃 chi?!	诗 shi?!	日 ri?!
资 zi?!	呲 ci?!	思 si?!	

图 5-79　情境对话训练

2. 演唱情境训练

● 情境设计：将 21 个辅音声母音用音阶调动情感、结合气息、设计基调演唱。

(吸气)bo、po、mo、fo…… (换气)de、te、ne、le……

(换气)ge、ke、he…… (换气)ji、qi、xi……

(换气)zhi、chi、shi、ri…… (换气)zi、ci、si……

● 情境设计：找一首自己熟悉的歌曲，把握基调，调动情感，用每一组辅音声母"呼读音"演唱，例如《军港之夜》。

3. 提示

(1)很多初学者甚至从业者，在发 zi、ci、si，zhi、chi、shi、ri，ji、qi、xi 三组音时容易唇角使劲儿，参与舌的发音，非常影响听觉甚至视觉效果。要坚持训练才能改变这一不良习惯。

(2)21 个声母音按照声母的发音部位分为 7 组，除了唇齿音 f，其他 6 组每组第一个声母音 b、z、d、zh、j、g 均为"不送气声母音"，在发音时要特别注意避免声音过重、僵、拙。在成阻和持阻阶段，发音部位的肌肉力度要保持，当瞬间解除阻碍时，唇舌力度要迅速转移到声母后面那个元音上。如 b、z、d、zh、j、g 与 a 相拼时，声母成音瞬间舌的力度加大，既可缓解声母在解除阻碍时的爆破力，又可加大韵母的舌位力度，增强发音效果。由于此训练阶段 a 音不仅要完成本职工作，还承担了加强舌体力度的任务。所以本着口腔"后面开度，前面力度"的原则，整个舌体前部力度都要加强才行。又如由 j 到 i，解除阻碍力度迅速转移至 i 上，正所谓"叼住'弹'出"！

(3)为避免使用话筒时出现杂音，要注意控制送气音 p 的唇形(上唇力度大于下唇)和 c、t、ch、q、k 的气流走向，尽量减少送气量。发送气音 p、t、c、ch 时，要特别注意挺软腭，避免造成喉塞音。发 m、n 鼻辅音时，要在口腔静态控制(挺软腭)的前提下让声音从鼻腔流入，不要刻意放松软腭堵住口腔通道，否则违背口腔静态控制的要求。

(4)n 与 i 和 ü 相拼时，n 的发音部位产生音位变体，舌尖应该抵在下齿龈处(实际发音位置与舌面音相同)。

(5)de、te、ne、le、ge、ke、he、ji、qi、xi(及零声母 i、ü)的牙关开度是每一位初学者难以在短时间内解决的一个问题，需要根据发音要领的量化标准强化训练。

(6)口腔的开合，只能根据字腹(主要元音的开度)控制，不能因声母牙关开度小而影响韵母的牙关开度。初学阶段按照量化标准有意识地控制很重要。

(7)很多初学者在发 zi、ci、si 这组音时容易把舌尖伸在上下齿之间，甚至下颌前倾(如图 5-80)，形成所谓齿尖音。通过视觉调

图 5-80　下颌前倾(反例)

整,在上下齿错位(上齿在下齿前,除非生理问题)的口腔状态下寻找并把握成阻的位置,放松下巴,尽量使下齿(下颌)在发音时处于静止状态,并用听觉判断不出现"吱吱"声。

(8)通过观察、判断及时处理声带与唇舌肌肉的协调控制关系,例如,唇舌力度加强导致音调提高,音调下降又影响唇舌力度放松(在第七章中将详细讲解)。

(9)结合气息和口腔控制,运用歌曲演唱声母"呼读音",在没有训练共鸣控制和声音弹性之前,使用"话声区"即可。

(三)辅音声母词语训练

根据声母的发音部位由外而内结合单元音韵母分类进行训练。较之前面单纯的零声母训练,或同声母和作为单元音韵母身份出现的相同韵母训练,本阶段的训练较为复杂一些,唇舌的变化不容易受意识支配,因此在此特别强调:音节与音节(此音素到彼音素)之间的过渡,唇舌只能转换,不能松懈。初学者此阶段有几个要协调处理的矛盾:提颧肌与双唇发合口呼、撮口呼的面部肌肉对抗控制的矛盾,舌的上下变化与颧肌的静态控制的矛盾,唇舌肌肉控制与声调高低的矛盾,此音节到彼音节音素之间的唇舌变化的矛盾。因此一定要明晰发音要领,使用手电、镜子、腰带甚至牙签理性、慢速控制,细致、耐心调整。

1. "同音"情境训练

● 情境设计:根据声母拼 a 的叠音词词义,联想一个语境,静态控制(慢速)发音。

粑粑　啪啪　洒洒　鞑靼　喳喳　沙沙　恰恰　下下　呷呷　嘎嘎　尕尕　哈哈

● 情境设计:根据声母拼单元音的同声韵词词义,想象一个语境,静态控制(慢速)发音。

勃勃	饽饽	馍馍	比比	秘密	步步	夫妇	喷喷	瑟瑟	簌簌	孜孜
丝丝	嘚嘚	讷讷	历历	都督	突突	陆路	碌碌	出处	楚楚	数数
蜀黍	制止	直至	迟迟	世事	实施	积极	唧唧	萋萋	漆器	兮兮
嬉戏	跼跼	聚居	区区	蛐蛐	栩栩	絮絮	各个	苛刻	赫赫	呵喝
股骨	苦苦	忽忽	糊糊

2. 对话情境训练

● 情境设计:根据以下句子的语意,想象语境,设计人物,调动情感,控制(慢速)发音。

ba、pa、ma、fa——啊?爸爸怕妈妈发?!　　za、ca、sa——咋啦?撒啦?擦吧!
da、ta、na、la——打?拉她!哪是打她?　　zha、cha、sha、ra——炸?查?啥事啊!
jia、qia、xia——夏佳、贾霞齐招架!　　　ga、ka、ha——哈哈!嘎巴,咔嚓吃!

● 情境设计:根据以下句子的语意,想象语境,设计人物,调动情感,控制(慢速)发音。

bo、po、mo、fo——伯伯、婆婆摸摸佛!　　de、te、ne、le——得!特木讷!傻乐?!

ge、ke、he——哥哥渴了？喝！　　　　ji、qi、xi——咦？是机器！稀奇！
zhi、chi、shi、ri——是的！支持时日了！　zi、ci、si——值！是丝刺的字。

3. 提示

(1)在辅音声母发音时,口腔内要保持一定开度(静态控制),时刻为解除阻碍后的下一个音素(元音韵母)的开度做准备。

(2)如果在"零声母音节静态训练"阶段没有将唇舌的发音着力点及力度训练到位,此阶段就会出现"狗熊掰棒子"现象。例如 e 在发音时最容易产生牙关开度和舌后部力度问题,导致声音外送不出。本阶段又要与不同声母和不同单元音韵母相拼和,唇舌的变化会使舌后部的调整更为无力,因此前期的个体音素训练很重要。

(3)有很多初学者舌尖后音的发音部位比较靠前,甚至抢占了舌尖中音的发音位置。用舌尖找上腭有个硬棱儿的地方,语音学称为"齿龈桥",医学称为"腭皱襞"(前面讲过)。要特别注意舌尖应抵在那里,并保持舌体后收,保证唇角与下巴放松。

(4)正确理解口腔的静态控制,训练中口腔并非绝对不变,要根据每一个音素的开度量化标准进行调控,但是口腔"后开前闭"的总体要求不能丢。

(5)双音节词训练,依然要结合气息控制,继续注意避免"字化"现象。

(6)声调在此阶段还没有学习,但根据之前的认识与驾驭能力,结合气息尽量保持双音节词之间的准确、连贯、流畅。

(7)在句子训练中,要防止有语言环境后忽略控制,因此要慢速。

(四)辅音声母辨正训练

初学者由于受当地语言环境的影响,一般发音问题会成"系列",比如平舌音 z、c、s 和翘舌音 zh、ch、sh,舌尖中音 n 和边音 l,唇齿音 f 和舌根音 h 等发音位置混淆。同时,由于初学者对于口腔静态控制的相对性认识与处理还不够,即相对的静态控制是指在一个音节发音中"起音"与"落音"口腔的控制(牙关开度)是静态不变的(当然,前面训练中的舌面音 j、q、x 与 a 相拼需要有 i 的过渡;舌尖前音、舌尖后音与 a 相拼,口腔由闭到开),在此采用两个音节之间发音时声母的唇舌变化与韵母的牙关开闭有对比的双音节词进行特别训练。

1. 字词情境训练

● 情境设计:b—d　d—b　b—t　t—b　b—n　n—b　b—l(x)　l(x)—b

大巴	坝堤	独霸	拔打	博大	打靶	大伯	博得	薄地	赌博	笔答
搭补	不敌	地步	递补	抵补	独步	提拔	吐蕃	鼻涕	秃笔	踏步
替补	不图	徒步	土布	比拟	婢女	奴婢	腊八	八路	路霸	伯乐
剥离	薄利	薄礼	滤波	录播	蜡笔	比例	臂力	笔力	壁立	筚篥
鄙俚	笔立	比率	碧绿	敝屣	笔录	壁炉	毕露	笔路	卢比	不利
步履	卢布	碧玺	细笔	把戏	戏霸	稀薄	补习	不惜	系部	西部

● 情境设计：p—d　d—p　p—t　t—p　p—n　n—p　p—l　l—p
打破　坡地　坡度　破读　读破　大批　大辟　匹敌　地皮　地痞　铺底
地铺　普度　爬梯　破题　破涕　破土　突破　特批　土坯　菩提　图谱
哪怕　睥睨　奴仆　啪啦　泼辣　破例　拉皮　霹雳　仳离　披露　铺路
● 情境设计：m—d　d—m　m—t　t—m　m—n　n—m　m—l　l—m
马达　大妈　麻辣　杜马　莫大　打磨　大漠　摸底　默读　大米　谜底
低迷　密度　目的　墓地　嫡母　目睹　马蹄　涂抹　迷途　母体　题目
土木　南无　模拟　莫逆　纳米　迷你　木讷　母女　怒目　马力　立马
魔力　茉莉　墨绿　陌路　弥勒　迷离　厘米　迷路　牡蛎　目力　目录
● 情境设计：f—d　d—f　f—t　t—f　f—n　n—f　f—l(x)　l(x)—f
得法　法度　答复　大幅　大副　福地　腹地　伏地　赴敌　地府　弟妇
府邸　幅度　复读　服毒　督抚　独夫　挞伐　体罚　提法　土法　佛塔
伏特　扶梯　副题　覆土　浮屠　浮土　屠夫　发怒　纳福　拂逆　附逆
父女　发蜡　法力　乏力　发力　法理　理发　立法　礼法　法律　礼佛
福利　富丽　礼服　附录　俘虏　辅路　复习　付息　西服　戏服　惜福
法系　洗发　佛系　虚浮　需付　抚恤　夫婿
● 情境设计：z—zh　zh—z　c—ch　ch—c　s—sh　sh—s　r—z　z—r
杂志　职责　指责　自治　资质　质子　自住　镏铢　资助　自主　逐字
注资　铸字　诸子　组织　阻止　阻值　阻滞　知足　驻足　测查　车次
粗茶　吃醋　设色　失色　曙色　厮杀　私事　四十　死尸　四时　十四
誓死　市肆　四书　私塾　殊死　熟思　肃杀　宿舍　素食　世俗　时速
菽粟　日资　紫日　择日　日则　日杂　热孜　自热　入资　如字　自如
● 情境设计：z—j　j—z　z—q　q—z　z—x　x—z　r—c(x)　c(x)—r
杂技　鸡杂　杂居　杂剧　择吉　自己　字迹　自给　子鸡　自居　字句
趑趄　足迹　阻击　祖籍　机组　祭祖　祖居　剧组　择期　择取　妻子
棋子　组曲　细则　仔细　自习　子息　西子　自诩　子虚　自序　子婿
髭须　虚字　子息　习字　次日　热词　入册　侧入　日息　昔日
● 情境设计：c—j　j—c　c—q　q—c　c—x　x—c　r—s(g)　s(g)—r
侧记　侧击　计策　刺激　磁极　棘刺　激磁　讥刺　词句　急促　蹴鞠
局促　凄恻　驱策　瓷器　磁漆　其次　辞去　词曲　擦洗　戏词　席次
系词　次序　词序　虚词　粗细　促膝　隔日　古日　四日
● 情境设计：s—j　j—s　s—q　q—s　s—x　x—s　g—s(d)　s(d)—g
基色　死机　四季　司机　死寂　伺机　祭祀　缉私　死局　速记　宿疾
急速　激素　寄宿　苏剧　撒气　起色　气色　取色　私企　死期　死棋
泣诉　耆宿　栖宿　苏区　俗曲　喜色　思绪　素席　素昔　习俗　窸窣

四顾　私股　古寺　各色　大姑　打鼓　大鼓　谷底　谷地　低估　低谷
- 情境设计：l—n　n—l　f—h　h—f　k—q　q—k　g—l(t)　l(t)—g

努力　奴隶　逆旅　哪里　那里　合法　核发　护法　附和　复核　符合

负荷　和服　虎符　客气　可气　七颗　哭泣　气哭　凄苦　鼓励　孤立

故里　固体　古体　剔骨

2. 词组情境训练

- 情境设计：理解每一个四字词的词义，调动情感，结合气息，慢速控制发音。

《送别》相关练习

大彻大悟　大书特书　地大物博　各个击破　可歌可泣　不离不弃
亦步亦趋　如泣如诉　大可不必　怒不可遏　不可企及　目无余子
怏怏不乐　目无法纪　不可理喻　一碧如洗　愚不可及

选择熟悉的、旋律简单的歌曲谱子，采用以上四字词歌唱，调动情感，结合气息与口腔的静、动态控制进行。例如《送别》。

3. 提示

(1) 要防止语音"南移"现象。例如普通话 n 与 i、ü 相拼的音节共有 12 个，发音时舌尖都要抵在下齿龈。本阶段的训练内容里只有"ni(你)、nü(女)"两个音节，其他音在"口腔与韵母"中练习。

(2) l 与 i 相拼时舌尖由上而下，舌前部两边要迅速抵住上磨牙内侧，否则会影响 i 的清晰度。

(3) 翘舌音与单元音韵母相拼，舌尖由上而下要迅速、稳定，尤其与 u、e 相拼时，要防止舌尖后缩导致舌后部与软腭拥堵，声音压喉。

(4) 注意擦音发音的舌着力点既要有力度，又不能使气流冲击过重，产生噪音。

(5) 舌尖前音与舌面音的对比辨正训练，关键在于发音位置舌尖与舌面的近距离区别，对于舌面音靠前的初学者尤其要慎重把握。

(6) 舌尖前音与舌尖后音的对比辨正训练在于舌尖的发音位置，例如"租住"一词，韵母相同，唇形应该在发音过程中保持"合口呼"不变，但在翘舌音声母发音时，有的人唇角容易使劲儿，所以在发音时，两个音节的"u"唇形就不能做到有效控制。另外，声母后面的韵母不同时，要注意口腔开度变化与发音着力点（舌位）的调整。例如"起色"一词。

(7) 以上"情境设计"仅仅是个提示，建议训练中发挥想象，多角度设计，激发训练兴趣，丰富训练方法和内容。改变语言习惯需要长期坚持，不能一蹴而就。

(8) 四字词的训练要注意气息贯通、音节之间过渡流畅，通过腰腹部对气息的控制，把握好声调。

▶▶▶ 回顾

　　本章详细介绍了声母与口腔静态控制的发音要领。首先,掌握声母的分类。其次,要了解辅音声母的发音要领。学习者一方面要细致了解声母的发声机理,悉心揣摩"提示"内容,对于辅音声母和零声母发音时的气息流动走势、口腔内器官的协调控制要清晰明了。另外,要通过口腔的静态控制练习,并结合气息,巩固和提升声母发音的准确性。通过直观形象的图示介绍发音部位,并以图片的形式展现发音发声的面部状态,让学习者能够更加清晰地掌握相关内容与技巧,建立规范的语音制造场地,为口腔的动态控制提供便利条件。

　　为了在学习中更加细致、具体、有针对性,本章训练内容只采用已经学习过的音节及词句,对于还没有学习发音要领的音节及词句尽量避免涉及。较为复杂的绕口令、名言警句等训练材料将会在"语流与音变"一章结束后根据进度逐章编排。

本章重点
口腔静态、声母发音并结合气息的控制训练。

附录

声母辨音字
对照表

学习时间
课上☞大课:4 课时;小课:针对性训练 40 课时左右。
课下☞结合所学内容保证每天坚持训练 1 小时。

思考题

1. 掌握并识记以下概念:
　　静态控制　声位　零声母　辅音声母
2. 播音发声对吐字归音的要求有哪些?
3. 口腔的静态控制包括哪几方面?具体要求是怎样的?总体要求是怎样的?
4. 口腔静态控制对于信息传递时的面部状态与内容基调有怎样的影响?
5. 结合情境和气息练习,仔细体会并分析自身存在的口腔静态控制和声母发音问题。
6. 简述声母的发音阶段。在发音中避免声母发音生硬的方法是什么?
7. 零声母的发音特点是什么?
8. 按照声母的发音部位,辅音声母分为哪几类?体会发每组音时唇舌着力点分别在哪里。
9. 简述声母舌尖中音中"n"与"l"的发音位置有什么特殊性,请举例说明。
10. 为什么大多数人在发翘舌音时唇角用力,发舌面音时有尖音?试分析。
11. 为什么初学者发音时下巴要用力?试分析。
12. 哪些音在发音时容易发拙、发硬、发僵?试分析。
13. 在发音过程中各发音器官会有哪些影响?怎样协调?
14. 采用音阶和歌曲进行训练的目的是什么?

第六章 口腔与韵母
——字音响亮的保证

导读

声母发音是字音准确的关键,但是单独的声母是没办法发音的,平时我们读声母,其实都是加上韵母去读的,韵母的主要音素来源于元音,元音的发声特点决定了韵母是字音响亮的保证。元音是构成韵母的必要成分,普通话之所以悦耳动听就在于元音的作用。

如果一个音节发音只有正确的声母,而没有饱满、规范的韵母发音过程,其音节的听觉感受是干瘪和不圆润的,就是专业上讲的"蹦字儿"。普通话音节中有 39 个韵母,在发音过程中不像声母呼读音或者零声母元音发音时"起音"与"落音"的唇舌变化那样简单与纯粹,尤其是复元音韵母音素多,动程远,变化大,口腔及唇舌的动态过程较为复杂,它们之间如何配合,直接影响到发音的质量。

口腔的静态与动态就像房子与人的关系一样,房子要坚实、漂亮,房子里的人要健康、积极,否则房子便没有了存在的价值。即口腔打得再开,腔内舌体松软懈怠,声音就会浑浊不清,语音传递就会受到影响。本章主要解决的问题就是理解韵母的发音方法,保持口腔的静态控制,掌握口腔的动态过程。

第一节 音节的结构认识

在本教材第三章已经对语音音节结构有所了解,为了更好地掌握准确的发音位置、把握舌位动程,以达到有声语言艺术的审美效果,以下从语音和发声两个角度根据音节构成将其细分为以下特点:

一、共性特点

第一,声、韵、调是汉语的基本构成成分。例如:tiān(天)。

第二,在汉语音节中音节构成最少的只有 1 个音素,最多的有 4 个音素。例如:á、zhuāng(其中 zh 和 ng 分别由两个字母构成 1 个音素)。

第三,汉语音节中没有复辅音。zh、ch、sh、ng 皆为约定俗成的一个固定辅音音素。

第四,传统音韵学根据韵母起音时唇形的圆展不同,分为开口呼、齐齿呼、合口呼、撮口呼等"四呼",以体现吐字特点。例如:gai、yi、guang、yuan 等。

第五,任何一个音节都不能缺少韵腹。

第六,有的音节没有声母,称零声母。例如:ǎo(袄)。

第七,带有单元音韵母或后响复韵母的音节缺少韵尾。例如:hā(哈)、huā(花)。

第八,开口度最大、发音最响亮的元音居中。大部分音节发音时口腔由闭到开再到闭,形成一个字的发音过程,口腔状态呈枣核形,即中间大两头小。例如:biān(边)。

第九,我国传统音韵学将一个汉语音节分成声母、韵母、声调三个部分。韵母又分成韵头、韵腹、韵尾三个部分,韵头也叫"介音"或"字颈"。从艺术语言吐字归音的角度分析,又可以把一个音节分成字头、字腹、字尾。如图 6-1(亦可参见第三章表 3-14)。字头包括声母和韵头,字腹即韵腹,字尾即韵尾。

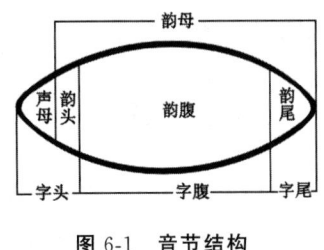

图 6-1　音节结构

二、个性表现

除了以上音节结构特点外,在实际发音中还会出现一些特殊的音位变体,使得语音结构发生特殊变化。此现象在"语音与标准"一章内已有阐述,此处再一次罗列,以示强调,为下一节的"动态"学习提供理论(发音)依据。

第一,iong 虽以 i 音起头,但在实际发音中表现为撮口呼。

第二,ong 虽以 o 音起头,但是在实际发音中表现为合口呼。

第三,元音在充当零声母时,要起到声母的作用,因此发音力度较大,为半元音。

第四,i 和 ü 与 n 相拼,使 n 产生音位变体,发音位置与舌面音相同,即舌尖抵在下齿龈。

第五,l 虽然属于舌尖中音,但实际发音与舌尖后音位置相同,即舌尖要上翘在齿龈桥。

第六,在播音发声过程中(声位要求统一),普通话音节内体现音位变体音素最多的是 a,每一个 a 音产生条件变体后的发音着力点都是不同的。

通过对汉语音节结构的分析,结合实际发音的具体要领进行出字、立字、归音时会发现,有的音节没有字头不能出字,有的音节没有字尾不能归音。那么,怎样在吐字发音时做到颗粒饱满并珠圆玉润呢?

第二节　口腔的动态控制

中国播音学将经过加工的艺术化的发音方法称之为口腔的动态控制。所谓口腔的动态控制即是普通话语音的吐字归音过程。吐字归音是在咬字方面运用的术语,是我国传统说唱艺术对吐字方法的概括,是咬字器官在良好的口腔静态控制环境下进行的一种规范的运动过程。简单地说,就是根据汉语语音特点把一个音节的发音过程分成出字、立字、归音三个阶段,每个发音阶段对音素又有具体的要求,以取得准确、清晰、集中、饱满、圆润、流畅的效果。

一、吐字归音

虽然不是每个音节的字头、字腹、字尾结构都完整,但是在发音过程中,我们可以通过唇舌及口腔的有机控制做出相对统一的处理,完整地表现出字、立字和归音,从听觉感受上使每一个音节都圆润如珠。具体要领把握如下:

(一)出字

出字是字音准确的关键,是指在吐字归音过程中对字头的处理。要求做到出字有力,叼住弹出。

字头,是声母与韵母介音(也称韵头、字颈)的总称。发音过程中声母与韵头的关系比较紧密,在"口腔与声母"一章已对声母的成阻、持阻和除阻过程进行了详细阐述与训练,音节在准备发音成阻的瞬间,唇形是根据韵头的发音特点来进行字头的控制的。例如:guang 与 gang 同样是声母 g,由于"guang"有韵头"u",所以在出字时唇形应是以合口呼吐字,而 gang 由于没有韵头,所以出字时唇形是以开口呼吐字。

字头的处理影响整个字音的质量。所谓出字有力,叼住弹出,就是成阻时要尽量缩小声母的成阻部位,力量要集中,呈点状接触,避免唇舌松软无力造成成阻部位呈片状;持阻时成阻部位的肌肉要继续保持一定的紧张度,气流积蓄于成阻部位准备冲击成声,唇舌成阻部位决不能懈怠;除阻是声母与韵头的发音过程,韵头的处理要注意与声母融为一体,要迅速、流畅,既要弹出有力,又要用巧劲儿,防止拙、噪、硬。因此,发音时唇舌的肌肉要有弹性,既不能蜻蜓点水,又需要点到为止。借行内惯用的生动比喻:就像老虎叼虎崽过山涧,重了,虎崽被老虎咬死了;轻了,虎崽掉下山涧了。

"零声母"在上一章也已经学习过,既然担任声母的作用,就要把握好出字时的发音力度,做到叼住弹出。零声母音节有两种情况,一种是有韵头、韵腹、韵尾的音节,这种音节在出字时,叼字的力度应体现在"附加"或变为另一个音素的那个元音上。例如:yuan 音节的"y",wan 音节的"w",yan 音节的"y"。这些音节虽属零声母音节,但应视为有字头的音节,因为在实际发音中,韵头的元音已改变了原来的发音性质,变为带有辅音性质的半元音。所以,为了体现叼字,就必须充当声母的角色。还有一种是没有韵头的零声母音节,比如:a、an、ao、ou、e、en等音节,在发音时,韵腹的舌体力度,尤其是舌位的着力点,应比有韵头音节的力度大些。因为这种音节的舌位着力点大多处在舌面,起音时为强调字头力度,喉部应帮助起到叼字的作用,即在韵母前加一个喉塞音[ʔ]。实际发音过程是喉部微闭,随韵母音发出,气流冲出,喉部呈爆破状态,有点像咳嗽前喉部紧张的感觉,否则就会混淆音节与音节间的界限,导致语意不清,出现像"xīyáng(夕阳)"成"xiǎng(想)"的二合一现象。

在播音主持工作时,话筒的使用往往距离较近,由于电波对声音质量有影响,叼字过轻、过重都会削减字音的清晰度,所以出字力度的掌握对一个人话筒前发音状态的驾驭至关重要。要做到叼不拙,弹不浑,轻不松,快有力。

(二)立字

立字是字音饱满、圆润、响亮的关键,是指吐字归音过程中对字腹的处理。要求做到字腹饱满,拉开立起。

字腹是一个音节在发音中口腔开度最大、泛音共鸣最丰富、声音最响亮、时值最长的发音阶段。发音时要在口腔的静态控制下,充分利用语音制造场的空间环境,根据前面一个音素(声母或韵头)的唇舌控制(除阻)状态,进行唇的圆展变化和舌位前后、上下的移动。由于充当韵腹的元音在发音时的口腔开度并不是一成不变的,作为高元音的韵腹就要特别注意发音时尽量让后声腔打开。例如,元音i和ü承担字腹职责时,由于发音时舌面已接近上腭,口腔内空间很小,如果i和ü后还跟有字尾n或ng,那么,字腹i或ü结束后,舌体先放下来,再抬舌尖或舌根,即在i到ng的发音之间有一个瞬间微微下放的过程(前鼻音in也是如此),加大了口腔发音空间,这样字音就会更加清晰,既做到窄音宽发,又使音素之间过渡流畅,字腹相对饱满。

所谓立字并不是绝对的。在音节中出现频率最高的a元音在担任韵腹时,由于发音时受前后音素的影响,a的发音在不改变性质的前提下产生音位变体。前a只在舌体前部用力,后a除了舌体后部用力外,为了做到后音前发,舌前部也不能放松(尤其对于初学者),所以a的口腔开度就要随之变化。例如yan和wang等。另外,要根据所处的位置,做到相对的"宽音窄发",例如ao、ang等后a发音时,就要注意在保证舌位动程到位的前提下,尽量控制口腔的开度,不能太大,并做到后音前发。

立字切忌为了音素过度清晰,在发音中出现一个音和另一个音的生硬相加。各音素间的变化应不露痕迹,呈现逐渐变化的过程,体现出流畅、柔和、有滑动感的特点。不论充当韵腹的元音其舌位高与低,都要尽量拉大舌体活动的过程。但"拉开立起"并不是没有限度,口腔过开、动程过大会造成字音空、散、咧。所以,为确保韵腹的响亮、饱满,就要立不撑,拉不咧,开有度,圆如珠。

(三)归音

归音是对字尾的处理,也是保证字音圆润完整不可忽视的一个重要步骤。要求做到尾音轻短,弱收到位。

弱收是相对强收而言的。要使字音圆润,在字音结束时音量应相对渐小,音强渐弱,发音有结束感。无论元音 a、o、e、i、u、ü,还是辅音 n、ng,实际发音并不像充当元音或单发时那样完整、响亮,只需点到即可。如果为了追求完整而拖长发音时间,就会造成每个音节不是归得过重、过死,就是拖个小尾巴,使字音达不到圆润的效果。到位指的是唇舌的动作过程完整。虽然归音时音量随着字腹到字尾的过渡由大变小,由强变弱,但不能因为音量的变化而放松唇舌的归音力度,即声音不结束,唇舌不能松动。

比如,ai 字尾归音由 a 到 i,音量由大到小,舌体力度应保持相对不变,归到 i 的舌体力度虽然不像元音那样紧张并完全闭合,但舌体动作应该趋向鲜明。有些前鼻音在发音中舌尖归音由于受到后一个音节舌根声母音的影响,舌尖归音并没有到位。比如,"勤恳(qínkěn)"一词,如果慢速发音,每一个音节归音时舌尖还可以抵到上齿龈,但如果放在正常语速中,由于速度快,舌尖就不一定能抵到位了。需要指出的是,不能因为舌尖抵不到上齿龈,干脆舌尖就不动了,舌尖仍必须有一个趋向性的动作,保持一定上翘的力度,否则就成半个字了。后鼻音 ng 在归音时,要注意声音位置的统一性,舌根应尽量向上前方抬,做到后音前发。

由于字尾发音状态正处在下降的阶段,尤其是没有韵尾的音节,更要注意防止唇舌松懈,归音时与出字时没有声母或韵头的发音一样,在韵腹结束前喉头肌肉微紧,附加一个喉塞音[ʔ],即可起到归音的作用,比如 wa、ia、ie、üe、uo、bo 等音节。同时,还应有唇舌的配合,从听觉上表现出完整的归音。

因为音节的韵尾音素多为高元音,开口度小,加之又处于一个弱化的位置,所以生活中大多数人发音时舌体运动并不积极,甚至用元音鼻化归音。有这样发音习惯的人很普遍,但作为播音员、主持人要克服这个问题,归音时做到声音弱,唇舌控,走向清,收不拖。

二、亦方亦圆

以上对音节内音素与音素的阶段性发音控制进行了详细讲解,那么,怎样贯彻吐字归音准确、清晰、集中、饱满、圆润、流畅的总体要求呢?首先要在提高发音发声要领的认识上,在理解个体训练与整体驾驭之间关系的基础上,深刻领悟吐字归音过程中"方与圆"的相对关系,这对于稳定口腔的静态控制,理性把控发音中唇舌的分阶段动态调整,具有积极的促进作用。

(一)规范方正

如果我们将一个音素准确的发音位置或舌位(着力点)称为"方",那么,音素与音素之间的过渡就可称之为"圆";如果我们将一个音节的吐字归音过程称为"方",那么,音节与音节之间的过渡就可称之为"圆"。也就是说,"圆"必须在"方"的前提下获得,没有"方",就不可能有"圆"。"方"就是规矩、标准,就是"理"。例如音节 dei,d 的发音位置必须在上齿龈,e 的舌位(着力点)在后半高,i 的舌位必须归到舌体前部。而如果按照这样的发音要领进行发音,虽然能做到饱满,但是不会圆润。因为 e 受 i 的影响,会产生音位变体,即舌的着力点需要前移,并且要在 e 音素到 i 音素的过渡中进行很好的控制。"圆"就是自然、流畅,就是"情"。通俗地讲,"方"和"圆"就像教室里的地砖与地面,正是一块块方正地板的无缝对接,才显得地面整齐、平滑。

(二)中庸有度

何谓"中庸"?"不偏之谓中,不易之谓庸。中者,天下之正道。庸者,天下之定理。""中"是不偏不倚,中正,无过不及。中者乃天下之正道。"庸"不易谓之庸,不偏离正常,意指个人修养、处世方式。《罗辑思维》的罗振宇说:"原则,是主观世界的事情。而中庸,则是另一个世界的事,就是实践世界。很多人就是因为搞不清这两个世界的区别,不仅误解了'中庸之道',而且也容易成为一个失败者。……读书听课,仅仅是丰满我们的主观世界,而'感知觉'训练,也就是学点具体手艺,是时时刻刻实践中庸之道,只有这样我们才能建立和真实世界的关系。"西方名言也说:"一个人同时保有两种相反的观念,还能正常行事,这是第一流智慧的标志。"这和"中庸"是同一个意思。

播音发声的学习过程也体现了"中庸"之控制。例如,在训练中,怎样控制口腔的后部开度与前部力度的关系,怎样把握唇部与舌体之间的关系,将音、声统一于口腔前部并透出口外。不仅合口呼、撮口呼发音时双唇肌肉要集中在唇的中央三分之一处,开口呼和齐齿呼也应该有一定的控制,要唇齿相依。对于发音的主要器官舌要求更为严格,需要将力度集中于舌的中纵线。尤其对辅音发音位置和元音舌位(着力点)在舌后部的音素来说,更要强调其重要性。武志红说,真正好的知识就是穿过我们身体的知识。怎样将和我们主观世界不一致的东西,放到自己的身体里自我破碎,然后重建自我,促进成长,是每一位初学者首先要解决的基本问题。努力做到"中庸",争取达到圆融。

(三)自然圆融

结合中国传媒大学播音主持艺术学院多年的教学实践,将吐字归音的三阶段总结为以下要领,以期在"方"的要求下,追求"中"的过程,达到"圆"的效果。

出字要做到:气息饱满　部位准精　叼住弹出　力度适中
　　　　　　圆唇扁发　扁唇圆发　短暂敏捷　自如音清
立字要做到:气息均匀　音长音响　拉开立起　过渡流畅
　　　　　　窄韵宽发　宽韵窄发　前音后发　后音前发
　　　　　　舌行远程　唇走近路　承上启下　圆润滑动

归音要做到:尾音轻短　完整自然　避免生硬　顺势弱停
　　　　　　归音到位　送气到家　干净利落　趋向鲜明

这亦可称为"吐字归音歌"。虽然强调的是分音素逐步把握的渐进过程,但更要有见字现义和气息与声音控制下的整体驾驭意识。"歌"内很多既形象又抽象的表述,要经过视觉、听觉判断与动觉调整,才能很好地体现字正腔圆、自然圆融、声束集中、声位明确的效果。

三、形象灵活

吐字、立字、归音三个阶段的有机联系和相对独立的发音状态,就像一个两头尖中间胖的"枣核"。充分把握吐字和归音的发音要领,就是体现枣核的两个尖儿,而立字体现的则是"枣核"的中间部位。

(一)动觉体现

在播音发声训练过程中,单音节字词的训练,要求字字如"核",这是规范发音的必经阶段。应当注意的是,发音中不能为了体现"枣核"形而把音节读成各音素的生硬相加,例如:"g-u-a-ng"。当然,语音面貌有限的人在最初的学习阶段需要了解每个音节的音素拼合关系,明确舌位及唇的动程,唇舌的变化也可以适当进行必要的分解把握,不过一定

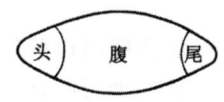

图 6-2　吐字归音

要正确处理个体分解训练与整体把握的关系,要清楚音素间的拼合关系是逐渐过渡的。没有声母的零声母音节和没有韵尾的后响复韵母音节,在发音中也应遵循吐字归音的要领,完整体现出"枣核"形来(如图 6-2)。句子内每一个音节,就如同一

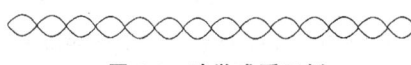

图 6-3　动觉感受正例

个个紧密相连的"枣核",颗粒饱满,首尾无间(如图 6-3)。

"枣核"形的大小在句子中也是有变化的。例如巴金《海上日出》里的一句话:"我知道,太阳就要从天边升起来了。"由于语言目的传递及约定俗成的词的轻重格式的关系,这句话里的"知""太""升"在表达中"枣核"就比"道""阳""起""来""了"等音节的"枣核"要大、要饱满。一般情况下,语气词、连词、助词、介词等轻声词,还有在句子里不作为关键词出现的音节,发音时"枣核"都相对较小。但是不论大小,"枣核"的形状一定不能变,也就是舌位动程必须要到位。如果吐字归音的唇舌

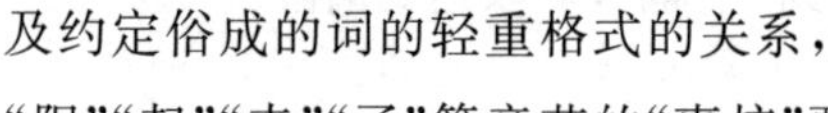

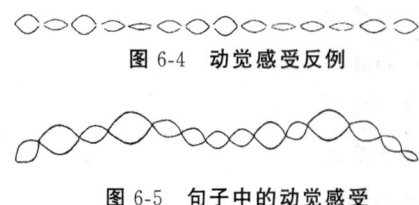

图 6-4　动觉感受反例

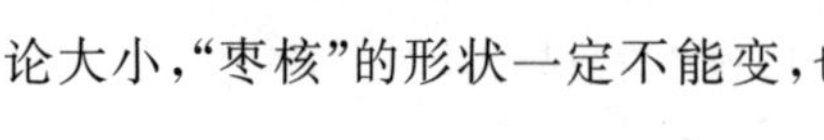

图 6-5　句子中的动觉感受

及口腔静、动觉控制不能体现在每一个环节,就会导致如图 6-4 一样的问题。因此,"轻读词"反而比突出语言目的的"关键词"更加考验吐字归音时对舌位动程与速度的把握、唇舌力度与声带松紧的协调控制(如图 6-5)。

(二)听觉判断

动觉过程产生"枣核"形,听觉过程才能表现为"珍珠"形。怎样认识、处理和把握"枣核"形与"珍珠"形的关系呢?在吐字归音初期阶段要做到"闭音开发",借以强调口腔开度,先放后收;在稿件训练阶段再注意"开音闭发",以避免过犹不及。把握口腔的开和闭,要因人而异,因字而异,因字腹元音的口腔开度而异,因句子内语言目的传递时词所处的位置而定。每一个音节都要在听觉上感到字如珠玑,不能因为"位置"不重要,或者自身元音口腔开度小,而丢掉了拉开字腹的过程。所以,对"枣核"和"珍珠"的理解要灵活,要服从内容的需要,要把握好初期个体训练和后期应用时的整体关系,避免一成不变的字化、词化的僵化现象。例如 e 音,作为助词的"得"显然不像动词"得到"的"得"有声调、有时长,但依然要打开后磨牙,字腹要拉开立起,这样才会在发音过程中体现"字圆玉润",语流中形成"大珠小珠落玉盘"的艺术效果(如图 6-6)。

总之,在发音中辅音发音位置和元音舌位(着力点)与声音位置要协调统一,气息和口腔的静、动态控制要有度,吐字归音的综合感觉表现为"拢、弹、滑、挂、流"。

图 6-6　听觉感受

第三节　口腔动态控制与韵母发音发声

声音的美感传递从语音角度分析多来自韵母发音的饱满与圆润。从韵母的组成特点看,虽然韵母大部分由元音充当,但是每一个元音在韵母中所处的位置不同,它的发音要领及特点也会有所不同。元音充当单元音韵母时,发音要领与发单元音时的要领基本相同;充当零声母时,舌位自然要承担声母的任务,力度相对较大;而在充当复韵母的其中一个音素时,由于各个音素之间的相互影响与联系,就不像发单元音那样清晰、明确。复韵母中各元音音素的关系也不是简单相加,而是复韵母中的各元音音素在由此及彼的移动过程中形成了一个整体的复韵母,从听觉上也是一个完整的音。在下面发音中,某个韵母的(阶段性)要领也适用于其他韵母(某个阶段)的发音,这在每个韵母发音中都要强调,以表示在口腔控制阶段这一原则的重要性。要注意的是:以下的韵母发音示意图只是示意,准确的发音与声位调整还要因人而异。在实际发音过程中既要严格遵守又要灵活掌握。

韵母分为三大类:单元音韵母、复元音韵母和鼻辅音韵母。

一、单元音韵母的发音

单元音韵母分为舌面元音韵母和特殊元音韵母。根据韵母的发音特点,分别对单元音韵母进行认识。

(一)舌面元音韵母

在"语音与标准""口腔与声母"两章中,已经对以零声母身份出现的舌面元音的发音方法、口腔开度及唇舌力度进行了认识与训练,其与作为单元音韵母的舌面元音的发音特点和要领的唯一区别,就在于起音的力度上。对于初学者来说,需要通过每一个发音,强化认识,把握音准,训练着力点。下面将对舌面元音的单元音韵母身份(或零声母)予以阐述。

1. 央低不圆唇元音韵母——a[A]

发音要领:发音前颧肌上提,唇齿相依,双唇自然打开呈"一"字形,上齿微露,下巴放松;舌尖抵住下齿龈,舌体呈瘦长形收束在下齿内侧并低于下齿;牙关打开,上下磨牙之间保持一个小拇指粗细的开度,软腭与小舌上挺,堵住鼻腔通道,舌体后部在不压喉的前提下与小舌保持一定的空间距离;气流振动声带发音时,舌着力点(舌位)在"央低"。从"起音"到"落音"舌(尖)与口腔等发音器官保持力度与稳定。例如,啊、跋、帕、麻、发、匝、擦、撒、搭、他、捺、垃、渣、茶、砂、蛤。如图6-7。

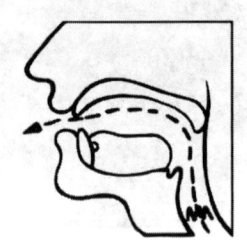

图6-7　a的发音示意图

2. 后半高圆唇元音韵母——o[o]

发音要领:发音前颧肌上提,唇齿相依,下巴放松;舌尖抵住下齿龈,舌体呈瘦长形收束在下齿内侧;牙关打开,想象上下磨牙之间有一个小拇指粗细的开度,实际保持有一个筷子头粗细的开度;软腭与小舌上挺,堵住鼻腔通道,舌体后部在不压喉的前提下与小舌保持一定的空间距离;双唇(口轮匝肌)呈"一"字形向唇中央集中,横向聚合到半开的圆形并现褶皱,面部肌肉成对抗状态;气流振动声带发音时,着力点在舌后部和唇中央(即舌位为"后半高圆唇")。从"起音"到"落音"唇、舌(尖)与口腔等发音器官保持力度与稳定。例如,喔、剥、博、泼、迫、摸、磨、沫、佛。如图6-8。

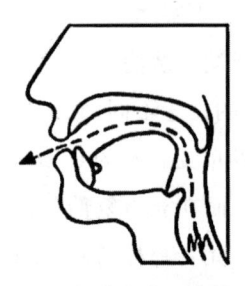

图6-8　o的发音示意图

3. 后半高不圆唇元音韵母——e[ɤ]

发音要领:发音前,颧肌上提,唇齿相依,双唇自然打开呈"一"字形,上齿微露,下巴放松;舌尖抵住下齿龈,舌体呈瘦长形收束在下齿内侧;牙关打开,想象上下磨牙之间有一个小拇指粗细的开度,实际保持有一个筷子头粗细的开度;软腭与小舌上挺堵住鼻腔通道,舌体后部在不压喉的前提下与小舌保持一定的空间距离;气流振动声带发音时,舌着力点(舌位)在"后半高",从"起音"到"落音"舌(尖)与口腔等发音器官保持力度与稳定。例如,鹅、得、特、讷、乐、歌、棵、喝、河。如图6-9。

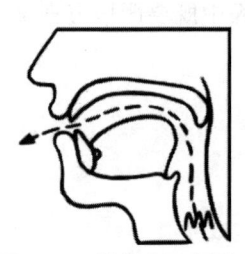

图6-9　e的发音示意图

4.前半低不圆唇元音韵母——ê[ɛ]

发音要领：发音前颧肌上提，唇齿相依，双唇自然打开呈"一"字形，上齿微露，下巴放松；舌尖抵住下齿龈，舌体呈瘦长形收束在上下齿内侧，舌体前部处于口腔的半低位置，舌体中部两侧紧靠上磨牙内侧；牙关打开，想象上下磨牙之间有一个小拇指粗细的开度，实际保持有一个筷子头粗细的开度；软腭与小舌上挺，堵住鼻腔通道，舌体后部在不压喉的前提下与小舌保持一定的空间距离；气流振动声带发音时，舌着力点（舌位）在"前半低"，从"起音"到"落音"舌（尖）与口腔等发音器官保持力度与稳定。例如，欸。如图 6-10。

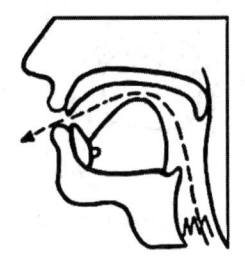

图 6-10　ê的发音示意图

5.前高不圆唇元音韵母——i[i]

发音要领：发音前，颧肌上提，唇齿相依，双唇自然打开呈"一"字形，上齿微露，下巴放松；舌尖抵住下齿龈，舌体呈瘦长形收束在上磨牙内侧，舌面前中（正中沟）接近硬腭前部（有一定空隙）；牙关打开，想象上下磨牙之间有一个筷子头粗细的开度，实际保持有一个牙签粗细的开度，触觉感受上下齿不接触；软腭与小舌上挺，堵住鼻腔通道，舌体后部在不压喉的前提下与小舌保持一定的空间距离；气流振动声带发音时，舌着力点（舌位）在"前高"，从"起音"到"落音"舌（尖）与口腔等发音器官保持力度与稳定。如图 6-11。

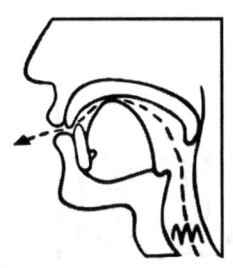

图 6-11　i的发音示意图

6.前高圆唇元音韵母——ü[y]

发音要领：发音前，颧肌上提，唇齿相依，下巴放松；舌尖抵住下齿龈，舌体呈瘦长形收束在上磨牙内侧，舌面前中（正中沟）接近硬腭前部（有一定空隙）；牙关打开，想象上下磨牙之间有一个筷子头粗细的开度，实际保持有一个牙签粗细的开度，触觉感受上下齿不接触；软腭与小舌上挺，堵住鼻腔通道，舌体后部在不压喉的前提下与小舌保持一定的空间距离；双唇（口轮匝肌）呈"一"字形向唇中央集中，横向聚合并现褶皱，面部肌肉成对抗状态；气流振动声带发音时，着力点在舌前部和唇中央（即舌位为"前高圆唇"），从"起音"到"落音"唇、舌（尖）与口腔等发音器官保持力度与稳定。例如，许、须、雨、鱼、举、拒、屈、取。如图 6-12。

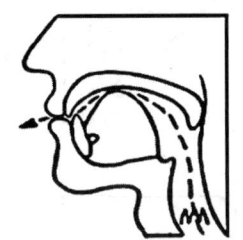

图 6-12　ü的发音示意图

7.后高圆唇元音韵母——u[u]

发音要领：发音前，颧肌上提，唇齿相依，下巴放松；舌尖抵住下齿龈，舌体呈瘦长形；牙关打开，想象上下磨牙之间有一个小拇指粗细的开度，实际保持有一个筷子头粗细的开度；软腭与小舌上挺，堵住鼻腔通道，舌体后部在不压喉的前提下与小舌保持一定的空间距离；双唇（口轮匝肌）呈"一"字形向唇中央集中，横向聚合并现褶皱，面部肌肉成对抗

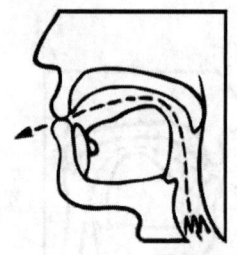

图 6-13 u 的发音示意图

状态;气流振动声带发音时,着力点在舌体后部和双唇中央(即舌位为"后高圆唇"),从"起音"到"落音"唇、舌(尖)与口腔等发音器官保持力度与稳定。例如,无、雾、步、谱、幕、副、族、粗、素、毒、涂、怒、主、处、熟、如、古、哭、湖。如图 6-13。

(二)特殊元音韵母

普通话语音有 3 个特殊元音韵母。其中舌尖前高不圆唇元音与舌尖后高不圆唇元音韵母在前一章已有涉及,此音不自成音节,在实际发音中发声母的延长音,发音要领与辅音声母舌尖前音和舌尖后音的舌尖及口腔控制相近。

1.舌尖前高不圆唇元音韵母——-i[ɿ]

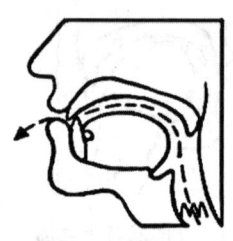

图 6-14 -i[ɿ] 的发音示意图

发音要领:发音前,颧肌上提,唇齿相依,双唇自然打开呈"一"字形,上齿微露,下巴放松;舌尖在声母(舌尖前音)发音后仍保持一定力度,与下齿背形成一个狭窄的缝隙,舌体收束(舌体两边被动接触上磨牙内侧),牙关打开,上下磨牙之间有一个牙签粗细的开度,触觉感受上下齿不接触;同时软腭与小舌上挺,堵住鼻腔通道,舌体后部在不压喉的前提下与小舌保持一定的空间距离;气流振动声带发音时,着力点(舌位)在"舌尖前",从"起音"到"落音"唇、舌(尖)与口腔等发音器官保持力度与稳定。例如,姿、自、资、瓷、次、丝、四。如图 6-14。

2.舌尖后高不圆唇元音韵母——-i[ʅ]

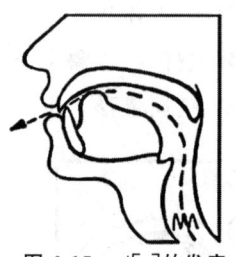

图 6-15 -i[ʅ] 的发音示意图

发音要领:发音前,颧肌上提,唇齿相依,双唇自然打开呈"一"字形,上齿微露,下巴放松;舌尖在声母(舌尖后音)发音后仍保持一定力度,翘起与"齿龈桥"(腭皱襞)形成一个狭窄的缝隙,舌体收束(舌体两边紧靠上磨牙内侧),牙关打开,上下磨牙之间有一个牙签粗细的开度,触觉感受上下齿不接触;同时软腭与小舌上挺,堵住鼻腔通道,舌体后部在不压喉的前提下与小舌保持一定的空间距离;气流振动声带发音时,着力点(舌位)在"舌尖后",从"起音"到"落音"唇、舌(尖)与口腔等发音器官保持力度与稳定。例如,日、知、吃、时、市、石。如图 6-15。

3.央中不圆唇卷舌元音韵母——er[ər]

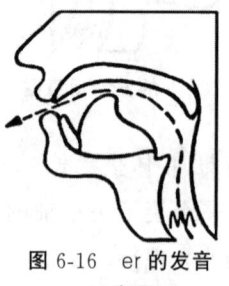

图 6-16 er 的发音示意图

发音要领:发音前,颧肌上提,唇齿相依,双唇自然打开呈"一"字形,上齿微露,下巴放松;舌前部上翘,舌尖卷起接近硬腭前部,舌体收束,牙关打开,上下磨牙之间有一个筷子头粗细的开度;同时软腭与小舌上挺,堵住鼻腔通道,舌体后部在不压喉的前提下与小舌保持一定的空间距离;气流振动声带发音时,着力点(舌位)在

"舌尖后",从"起音"到"落音"唇、舌(尖)与口腔等发音器官保持力度与稳定。例如,而、二、耳、儿、饵、尔、贰。如图6-16。

要强调的是数词"二、贰"与其他"而、耳、儿、尔"等发音时舌体着力点在口腔里的高度不同。数词"二、贰"发音时e接近于a,应发成ar。

二、复元音韵母的发音

复元音韵母发音,唇舌由单元音韵母的"起音与落音静态不动"变为"起音在此落音到彼的动态变化"。为了强调舌位动程,下面发音示意图仅从单元音韵母的舌位落脚,没有对因前后音素影响所产生的音位变体进行特别标注,在实际发音训练中除了根据音标捕捉舌位、寻找着力点外,怎样做到唇舌控制自如且流畅,声位统一丰富且圆润,还要靠学习者在领会"亦方亦圆、规范方正、自然圆融、中庸有度"的动觉感受与听觉效果中具体把握。

根据复元音韵母的发音特点,以下分三部分对复元音韵母进行认识。

(一)前响复韵母

普通话共有4个前响复韵母:口腔开度大的音在前面(声音响亮),没有韵头。

1. 二合前响复韵母——ai[ai]

发音要领：发音前颧肌上提,唇齿相依,双唇自然打开呈"一"字形,上齿微露,下巴放松；舌尖抵住下齿龈,舌体呈瘦长形收束在下齿内侧,平行或低于下齿(a的控制)；牙关打开,上下磨牙之间保持一个小拇指的开度,软腭与小舌上挺,堵住鼻腔通道,舌体后部在不压喉的前

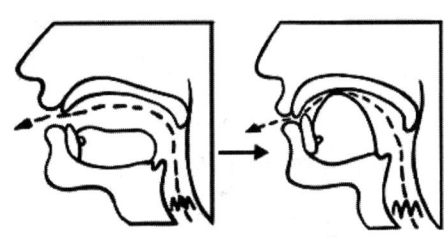

图 6-17 ai的发音示意图

提下与小舌保持一定的空间距离；发音时由于a受到i的影响,a元音的着力点(舌位)在央的基础上前移,保持后逐渐上升向发i的位置滑动,同时上口盖保持平行上提(下巴放松),产生复合音ai,其中,a音响亮而长,i音相对短弱；舌位动程大,口腔开度逐渐变小,归音呈发i状。从"起音"到"落音"舌(尖)力度不变。例如,哎、挨、矮、爱、百、派、买、再、才、台、乃、赖、摘、柴、晒、该、凯、孩。如图6-17。

2. 二合前响复韵母——ei[ei]

发音要领：发音前颧肌上提,唇齿相依,双唇自然打开呈"一"字形,上齿微露,下巴放松；舌尖抵住下齿龈,舌体呈瘦长形收束在下齿内侧,平行或低于下齿(e的控制)；牙关打开,想象上下磨牙之间有一个小拇指的开度,实际保

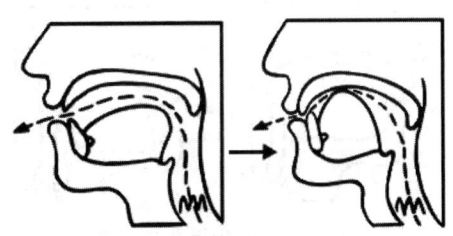

图 6-18 ei的发音示意图

持有一个筷子头的开度,软腭与小舌上挺,堵住鼻腔通道,舌体后部在不压喉的前提下与小舌保持一定的空间距离;发音时由于 e 受到 i 的影响,e 元音的发音着力点(舌位)在后半高的基础上前移,保持后逐渐上升向发 i 的位置滑动,同时上口盖保持平行上提(下巴放松),产生复合音 ei,其中,e 音响亮而长,i 音相对短弱;舌位动程较大,口腔开度逐渐变小,归音呈发 i 状。从"起音"到"落音"舌(尖)力度不变。例如,杯、北、倍、赔、煤、美、霉、飞、肥、废、贼、给、黑。如图 6-18。

3. 二合前响复韵母——ao[au]

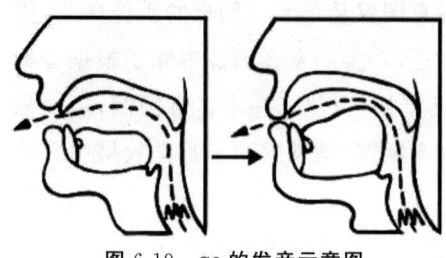

图 6-19　ao 的发音示意图

发音要领:发音前颧肌上提,唇齿相依,双唇自然打开呈"一"字形,上齿微露,下巴放松;舌尖抵住下齿龈,舌体呈瘦长形收束在下齿内侧,平行或低于下齿(a 的控制);牙关打开,上下磨牙之间保持一个小拇指的开度,软腭与小舌上挺,堵住鼻腔通道,舌体后部在不压喉的前提下与小舌保持一定的空间距离;由于"后音前发"口腔动态控制的要求,发音时 a 元音的着力点(舌位)在央的基础上前移,保持后向发 o 的位置滑动,同时上口盖平行上提(下巴放松),双唇(口轮匝肌)横向由开到合(面部肌肉成对抗状态),产生复合音 ao(归 u 音),其中,a 音响亮而长,o(u)音相对短弱;舌位动程较小,口腔内开外闭(后开前闭),归音呈发 u 状。从"起音"到"落音"舌(尖)力度不变。例如,嗷、熬、袄、傲、包、跑、毛、早、草、扫、到、掏、闹、牢、照、抄、扰、搞、靠、郝。如图 6-19。

4. 二合前响复韵母——ou[ou]

发音要领:发音前颧肌上提,唇齿相依,下巴放松;舌尖抵住下齿龈,舌体呈瘦长形收束在下齿内侧;牙关打开,想象上下磨牙之间有一个小拇指粗细的开度,实际保持有一个筷子头粗细的开度;软腭与小舌上挺,堵住鼻腔通道,舌体后部在不压喉的前提下与小舌保持一定的空间距离;双唇(口轮匝肌)呈"一"字形向唇中央集中,横向聚合到半开的圆形,并现褶皱(o 的控制),面部肌肉成对抗状态;由于"后音前发"口腔动态控制的要求,加之 o、u 两个元音实际发音距离较近,发音时 o 元音的着力点(舌位)在后半高的基础上前移(接近央 e 的位置),保持后向发 u 的位置滑动,同时上口盖平行上提(下巴放松),双唇

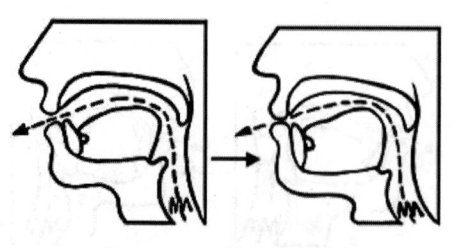

图 6-20　ou 的发音示意图

由半开到横向聚合(面部肌肉保持对抗),产生复合音 ou,其中,o 音响亮而长,u 音相对短弱;舌位动程小,口腔内开外闭(后开前闭),归音呈发 u 状。从"起音"到"落音"舌(尖)力度不变。例如,欧、偶、怄、剖、否、搂、凑、叟、昼、愁、守、兽、肉、柔、沟、狗、苟、扣、厚、喉、猴。如图 6-20。

(二)后响复韵母

普通话共有 5 个后响复韵母:口腔开度大的音在后面(声音响亮),没有韵尾。

1.二合后响复韵母——ia[iA]

发音要领:发音前颧肌上提,唇齿相依,双唇自然打开呈"一"字形,上齿微露,下巴放松;舌尖抵住下齿龈,舌体呈瘦长形,舌面前中(正中沟)接近硬腭前部(有一定空隙),舌面前部两侧紧靠上磨牙内侧(i 的控制);牙关打开,想象上下磨牙之间有一个筷子头粗细的开度,实际

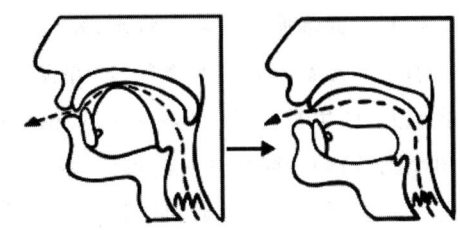

图 6-21　ia 的发音示意图

保持有一根牙签粗细的开度,触觉感受上下齿不接触;软腭与小舌上挺,堵住鼻腔通道,舌体后部在不压喉的前提下与小舌保持一定的空间距离;发音时 i 元音的着力点(舌位)在前高的基础上逐渐下降向央低 a 元音的位置滑动(并保持),同时上口盖平行上提(下巴放松),产生复合音 ia,其中,i 音相对短促,a 音响亮而长;舌位动程大,口腔由闭到开;归音时呈现 a 的舌位,发 a 音。从"起音"到"落音"舌(尖)力度不变。例如,押、牙、雅、亚、加、价、甲、恰、掐、夏、峡、虾、霞。如图 6-21。

2.二合后响复韵母——ie[iɛ]

发音要领:发音前颧肌上提,唇齿相依,双唇自然打开呈"一"字形,上齿微露,下巴放松;舌尖抵住下齿龈,舌体呈瘦长形,舌面前中(正中沟)接近硬腭前部(有一定空隙),舌前部两侧紧靠上磨牙内侧(i 的控制);牙关打开,想象上下磨牙之间有一个筷子头粗细的开度,实际保

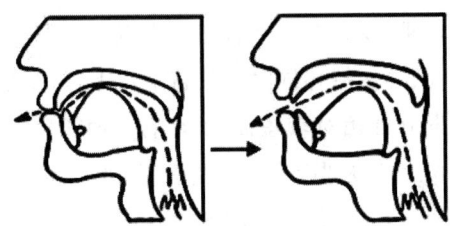

图 6-22　ie 的发音示意图

持有一根牙签粗细的开度,触觉感受上下齿不接触;软腭与小舌上挺,堵住鼻腔通道,舌体后部在不压喉的前提下与小舌保持一定的空间距离;发音时 i 元音的着力点(舌位)在前高的基础上逐渐下降向前半低元音 ê[ɛ]的位置滑动(并保持),同时上口盖平行上提(下巴放松),产生复合音 ie,其中,i 音相对短促,ê 音响亮而长;舌位(前部)动程较大,口腔由闭到开;归音时呈现 ê 的舌位,发 ê 音。从"起音"到"落音"舌(尖)力度不变。例如,噎、野、夜、别、憋、瘪、瞥、撇、灭、蔑、乜、接、街、借、皆、截、且、怯、写、些、鞋、歇。如图 6-22。

3.二合后响复韵母——üe[yɛ]

发音要领:发音前颧肌上提,唇齿相依,下巴放松;舌尖抵住下齿龈,舌体呈瘦长形,舌面前中(正中沟)接近硬腭前部(有一定空隙),舌面前部两侧紧靠上磨牙内侧(i 的控制);牙关打

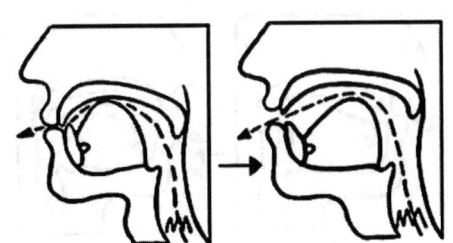

图 6-23　üe 的发音示意图

开,想象上下磨牙之间有一个筷子头粗细的开度,实际保持有一个牙签粗细的开度,触觉感受上下齿不接触;软腭与小舌上挺,堵住鼻腔通道,舌体后部在不压喉的前提下与小舌保持一定的空间距离;双唇(口轮匝肌)呈"一"字形向唇中央集中,横向闭合并现褶皱(ü的控制),面部肌肉成对抗状态;发音时ü元音的着力点(舌位)在前高的基础上逐渐下降向前半低元音ê[ε]的位置滑动(并保持),同时上口盖平行上提(下巴放松),双唇横向由合到开,产生复合音üe,其中,ü音相对较短促,ê音响亮而长;舌位(前部)动程较大,口腔由闭到开;归音时呈现ê的舌位,发ê音。从"起音"到"落音"唇舌(尖)力度不变。例如,月、略、决、爵、掘、却、缺、瘸、鹊、学、雪、靴、穴、薛。如图6-23。

4.二合后响复韵母——uɑ[UA]

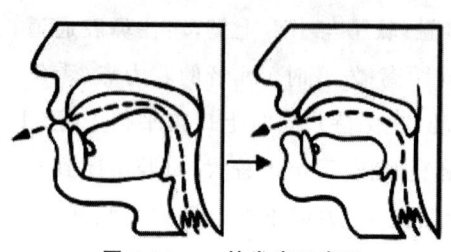

图6-24 uɑ的发音示意图

发音要领:发音前颧肌上提,唇齿相依,下巴放松;舌尖抵住下齿龈,舌体呈瘦长形;牙关打开,想象上下磨牙之间有一个小拇指粗细的开度,实际保持有一个筷子头粗细的开度,软腭与小舌上挺,堵住鼻腔通道,舌体后部在不压喉的前提下与小舌保持一定的空间距离;双唇(口轮匝肌)呈"一"字形向唇中央集中,横向聚合到半开的圆形并现褶皱(u的控制),面部肌肉成对抗状态;由于"后音前发"口腔动态控制的要求,发音时u元音的着力点(舌位)在后高的基础上逐渐下降,向央低元音ɑ的位置滑动(并保持),同时上口盖平行上提(下巴放松),双唇横向由合到开,产生复合音uɑ,其中,发u音相对较短促,ɑ音响亮而长;舌位动程较大,口腔由半开到开;归音时呈现ɑ的舌位,ɑ音从"起音"到"落音"唇舌(尖)力度不变。例如,哇、抓、刷、耍、挂、瓜、寡、跨、垮、夸、胯、话、划、滑。如图6-24。

5.二合后响复韵母——uo[uo]

发音要领:发音前颧肌上提,唇齿相依,下巴放松;舌尖抵住下齿龈,舌体呈瘦长形;牙关打开,想象上下磨牙之间有一个小拇指粗细的开度,实际保持有一个筷子头粗细的开度,软腭与小舌上挺,堵住鼻腔通道;舌体后部在不压喉的前提下与小舌保持一定的空间距离;双唇(口轮匝肌)呈"一"字形向唇中央集中,横向聚合到半开的圆形并现褶皱(u的控制),面部肌肉成对抗状态;发音时u元音的着力点(舌位)在后高的基础上微降,向后半高元音o的位置滑动(并保持),同时上口盖平行上提(下巴放松),双唇横向由合到半开,产生复合音uo,其中,u音相对较短促,o音响亮而长;舌位动程较小,口腔半开;归音时呈现o的舌位,发o音。从"起音"到"落音"唇舌(尖)力度不变。例如,喔、昨、错、所、缩、朵、夺、脱、拓、诺、弱、捉、啄、

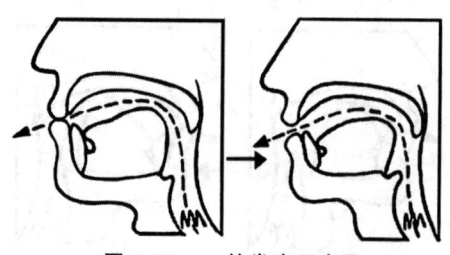

图6-25 uo的发音示意图

戳、绰、硕、裹、锅、阔、活、伙、过、坐。如图 6-25。

(三) 中响复韵母

普通话共有 4 个中响复韵母：口腔开度大的音在中间（声音响亮），韵头、韵腹、韵尾俱全。

1. 三合中响复韵母——iao[iau]

发音要领：发音前颧肌上提，唇齿相依，双唇自然打开呈"一"字形，上齿微露，下巴放松；舌尖抵住下齿龈，舌体呈瘦长形，舌面前中（正中沟）接近硬腭前部（有一定空隙），舌面前部两侧紧靠上磨牙内侧（i 的控制）；牙关打开，想象上下磨牙之间有一个筷子头粗细的开度，实际保持有一根牙签粗细的开度，触觉感受上下齿不接触（声音顺畅通过口腔，透出口外）；软腭与小舌上挺，堵住鼻腔通道，舌体后部在不压喉的前提下与小舌保持一定的空间距离；发音时 i 元音的着力点（舌位）在前高的基础上逐渐下降，向央低元音 a 的位置滑动（并保持），再过渡至后半高元音 o，同时上口盖平行上提（下巴放松），双唇由开到（横向）聚合，口腔内开度由闭到开再到合，产生复合音 iao，i 音短促，a 音响亮而长，o 音短弱，归音呈发 u 状。从"起音"到"落音"唇舌（尖）力度不变。例如，要、表、标、票、飘、秒、苗、庙、掉、聊、鸟、跳、桥、敲、叫、脚、交、效、销。如图 6-26。

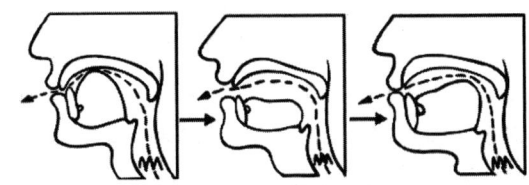

图 6-26　iao 的发音示意图

2. 三合中响复韵母——iou[iou]

发音要领：发音前颧肌上提，唇齿相依，双唇自然打开呈"一"字形，上齿微露，下巴放松；舌尖抵住下齿龈，舌体呈瘦长形，舌面前中（正中沟）接近硬腭前部（有一定空隙），舌面前部两侧紧靠上磨牙内侧（i 的控制）；牙关打开，想象上下磨牙之间有一个筷子头粗细的开度，实际保持有一根牙签粗细的开度，触觉感受上下齿不接触；软腭与小舌上挺，堵住鼻腔通道，舌体后部在不压喉的前提下与小舌保持一定的空间距离；发音时 i 元音的着力点（舌位）在前高的基础上逐渐下降，向后半高元音 o 的位置滑动（并保持），再过渡至后高元音 u，舌位动程曲折；同时上口盖平行上提（下巴放松），双唇由开到（横向）聚合，口腔内开度由闭到半开再到微开，产生复合音 iou，i 音短促，o 音响亮而长，u 音短弱，归音呈发 u 状。从"起音"到"落音"唇舌（尖）力度不变。例如，油、缪、丢、刘、就、酒、揪、求、丘、修、锈。如图 6-27。

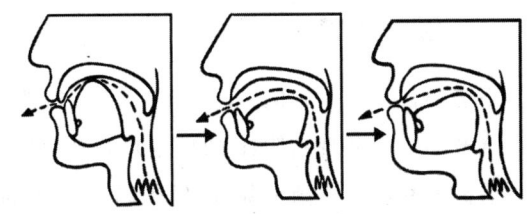

图 6-27　iou 的发音示意图

3. 三合中响复韵母——uai[uai]

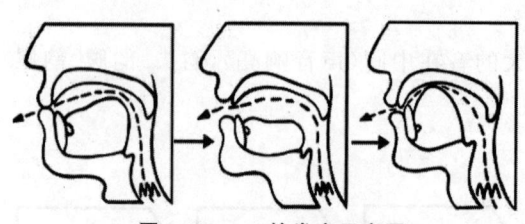

图 6-28　uai 的发音示意图

发音要领：发音前颧肌上提，唇齿相依，下巴放松；舌尖抵住下齿龈，舌体呈瘦长形；牙关打开，想象上下磨牙之间有一个小拇指粗细的开度，实际保持有一个筷子头粗细的开度；软腭与小舌上挺，堵住鼻腔通道，舌体后部在不压喉的前提下与小舌保持一定的空间距离；双唇（口轮匝肌）呈"一"字形向唇中央集中，横向聚合到半开的圆形并现褶皱（u 的控制），面部肌肉成对抗状态；发音时 u 元音的着力点（舌位）在后高的基础上逐渐下降，向央低元音 a 的位置滑动（并保持），再过渡至前高元音 i，舌位动程曲折；同时上口盖平行上提（下巴放松），双唇（横向）由合到开，口腔内开度由半开到开再到合，产生复合音 uai，u 音短促，a 音响亮而长，i 音短弱，归音呈发 i 状。从"起音"到"落音"唇舌（尖）力度不变。例如，外、拽、揣、摔、甩、帅、怪、拐、乖、快、坏、怀、淮、槐。如图 6-28。

4. 三合中响复韵母——uei[uəi]

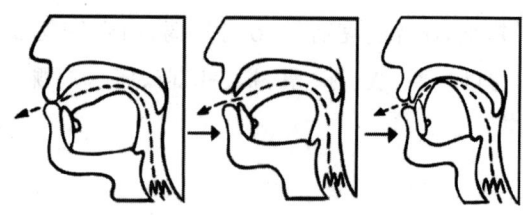

图 6-29　uei 的发音示意图

发音要领：发音前颧肌上提，唇齿相依，下巴放松；舌尖抵住下齿龈，舌体呈瘦长形；牙关打开，想象上下磨牙之间有一个小拇指粗细的开度，实际保持有一个筷子头粗细的开度；软腭与小舌上挺，堵住鼻腔通道，舌体后部在不压喉的前提下与小舌保持一定的空间距离；双唇（口轮匝肌）呈"一"字形向唇中央集中，横向聚合到半开的圆形并现褶皱（u 的控制），面部肌肉成对抗状态；发音时 u 元音的着力点（舌位）在后高的基础上逐渐下降，向后半高元音 e 的位置滑动（并保持），再过渡至前高元音 i，舌位动程曲折；同时上口盖平行上提（下巴放松），双唇（横向）由闭到开，口腔内开度由半开到开再到合，产生复合音 uei，u 音短促，e 音响亮而长，i 音短弱，归音呈发 i 状。从"起音"到"落音"唇舌（尖）力度不变。例如，为、最、嘴、催、脆、岁、随、对、追、坠、吹、垂、睡、瑞、归、鬼、跪、亏、魁、回、汇。如图 6-29。

三、鼻辅音韵母的发音

根据鼻辅音韵母的发音特点，下面分两部分认识鼻辅音韵母。

（一）前鼻音韵母

普通话共有 8 个前鼻音韵母。

1. 单元音前鼻韵母——an[an]

发音要领：发音前颧肌上提，唇齿相依，双唇自然打开呈"一"字形，上齿微露，下巴放松；舌尖抵住下齿龈，舌体呈瘦长形收束在下齿内侧，平行或低于下齿（a 的控制）；牙关打开，上下磨牙之间保持一个小拇指的开度；软腭与小舌上挺，堵住鼻腔通道，舌体后部在不压喉的前

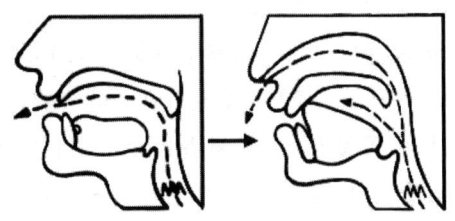

图 6-30　an 的发音示意图

提下与小舌保持一定的空间距离；发音时由于 a 受到 n 的影响，a 元音的着力点（舌位）在央的基础上前移，保持后，舌尖由下齿龈顺着下齿背迅速上行，向上齿龈发 n 的位置滑动，气流受舌尖（及舌体）的阻碍，从鼻腔流出；同时上口盖平行上提（下巴放松），舌位动程大，口腔由开到半开，产生前鼻音 an，其中，a 音响亮而长，n 音短弱，归音呈发 n 状。从"起音"到"落音"舌（尖）力度不变。例如，安、半、盘、满、反、咱、蚕、但、谈、难、烂、站、产、馋、山、善、染、赶、看、喊。如图 6-30。

2. 双元音前鼻韵母——ian[iɛn]

发音要领：发音前颧肌上提，唇齿相依，双唇自然打开呈"一"字形，上齿微露，下巴放松；舌尖抵住下齿龈，舌体呈瘦长形，舌面前中（正中沟）接近硬腭前部（有一定空隙），舌面前部两侧紧靠上磨牙内侧（i 的控制）；牙关打开，想象上

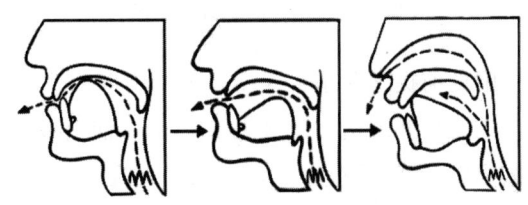

图 6-31　ian 的发音示意图

下磨牙之间有一个筷子头的开度，实际保持有一个牙签的开度，触觉感受上下齿不接触；软腭与小舌上挺，堵住鼻腔通道，舌体后部在不压喉的前提下与小舌保持一定的空间距离；发音时由于 a 元音前后受到 i 和 n 的影响，舌位动程由前高 i 元音向前低 a 元音的位置移动，保持后，舌尖由下齿龈顺着齿背迅速上行，向上齿龈发 n 的位置滑动，气流受舌尖（及舌体）的阻碍，从鼻腔流出；同时上口盖平行上提（下巴放松），舌前部动程曲折，口腔开度由闭到开再到半开，产生前鼻音 ian，其中，i 音相对短促，a 音响亮而长，n 音短弱，归音呈发 n 状。从"起音"到"落音"舌（尖）力度不变。例如，烟、严、演、燕、边、变、骗、篇、棉、面、免、电、点、念、年、练、脸、见、减、前、千、欠、现、先、显。如图 6-31。

3. 双元音前鼻韵母——üan[yan]

发音要领：发音前颧肌上提，唇齿相依，下巴放松；舌尖抵住下齿龈，舌体呈瘦长形，舌面前中（正中沟）接近硬腭前部（有一定空隙），舌面前部两侧紧靠上磨牙内侧；牙关打开，想象上下磨牙之间

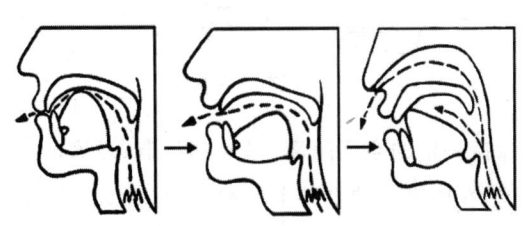

图 6-32　üan 的发音示意图

有一个筷子头的开度,实际保持有一个牙签的开度,触觉感受上下齿不接触;软腭与小舌上挺,堵住鼻腔通道,舌体后部在不压喉的前提下与小舌保持一定的空间距离;双唇(口轮匝肌)呈"一"字形向唇中央集中,横向闭合并现褶皱(ü的控制),面部肌肉成对抗状态;发音时由于a元音前后受到ü和n的影响,舌位动程由前高ü元音向前低a元音的位置移动,保持后,舌尖由下齿龈顺着齿背迅速上行,向上齿龈发n的位置滑动,气流受舌尖(及舌体)的阻碍,从鼻腔流出;同时上口盖平行上提(下巴放松),双唇横向由合到开,舌前部动程曲折,口腔内开度由闭到开再到半开,产生前鼻音üan,其中,ü音相对短促,a音响亮而长,n音短弱,归音呈发n状。从"起音"到"落音"舌(尖)力度不变。例如,员、远、怨、全、劝、犬、卷、倦、鹃、选、悬、宣。如图6-32。

4.双元音前鼻韵母——uan[uan]

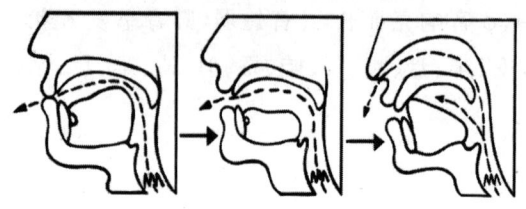

图6-33 uan的发音示意图

发音要领:发音前颧肌上提,唇齿相依,下巴放松;舌尖抵住下齿龈,舌体呈瘦长形收束在上下齿内侧;牙关打开,想象上下磨牙之间有一个小拇指的开度,实际保持有一个筷子头的开度;软腭与小舌上挺,堵住鼻腔通道,舌体后部在不压喉的前提下与小舌保持一定的空间距离;双唇(口轮匝肌)呈"一"字形向唇中央集中,横向闭合并现褶皱(u的控制),面部肌肉成对抗状态;发音时由于a元音前后受到u和n的影响,舌位动程由后高u元音向前低a元音的位置移动,保持后,舌尖由下齿龈顺着齿背迅速上行,向上齿龈发n的位置滑动,气流受舌尖(及舌体)的阻碍,从鼻腔流出;同时上口盖平行上提(下巴放松),双唇横向由合到开,舌位动程较曲折,口腔内开度由半开到开再到半开,产生前鼻音uan,其中,u音相对短促,a音响亮而长,n音短弱,归音呈发n状。从"起音"到"落音"舌(尖)力度不变。例如,豌、完、晚、万、钻、窜、算、酸、段、团、暖、乱、穿、涮、关、款、换。如图6-33。

5.单元音前鼻韵母——en[ən]

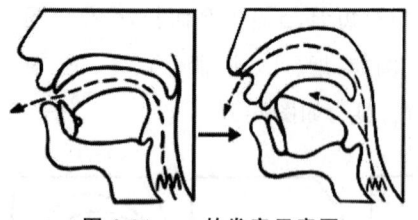

图6-34 en的发音示意图

发音要领:发音前颧肌上提,唇齿相依,双唇自然打开呈"一"字形,上齿微露,下巴放松;舌尖抵住下齿龈,舌体呈瘦长形收束在下齿内侧;牙关打开,想象上下磨牙之间有一个小拇指的开度,实际保持有一个筷子头的开度;软腭与小舌上挺,堵住鼻腔通道,舌体后部在不压喉的前提下与小舌保持一定的空间距离,呈e的控制;发音时由于e受到n的影响,e元音的发音着力点(舌位)在后半高的基础上前移,保持后,舌尖由下齿龈顺着齿背迅速上行,向上齿龈发n的位置滑动,气流受舌尖(及舌体)的阻碍,从鼻腔流出;同时上口盖平行上提(下巴放松),

舌位动程较大,口腔控制半开不变,产生前鼻音 en,其中,e 音响亮而长,n 音短弱,归音呈发 n 状。从"起音"到"落音"舌(尖)力度不变。例如,嗯、恩、本、笨、喷、盆、门、分、坟、怎、森、真、趁、婶、任、根、肯、恨。如图 6-34。

6. 双元音前鼻韵母——uen[uən]

发音要领: 发音前颧肌上提,唇齿相依,下巴放松;舌尖抵住下齿龈,舌体呈瘦长形收束在上下齿内侧;牙关打开,想象上下磨牙之间有一个小拇指的开度,实际保持有一个筷子头的开度;软腭与小舌上挺,堵住鼻腔通道,舌体后部在不

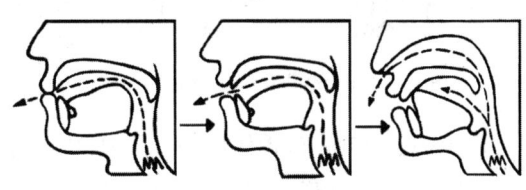

图 6-35　uen 的发音示意图

压喉的前提下与小舌保持一定的空间距离;双唇(口轮匝肌)呈"一"字形向唇中央集中,横向闭合并现褶皱,面部肌肉成对抗状态(u 的控制);发音时由于 e 元音前后受到 u 和 n 的影响,舌位动程由后高 u 元音向央 e 元音的位置移动,舌尖由下齿龈顺着齿背迅速上行,向上齿龈发 n 的位置滑动,气流受舌尖(及舌体)的阻碍,从鼻腔流出;同时上口盖平行上提(下巴放松),双唇横向由合到开,舌位动程较曲折,口腔内控制半开不变,产生前鼻音 uen,其中,u 音相对短促,e 音响亮而长,n 音短弱,归音呈发 n 状。从"起音"到"落音"舌(尖)力度不变。例如,温、吻、问、尊、村、存、寸、孙、笋、顿、吞、论、准、谆、唇、润、滚、捆、混。如图 6-35。

7. 单元音前鼻韵母——in[in]

发音要领: 发音前颧肌上提,唇齿相依,双唇自然打开呈"一"字形,上齿微露,下巴放松;舌尖抵住下齿龈,舌体呈瘦长形收束在上磨牙内侧,舌面前中(正中沟)接近硬腭前部(有一定空隙);牙关打开,想象上下磨牙之间有一个筷子头的开度,实际保持有一个牙签的开度,触觉感受上下齿不接触;软腭与小舌上挺,堵住鼻腔通道,舌体后部

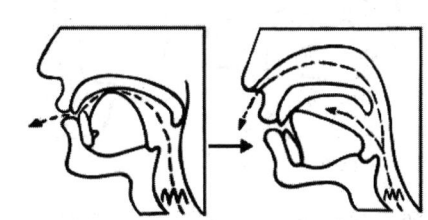

图 6-36　in 的发音示意图

在不压喉的前提下与小舌保持一定的空间距离,呈 i 的控制;发音时 i 元音的着力点(舌位)在前高的基础上微降,舌尖再由下齿龈顺着齿背迅速上行,向上齿龈发 n 的位置滑动,气流受舌尖(及舌体)的阻碍,从鼻腔流出;同时上口盖平行上提(下巴放松),舌前部动程较小,口腔开度由闭到微开,产生前鼻音 in,其中,i 音响亮而长,n 音短弱,归音呈发 n 状。从"起音"到"落音"舌(尖)力度不变。例如,音、彬、品、贫、聘、皿、民、进、今、紧、琴、侵、新、信。如图 6-36。

8.单元音前鼻韵母——ün[yn]

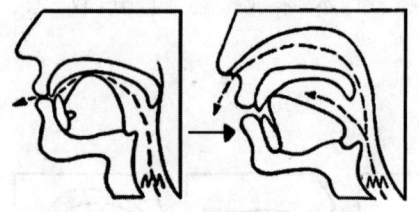

图6-37 ün的发音示意图

发音要领：发音前颧肌上提，唇齿相依，下巴放松；舌尖抵住下齿龈，舌体呈瘦长形，舌面前中（正中沟）接近硬腭前部（有一定空隙），舌前部两侧紧靠上齿内侧（i的控制）；牙关打开，想象上下磨牙之间有一个筷子头的开度，实际保持有一个牙签的开度，触觉感受上下齿不接触；软腭与小舌上挺，堵住鼻腔通道，舌体后部在不压喉的前提下与小舌保持一定的空间距离；双唇（口轮匝肌）呈"一"字形向唇中央集中，横向闭合并现褶皱（ü的控制），面部肌肉成对抗状态；发音时ü元音的着力点（舌位）在前高的基础上微降，舌尖再由下齿龈顺着齿背迅速上行，向上齿龈发n的位置滑动，气流受舌尖（及舌体）的阻碍，从鼻腔流出；同时上口盖平行上提（下巴放松），双唇横向由合到开，舌前部动程较小，口腔内开度由闭到微开，产生前鼻音ün，其中，ü音响亮而长，n音短弱，归音呈发n状。从"起音"到"落音"舌（尖）力度不变。例如，晕、军、群、寻、讯。如图6-37。

（二）后鼻音韵母

普通话共有8个后鼻音韵母。

1.单元音后鼻韵母——ang[aŋ]

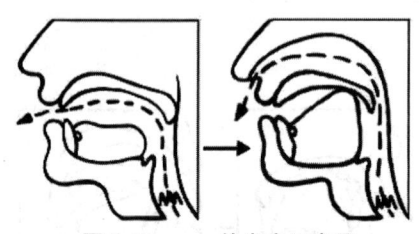

图6-38 ang的发音示意图

发音要领：发音前颧肌上提，唇齿相依，双唇自然打开呈"一"字形，上齿微露，下巴放松；舌尖抵住下齿龈，舌体呈瘦长形收束在下齿内侧并低于下齿（a的控制）；牙关打开，上下磨牙之间保持一个小拇指的开度；软腭与小舌上挺，堵住鼻腔通道，舌体后部在不压喉的前提下与小舌保持一定的空间距离；发音时由于a受到ng的影响，a元音的着力点（舌位）在央的基础上稍后移，保持一定的时长后，舌面后部（舌根）迅速上行，向软硬腭交界处发ng的位置滑动，气流受舌根的阻碍，从鼻腔流出；同时上口盖平行上提（下巴放松），舌位动程大，口腔由开到半开，产生后鼻音ang，其中，a音响亮而长，ng音短弱，归音呈发ng状。从"起音"到"落音"舌（尖）力度不变。例如，肮、昂、帮、绑、胖、旁、忙、放、脏、仓、桑、嗓、荡、躺、囊、浪、章、唱、赏、让、刚、扛、夯。如图6-38。

2.双元音后鼻韵母——iang[iaŋ]

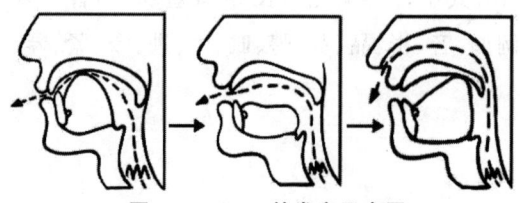

图6-39 iang的发音示意图

发音要领：发音前颧肌上提，唇齿相依，双唇自然打开呈"一"字形，上齿微露，下巴放松；舌尖抵住下齿龈，舌体呈瘦长形，舌面前中（正中沟）接近硬腭前部(有一定空隙),舌面前部两侧紧靠上磨牙内侧(i 的控制);牙关打开,想象上下磨牙之间有一个筷子头的开度,实际保持有一个牙签的开度,触觉感受上下齿不接触;软腭与小舌上挺,堵住鼻腔通道,舌体后部在不压喉的前提下与小舌保持一定的空间距离,呈 i 的控制;发音时由于 a 元音前后受到 i 和 ng 的影响,舌位动程由前高 i 元音向央低 a 元音的位置移动,保持一定的时长后,舌面后部(舌根)迅速上行,向软硬腭交界处发 ng 的位置滑动,气流受舌根的阻碍,从鼻腔流出;同时上口盖平行上提(下巴放松),舌位动程大,口腔由闭到开再到半开,产生后鼻音 iang,其中,i 音相对短促,a 音响亮而长,ng 音短弱,归音呈发 ng 状。从"起音"到"落音"舌(尖)力度不变。例如,央、讲、江、降、强、枪、抢、呛、想、向、响、乡。如图 6-39。

3.双元音后鼻韵母——uang[uaŋ]

发音要领:发音前颧肌上提,唇齿相依,下巴放松;舌尖抵住下齿龈,舌体呈瘦长形收束在上下齿内侧;牙关打开,想象上下磨牙之间有一个小拇指的开度,实际保持有一个筷子头的开度;软腭与小舌上挺,堵住鼻腔通道,舌体后部在不

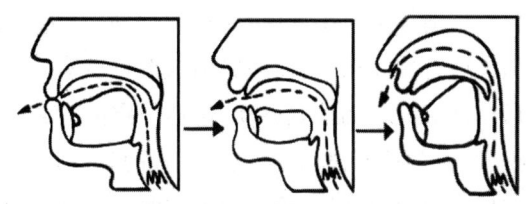

图 6-40 uang 的发音示意图

压喉的前提下与小舌保持一定的空间距离;双唇(口轮匝肌)呈"一"字形向唇中央集中,横向闭合并现褶皱(u 的控制),面部肌肉成对抗状态;发音时由于 a 元音前后受到 u 和 ng 的影响,舌位动程由后高 u 元音向央低 a 元音的位置移动,保持一定的时长后,舌面后部(舌根)迅速上行,向软硬腭交界处发 ng 的位置滑动,气流受舌根的阻碍,从鼻腔流出;同时上口盖平行上提(下巴放松),双唇横向由合到开,舌位动程大,口腔内开度由半开到开再到半开,产生后鼻音 uang,其中,u 音相对短促,a 音响亮而长,ng 音短弱,归音呈发 ng 状。从"起音"到"落音"舌(尖)力度不变。例如,汪、装、撞、闯、创、双、爽、光、广、逛、筐、狂、慌、晃、荒。如图 6-40。

4.单元音后鼻韵母——eng[əŋ]

发音要领:发音前颧肌上提,唇齿相依,双唇自然打开呈"一"字形,上齿微露,下巴放松;舌尖抵住下齿龈,舌体呈瘦长形收束在下齿内侧,平行或低于下磨牙;牙关打开,想象上下磨牙之间有一个小拇指的开度,实际保持有一个筷子头的开度;

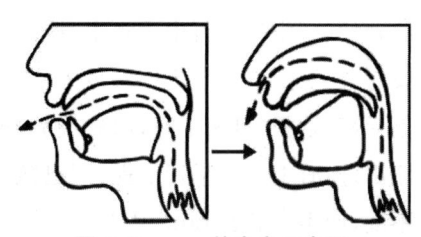

图 6-41 eng 的发音示意图

软腭与小舌上挺,堵住鼻腔通道,舌体后部在不压喉的前提下与小舌保持一定的空间距离,呈 e 的控制;发音时 e 元音的发音着力点(舌位)在后半高的基础上保持一定的时长后,舌面后部(舌根)迅速上行,向软硬腭交界处发 ng 的位置滑动,气流受舌根的阻碍,从鼻腔流出;同时上口盖平行上提(下巴放松),舌位动程较大,口腔内控制半开不变,产生

后鼻音 eng,其中,e 音响亮而长,ng 音短弱,归音呈发 ng 状。从"起音"到"落音"舌(尖)力度不变。例如,蹦、绷、碰、捧、蒙、猛、封、增、层、僧、等、疼、能、冷、正、睁、成、声、坑。如图 6-41。

5.双元音后鼻韵母——ueng[uəŋ]

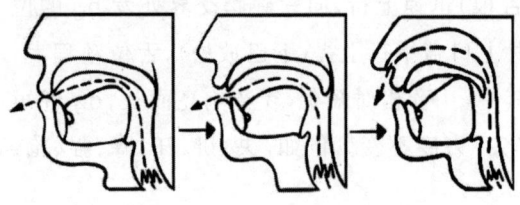

图 6-42　ueng 的发音示意图

发音要领:发音前颧肌上提,唇齿相依,下巴放松;舌尖抵住下齿龈,舌体呈瘦长形收束在上下齿内侧;牙关打开,想象上下磨牙之间有一个小拇指的开度,实际保持有一个筷子头的开度;软腭与小舌上挺,堵住鼻腔通道,舌体后部在不压喉的前提下与小舌保持一定的空间距离;双唇(口轮匝肌)呈"一"字形向唇中央集中,横向闭合并现褶皱,面部肌肉成对抗状态,呈 u 的控制;发音时舌位动程由后高 u 元音向后半高 e 元音的位置移动,保持一定的时长后,舌面后部(舌根)迅速上行,向软硬腭交界处发 ng 的位置滑动,气流受舌根的阻碍,从鼻腔流出;同时上口盖平行上提(下巴放松),双唇横向由合到开,舌位动程较曲折,口腔内控制半开不变,产生后鼻音 ueng,其中,u 音相对短促,e 音响亮而长,ng 音短弱,归音呈发 ng 状。从"起音"到"落音"舌(尖)力度不变。例如,翁、瓮、蓊、蕹。如图 6-42。

6.单元音后鼻韵母——ong[uŋ]

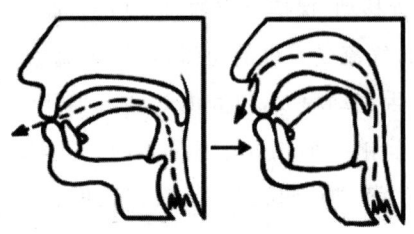

图 6-43　ong 的发音示意图

发音要领:发音前颧肌上提,唇齿相依,下巴放松;舌尖抵住下齿龈,舌体呈瘦长形收束在上下齿内侧;牙关打开,想象上下磨牙之间有一个小拇指的开度,实际保持有一个筷子头的开度;软腭与小舌上挺,堵住鼻腔通道,舌体后部在不压喉的前提下与小舌保持一定的空间距离;双唇(口轮匝肌)呈"一"字形向唇中央集中,横向闭合并现褶皱,面部肌肉成对抗状态,呈 u 的控制;发音时 u 元音(实际发音中 o 发 u)的着力点(舌位)在后高的基础上保持一定的时长后,舌面后部(舌根)迅速上行,向软硬腭交界处发 ng 的位置滑动,气流受舌根的阻碍,从鼻腔流出;同时上口盖平行上提(下巴放松),双唇控制合口,舌位动程较小,口腔内控制半开不变,产生后鼻音 ong,其中,o(u)音响亮而长,ng 音短弱,归音呈发(合口)ng 状。从"起音"到"落音"唇舌(尖)力度与口腔控制不变。例如,总、从、送、动、东、同、通、弄、浓、笼、中、冲、崇、容、工、空、红。如图 6-43。

7.单元音后鼻韵母——ing[iŋ]

发音要领:发音前颧肌上提,唇齿相依,双唇自然打开呈"一"字形,上齿微露,下巴放松;舌尖抵住下齿龈,舌体呈瘦长形收束在上磨牙内侧;牙关打开,想象上下磨牙之间有一个筷子头的开度,实际保持有一个牙签的开度,触觉感受上下磨牙不接触;软腭与小舌上挺,堵住鼻腔通道,舌体后部在不压喉的前提下与小舌保持一定的空间距离,呈 i 的控制;发音时 i 元音的着力点(舌位)在前高的基础上保持一定的时长后微降,舌面后部(舌根)迅速上行,向软硬腭交界处发 ng 的位置滑动,气流受舌根的阻碍,从鼻腔流出;

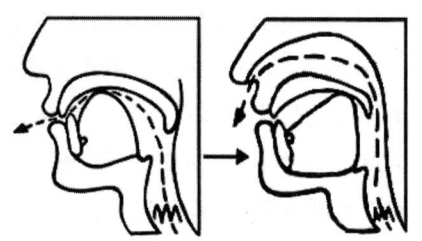

图 6-44　ing 的发音示意图

同时上口盖平行上提(下巴放松),舌位动程较大,口腔开度由闭到微开,产生后鼻音 ing,其中,i 音响亮而长,ng 音短弱,归音呈发 ng 状。从"起音"到"落音"舌(尖)力度不变。例如,英、并、兵、饼、平、命、鸣、顶、停、另、灵、竟、井、轻、晴、星、醒。如图 6-44。

8.双元音后鼻韵母——iong[yŋ]

发音要领:发音前颧肌上提,唇齿相依,下巴放松;舌尖抵住下齿龈,舌体呈瘦长形收束在上齿内侧,舌体前中部(正中沟)接近硬腭前部(有一定空隙),舌前部两侧紧靠上齿内侧(i 的控制);牙关打开,想象上下磨牙之间有一个筷子头的

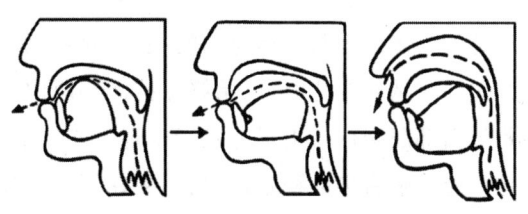

图 6-45　iong 的发音示意图

开度,实际保持有一个牙签的开度,触觉感受上下磨牙不接触;软腭与小舌上挺,堵住鼻腔通道,舌体后部在不压喉的前提下与小舌保持一定的空间距离;双唇(口轮匝肌)呈"一"字形向唇中央集中,横向闭合并现褶皱,面部肌肉成对抗状态,呈 ü 的控制;发音时,ü 元音(实际发音中 i 和 o 发 ü)的着力点(舌位)在前高的基础上保持一定的时长后微降,舌面后部(舌根)迅速上行,向软硬腭交界处发 ng 的位置滑动,气流受舌根的阻碍,从鼻腔流出;同时上口盖平行上提(下巴放松),双唇控制为合口呼状态,舌位动程较大,口腔内开度由闭到微开,产生后鼻音 iong,其中,i、o(ü)音响亮而长,ng 音短弱,归音呈发 ng 状。从"起音"到"落音"唇舌(尖)力度与口腔控制不变。例如,庸、窘、穷、胸、雄、凶。如图 6-45。

第四节　口腔动态控制与韵母发音发声训练

"两头紧,中间松"意在表明参与发音发声的身体肌肉整体的控制状态。具体指的是口腔的发音器官(上头)与腰腹部参与用气的呼吸肌肉群(下头)要保持相对紧张,而胸部、肩部与真正的声源地喉腔及声带等身体的中间部位恰恰需要相对放松(在"喉部与声调"一章中讲)。此阶段要结合气息与口腔的静态控制对"两头紧,中间松"悉心感受、领会与把握,在此基础上根据韵母的发音要领并结合声母对每个韵母中不同音素的舌位

(着力点)及动程进行强化训练。复元音韵母与单元音韵母一样,可以独立承担一个音节(一个汉字),为了结合口腔及唇舌的力度控制训练,在学习中建议依然将复元音韵母和单元音韵母作为零声母音节对待。在音节与音节连读或形成语流时,结合气息控制进行训练,防止"字化、词化"现象,要注意每一个音节吐字归音时的肌肉控制,即使发开口呼和齐齿呼音节时唇不参与发音也要有所控制,以避免唇部开合时"路程过远",导致满脸"跑嘴"的现象。对"四呼"音的唇形要求不仅是吐字归音的需要,更是美化字音和面部形象的需要。

最初阶段的学习者,尤其是语音基础有限的学习者,在练习吐字归音时,脑海里必须有几个转换过程,看到一个词语在通过字形引发情绪的同时,要有立即产生音节背后所提供给听觉效果的具体音素的排列组合,以便迅速指导咬字器官的活动程序。例如:"新闻"一词,除了消息、事件、故事、有新鲜感、好奇、正在发生、刚刚发生等这些含义外,透过音节,眼前还应出现"xin、wen"的声韵形状,以便快速调整和掌握唇舌的动程。正确认识和处理个体训练与整体应用的关系,把握好动态与静态的关系,在双唇参与发音并根据词句需要情绪变化时,能始终保持面部肌肉的反方向运动,即唇部肌肉向唇中央集中,颧肌等面部肌肉保持上提。发音中音节与音节之间过渡,唇舌只有转换,不能松懈,唇舌变化不能影响舌尖的稳定性(指舌尖在不参与发音的情况下),即使换气也不能影响口腔的静态控制。

在此再次强调,在复元音韵母发音过程中,由于受到前后音素的影响,作为"韵腹"的元音音素会产生音位变体,在每个"韵母发音示意图"内,并没有体现出由于音位变体而标注的着力点"位移示意",请学习者在仔细阅读和领会发音要领的同时,通过录音听辨调整。要善于运用各种感觉器官和不同的训练方式帮助训练,例如用歌唱进行口腔的动态与气息的控制训练,要特别注意的是,不能因为旋律的起伏变化而影响(四字词的)吐字归音。总之,训练中要做到综合运用,防止顾此失彼。区别唇形开合,明确音素过渡,滑动舌位动程,强调归音到位,掌握韵母发音。

一、口腔动态控制与单元音韵母训练

单元音韵母在普通话音节中有 10 个,由于单元音韵母没有韵头和韵尾,结合气息与声母训练时要注意唇舌的起音与落音控制;同时要特别注意双音节词中不同声母与各单元音韵母相拼时,牙关开度的及时调整。发音中应始终保持舌体收束,使单元音韵母发音圆润、饱满。

(一)舌面单元音韵母训练

舌面元音 a、o、e、i、ü、u、ê 在"口腔与声母"一章作为零声母音节已经进行过阐述与训练,此处作为单元音韵母与声母进行拼合训练。

1. **字词情境训练**

● 情境设计：a

茶吧　啪嚓　马扎　麻纱　发傻　发痧　沙发　杀伐　刹那　砝码　打岔　大厦
咔嚓　打卡　哈达　拉杂

● 情境设计：a——o、e、i、ü、u

八股　罢黜　跋扈　跋涉　罢课　马匹　沙漠　茶具　插曲　答复　打击　发布
发迹　法律　法则　蚂蚁　爬犁　蜡烛　蜡笔　抹布　麻痹　马路　拉扯　法纪
罚则　把戏　麻布　麻衣　大吉　妲己　大忌　差距　马术　法术　乏术　纱布
麻木　伐木　杂色　大度　打赌　大都　大地　大敌　拉力　大陆　打理　大体
大力　答礼　叉车　彻查　查处　茶社　搭理

● 情境设计：o

泼墨　破墨　伯婆

● 情境设计：o——a、e、i、ü、u

播发　博古　波折　博大　波及　伯父　模拟　墨迹　摸底　泼妇　磨砺　摩擦
魔术　末路　抹杀　默许　坡度　泼辣　叵测　破除　破例　帛书　茉莉　泼皮
伯母　魔法　末伏　拨付　波幅　模特

● 情境设计：e

割舍　隔热　客车　菏泽　色泽　各色　折射　特色　折合　设色　特赦　隔阂
合格　塞责　苛责　乐得

● 情境设计：e——a、o、i、ü、u

车皮　撤离　彻底　歌剧　歌舞　隔壁　革除　格局　个体　设立　河谷　和气
侧击　涉及　射击　颗粒　科举　刻薄　课余　社稷　舍弃　谪居　科技　车把
车夫　车库　蛰居　设伏　设计　设局　色素　特地　撤除　个股　刻苦　呵护
合乎　客户　刻骨　合股　何故　何苦　贺卡　合法　核发　和服　乐土

● 情境设计：i

笔记　低级　地基　机密　激励　启迪　底气　密闭　披靡　洗涤　集体　记忆
厘米　稀奇　立即　地契　立体　里脊　笔迹　荸荠　鼻翼　鄙夷　例题　肌体
吉利　汽笛　席地　喜气　离题　立地　敌意　地衣　痢疾　薏米　体例　骐骥
乙醚　鄙弃　闭气　希冀　奇袭　气息　极其　吉期　袭击　奇迹　契机　企及

● 情境设计：i——a、o、e、ü、u

饥饿　闭幕　庇护　避暑　堤坝　抵触　肌肤　遗书　体格　疾苦　几何　基督
急促　贻误　计策　基数　记者　辑录　别除　礼物　立足　启发　啼哭　汽车
闭塞　抵御　题库　气度　鄙俗　必须　壁虎　抵补　地步　地狱　低语　艺术
继父　季度　极度　义务　医务　起伏　气粗　凄恻　记录　疾步　比如　婢女
题目　比率　一律　体恤　鲤鱼　利于　隶属　隶书　礼数　黎庶　碧波　鄙薄

臂膊　密码　逼迫　笔法　皮肤　匹夫　批复　蚍蜉　比附　疲乏　批发　弥补
帝都　抵达　低度　里拉　利率　地图　力度　梯度　剃度　集聚　机具　寄居
吉剧　唏嘘　奇趣　崎岖　箕踞　滴答　欺负

● 情境设计：ü

龃龉　偻偻　区域　旅居　屈居　曲剧　吕剧　须臾　絮语　居于　渔具　寓居
语序　雨具　豫剧　女婿

● 情境设计：ü——a、o、e、i、u

局部　剧目　巨大　惧怕　句法　锯末　旅社　绿茶　曲艺　巨著　绿地　虚无
许可　畜牧　迂腐　娱乐　余额　渔歌　雨露　拘束　居住　律例　履历　聚积
聚集　狙击　取齐

● 情境设计：u

补助　古朴　初步　粗鲁　督促　读物　读书　幅度　著述　腐竹　部署　图书
富足　户主　突出　辜负　孤独　鼓舞　书橱　独步　独处　古都　咕嘟　谷物
住处　粗布　逐步　互助　主厨　庶出　不顾　布谷　租户　祖父　祝福　趋附
驻足　孤苦　仆妇　酷暑　诉苦　目录　土木　乳母　溽暑　出入　不服　枯骨

● 情境设计：u——a、o、e、ü、i

处罚　储蓄　督察　毒蛇　读者　堵塞　赌博　夫妻　护法　符合　福利　富裕
敷设　伏笔　覆没　姑息　故里　古籍　复合　负荷　谷雨　湖泊　护理　苦涩
录取　陆续　暮色　沐浴　出发　琥珀　触发　除法　堵车　屠杀　土著　枯涩
复核　福气　付讫　浮力　辐射　蝮蛇　附设　辅弼　努力　股息　痼习　孤立
哭泣　枯寂　募集　木屐　户籍　狐疑　不比　奴隶　木马　复发　伏法　木筏
抚摸　复辟　辅币　麸皮　浮皮　步伐　顾客　不法　足色　骨骼　阻塞　毒打
陆离　勠力　独特　努力　独立　土地　出车　书社

2. 词组情境训练

● 情境设计：理解每一个四字词的词义，调动情感，结合气息，慢速控制发音。

一虎不河　伯乐一顾　其乐无涯　不拘一格　一卧不起　逼不得已　地理地图
乐不可极　臂力不及　屈居一隅　喜极而泣　你我互助　不去打理　极其互补
虚拟意识　目睹孤苦　噼里啪啦　稀里糊涂　嘀里嘟噜　邋里邋遢

舌面单元音发音示范及《中国功夫》相关练习

　　● 情境设计：选择熟悉的、旋律简单的歌曲谱子，采用以舌面单元音韵母为主的四字词歌唱，调动情感，结合气息与口腔的静、动态控制进行练习。例如《中国功夫》。

3. 提示

（1）双音节词的第一个音节的韵尾是开口呼，第二个音节的字头是合口呼或撮口呼时，一定要将唇部肌肉集中到唇中央（圆唇扁发）再发音,即叼住再弹出。

(2) i 与 ü 在变化唇形的同时,相同的舌位控制不要放松。

(3) ü 发音时特别注意唇角不要帮倒忙(使劲儿),唇部力度要与 u 相同,保持在唇中央。

(4) 打破了相同发音部位的声母与不同舌位(着力点)的单元音韵母的组合,容易导致牙关开合幅度缩小和舌的着力点不到位等问题,因此,在意识控制下慢速训练很重要。

(5) 从纯粹的声乐演唱角度来说,口腔的开合控制比有声语言艺术表达时的幅度要大。此处训练是为了借旋律拉开字腹,规范语音,同时锻炼气息,调动情感。所以口腔的控制一定要按照吐字归音的要求把控,先不要将关注点放在音高和旋律上。

(6) 采用旋律用四字词歌唱,可以一个乐句一组四字词,也可以一首歌只唱一个四字词,或者一个音符唱一个音节。总之,不要求快,要求语音与唱音均正确、稳定。

(7) 注意平时生活语言的控制。要防止只有上课或训练时才有意识注意,下课或与朋友、同学交流时又回归"自然"的问题,如果这样,再大的训练量也改变不了十几年甚至几十年的习惯,口腔控制始终处于一种"拉锯战"状态,训练将会事倍功半。

(二) 特殊单元音韵母训练

特殊单元音 -i[ɿ]、-i[ʅ] 的发音着力点在舌尖。er 元音主要充当儿化韵,我们将在后面语流音变里进行训练。

1. 字词情境训练

● 情境设计:-i[ɿ]

自私　字词　自此　刺死　四次　子嗣　恣肆　赐死　私自　次子

● 情境设计:-i[ɿ]——a、o、e、i、ü、u、-i[ɿ]

辞赋　此刻　赐予　思路　私立　私欲　司法　四季　司马　司机　词句　次序
司仪　似乎　资历　资格　滋补　子弟　自习　自给　字幕　恣意　刺激　辞色
自发　自负　次日　刺客　自律　资助　自主　自助　自足　自责　姿色　刺史

● 情境设计:-i[ʅ]

实质　日志　迟滞　时日　矢志　日食　食指　志士　史诗　市制　施事　指使
致使　智齿　支持　咫尺　指斥　指示　知事　值日　直视　只是　失职

● 情境设计:-i[ʅ]——a、o、e、i、ü、u、-i[ʅ]

斥骂　诗歌　迟暮　赤膊　石墨　世纪　尺牍　事理　事务　知己　植物　实物
识破　拾取　石刻　食谱　师法　食欲　诗集　致死　织女　市区　事例　仕途
拾遗　适合　势必　止步　肢体　至于　失误　柿树　实数　时蔬　诗书　支出
指数　耻辱　叱咤　炙热　炽热　植树　施主　石柱　驰书　齿数　支柱　蜘蛛
踟蹰　知足　世故　师资

- 情境设计：er

尔　耳　二

- 情境设计：er——a、o、e、i、ü、u、-i[ɿ]、-i[ʅ]

耳语　而已　鱼饵　刺耳　耳屎　耳饰　儿子

2. 词组情境训练

- 情境设计：理解每一个四字词的词义，调动情感，结合气息，慢速控制发音。

自私自利	支吾其词	知己知彼	蛛丝马迹	十恶不赦	无济于事	不可置疑
举世瞩目	势如破竹	饥不择食	奇耻大辱	屈指可数	适可而止	呼之欲出
顾此失彼	嗤之以鼻	如饥似渴	乐不思蜀	立足之地	路不拾遗	字字珠玑
大吃大喝	一字一珠	日复一日	熟视无睹	不可思议	不失时机	事已至此
足不出户	出租司机

特殊单元音发音示范及《茉莉花》相关练习

- 情境设计：选择熟悉的、旋律简单的歌曲谱子，采用以特殊元音韵母为主的四字词歌唱，调动情感，结合气息与口腔的静、动态控制进行练习。例如《茉莉花》。

3. 提示

(1)特殊元音-i[ɿ]和-i[ʅ]实际发音是发声母 z、c、s 和 zh、ch、sh、r 的延长音，因此要正确掌握与特殊元音拼合的 z、c、s、zh、ch、sh、r 的声母位置。发音时通过视觉判断上齿保持在下齿前面，放松下巴，并结合声母发音舌尖着力（上一章已讲过），防止舌尖松软导致位置靠前。

(2)特殊元音-i[ʅ]作为单元音韵母发音时，最突出的问题在于初学者在发音时唇角帮倒忙（使劲儿），有的表现为唇角下扯，有的表现为唇齿分家、双唇突出。这是因为舌尖力度不够，或者无意识的习惯使然。此问题会导致：牙关及口腔开度受限；口腔共鸣及声音色彩受影响；吐字的清晰度不够；五官形象受损。

(3)声音不结束舌尖不能松懈，在此组发音中仍需特别强调。

(4)er 发音结束后，舌尖从卷起动作要迅速下放到下齿龈[除了舌尖中音和舌尖后音，例："耳朵(ěrduo)、耳罩(ěrzhào)"]，舌尖前音下放到下齿背。

(5)特殊元音的舌尖位置与舌面元音的舌尖位置不同，注意歌唱时不管节拍再长，每一个音节的起音与落音舌尖都不要松懈，并保持气息稳定。

(6)以上训练一定要结合气息，或一词一换气，或两词一换气。同时结合上一章的口腔静态与声母控制进行练习。

二、口腔动态控制与复元音韵母训练

在单音节学习阶段，对于复韵母的把握应注意在起音时（韵头）要保持此元音单发时的舌位，落音时（韵尾）应结束在此元音单发时的舌位上，中间韵腹要拉开立起，前后过渡要具有滑动感,自如流畅。当个体训练完成并形成词语后,由于词语内音节与音节之间超音质的要求,归音要做到弱收到位,初学者姑且将"弱收"理解为音强要弱下来,"到位"指舌位的力度和口腔的开度要保持。为了加大舌位动程,最初的训练难免发音有些生硬,这是正常的有意控制训练阶段。随着训练量的增加和审美意识的提高,发音过程会逐渐流畅起来的。在加大口腔内舌体变化的同时要注意双唇及口腔的静态控制,要唇齿相依,防止呈现"筒状"或"喇叭状"。如果说唇在发音过程中力度要集中在唇的中央,要"走近路"的话,那么,口腔依然要保持一定的开度控制;相对而言,舌的动作过程鲜明,"行远程"。根据前面所学的复韵母发音要领,在理解的基础上设计语境,以情带气,以情束舌,以情"动"舌,结合声母拼合使韵头定型准确,韵腹过渡饱满,韵尾归音干净。

(一)前响复韵母训练

前响复韵母 ai、ei、ao、ou 的舌位动程较大,口腔前开后闭。

1. **字词情境训练**

● 情境设计:ai

爱戴	爱才	挨宰	彩排	采摘	代卖	盖菜	海菜	开采	买菜	拍卖	债台
灾害	开斋	再来	采买	摆开	拆台	拆开	卖菜	还在	开来	开赛	晒台
海带	买卖	开拍	赖债	白菜	彩带	拆卖	海派	抬爱	择菜	白带	摆台
百态	拜台	白开	败财	菜薹	卖呆	迈开	台海	太宰	海苔	摘牌	拆牌

● 情境设计:ei

| 蓓蕾 | 非得 | 赔给 | 煤黑 | 贝类 | 背煤 | 飞贼 | 黑妹 | 北非 | 肥美 | 配备 | 北美 |
| 内贼 | 匪贼 | 黑煤 | 眉飞 | 匪类 | 黑贝 | 黑莓 | 贼类 | | | | |

● 情境设计:ao

懊恼	敖包	凹槽	报告	报到	操劳	糟糕	祷告	老少	草包	草稿	草帽
吵闹	稻草	高傲	高潮	高超	告饶	牢骚	牢靠	劳保	号啕	号召	犒劳
高烧	茅草	冒号	绕道	宝刀	昭告	跑道	逃跑	讨好	招考	搞好	找到
超高	炒勺	早操	宝号	爆炒	抛锚	泡澡	跑操	冒泡	超导	毛桃	毛躁
高炮	枣糕	早稻	告老	高考	高招	高照	烧烤	宝岛	照抄	包抄	蒿草

● 情境设计:ou

绸缪	丑陋	兜售	抖擞	抖搂	豆蔻	狗头	佝偻	口授	露丑	喉头	漏斗
收购	猴头	后轴	走兽	后周	口臭	扣肉	手头	口头	叩头	守候	欧洲
走狗	揉手	偷走	斗狗	陡沟	豆粥	斗兽	瘦肉	收受	斗殴		

2. **词组情境训练**

● 情境设计:理解每一个四字词的词义,调动情感,结合气息,慢速控制发音。

否极泰来　百废待举　委内瑞拉　载歌载舞　爱不释手　爱惜羽毛　力透纸背

丑态百出　飞檐走壁　束手无策　高头大马　好逸恶劳　虎头蛇尾　口诛笔伐
口碑载道　手舞足蹈　守株待兔　偷鸡摸狗　投畀豺虎　投机倒把　宝刀不老

前响复韵母发音示范及《雁南飞》相关练习

● 情境设计：选择熟悉的、旋律简单的歌曲谱子，采用以前响复韵母为主的四字词歌唱，调动情感，结合气息与口腔的静、动态控制进行练习。例如《雁南飞》。

3. 提示

（1）ai、ei发音训练时要注意起音分别在a和e上，归音虽然要弱收，但在训练初期最好舌体完全归在上磨牙内侧发单元音i的位置上，以保证一定的舌体力度。普遍存在的问题是舌体松软、无力导致下巴向上归音。

（2）由于受i韵尾的影响，a、e舌位前移的同时，舌体后部要保持开度，防止与小舌接触，堵住发声通道，造成声音捏挤（或元音鼻化）。

（3）受方言习惯影响最突出的表现为ei舌位动程不鲜明，甚至没有动程。采用倒序训练法先发e音，虽然e受i的影响舌位已经前移产生音位变体，但是初期训练要清晰掌握由e到i的舌位的着力点移动过程。

（4）根据语音学知识，ao音本应是au音，为了与an相区别才改写为ao，所以发ao音时要归在u音上。鉴于"圆唇扁发，扁唇圆发"的吐字归音要领，u作为韵尾一定注意不要归得过早过"圆"，造成过犹不及。例如，"劳作（láo zuò）"一词，由于第一个音节的"劳（láo）"的字尾发u，下一个音节的字头是zu，发合口呼，从音节枣核形的发音过程来说，字尾与字头的时间最短，因此，从唇形上来说，前一个音节的字尾可以与后一个音节的字头"二合一"（发音力度要强调在后一个字头上），避免前一个字尾归u后再发后一个合口呼会造成时间长度的增加问题。

又如"抛锚（pāo máo）"也可以理解为前一个音节的枣核形后面的那个尖儿和后一个音节枣核形的前面那个尖儿紧密连接，也体现了之前对唇舌的控制要求——音节内各音素间或音节与音节之间的过渡，唇舌只能转换不能松懈。总之，在训练中既要把握刚性原则，又要体会柔性变通，正所谓亦方亦圆。

（5）ao在发音中还有一个突出问题，即下巴容易帮倒忙，初学者要注意加强舌的力度，促使下巴放松。

（6）普通话韵母中ou是舌位动程最短的复合元音，o与u的舌位较近，实际发音时"ou"中的o音稍比单元音o的舌位稍低、稍前一些，唇的控制稍开一些，便于舌位动程的变化，利于声音明亮。

（7）如果说ai、ei重在训练舌位动程及着力点的力度控制，ao要注意唇的归音与下颌的控制（还是舌的力度不够问题），ou则要注意牙关开度，ao和ou还要注意归音过早和圆唇扁发的问题。

（8）在经过辅音声母的唇舌力度训练后，刚开始学习舌位动程，容易导致音节发音力度全放在辅音声母上，尤其是不送气的辅音声母上，而丢失韵母的唇舌变化。因此，在不送气辅音声母发音时,构成阻碍和保持阻碍时的唇舌力度不变,而在解除阻碍时,一定要迅速将力度转移到声母后面的那个元音上,以避免声母的力度僵、拙、硬。要将字腹拉开立起,例如:dàodá,时长和力度都要放在 a 上。

(二)后响复韵母训练

后响复韵母 ia、ie、üe、ua、uo 的发音舌位动程较大,口腔开度前闭后开。

1. 字词情境训练

● 情境设计:ia

压价　下架　加压　假牙　下压　加价　下牙　下家

● 情境设计:ie

结业　贴切　铁屑　揭贴　节烈　铁鞋　蹀躞　结界　接界　界别　戒牒　切结

● 情境设计:üe

约略　雀跃　雪月　月缺　绝学　决绝　缺略

● 情境设计:ua

挂花　花袜　耍滑　挂瓦

● 情境设计:uo

龌龊　窝火　蹉跎　错落　阔绰　堕落　过错　国货　活捉　火锅　骆驼　硕果
脱落　陀螺　着落　说过　落座　坐落　懦弱　做作　做过　过活　挪窝　锁国

2.词组情境训练

● 情境设计:理解每一个四字词的词义,调动情感,结合气息,慢速控制发音。

牙牙学语　睚眦必报　夹七夹八　家家户户　揭不开锅　嗟来之食　坐以待毙
蕨类植物　佝头佝脑　铁树开花　花花世界　措手不及　四海为家　络腮胡子
作威作福　剥削阶级　绰绰有余　窃窃私语　出手阔绰　跃跃欲试

● 情境设计:选择熟悉的、旋律简单的歌曲谱子,采用以后响复韵母为主的四字词歌唱,调动情感,结合气息与口腔的静、动态控制进行练习。例如《小城故事》。

后响复韵母发音示范及《小城故事》相关练习

3. 提示

(1)后响复韵母没有韵尾,发音时依然要体现枣核形,因此唇舌要注意归音控制。

(2)ia 在声母舌面音中已经有所练习,此处应进一步加强舌尖抵住下齿龈、舌体在后收状态下由高到低的动程控制。

(3)用镜子观察 ie、üe 发音时,舌位 ê 与 e 的区别。随着前高 i、ü 元音到前半低 ê 元音的变化,舌体前部应呈现前低后高的形状,即在舌尖抵住下齿龈时,由于力度加强,舌体两边紧靠上磨牙内侧,舌前部中央呈凹状。

(4)üe、ua、uo 起音时唇形相同,都要注意唇部肌肉集中到唇中央后再横向打开,并保持一定控制,圆唇扁发(不等于唇角用力)。uo 的唇部动程相对较小,但也必须动程清晰,双唇由闭到开,注意不能不开,不能松开。为体现后音前发,加强舌前部力度,舌尖在下齿龈要保持稳定。

(三)中响复韵母训练

中响复韵母 iao、iou、uai、uei 的发音舌位动程大,口腔先闭后开再闭。

1. 字词情境训练

● 情境设计:iao

杳渺　窈窕　药效　吊销　吊桥　脚镣　教条　娇小　叫嚣　疗效　渺小　飘摇
巧妙　调教　小脚　调笑　逍遥　萧条　小调　笑料　小瞧　缥缈　妙药　秒表
掉膘　调焦　料峭　角标　娇俏　调料　小鸟

● 情境设计:iou

有救　悠久　优秀　酒友　久留　琉球　流油　刘秀　牛油　秋游　求救　绣球

● 情境设计:uai

摔坏　怀揣　拽坏　外踝　外快

● 情境设计:uei

卫队　畏罪　葳蕤　尾追　未遂　吹灰　垂危　摧毁　退回　归罪　汇兑　灰堆
回味　回归　悔罪　荟萃　坠毁　醉鬼　罪魁　追尾　退税　魁伟　水位　嘴碎
崔嵬　愧对　追悔　翠微　溃退　退位　会徽

2. 词组情境训练

● 情境设计:理解每一个四字词的词义,调动情感,结合气息,慢速控制发音。

妖魔鬼怪　摇摇欲坠　咬牙切齿　九九归一　九牛一毛　久而久之　随波逐流
久假不归　咎由自取　歪歪扭扭　为非作歹　围魏救赵　唯美主义　惟妙惟肖
委决不下　无可厚非　未雨绸缪　罪魁祸首　窈窕淑女　鬼鬼祟祟

中响复韵母发音示范及《思念》相关练习

● 情境设计:选择熟悉的、旋律简单的歌曲谱子,采用以中响复韵母为主的四字词歌唱,调动情感,结合气息与口腔的静、动态控制进行练习。例如《思念》。

3. 提示

(1)iao 在发音中舌位由高向低变化时容易掉下巴,借鉴前响复韵母 ao 的训练提示控制下巴与归音,同时加强舌在变化中的力度控制。

(2)iou 在发音中舌位由 i 向 o 过渡时注意打开牙关。

(3)u 作为韵尾一定要强调"圆唇扁发"。初学者容易本末倒置,丢失字腹,这点在前响复韵母训练时提示过。

(4)uei、iou 中的 e、o 元音在书写时被省略了,但实际发音时绝对不能省略,舌位的变化过程既要有滑动感又要鲜明。尤其在与 u 元音拼合时很容易丢失"e"的发音过程,要细心体会与把握。

(5) uai 和 uei 的唇形控制借鉴前面后响复韵母中对 üe、ua、uo 音的训练提示,不能咧唇;归音时舌位要归到 i 上。正所谓:口腔要"直立延伸",舌体要"仰卧起坐"。

(6) 结合气息,调动情感,在准确把握声母发音部位的基础上进行韵母训练。

(四)复元音韵母辨正训练

复元音韵母的辨正训练,要注意唇形的圆展与舌位的高低、前后变化。

1. 字词情境训练

● 情境设计:uai(ai)—uei(ei)　　uei(ei)—uai(ai)

| 外汇 | 外国 | 歪嘴 | 怪罪 | 快慰 | 快嘴 | 衰退 | 衰微 | 怪味 | 暧昧 | 拐腿 | 快轨 |
| 坏水 | 率队 | 摔碎 | 未来 | 对外 | 毁坏 | 水怪 | 跪拜 | 悲哀 | 鬼怪 | 吹坏 | 追怀 |

● 情境设计:iao(ao)—iou(ou)　　iou(ou)—iao(ao)

要求	药酒	交流	郊游	娇羞	料酒	漂流	校友	焦油	调酒	票友	漂游
表舅	小妞	好酒	交友	油条	邮票	有效	幼苗	幼小	求教	袖标	丢掉
酒窖	修表	修桥	柳条	遛鸟	牛角

● 情境设计:ie—üe　　üe—ie

| 解决 | 节约 | 借阅 | 谢绝 | 灭绝 | 鞋靴 | 谐谑 | 协约 | 决裂 | 喋血 | 节略 | 铁血 |
| 越野 | 月夜 | 雪夜 | 血液 | 学业 | 雪野 | 确切 | 学界 |

● 情境设计:ia—ua(uo)　　ua(uo)—ia

| 佳话 | 夏娃 | 假话 | 夏花 | 瞎话 | 瞎抓 | 假花 | 下滑 | 虾滑 | 假货 | 嫁祸 | 脱下 |
| 话匣 | 画家 | 花甲 | 画架 | 刷牙 | 胯下 | 华夏 | 画押 | 活虾 | 作假 | 作家 | 国家 |

2. 词组情境训练

● 情境设计:理解每一个四字词的词义,调动情感,结合气息,慢速控制发音。

胯下之辱	夏娃诱惑	华夏大地	花架之下	花下画花	夸大其词	鹅毛大雪
嫁祸于他	早起刷牙	伟大国家	大肆劫掠	夏日月夜	快去快回	确实如此
快速衰退	优秀校友	戏剧票友	地下酒窖	妖魔鬼怪	随手丢掉

● 情境设计:选择熟悉的、旋律简单的歌曲谱子,采用以上四字词歌唱,调动情感,结合气息与口腔的静、动态控制进行练习。例如《绒花》。

复元音韵母辨正训练示范及《绒花》相关练习

3. 提示

(1)以上内容,有的是根据舌位动程不同进行对比训练,有的是根据"四呼"即唇形不同进行对比组合训练,要注意发音中唇舌着力点的区别。

(2)发音中要深刻理解与把握口腔静态与动态的相互关系,例如"怪才(guài cái)",字头 gu 的牙关开度是一根筷子头粗细,到 a 时上口盖迅速平行上提,使牙关开度为一个小拇指粗细,在归 i 时又到一个牙签的开度,此时发 c,又迅速到 a 的开度,再归到 i,所以牙关开度要随着音素的变化而调整。静态的"提颧肌、打牙关、挺软腭、松下巴"要在此音到彼音的过程中始终保持。

（3）初期选择歌曲训练应有针对性，先不要选择欢快和歌词密集的歌曲，可以用舒缓、抒情的旋律，体会唇舌在字腹拉开立起、归音趋向鲜明时的过程；同时借旋律调动情感，控制气息，美化声音。

（4）要慎重选择通俗、美声这两种唱法的曲子。在通俗歌曲的演唱中，许多歌手的吐字归音都不准确，如果单纯模仿"形似"，就会造成吐字含混不清；演唱美声歌曲，容易在盲目模仿后造成声音位置靠后的问题。总之，要避免造成"声包字"现象（在第九章"共鸣与声区"中会讲到）。

（5）注意词与词之间的换气方式及腰腹部控制（要求继续扎腰带）。

三、口腔动态控制与鼻辅音韵母训练

生活中大部分人发鼻音，舌尖或舌根很少刻意用力归音，甚至有的靠上抬下颌完成发（归）音。此阶段初期训练可采用倒序进行。先找到鼻辅音 n 或 ng，即舌尖先抵住上齿龈，舌根先抵到软硬腭交界处，然后再加元音，最后结合声母。例如 jian，训练时先找 n 再发 a 和 i，最后发 j；再如 jiang，先找 ng 再发 a 和 i，最后发 j。待动程清晰后再按顺序进行，以达到饱满流畅发音的目的。播音主持艺术发声要求发音中自始至终保持口腔的静态控制，所以发鼻韵母音时，软腭的下降也应该是相对的。为防止舌体偷懒、下颌帮倒忙，无论是前鼻音舌尖上抵，还是后鼻音的舌根上抬，软腭应始终保持积极上挺，即让舌主动找腭，不能使腭主动找舌。这样既保证了口腔静态控制（挺软腭）的要求，又调动了舌的"主观能动性"。

（一）前鼻音韵母训练

前鼻音韵母 an、ian、üan、uan、en、uen、ün、in 的发音是舌尖归音。先对照小镜子，让舌尖抬起，抵在上齿龈的位置，细心体会前鼻音与元音相拼合归音时的舌尖着力感，然后顺序进行，再判断发音结束后舌尖的归音是否正确。发音时具体的舌尖归音着力点请参考上一章"辅音声母拼 a 情境训练内的'训练提示'"。

1. 字词情境训练

● 情境设计：an

安然	案板	暗淡	暗探	暗含	案犯	暗盘	暗滩	暗战	鞍山	斑斓	惨淡
惨案	灿烂	单干	善战	反叛	探勘	贪占	南岸	难办	男篮	难产	胆敢
翻案	反感	泛滥	干饭	肝胆	感染	汗衫	寒蝉	胆寒	帆板	烂漫	懒汉
阑珊	栏杆	蛮干	漫谈	攀谈	蹒跚	散漫	干旱	单产	舢板	潸然	贪婪
摊贩	坦然	赞叹	展览	战犯	感叹	展板	淡然	难看	寒战	湛蓝	谈判
犯难	沾染	参战	懒散	篮坛	半瘫	半酣	班禅	半山	慢板	满盘	拌饭
餐盘	漫山	翻版	翻盘	反弹	反贪	犯懒	占满	翻看	反战	单反	探班

● 情境设计：ian

眼帘	艳美	眼睑	延年	演练	盐碱	盐田	沿线	唁电	眼前	烟店	掩面
颜面	眼线	变迁	电线	垫肩	惦念	减免	见面	检点	简便	连绵	敛钱
脸面	激滟	棉田	绵延	免检	腼腆	面前	年鉴	翩跹	偏见	片面	牵连
年限	简练	天堑	田间	显眼	棉线	天仙	前年	连线	电键	艰险	连篇
渐变	变脸	边沿	牵线	前天	前面	前言	浅显	天边	鲜艳	现钱	编年
边检	便笺	便宴	偏殿	骗钱	演变	棉签	欠扁	面片	缅甸	棉垫	绵甜
面见	先天	显现	钱眼	碘盐	店面	天眼	甜点	咸盐	闲篇	限免	天谴
天险	连年	前嫌	检验	建言	谏言	简言	简编	碱面	迁建	千年	奸险

● 情境设计：üan

圆圈	源泉	原卷	轩辕	全院	全员	全权	泉园	全选

● 情境设计：uan

万贯	万端	弯管	传唤	贯穿	换算	宦官	酸软	婉转	专款	专断	乱窜
转换	转弯	软缎	还款	软管							

● 情境设计：en

本身	沉闷	分身	分神	愤恨	根本	门诊	人参	身份	粉尘	分针	门神
根深	神人	振奋	很沉	珍本	焚身	恩人	认真	妊娠	深沉	愤懑	深圳

● 情境设计：uen

温润	温顺	温存	温吞	文论	稳准	温纯	昆仑	混沌	馄饨	伦敦	春瘟
困顿	春笋	论文	珲春	滚轮	唇纹						

● 情境设计：ün

军训	军运	军勋	均匀	逡巡

● 情境设计：in

音频	音品	殷勤	引进	濒临	金银	近邻	尽心	近亲	临近	民心	拼音
心音	信心	贫民	亲信	亲近	勤谨	辛勤	薪金	新近	林荫	紧邻	聘金
音信	亲临	秦晋	印信	烟亲	引信						

2. 词组情境训练

● 情境设计：理解每一个四字词的词义，调动情感，结合气息，慢速控制发音。

津津有味	濒临灭绝	金山银山	尽心尽力	深得民心	勤谨认真
满山遍野	鲜血淋淋	循循善诱	纷纷芸芸	不闻不问	温温吞吞
美若天仙	粉身碎骨	家财万贯	天气转暖	瞻前顾后	步履蹒跚
颜色鲜艳	津津有味	濒临灭绝	杳无音信	分身之术	

前鼻音韵母示范及《草原上升起不落的太阳》相关练习

● 情境设计：选择熟悉的、旋律简单的歌曲谱子，采用以前鼻音韵母为主的四字词歌唱，调动情感，结合气息与口腔的静、动态控制进行练习。例如《草原上升起不落的太阳》。

3.提示

(1)用正常语速发"干部(gànbù)、勤恳(qínkěn)"等词时,由于前一个词韵尾音素的舌尖发音受后一个音节的声母音素的影响,舌尖归音并不像刚开始学习发音那样,但舌尖到位及趋向性动作不能没有。在初期用记录速度训练时,前鼻音舌尖归音必须到位、有力(只是时长要短),还要注意舌尖启动与结束的滑动感,舌尖从下至上要紧贴着下齿龈到齿背再到上齿龈,把握好力度,防止舌尖松懈、游离。舌体控制后收,同时要防止顾此失彼、违背枣核形、侵占字腹的时长等问题出现。

(2)有的初学者在舌尖抵住上齿龈归音时形不成鼻音,声音依然通过口腔流出,是因为舌尖在抵住上齿龈时,舌体没有向后、向内收束与上齿内侧接触堵住口腔通道。训练过程中要有敏锐的听觉判断。

(3)ian音的舌位动程不清晰、不流畅是一个普遍现象。要注意声母到介音的过渡,不能因为i是一个过渡音就吐噜而过,需仔细体会舌体前部的力度及舌位动程的细微变化。另外,发 ian 音时,a 由于受 i 和 n 的影响,产生音位变体(音标为[iɛn]),因此发音着力点在舌体前部,舌体后部不要主动下放(参与运动),触觉感受舌体两边紧靠上磨牙,只是在舌尖归音前的瞬间,舌体后部脱离开上磨牙,舌尖上翘至上齿龈。在字腹阶段,舌前部由于力度驱使而呈凹状。要强调的是舌尖一定要稳定地抵住下齿龈。

(4)ian 和 üan 从拼音看字腹都是 a,即由于受前一个音素的影响,唇形不同,舌位相同。而从音标来看,ian 的 a 音标是[ɛ],üan 的 a 音标是[a],从播音发声要求来说,要尽量做到"开音闭发,闭音开发"。

(5)üan 和 uan 唇形相同,舌位不同。ü 不能丢失 i 的舌位,首先找到 i 的舌位,牙关和舌位不变,然后再发撮口呼 ü;u 不能丢失舌尖力度(抵住下齿龈),避免舌后部与软腭接触,并做到"后音前发"。

(6)uen 中的 e 元音在书写时被省略了,但在实际发音时绝对不能省略。舌位的变化过程受前后音素的影响,e 的舌位产生音位变体靠前、靠下,既要有滑动感又要发音鲜明。

(7)ün 和 in 这两个鼻韵母的元音舌位较高,发音时字音容易紧、扁,要在打开牙关的前提下,掌握发音要领,力求做到窄音宽发。前面发音要领讲到,当 i 或 ü 元音发音结束后舌体要下放一些(目的是加大口腔空间),再归舌尖前鼻音,即发音时舌位的动作弧线要尽量大些,切忌舌体紧靠上腭直接过渡到舌尖。

(8)注意发合口呼、撮口呼时,对双唇的控制不能因为发鼻辅音而松懈。例如 üan、uan、uen、ün,发音时即使唇部肌肉横向打开也要有一定控制,不能完全放松。

(9)初学者在训练中声母与韵母会相互影响,例如"案件(ànjiàn)"两个音节。舌面音 j、q、x 靠前形成舌叶发音习惯的初学者,在单发声母音刚纠正准确的时候,如果前面再添加一个音节,尤其是前鼻音 n,舌尖要归音在上齿龈,此时后面一个音节的舌面音声母 j 发音靠前的固有习惯就又会表现出来。由于舌尖想参与后面的发音,不能迅速下降到下齿龈,导致仅差一点儿距离的正确的舌面前部(j 的发音位置)不能及时参与运动。所以说,让肌肉形成记忆不是一日之功。

(二)后鼻音韵母训练

后鼻音韵母 ang、iang、uang、eng、ueng、ong、iong、ing 的发音是舌根归音。先对照小镜子保持发 a 的状态,然后在保持舌尖抵住下齿龈的前提下,舌根抬起抵在软硬腭交界处,细心体会后鼻音与元音相拼合归音时舌根的着力感,然后顺序进行,再判断发音结束后舌根的归音是否正确。

1. 字词情境训练

● 情境设计:ang

苍茫	厂商	上访	党章	放荡	肮脏	盲肠	烫伤	蟑螂	长廊	方糖
帮忙	商行	账房	廊坊	上当	港商	厂房	掌上	上房	当场	方丈
沧桑	钢厂	浪荡	张榜	上场	银铛	纲常	行帮	莽苍	上膛	丧葬

● 情境设计:iang

| 洋姜 | 洋腔 | 洋相 | 粮饷 | 相向 | 像样 | 响亮 | 两样 | 良将 | 良乡 | 强将 |
| 将养 | 将相 | 枪响 | 想象 | 酱香 | 两江 | 香江 | 奖项 | 降将 | 湘江 | 强项 |

● 情境设计:uang

| 窗框 | 狂妄 | 矿床 | 双簧 | 网状 | 装潢 | 状况 |

● 情境设计:eng

鹏程	逞能	登程	丰盛	风泵	更正	横生	猛增	更生	奉赠	冷锋
整风	萌生	升腾	蒸腾	乘风	灯绳	吭声	冷风	生猛	增生	风灯
承蒙	声称	乘胜	征程	省城	争胜	生冷	登峰			

● 情境设计:ueng

| 蓊郁 | 水瓮 | 渔翁 | 蕹菜 | 老翁 | 酒翁 | 主人翁 | 白头翁 |

● 情境设计:ong

公众	中农	中东	松动	总统	红松	笼统	从戎	充公	冲动	空洞
隆重	通融	共同	工农	共通	动容	公共	动工	轰动	东宫	龙宫
空中	中空	隆冬	总共	葱茏	瞳孔	童工	脓肿	洪钟	从容	从众
恐龙	龙洞	浓重	溶洞	弄懂	纵容	箜动	送终	同宗	崆峒	总攻

● 情境设计:iong

| 臃肿 | 用功 | 雍容 | 怂恿 | 汹涌 | 重用 | 中庸 | 董永 | 忠勇 | 动用 | 冬泳 |
| 公用 | 胸中 | 穷凶 | | | | | | | | |

● 情境设计:ing

影评	荧屏	应景	硬性	英灵	请命	庆幸	听凭	兴兵	刑警	情形
情景	清醒	惊醒	冰凌	秉性	病情	叮咛	聆听	蜻蜓	定性	定型
精明	零星	菱形	领情	明镜	兵营	伶仃	明星	英明	酩酊	命令

名伶　宁静　平静　平定　清明　顶命　行令　轻盈　请缨　姓名　影星
灵性　平行　情境　冰晶　兵丁　兵营　精灵　性命　性情　青杏　经营
精兵　精英　警醒　灵境　螟蛉　行星　佞幸　娉婷　听命　清静　清莹

2. 词组情境训练

● 情境设计：理解每一个四字词的词义，调动情感，结合气息，慢速控制发音。

形影不离　汹涌澎湃　龙城飞将　杨门虎将　狂风暴雨　雍容华贵
亭亭玉立　斗志昂扬　苍苍茫茫　放荡不羁　洋洋得意　波涛汹涌
精彩亮相　鹏程万里　乘风破浪　同祖同宗　苍翠葱茏　惶惶不安

后鼻音韵母发音示范及《歌唱祖国》相关练习

● 情境设计：选择熟悉的、旋律简单的歌曲谱子，采用以后鼻音韵母为主的四字词歌唱，调动情感，结合气息与口腔的静、动态控制进行练习。例如《歌唱祖国》。

3. 提示

（1）在发音时要注意每个韵母中各音素间的时长分配。鼻音尾音的发音依然要遵循"弱收到位"的原则。

（2）鼻韵母 ing 的元音 i 舌位高，训练中有的初学者为归音丢失字腹 i 的时长，有的初学者注重字腹 i 的时长，但是归音的开度和力度都不够。首先要保证 i 的时长，并且要控制舌的力度在向后部转移时舌尖的稳定性，对初学者而言这点非常关键。如果听觉感受归后鼻音的舌体后部动程不明确，可以尝试 i 完成后，舌体的力度在向后部转移时，先将舌体后部有控制地下放一些（寻找 e 的舌位），再抬舌根归鼻音，所谓"窄音宽发"。但需注意 i 和 ng 中间不能有 e 的色彩，牙关也不能到 e 的开度（保持牙签粗细）。从 i 到 ng 时值分配要合适，过渡要流畅。

（3）在前面的复元音韵母（前响）训练中，针对音节与音节之间的音素发音的唇舌控制进行过提示，例如"香港（xiānggǎng）"，前一个后鼻音与后一个舌根音声母处在同样的发音位置，所以当前一个后鼻音形成后迅速产生下一个音节的声母音，舌后部的动程与力度要有明确的控制，且保证字腹 a 的时长。

（4）要防止为了追求后鼻音而丢掉"后音前发"及舌体前部力度的控制，例如"像样（xiàngyàng）"，初学者在发音中对整个舌体（前后）都要有一定的控制力度。由于 a 受 ng 的影响为后 a，舌后部要有力度，而"后音前发"与 xi 和 y 的发音着力点又需要 a 的力度前移，所以即使发音着力点在舌体后部，舌前部的力度也不能丢失。这也符合舌尖在发音过程中要保持一定稳定性的要求（在上一章讲过）。通过听觉判断和视觉调整，使舌在发音中的动觉过程有控制，并符合声音的物理美感。

（5）uang、ueng 要保持唇齿相依，唇部肌肉横向合、开。

（6）ong 和 iong 鼻韵母本应发 ung 和 üng 音，即为"合口呼"和"撮口呼"，起音、落音都不松动。训练中要注意实际发音的唇形、力度和舌根归音。即唇不松动，舌要移动。

（7）一切训练都要在口腔静态控制的前提下进行，如果发音中出现"仰头、掉下巴"等现象，说明唇舌控制不够，需要在唇舌力度上下功夫。正所谓"唇走近路，舌行远程"。

（8）要防止语音"南移"问题，例如有很多人将 eng 扁唇音发成了圆唇音，这个问题一旦形成，就像翘舌音和舌面音发音时唇角用力一样难以纠正。掌握了正确方法，坚持练习很关键。

(三)鼻韵母辨正训练

进行鼻韵母辨正训练主要强调舌尖和舌根主动上抬的意识，动作趋向要鲜明，防止发音时舌尖或舌根不积极，导致发不出鼻音，或软腭主动下塌"哼"出鼻音的现象。

1. 字词情境训练

● 情境设计：an—ang　　ang—an

安放	安康	安葬	暗藏	班长	单杠	胆囊	繁忙	反常	返航	肝脏	感伤
酣畅	漫长	南方	南昌	盘账	贪赃	坦荡	担当	擅长	战场	碳棒	探访
站岗	毡房	山冈	反抗	板房	伴郎	办厂	半晌	满堂	产房	慢帐	班房
满仓	番邦	反方	饭囊	绽放	饭缸	返航	翻唱	返厂	蛋汤	赶忙	探长
弹唱	澜沧	半躺	盎然	长安	畅谈	荡然	档案	方案	房产	钢板	茫然
莽汉	丧胆	伤寒	商贩	账单	藏蓝	浪漫	长衫	抗旱	防范	商战	上班
商谈	伤感	当然	傍晚	杠杆	抗战	航班	航站	钢弹	唐山	挡板	榜单

● 情境设计：ian(üan)—iang　　iang—ian(üan)

烟枪	演讲	炎凉	眼亮	艳阳	边疆	变量	变相	点将	联想	面向	绵羊
勉强	偏向	见谅	牵羊	钱粮	天象	限量	咸阳	变样	点亮	电箱	甜酱
黔江	电量	坚强	健将	天亮	险象	远洋	远乡	原腔	鸳鸯	圈养	眷乡
宣扬	秧田	扬言	洋钱	仰面	样片	抢险	江面	讲演	乡恋	枪眼	量变
强辩	两边	香甜	香烟	镶嵌	想念	享年	相连	相片	良田	姜片	绛县
样卷	阳泉	奖券	墙垣	强权	乡愿	项圈	象限	项链	岩浆	相面	牵强

● 情境设计：uan—uang　　uang—uan

万状	软床	端庄	观望	冠状	管状	钻床	观光	宽广	观望	关窗	船王
蒜黄	罐装	壮观	慌乱	双关	双管	装蒜	光环	狂欢	皇冠	装船	双环

● 情境设计：en—eng　　eng—en

奔腾	本能	尘封	深层	晨风	纷争	门生	门风	分封	门缝	闷声	文风
阵风	真诚	真正	神圣	人称	人生	深耕	烹饪	捧哏	声门	成分	成本
诚恳	风尘	风闻	缝纫	横亘	能人	省份	登门	承认	生根	城镇	胜任

● 情境设计：in—ing　　ing—in

银杏	引擎	阴平	禁令	金陵	民兵	品行	品性	聘请	拼命	民警	信命
心情	新兴	进行	新型	尽情	心灵	金星	新颖	迎新	影印	并进	病因

鼎新　京津　清静　轻信　挺进　清新　病因　定亲　评薪　清贫　听信　定亲
警民　灵敏　陵寝　令亲　铭心　平民

● 情境设计：uen—(ueng)ong　ueng(ong)—uen

稳重　纯种　春种　蠢动　滚筒　混同　昆虫　混充　滚动　顺从　尊重　轮空
重温　重婚　冬笋　公论　公孙　公文　重孙　恭顺　宏论　红润　红唇　通顺
农村　中文　仲春　共存

● 情境设计：in—ün　ün—in　ün—iong　iong—ün

音讯　氤氲　阴云　音韵　因循　禁运　进军　新军　嶙峋　云鬓　云锦　寻衅
寻亲　军心　军民　运用　军用　群雄　拥军　用韵

● 情境设计：ing—iong(ong)　iong(ong)—ing

英勇　英雄　应用　玲珑　平庸　叮咚　情种　顶用　停用　挺胸　零用　兴隆
轻重　用刑　供应　工兵　雄鹰　雄兵　钟情　东京　中兴　中型　龙井　诵经

● 情境设计：ian—üan　üan—ian

演员　厌倦　烟卷　眼圈　前缘　衔冤　田园　联选　健全　钱权　天渊　天源
原盐　原先　原件　元年　悬念　捐献　卷烟　眷恋　卷帘　选编　权限　泉眼

2. **词组情境训练**

● 情境设计：理解每一个四字词的词义，调动情感，结合气息，慢速控制发音。

无处安放　酣畅淋漓　春意盎然　国宝档案　戍守边疆　不可限量　前仰后合
深层交流　公开演讲　棒打鸳鸯　落地生根　登门拜访　风尘仆仆　反应灵敏
空气清新　面色红润　脸色通红　冲锋陷阵　成熟稳重　深深眷恋　风起云涌
革命英雄　群雄逐鹿　用兵如神　阴云密布　毫无悬念　双管齐下

鼻韵母辨正训练示范及《难忘今宵》相关练习

● 情境设计：选择熟悉的、旋律简单的歌曲谱子，采用以上四字词歌唱，调动情感，结合气息与口腔的静、动态控制进行练习。例如《难忘今宵》。

3. **提示**

(1)在四呼对比训练中，要防止为了追求唇的圆展变化而忽略相对控制，唇要"走近路"；发音中舌尖与舌根的前后变化不仅清晰，还要有滑动感，舌要"行远程"。

(2)本教材里的所有情境设计仅仅是一个提示或引导，训练中要尽可能发挥自己丰富的想象力，多角度、多情绪进行训练练习。

(3)歌唱时前后鼻音等韵尾(除后响复韵母外)的归音，只有在较长的乐拍或乐句结束时唇舌才会归位。

演唱每一首歌时，无论歌词是否被词组取代，都要调动情感，在刚柔并济的《中国功夫》和情深意长的《送别》旋律中练习吐字发音。

(4)有一个问题在"口腔与声母"一章已经讲到，因舌尖位置涉及韵母的变化，在此特别重申,即 n 做声母时与 i 和 ü 相拼,舌尖的准确位置是抵在下齿龈。n 与 i 相拼的音节有 8 个,分别是 ni、nie、niao、niu、nian、nin、niang、ning;n 与 ü 相拼的音节有两个,分别是 nüe 和 nü。

(5)学习发音同时还要注意发声,口腔的总体控制要做到"后面开度,前面力度",还要注意"后音前发,前音后发,圆唇扁发,扁唇圆发"。例如"眷恋(juàn liàn)",不能因为舌位动程都在舌体前部,就忽略了口腔后面的开度;又如"更好(gèng hǎo)",舌位动程都在舌体后部,但舌体前部的力度仍要有稳定控制。

(6)用"中共中央总书记"这个词可以很好地训练发音中唇舌力度的控制。7 个音节中有 5 个属于非送气声母音(1 个零声母音),5 个后鼻音,5 个合口呼。在"口腔与声母"一章中已从声母发音方法的角度做过解释,在此想提醒的是合口呼及韵母发音的时长及归音。即,在保证声母发音部位构成阻碍与保持阻碍有一定力度的前提下,解除阻碍的力度要刹那间迅速转移至非送气声母音后面的 o 元音上,但此刻唇是全闭的合口呼 u 形,并不是作为单元音韵母和复元音韵母时半开的圆形(音位变体所致),字腹(韵腹)完成之后舌根向上抬起归 ng。舌要积极主动,唇要稳定不动,下巴不能帮倒忙乱动。只有明确发音阶段,掌握发音过程,方可有深切的体会与精准的把握。

(7)由随意的自然,到有控制的不自然,再到自如控制的自然,需要经过长期的艰苦训练。"不说人话"是必经阶段,坚持下去,就会做到不仅会"说人话",而且能"说好话"。

(8)进一步强调气息的控制,结合上一章的口腔静态控制与声母发音同步进行。

第五节　诗词里的合辙押韵

韵,是表示一种有节奏的声音。普通话音韵美的语音特点,主要表现在抑扬起伏的声调和响亮优美的韵母方面。以元音为主发音的音素,形成了具有一定规律的发音体系,并承担了发音过程具有韵律作用的主要任务,使得语言的表达能够满足人们听觉审美的需求。

一、押韵

押韵是诗词等韵文的语言特点之一。押韵也叫合辙,合辙是押韵的通俗说法,就是把同韵的字有规律地使用在诗词等韵文的句尾。由于同韵字出现在句子末尾,所以称为"韵脚"。押韵的"韵"与韵母有密切关系,但又不完全相同,凡韵腹相同或相近(如果有韵尾,韵尾也要相同,韵头可以不同),都属同一个"韵"。押韵可以一韵到底,也可以隔行押韵,还可以根据表达需要中间换韵(这里不一一列举)。

二、辙韵

为了帮助人们查找同韵的字而编写了韵书,把同韵的字编在一起又建立了韵部。明清以来北方说唱文学押韵时,广泛运用的是"十三辙"(即十三个韵部)。近代人们作新诗依据韵书《中华新韵》的十八韵。其后,中华诗词学会又在十三辙和十八韵的基础上对韵部进行了修订,中华诗词编辑部发表了《中华新韵(十四韵)》。合辙押韵可以使诗句、唱词等音调和谐悦耳,富有音乐美;吟诗、演唱顺口,易于记忆,便于流传。

根据十三辙、十八韵及十四韵,与普通话的韵母对照列表如下:

表 6-1　韵辙表

十三辙	十八韵	十四韵	普通话韵母	例字
(1)发花	(1)麻	(1)麻	a、ia、ua	麻、霞、花
(2)梭波	(2)波	(2)波	o、uo	坡、多
	(3)歌		e	车
(3)乜斜	(4)皆	(3)皆	ê、ie、üe	夜、月
(4)姑苏	(10)模	(14)姑	u	书
(5)一七	(5)支	(13)支	-i(后)、-i(前)	衣、丝、石
	(6)儿		er	耳
	(11)鱼	(12)齐	ü	雨
	(7)齐		i	衣
(6)怀来	(9)开	(4)开	ai、uai	百、怪
(7)灰堆	(8)微	(5)微	ei、uei(ui)	雷、对
(8)遥条	(13)豪	(6)毫	ao、iao	高、巧
(9)油求	(12)侯	(7)尤	ou、iou(iu)	口、柳
(10)言前	(14)寒	(8)寒	an、ian、uan、üan	帆、前、段、选
(11)人辰	(15)痕	(9)文	en、in、uen(un)、ün	很、新、尊、军
(12)江阳	(16)唐	(10)唐	ang、iang、uang	堂、详、旺
(13)中东	(17)庚	(11)庚	eng、ing、ueng	峰、星、翁
	(18)东		ong、iong	红、琼

三、诗韵

隋唐以来的古诗押韵依据是平水韵①,但也基本符合十三辙的规律。例如脍炙人口、耳熟能详的名篇诗作,杜牧的《山行》是发花辙,骆宾王的《咏鹅》是梭波辙,柳宗元的《江雪》是乜斜辙,王昌龄的《芙蓉楼送辛渐》是姑苏辙,李商隐的《夜雨寄北》是一七辙,黄巢的《题菊花》是怀来辙,王翰的《凉州词》是灰堆辙,贺知章的《咏柳》是遥条辙,李白的《送孟浩然之广陵》是油求辙,杜牧的《清明》是人辰辙,李白的《早发白帝城》是言前辙,李白

---

① 平水韵由其刊行者刘渊原籍为江北平水(今山西临汾)而得名。平水韵依据唐人用韵情况,把汉字划分成 106 个韵部(其书今佚),是更早的 206 韵《广韵》的一种略本。每个韵部包含若干字,作律诗、绝诗用韵,其韵脚的字必须出自同一韵部,不能出韵、错用。清康熙年间,后人所编的《佩文韵府》把平水韵并为 106 个韵部,广为流传。

的《静夜思》是江阳辙,杨万里的《晓出净慈寺送林子方》是中东辙。

唐代诗歌是中华传统文化的绚丽瑰宝。在语音发声训练中要将其作为最好的"磨刀石"。

▶▶▶ 回顾

我们用两章的篇幅详细介绍了汉字音节普通话声母和韵母在口腔静、动态控制中的发音机理和练习方法。如果把音节比喻成一艘船,那么声母和韵母就是这艘船的主体。学习者请务必对汉语 21 个辅音声母(8 个零声母)和 39 个韵母的发音部位、发音方法及着力点理解透彻、驾轻就熟。除了解汉语的音节结构特点,熟练掌握吐字归音的要领之外,还要真正理解和把握音素、音节之间"方"和"圆"的关系,有意识地寻找和完成枣核形的发音状态。通过情境设计训练理解感悟,借助正反例图片同时辅以小镜子进行视觉调整,运用歌唱训练"触类旁通",感受在单位时间内吐字归音的过程,为达到"准确、清晰、圆润、集中、流畅"的目的走好每一步。

要树立科学训练观,在掌握语音知识的基础上进行唇舌动程、力度的强化训练,要"练正确,求稳定"。同时,要有甘于忍耐枯燥的、无限重复训练的意志力。

附录

鼻韵母辨音字对照表

本章重点
韵母发音要领的掌握及如何协调口腔的静、动态控制与气息的关系。

学习时间
课上☞大课:4 课时;小课:针对性训练 44 课时左右。
课下☞结合所学内容保证每天训练 1 小时。

思考题
1. 掌握并识记以下词语或概念:
   动态控制　音节结构　吐字归音　"枣核形"　发音着力点
2. 口腔的动态控制包括哪几方面?具体要求是怎样的?
3. 发音中怎样做到"拉开立起"?怎样把握口腔的开和闭?
4. "四呼"各包括哪些韵母,它们的特点各是什么?结合口腔的静、动态控制举例说明。
5. 根据每个元音的发音条件,10 个单元音韵母可以从哪几个方面来分类?
6. 简述 a 元音在不同韵母中的变化。
7. 结合情境和气息练习,仔细体会并分析自身存在的口腔动态控制和韵母发音问题。
8. 什么是"合辙押韵"?举例说明。
9. 如何理解"舌行远程,唇走近路"?举例说明。
10. 你怎样理解字正腔圆?举例说明。

第七章 喉部与声调
——字音取义的"源地"

导读

喉是声音产生的源头,通常人们称为"嗓子",它的形状虽然"狭窄细小",但对于发声却起着很重要的作用。生理条件对声音的质量有着不可逾越的限制。每个人的嗓音条件不尽相同,男性、女性、成人、儿童各具特色,音色、音质也大相径庭。在日常生活中,人们评价一个人声音的优劣,通常以"粗、亮、大、好、尖、细、低、暗"等词语来界定。其实,声音的变化除了先天条件的制约外,还取决于声音产生时生理器官的不同活动状态。

播音发声时,一方面,声音的虚实变化是通过喉部的控制来实现的。没有经过专门训练或不会使用嗓音的人,由于发声时挤压喉部,不仅听觉效果不佳,也会因此使喉部受力过大,有可能引起病变。而一个有经验的用声者会根据自身的生理条件,运用恰当的方法,合理协调地提高用声能力。可以说,一个人的音色虽说受自身生理条件限制不能改变,但是在合理用气、规范发音、调整共鸣的基础上,科学规范地发音用声可以改善与美化其声音,并且能够延长嗓音的使用寿命,防止弊病,保证声带健康。

另一方面,产生语义的声调高低变化也是通过喉部控制完成的。在世界语言中,有以句子为单位的语调语言和以字词为单位的声调语言,汉语就属于声调语言。声调是指整个音节的高低升降的变化,音高的变化决定了声调的性质,喉部声带的松紧决定了音高的变化,即声带的松紧变化形成了阴、阳、上、去等调值。如果把声母和韵母比喻为一艘船的主体,声调就像是船舵,是一艘船的灵魂,这艘船能否沿着精确的航线前行,就要看舵手有没有把握好这艘船的灵魂。

第一节 喉部的生理构造

要想科学地使用声音,首先要对喉部的生理构造及活动状态有所认识。解剖后分析得知,喉上接咽部,下连气管,位于咽腔和气管的连接处,处于一个狭窄的室内,就像一个瓶颈或要塞。这个室内的家庭成员各司其职,下面我们来一一阐述。

一、喉部软骨

喉部软骨主要有五块：甲状软骨、环状软骨、勺状软骨（一对）及会厌软骨。如图7-1所示。

甲状软骨是喉软骨中最大的一块，外形就像一个盾甲，位于环状软骨的前上方，构成了这个活动小室（喉）的前壁。如果用两只手的手掌做捧物状，双手小拇指并拢后的对接处就是甲状软骨角。根据手掌做捧物状的开合程度，表现出因性别差异软骨角的大与小。这个软骨角从外形上观察就是我们所指的喉头，也称喉结，男性为50°—90°，女性为80°—114°。甲状软骨的下方与环状软骨相接。

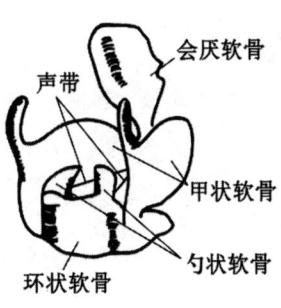

图7-1 喉部软骨图

环状软骨在喉的底部，是喉的基础软骨。环状软骨呈环状，下接气管，上接甲状软骨与勺状软骨。为了便于理解，灵活掌握，我们把双手成夹角合拢比作甲状软骨，那么双手腕并拢即可理解为环状软骨，两个大拇指就是形象的勺状软骨。

勺状软骨是一对，位于环状软骨后上部的喉部支架内，两条声带就附着在勺状软骨的两个底前角处（声带突），勺状软骨灵活转动的同时，声门做开闭的运动。

会厌软骨位于甲状软骨夹角处的上方，由韧带连接，在呼吸发声时是打开的状态，它的主要职责是在吞咽食物时为了避免食物误入气管起遮蔽喉口的作用。

二、喉部肌肉

喉部肌肉包括环甲肌、甲勺肌、环勺后肌、环勺侧肌和勺肌五个部分，它们分别负责声门的开合与松紧。两条声带前端相靠，后端吸气时分开，发声时靠拢。两声带间叫声门。负责声门开合、松紧的是喉部肌肉。从声带作用看，喉部肌肉可分为三组。

声门闭合肌：收缩时，声门闭合。有环勺侧肌和勺肌。

声门外展肌：收缩时，声门开大。它是环勺后肌。

声带张肌：负责声带的长短、松紧。主要包括：

(1) 甲勺肌（声带肌）

甲勺内肌长在声带内，也就是声带的本体，又叫声带肌。前端附在甲状软骨交角内面，后端附着在勺状软骨声带突处。收缩时，声带缩短并彼此接近，所以也叫声带内张肌。

(2) 环甲肌

环甲肌收缩时，甲状软骨前倾，声带被拉长、拉紧，所以也叫声带外张肌。

三、声带声门

声带是人声产生的源头，位于喉室中央，是两条长短、宽窄相同，并列对称的富有弹性的纤维质薄膜,性质像韧带,正常情况下呈瓷白色。如前所述,声带的前端附着在甲状软骨的内夹角处,不能分开。它的后端分别挂在两个勺状软骨的声带突上,可以灵活转动。如图7-2所示。当勺状软骨活动时,就会牵动两条声带相互运动,因此声带即被拉紧、变薄或放松、变厚,在整体振动或部分振动的过程中,使声门做或开或合的运动。

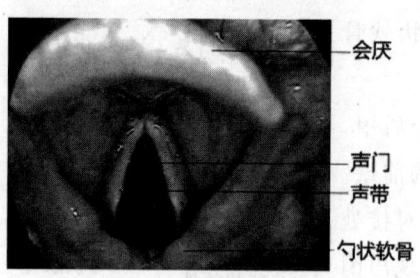

图7-2 喉室声门声带图

声带中间的通道被称作"声门",声带的松紧和气流冲击声带所产生的振动频率使声门的大小发生变化,并决定着声音的音色。发音时声门打开,声带不振动,完全是气流摩擦音,即属于气声的发音状态;发音时声门开度略大,气流摩擦音大于声带振动的乐音成分,带来的听觉效果是虚声;发音时声门轻松闭合或半闭合,声带振动,以乐音成分为主,略带有摩擦音,带来的听觉效果是柔和的虚实声;发音时声门紧闭,声带振动,没有气流摩擦音,带来的听觉效果是明亮的实声,也就是行内所谓的"金属声"。如图7-3所示。

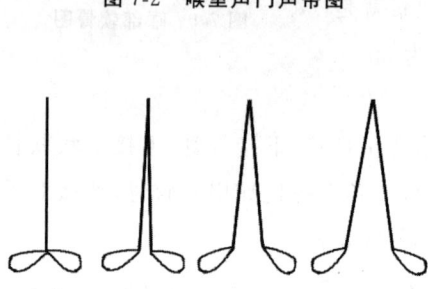

图7-3 声带闭合状态图

第二节 喉部控制

作为一名从事有声语言艺术工作的人,怎样在意识的支配下恰当地控制好每一个发声器官,使其运用得更加科学、规范,"相对"的理解与控制就显得尤为重要。

一、喉部的相对放松

无论是相对控制还是相对放松,都是一种控制。从认识论的观点来看,理解与把握任何一个事物都要做到"相对",用声中喉部的控制也是如此。如果喉部及声带肌肉过分被挤压,那么势必造成产生成倍泛音[①]的基音因受力过大而损耗,声音干、涩、暗。有的人因为喜欢某人的声音,盲目模仿,为了让声音听起来具有丰富的胸腔共鸣,便采用压喉的方法;有的人想使音量加大或音调调高,便捏挤嗓子。学习中要避免这种为追求所谓的"美声",错误地挤压喉部肌肉造成的声音紧、窄、抖等现象的出现,就必须让喉部相对放松。

---

① 据《新华词典》解释:泛音是指乐音中振幅比基音小、频率比基音高的音。频率是基音整数倍的泛音,也叫谐音。

喉部的相对放松，能使声带在气流冲击下不受过多的压力，在振动发声时充分发挥泛音的作用，使音色丰富明亮。由于声调具有高低起伏的相对音高的变化，声带在不适当的振动频率支配下，就容易引起声带肌的不良反应，即高音挤喉、低音压喉。尤其是遇到"上声"时，很多人都存在喉部用声控制问题。上声调值是先降后升，所以在降到1度时，往往容易产生压喉的现象，使声音听起来不舒展（在前面章节里已涉及）。再是舌位居后的音节，例如"ang、ao、ou"等，由于发音时舌位靠后，声音的位置受舌体着力点（舌位）的影响，也容易造成压喉的现象。还有一种问题，由于唇部肌肉与舌前部肌肉力度不够，导致声音"后坐"，也是产生压喉的问题之一。例如"i"与"ü"舌位着力点在舌前部及唇部，并且口腔开度小，后声腔容易压、挤，如果既要放松喉部还要发音清晰，就必须加强唇舌前部力度的训练，使发声的口腔控制始终保持在"后面开度，前面力度"的静态中。因此，相对的放松喉部不能仅从纯粹的发声角度训练，还要注意运用到具体的发音上。

二、喉部的相对控制

相对控制是针对喉部不做任何控制的完全放松而言的，放松喉部并不是声带肌失去应有的张力。无论是实声、虚声还是虚实声，都是气流冲击声带振动的结果，气流冲击越大，声带越紧张，声音就越明亮；反之，气流冲击越小，声带越松弛，声音就越暗淡。但如果喉部肌肉过于松弛，声带处在懈怠的半闭合、非闭合状态，这时候气流冲击再大，声门也不能产生乐音；如果喉部肌肉过于紧张，声带处于非正常的闭合状态，气流冲击声门受阻，所带来的声响效果也会不佳。所以，只有做到喉部的相对控制，才能更好地发挥其作用。

如前所述，歌唱等听觉艺术的传达主要以旋律为主，单位时间内音节少，喉部控制受口腔开合及唇舌变化的影响小，相对稳定，而对于从事有声语言艺术工作的人，听觉传达主要以语言为主，单位时间内音节多，所以喉部的相对控制除了特殊的整体发声问题外（像压喉等），更多地体现在具体发音时与口腔控制及唇舌变化引起的用声上，即喉部与口腔的相互作用是否能协调处理。例如发零声母音，为了做到准确、清晰，起头的元音在发音时要比单发时力度大些，此时喉部就要做相对的控制，即有一个喉塞音的感觉，否则就会含混不清；对于没有韵尾的后响复韵母来说，在发音中同样需要有喉塞音的感觉，即喉部的相对控制，以起到韵尾的归音作用。当然，喉部要做到真正的相对放松与控制，与双唇控制、舌位动程以及气息、声调运用等都要配合协调。

第三节　喉部控制与声调发音发声

普通话音节除了由口腔控制完成声母、韵母的构成之外，还有一个不可忽视的要素，那就是由喉部控制完成的声调。

一、什么是声调

声调是指汉语音节中所固有的,可以区别意义的高低和升降。因为一个音节就是一个汉字,所以声调又叫字调。

(一)声调的作用

声调是汉语言区别于其他语言最显著的特点,首先它同声母、韵母一样,有区别意义的作用,是字音表义的灵魂,例如普通话里的"通知、同治、统治、痛指"等词语,从听觉判断,音素(声母、韵母)组合相同,但是因声调不同,就有了不同的意义;其次声调的高低起伏变化,使语流具有抑扬顿挫的、优美的节奏感和较强的音乐性。苏联诗人基洪诺夫说:只有用音乐才能传达汉语的声音。

(二)声调的特性

在普通话音节发音中,声调的变化主要由音高来决定,而音高的变化是根据发音时声带的松紧变化而变化的。发音时声带越紧,在单位时间内振动的次数越多,声音的频率就越高,声调也就越高;发音时声带越松,在单位时间内振动的次数越少,声音的频率就越低,声调也就越低。在发音时,根据声调的高低要求,声带会进行或松或紧或松紧相间的变化。

每个人的自如声区不同,有声语言的使用声区也不尽相同,声调的音高变化只能根据每个人的声音条件进行相应调整,因此声调的高低是相对的,并不要求音高频率的绝对值。音乐中的音阶和声调的高低不同,音阶的高低变化则是绝对的。另外,音阶与声调的变化方式有所不同,用一个通俗的比喻,音阶的变化在不同音高之间是跳跃式前行的,就像上下台阶一样(只在同一音符内平行),而声调的高低变化在同一声调内(阴平例外)则是滑行式前行的,就像上下坡一样。

(三)声调的分类

普通话声调共分四类,分别是阴平、阳平、上声和去声。这种对声调的分类就叫调类。

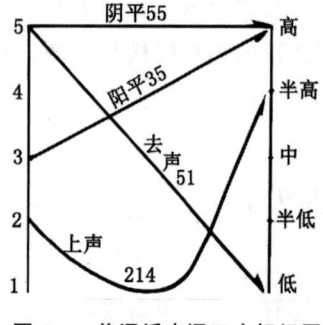

图 7-4 普通话声调五度标记图

每一个声调都有各自高低、升降和曲直的变化,叫作调值。它是声调的实际读法。

普通话各类声调的调值为:

阴平(高平调),调值为 55,调号为 "ˉ";

阳平(高升调),调值为 35,调号为 "ˊ";

上声(降升调),调值为 214,调号为 "ˇ";

去声(全降调),调值为 51,调号为 "ˋ"。

普通话声调调值通常采用五度标记法记录。用一条竖线表示声音的高低,从最低点到最高点共分为五度,即低、半低、中、半高、高,分别用 1、2、3、4、5 依次表示,书写时采用"ˉ ˊ ˇ ˋ"的四声调号。如 7-4 所示。

二、声调的发音

声调发音与音高的把握(喉部控制)和气息的调节有很大的关系,发音时声调高低抑扬的变化要和气息控制结合起来。

(一)阴平发音要领

高平调,发音时起音音高由 5 度到 5 度,声带闭合同气息控制、音高一样,都要保持始终如一,不能松懈与下降,即起音后直至发音结束,音高依然保持起音时的高度,气息依然保持相对控制。想象发出的声音就像一根粗细适中且通畅横放着的管子。四个声调中阴平的调值最高,全调时值比上声、阳平略短,比去声稍长。

(二)阳平发音要领

高升调,发音时起音音高由中音 3 度不断上升至最高 5 度,声带闭合由松到紧,气息控制由弱变强,声音走向是直线上升不能拐弯,想象发出的声音就像一根粗细适中且通畅直挺斜立向上的管子。全调时值比阴平、去声稍长,比上声略短。

(三)上声发音要领

降升调,发音时起音音高由半低 2 度下降至 1 度并在此稍做停留,然后上升到 4 度,即先降后升。声带闭合由微紧到松弛,稍做舒展再到紧,想象发出的声音就像一根"U"型管,在"1"值处弯度较大。一般把上声调值发成 2114 来体会可能会更好,气息保持控制并逐渐加强。全调时值比阴平、阳平、去声都要稍长一些。

(四)去声发音要领

全降调,发音时起音音高由最高的 5 度降到最低的 1 度,声带闭合由紧到松,气息控制由强变弱,想象发出的声音就像一根粗细适中且通畅直挺斜立向下的管子。全调时值比阴平、阳平、上声要略短一些。

三、各要素之间的关系

无论从概念上讲,还是从生理角度分析,以下几个要素可以说"井水不犯河水"。但是在实际发音训练中,由于初学者受听觉判断与旧有习惯的影响,加之对自身发音器官肌肉的局部控制力尚且有限,使得它们之间发生了连带关系。在此细说,意在帮助初学者找到自身问题所在,以便对症下药。

(一)舌位与声位

就一个音节而言,不同的音节构成不同的声韵母位置,变化不同的舌位动程,发出不同的音,产生不同的字义,具有个体性。比如"蓝(lán)"和"好(hǎo)"这两个音节,前者由于舌位在舌体前部,声韵属于舌体前部参与运动,只要舌体前部用力,声音就很容易打在硬腭前部;而后者由于舌位在舌体后部,声韵是舌体后部参与运动,所以声音很容易随之后靠,甚至压喉,这样一来,形成语流后,声音处于前拉后扯的游离状态,即喉部声带肌肉与唇舌肌肉不能很好地协调控制。

(二)唇舌与声带

初学者唇舌力度加强引起喉部肌肉随之紧张,导致音调提高。之所以出现这种问题,是因为初学者不能很好地处理唇舌肌肉与喉部肌肉的相互协调关系,尤其在初期训练中,为了强调字音清晰,寻找发音着力点,要加强唇舌的控制力度,而喉部肌肉不能根据字音的调值、格式、音变及语意进行自如的松紧(声音的强弱、虚实)变化,唇舌与喉部肌肉同时紧张。正所谓二者过于"一致"、不够协调。例如轻声词"时候(shí hòu)","hou"在唇舌控制时,声带也随之紧张,加之"hou"的发音着力点在舌后部,更容易导致声带紧张。又如,语流中最突出语言目的的关键词与非关键词在表达关系的处理中,有很多初学者并不是关键词强调不到位,而是非关键词"放不下来",导致语势没有变化,语意传递不清。从稿件内容的角度分析,是理解的问题;从技巧的角度分析,就是生理器官协调控制的问题。怎样协调处理即使声音处于虚声的控制状态,唇舌还能保持一定力度,是初学者在明确二者关系的前提下,需要掌握的控制技巧。

(三)调值与声带

在发音中,声调的上扬或下降会影响声音位置的前后移动。像阴平和阳平调值较高,所以声位很容易往前走,而去声、上声调值均由上往下,所以声位也就易随之往后,甚至压喉,尤其是上声在语流中大多经音变后改为 211 值的情况下(例"法律""考虑"等),问题更为突出,从听觉上给人一种压抑感,声位的稳定性被破坏。

(四)调值与气息

其实,无论是相对放松还是相对控制,喉部肌肉的控制除了受平时养成的不良习惯的影响使声带的闭合状态失调外,与气息的合理运用也有很密切的关系。播音发声要求以气托声,气息对声调调值的影响很大。例如,阴平(55)、阳平(35)、去声(51)调值,起音、落音"5"时气息送不上,发音就会"劈、嘶、咧",下到"1"时,气息撑不住,发音就会"噎、挤";上声(214)、上声变调(21)亦如是,发到"1"时,气息不稳,声音就会"干、涩"。阴平(55)和去声(51)调值没有气息支撑造成的"吊着说"现象,是导致播新闻"不说人话"的原因之一。另外,气息与声带的闭合在时间上如果配合不好,也会影响声音质量。如果声带先闭合,气流要想冲击声门就会增加压力,致使喉部紧张,发音会"僵、直";如果气流先到再闭声门,造成声带漏气,发音会"杂、沙",尤其是送气音,会产生"嘶嘶"的嘈杂音。

(五)调值与音调

音调,是一个人说话时用声的高低或音域(由频率决定),它是相对稳定和具有整体性的;声调是一个音节的调类属性,是对音节而言的,它具有个体性,是绝对固定的(不包括语流音变和语势变化)。因此,声调调值的运用只能在相对稳定的声区内活动,不能因为强调调值的到位就超越了它相对稳定的使用声区。当然,根据内容的需要,音量的加大会使音调相应上调,但它们之间的主次关系是不应混淆的。所以一定要注意调值的变化不能引起音调的起伏(五度内声音高低变化除外)。

(六)调值与舌位

舌位动程是指在发音时舌体着力点上下前后的活动过程,它跟舌尖、舌面、舌根发音时的灵活度、力度有关。初学者在发音时,要防止舌位动程与调值相互影响、干扰,不能因为舌位动程的上下移动而影响声调调值的高低走向,也就是要处理好唇舌肌肉与喉部肌肉的协调控制关系。例如"cài",它的韵母是"ai",舌位动程应由下往上走,而由于声调是"51",声带由紧变松,声音由高向低,结果舌位的动程不能从前低元音"a"升至前高元音"i",导致复韵母发音不饱满、不圆润。又如"jiá",阳平,调值"35",声调应由低向高,但因为这个音节的舌位动程是由上往下,所以就影响了它的调值不能从"3"到"5";反之,调值到位了,而发"a"音时的舌位却不能下至"央低"。因此,训练时要正确处理好它们之间的关系,通过发音过程中的生理控制与物理判断进行理性的自如调节。

(七)调值与音素

声调调值会影响音节内各音素之间的时长分配,尤其是上声调值容易出现在由低向高过渡时韵尾随之归音的问题。例如"hǎo",因为声带肌肉与唇舌肌肉过于一致,导致"o"在调值由 1 到 4 的"1"度阶段,唇就开始归"o"(即 u),致使 a 韵腹时长被挤占、压缩。又如"tǒng"(为追求归音到位)在调值 1 度结束、向 2 度进行时随声带由松变紧,舌根也随之向上归音,即舌根不能控制在上声调值接近 4 度时再向上归音。正是声调调形的变化,导致归音过早、字腹时长不够、枣核形音节不能很好地体现,甚至不归音。其他声调同理。

(八)绝对与相对

声调练习不仅要注意一个音节的绝对调值,还要注意前后音节的相互联系,即相对调值。比如,不同声调的 16 组双音节词语或句子练习,根据要求,两个阳平相连,且轻重格式为中重的词,如"萌芽"应是"34、35"调值,但由于受方言影响,有的同学对第一个阳平声调还好把握,到第二个音节时不是不到 5 度位(也成了 34 调值),就是起音不在 3 度上(3.5 或更高),结果为了追求时值,落音就跑到了"5.5"或"6"度上,使得音节的调值就成了"3"到"5.5"或"4"到"6"甚至更高,后面的音节也就此往上,即 16 组双音节词语或句子越读越高,变成了上坡型。因此,进行声调训练首先要对音高有较强的识别能力,用句首的第一个音节的声调调值来把握以后所要训练的每个音节的调值(及相对声区)。

(九)喉部与口腔

未经过训练的人喉头位移较大,而经过训练的人喉头位移相对较小。随着声调高低的不同变化,喉头会随之做上下移动。经实践发现:如果发 a 音时舌体控制好、口腔开度正确,相应的喉头就稳定;如果舌体在口腔内变化大,喉头位移就大。基于舌体与喉部的连带关系,口腔的动态控制与喉腔的稳定也有着直接的联系,口腔控制不好也会干扰喉部的控制状态。相对地,喉部控制不仅能使声带稳定闭合,还可以打开喉腔腔壁,使腔内空间增大。

喉头和声带在发音发声过程中看不到、摸不着,可通过口腔的相对控制与放松带动喉部与声带肌肉的相对紧张与放松。如果口腔及舌后部着力,就会带动喉部及声带肌肉的紧张与挤压。因此,要保证口腔后部在打开的同时(唇舌运动)不压挤喉部,二者相互协调。

(十)喉部与心理

喉部的控制状态与自身的发音心态有很密切的关系。心理状态作用于生理器官。心理状态不放松,喉部容易随之发紧,继而影响物理表现。很多初学者会以此为理由,掩盖专业上的其他问题。正确的心态应是积极、轻松的。对于初学者来说,课下功课做到位,回课不紧张,控制就会自如,效果就会较好。另外,积极、合理的表达情绪会使喉部有一个较好的控制状态。

所以以情带气、以情带声是有声语言艺术训练与表达的基本方法。正确理解发音要领,准确把握声调发音,进行科学性、技巧性的控制训练,协调好各要素之间的关系,增强语意表达效果,是专业基本功学习的必经过程。

第四节 喉部控制与声调发音发声训练

不是每一个人都需要纯粹的喉部放松与控制训练,而喉部结合声调控制后,喉部放松与控制训练就如同气息、口腔控制的训练一样,具有普遍性。

一、喉部控制训练

除了少数初学者因自身发声习惯有压喉问题外,一般初学者发音时为了追求力度,容易在舌位比较靠后的音节上把握不好舌体前部的力度,造成压喉,舌位比较高的音节又容易挤喉。此问题就需要加强口腔前部的唇舌力度训练,以放松喉部。业内有句行话:"两头紧(口腔与腰腹),中间松(喉部)"。如果学习者舌后部无力,发零声母音节和舌根音声母音节时,容易导致字音含混不清,在此情况下,需加强舌位及发音位置的着力点力度,使喉部在不压喉的前提下,做到相对控制,保证喉部共鸣充分发挥,吐字不清现象会有所改善。

(一)喉部相对放松训练

喉部放松训练是针对喉部过于紧张而言的。可先采用无声训练法,即口腔保持静态控制,不进行吐字归音的一种放松训练方法。而有针对性地结合发音进行放松喉部的训练——结合唇舌前部参与发音的音节进行口腔"前面力度,后面开度"及结合舌后部参与发音的音节进行"后音前发"的控制训练,体会实际发音时喉部的放松状态,是达到训练目的的一种有效途径。

1. 舌面元音情境训练

● 情境设计:想象自己用一根细管子在玩吹泡泡的游戏,只不过不是用嘴吹,而是用喉吹。提起上口盖使口腔保持静态控制,两条声带松弛且微闭,用少量的气息振动声带,无论唇舌变化为哪个元音,发出的声音就像从口腔里跑出的一个个气泡儿……

● 情境设计:运用不同情绪、不同声调发 6 个单元音,体会喉部的控制状态……

a……o……e……i……ü……u……

2. 词组短句情境训练

● 情境设计:调动情绪,设计"无奈""惊讶""疑惑""不解""不屑""感伤"等语气,发带有"i、ü"等前高元音的词语,加强唇及舌体前部的力度,在"窄音宽发,前音后发"的基础上体会口腔前部力度、后部开度,进行喉部放松训练。

牙?假牙?! 女士浴衣?! 你一起去?! 笔记体例?! 披起雨衣?!

奇异技艺?! 稀奇地理?! 语句犀利?! 嫡系期许?! 迷你碧玉?!

● 情境设计:调动情绪,设计"真诚""惊喜""热情""诚恳""赞扬"等语气,对每一个上声音节且属于舌位靠后(含 ao、ou、ang、eng、uang、ong 韵母)和舌根音声母"g、k、h"的词语,在体会口腔后部打开、发音相对着力,且唇与舌前部依然保持一定力度,即"后音前发"的基础上,进行喉部放松训练。

你?! 我?! 咱俩?! 去看海?! 可刚碰了手?! 你想跑?! 好?! 校对稿?!

冷?! 抢?! 土埂?! 是香港?! 蹦到登机口?! 忙撒谎?! 哄?! 敢打赏?!

3. 提示

(1)发气泡音姿势要正,体态放松,通过"内视"或触觉感受喉头的位移,并体会喉部肌肉是否挤压、拥堵。注意喉部声带闭合状态要始终保持如一,气息和气泡的弹发时间要均匀,大小要相同。

(2)如果喉部紧张,难以发出气泡音,可先使声带完全闭合发 a 音,用乐音带动气泡音的产生。或者训练"绕音"进行到最低音时再寻找气泡音。

(3)6 个舌面元音发气泡音时,口腔与咬字器官的不同变化不能影响喉部的松弛状态,否则也发不了气泡音。

(4)在控制 6 个元音于不同声调、不同情绪发音的过程中,感受唇舌与口腔的相对变化对喉部与气息控制产生的影响。

(5)"i、ü"前高元音由于口腔开度小,喉部容易随之挤压。在此特别进行"i、ü"训练,是因为"i、ü"舌位靠前,如果着力点正确,恰恰能起到放松喉部的目的。但必须以加强舌前部及唇部力度为前提。这是"声东击西"训练法。

（6）上声声调是四声里最不好发的一个声调。因为调形变化幅度较大，从中音区到低音区又上升至中高音区，所以，无论是音高把握还是气息控制都有难度。一般容易出现的问题是发声压喉，尤其是在低音区，也就是在发到"1"度时，由于喉部挤压致使呼吸通道不够通畅，声音紧、挤、干、涩。因此，当声调调值变化时，声带松紧有变，喉部周围的肌肉要保持放松。结合气息控制，辅以听觉配合，使声音往口腔的前面走（硬腭前部），树立"管子"意识，切忌发成"v"字形，即声调直上直下。这是"以毒攻毒"训练法。

（7）如果上声声调的音节发不好，注意感受发其他声调的音节时喉部的控制状态，再保持此状态发上声声调音节。如果"去声"下不去，也可采用同样的办法。这是"触类旁通"训练法。

（8）由于"ya"音的准确发音位置恰好是播音主持语言要求的发声归结点（硬腭前部），因此，通过听觉判断，以"ya"音调整舌位较靠后的词语，也是一种有效的训练办法。舌后部发音时，舌前部（舌尖抵住下齿龈）必须保持一定的稳定性，再将靠后的舌位着力点前移，否则舌体后部因发音用力，舌尖又无意识后缩，依然会造成喉部挤压的问题。

（9）以上方法的运用都离不开腰腹部气息的控制，气息是保证每一个声调调值到位的基础。喉部相对放松训练也离不开自身视听等感觉器官的指导，如果听不出自己的发音问题，那么再多训练也是枉然。

（二）喉部相对控制训练

喉部相对控制训练是相对于喉部绝对放松而言的。对于没有喉部控制意识的人来说，最初的无音练习是必要的，用各感觉器官感受喉部在不同控制状态下的变化效果。发音控制练习的目的，在于通过特殊音节及词语训练，使发音中各个要素相互协调配合，喉部在声调、舌位动程、气息等的带动下控制自如。

1. 喉头感受情境训练

● 情境设计：对照镜子或用手摸喉头，打开口腔保持发"a"的口腔状态，设想听到或看到一个令人非常惊喜、惊奇、惊讶、震惊的事情，但是发不出声来，这时感受喉部在一提一放的紧张与松弛的变化中，喉头的上下位移。

● 情境设计：调动情绪，保持积极的心态，保持口腔的静态控制，并呈发"a"音的状态，用手弹击喉头，通过听觉感受喉腔的空旷感；然后再放松口腔与喉腔，弹击喉头判断声音的"闷、暗"，以此体会发音时喉部应保持的控制状态。

2. 词组短句情境训练

● 情境设计：调动情绪，设计"恐慌""震惊""奔放""歌颂""强调"等语气，发带有零声母的词语，在每一个零声母的发音过程中，感受喉部的相对控制对零声母音节发音时舌体着力点力度的作用。

啊?!　　耀眼?!　　欧元?!　　额外?!　　望月?!　　鹅、鹅、鹅,曲项向天歌?!

咬?!　　哎呀?!　　幽暗?!　　遨游?!　　外围?!　　嗡、嗡、嗡,昂扬迎风舞?!

● 情境设计:调动情绪,设计"无助""惊奇""猜疑""费解""嘲讽"等语气,结合后响复韵母训练内容及格律诗"发花、梭波、乜斜"等辙韵,对后响复韵母进行训练,感受喉部的相对控制对后响复韵母音节归音时舌体力度的作用。

娃娃画画?!　　画里娃娃画花?!　　哥哥过河捉个鸽?!　　佳佳咳嗽喉头热?!

华华挂画?!　　挂上花花夸画?!　　罗锅学者躲骆驼?!　　姐姐雀跃夜下雪?!

3. 提示

(1)喉头的感受不受环境、场地、时间的限制,可随时进行,采用触觉感受的方式帮助掌握,注意用心体会。例如,用拇指和食指轻弹喉头,可感受到喉部完全放松与喉部肌肉有相对控制时在声音上的区别。

(2)可采用"喉内感受"的方法,体会喉部各软骨、肌肉之间是否做到了相对互不摩擦,独立"站定",各负其责而不僵硬。

(3)其实,如果吐字归音时唇舌的发音部位精确有力,喉部是会相对放松的。之所以有的学习者喉部过于用力,是因为没有理解或掌握发音要领,喉部(下巴)"帮倒忙"了。控制与放松关键在于"相对",要注意过犹不及。要根据每个人的实际情况,分步骤进行音素、音节、词组、句子等声音虚实的对比训练。

(4)建议每一组词读两遍,第一遍拉长声调、字腹,用夸张法来体会不同声调在发音时喉部的控制状态,在慢发的过程中及时纠正不正确的喉部状态;第二遍恢复正常速度,但要注意保持慢速发音时的正确状态,调值到位,以情带气,以情带声,避免心无感受、见字出声、面无表情。

(5)发声训练的完成、语感的培养,前提条件是必须具备"悟性"。对于艺术类专业的学习,有些技能训练不是仅靠言传身教就能完成的,它们需要在"意会"的前提下采用各种感官去"悟"。它们看不见摸不着,仅靠听觉判断,没有一定的语感是难以调整和驾驭的。

二、喉部控制与声调词组训练

因大量的双音节词语出现,语言的社会性问题就突出地摆在了初学者面前。初学者看到这些词语,大脑中就会联想到以往与这些词语相关联的语境、生活片段,原有的发音习惯形成的固定模式就会在潜意识中产生,口腔及唇舌就会被"旧模式"所左右。此时,刚刚建立起的新的发音要领和技巧,就会与旧模式形成对抗。谁战胜谁,就看初学者的理性控制意识是否坚强,训练量是否足够。因此,对于初学者,当我们强调以情带声时,对发音要领的理性驾驭就显得非常重要了。总之,各要领的掌握、关系的处理,应用在播音发声中,要既把握"方",又兼顾"圆"。

(一)字词声调训练

在生活中有许多人说话阴平调值不够高,阳平上不去,上声拐弯儿硬,去声下不来。一般在声调学习过程中,每个初学者的声调都会有调值偏误。例如,阴平,相对调值不够5度,都有些低;要么为了追求5度调值,没有气息支撑,造成声音飘、冒、吊。阳平,一般表现为调值上不到5度,尤其处在词尾时,往往起音过高,下不到3度。上声,处在1度时压喉,气息支撑不好,声音不舒展、不通畅,处在词尾、句尾时,要么不拐弯儿直接从1到4度,要么拐得高于4度。去声,最突出的表现为,气息不能贯穿到1度,即51调值不能贯通,或起音不在5度,听觉感受调值为41。训练中除了结合上一节讲到的处理好各种要素之间的关系外,还要认真体会气息的细微变化,读一个单音节或双音节控制一下气息,也可以采用四个单音节(四个声调)一换气,间隔要匀,不露痕迹。多进行录音,采用客观听辨予以纠正。

1. 单音节情境训练

● 情境设计:唇齿音——b、p、m、f

bāi	bái	bǎi	bài	pāo	páo	pǎo	pào	mō	mó	mǒ	mò	fēi	féi	fěi	fèi
掰	白	百	拜	抛	刨	跑	炮	摸	磨	抹	沫	非	肥	匪	费

● 情境设计:平舌音——z、c、s

zuō	zuó	zuǒ	zuò	cūn	cún	cǔn	cùn	suī	suí	suǐ	suì
嘬	昨	左	做	村	存	忖	寸	虽	随	髓	岁

● 情境设计:舌尖中音——d、t、n、l

duō	duó	duǒ	duò	tōu	tóu	tǒu	tòu	nān	nán	nǎn	nàn	līn	lín	lǐn	lìn
多	夺	朵	剁	偷	头	斜	透	囡	男	赧	婻	拎	林	凛	吝

● 情境设计:翘舌音——zh、ch、sh、r

zhū	zhú	zhǔ	zhù	chī	chí	chǐ	chì	shēng	shéng	shěng	shèng	rāng	ráng	rǎng	ràng
株	竹	主	住	吃	迟	齿	赤	声	绳	省	剩	嚷	瓤	壤	让

● 情境设计:舌面音——j、q、x

jiā	jiá	jiǎ	jià	quān	quán	quǎn	quàn	xiē	xié	xiě	xiè
家	颊	假	价	悛	全	犬	劝	些	鞋	写	谢

● 情境设计:舌根音——g、k、h

gēn	gén	gěn	gèn	kē	ké	kě	kè	hōng	hóng	hǒng	hòng
跟	哏	艮	茛	科	咳	可	克	轰	红	哄	讧

2. 双音节情境训练

● 情境设计:阴平—阴平

铺张	谦卑	青春	切磋	秋分	商标	激光	微机	压缩	司机	参加	工兵
花生	坚贞	江山	交通	阶梯	经商	军官	刊登	夸张	篇章	周刊	秋收
东方	佳音	翻修	销赃	飞机	丰收	高温	工资	功勋	光辉	非洲	星空
插秧	撑腰	冲锋	抽风	吹风	春天	粗心	灯光	丁香	安家	中心	公司
八仙	芭蕉	磋商	颁发	悲观	编织	批发	参加	操心	村庄	终身	风光
播音	公安	深山	拥军	西安	工商	新编	端庄	鲜花	精心	咖啡	翻车

● 情境设计：阳平—阳平

萌芽	时髦	农田	赔偿	频繁	求实	权衡	协调	文明	园林	言辞	排名
农林	回答	节余	角逐	来源	联合	凌晨	灵魂	鱼塘	乘凉	和平	劳模
直达	国防	航行	合成	嚼舌	宏图	名额	蝴蝶	原则	农民	南极	国旗
华侨	环球	轮流	重阳	厨房	传达	船员	丛林	独白	峨眉	防滑	名词
鹅毛	繁荣	格言	遗传	翱翔	夺魁	白糖	才华	残余	柴油	题材	学习
成员	城楼	惩罚	池塘	行情	人民	辽宁	全权	联营	石油	灵活	驰名

● 情境设计：上声—上声

总理	主导	走访	审美	脸谱	鲁莽	玛瑙	索引	景点	险阻	保养	炒股
表演	旅馆	取暖	往返	挺举	武打	雪耻	影响	指点	扭转	讲解	勇敢
早晚	蒙古	很早	给养	简短	剪彩	解体	举止	苦恼	口语	引起	整理
理解	领土	场所	反省	仿古	腐朽	辅佐	养老	诋毁	港口	老虎	委婉
古典	管理	果品	影响	把守	宝塔	保险	本领	采访	远景	坎坷	勉强
打扫	岛屿	典雅	短跑	导演	广场	领导	感想	展览	巧取	鼓舞	脚本

● 情境设计：去声—去声

暗示	奥秘	败落	半夜	伴奏	兑现	就业	壁画	辩证	变质	判断	净重
地震	倡议	赤道	试办	刺绣	创汇	缔造	购物	恫吓	道义	训练	灌溉
杜撰	断送	饭店	费劲	败诉	奉献	复试	覆盖	侧记	撤退	庆贺	宴会
固定	涉外	害怕	巷道	号令	祝贺	计算	议案	竞赛	句读	降落	上镜
绿化	汇率	泡沫	示范	债券	世界	任用	惠顾	让利	热线	建造	破例
报告	电视	纪念	庆贺	祝愿	借鉴	复制	叙事	议论	路线	配乐	大厦

● 情境设计：阴平—阳平

安宁	奔流	冰糖	猜疑	苍白	猖獗	超级	车轮	咨询	出席	昆明	宣传
春游	催眠	当前	灯谜	稽查	雕琢	端详	发明	光临	编排	周年	金鱼
飞行	分歧	挖掘	风云	钢琴	歌谣	攻读	公园	官僚	观察	发言	加强
官员	规模	突然	激昂	基层	机床	家庭	坚持	交流	经常	星球	中国
宽容	乒坛	驱逐	金融	抒情	说明	推崇	周围	征程	轻浮	签名	偏旁
新闻	编辑	资源	鲜明	坚决	森林	三秦	飘扬	军团	经营	飞翔	矜持

● 情境设计：阴平—上声

安稳	斑马	褒奖	奔走	风险	宾主	兵法	拔款	参考	苍老	根本	铅笔
充满	冲洗	粗犷	村野	当选	登载	叮嘱	颁奖	飞舞	封锁	嘉许	焦点
风景	甘美	推选	供给	公审	官邸	观赏	挥舞	家访	污染	攀比	班长
艰苦	金属	喷洒	科举	亏损	昆曲	批准	签署	亲友	倾吐	艰险	歌舞
商品	烧毁	吸吮	屋脊	修补	争取	抽奖	枢纽	辛苦	接壤	公款	高举
歌曲	珠海	发展	批准	生产	灯塔	猜想	阴雨	编审	资产	酸雨	推举

● 情境设计：阴平—去声

抽象	优惠	登记	青睐	翻阅	飞跃	分配	丰硕	刚毅	歌颂	优越	帮助
租赁	拍卖	消费	呼啸	欢乐	机构	歼灭	焦炭	封闭	精湛	经济	希望
经费	捐赠	开放	康复	拍照	拼命	敲诈	清淡	圈套	深厚	倾注	中外
生态	师范	申办	书店	霜冻	松懈	公证	推测	污蔑	先烈	欢笑	单位
专利	香皂	乡镇	兴旺	幽默	糟粕	宣誓	摘要	支票	诬告	发动	军队
播送	规范	通信	音乐	庄重	牵挂	观众	天籁	相称	尖锐	尊敬	粗壮

● 情境设计：阳平—阴平

搏击	财经	婵娟	营销	潮汐	曾经	前锋	房间	扶桑	浮夸	轮班	存根
服装	国家	寒冬	黄金	湖泊	滑冰	流通	集资	杰出	成功	围巾	南方
菊花	来宾	承包	灵芝	流星	龙灯	芦笙	胡椒	萌发	民歌	群居	长江
明珠	评优	乾坤	旁听	容积	成交	荣膺	时光	台湾	圆心	营私	原封
檀香	昙花	腾空	提高	投标	毋庸	桅杆	伴攻	熊猫	邮差	留心	阳春
革新	农村	国歌	年轻	联播	节约	嫡亲	平安	难堪	门风	停工	垂危

● 情境设计：阳平—上声

博览	渤海	长久	朝鲜	嘲讽	成果	城府	承揽	迟缓	垂柳	梅雨	谜底
淳朴	词典	夺取	而且	存款	儿女	遴选	拂晓	涵养	合影	求索	遥远
和蔼	回响	来往	雷雨	怜悯	廉耻	良好	疗养	灵感	罗马	描写	难免
棉纺	明显	投保	民主	模仿	啤酒	苹果	祈祷	勤恳	晴朗	迷惘	平坦
戎马	誊写	玩耍	研讨	学府	沿海	圆满	仪表	勤俭	成长	前景	游泳
读者	房产	黄海	门槛	结语	绝响	全体	情感	邻里	行走	存款	纯朴

● 情境设计：阳平—去声

别墅	泊位	裁判	查阅	传票	程序	酬谢	筹划	独奏	垂钓	防范	格调
乏味	讹诈	寒假	国庆	函授	核算	合作	鸿雁	肥沃	严重	排练	豪迈
回忆	环抱	结束	狂热	邮购	廉价	流逝	煤炭	绵亘	苗裔	辽阔	局势
名贵	年代	庞大	膨胀	屏幕	凭据	防疫	权益	渠道	零售	革命	援助
溶化	时令	陶醉	赢利	投奔	愚昧	舆论	文物	狭隘	提案	同志	权力
前进	评论	悬念	持续	文件	然后	宁夏	勤奋	除外	达意	谍报	劳动

● 情境设计：上声—阴平

北方	笔耕	表彰	捕捉	采风	产销	处方	喘息	导师	短缺	指标	广播
耳机	纺织	鼓吹	古筝	果汁	简单	解说	紧张	凯歌	感观	影星	导播
礼花	美观	鲁班	审批	首都	体操	统一	惋惜	婉约	网兜	讲师	领先
委托	武装	喜欢	小吃	写生	演说	冶金	野餐	卡通	崭新	掌声	总监
枕巾	指挥	祖先	已经	火车	乙炔	萎缩	敞开	景观	展厅	打击	走私
采编	浦东	减轻	领班	美工	演播	请安	北京	展开	组装	柳荫	吼声

● 情境设计：上声—阳平

百灵	版图	北极	采撷	草莓	齿轮	典型	反刍	古玩	海拔	改革	统筹
奖惩	解答	久别	楷模	口红	组合	渴求	礼节	旅游	宝石	旅途	软席
缅怀	偶然	品尝	拱桥	走穴	首席	署名	否决	水泥	体裁	领衔	起程
挽回	晚霞	网罗	委员	舞台	选拔	养殖	永恒	友情	展评	考察	取得
羽绒	饮食	指南	美元	法人	审结	冷藏	凛然	尾随	普及	反常	厂房
补习	朗读	解决	敏捷	谴责	讲求	北国	语言	警察	走读	粉条	满额

● 情境设计：上声—去声

百货	宝库	秉性	采纳	举报	产业	胆略	等候	底蕴	典范	选段	党性
点缀	陡峭	起诉	访问	仿效	粉饰	腐烂	斧正	岗位	讲座	法律	取代
广泛	轨道	海燕	罕见	悔悟	毁灭	火箭	股票	讲话	狡诈	写作	主要
审计	角落	选购	姐妹	紧迫	尽快	警告	景色	举办	沮丧	土地	广大
卡片	考试	鸟瞰	琐屑	沼气	纽带	拟订	水稻	软件	港币	选派	屡次
理论	组建	舞剧	想象	改造	简讯	企盼	举例	许愿	买进	磊落	哪怕

● 情境设计：去声—阴平

暗礁	拜托	贝雕	畅通	玷污	动机	杜鹃	废墟	复兴	构思	特约	创新
冠军	弊端	贵宾	互相	化纤	卫星	寄托	健康	晋升	竞争	配音	降低
客商	露天	绿洲	梦乡	目标	耐心	逆光	内科	配方	气功	列车	试销
日光	社交	世家	募捐	踏青	拓荒	退休	味精	卫生	匠心	曝光	战车
物资	细胞	信封	绣花	印刷	召开	越冬	正规	挂失	划拨	正宗	信息
下乡	办公	贵宾	象征	认真	对播	望京	录音	客观	汽车	菜刀	缔交

● 情境设计：去声—阳平

盎然	伴随	贝壳	布局	刺槐	蛋白	动摇	栋梁	杜绝	桂圆	向阳	地球
汗颜	劲敌	矿石	空白	牧童	汽油	热情	告别	上乘	少年	试行	暂时
剩余	市民	树林	数学	素描	特长	外行	蔚蓝	问题	笑容	政权	未来
幸福	用途	幼儿	月球	站台	照明	政权	中毒	住房	著名	练习	动员
列席	纵横	阵容	毅然	信条	豁达	混淆	范畴	发廊	问答	化学	素食
内容	措辞	电台	调查	特别	自然	富民	配合	漫谈	变革	串联	力求

● 情境设计：去声—上声

市场	伴侣	报纸	翅膀	背景	创举	代表	篡改	贷款	淡雅	会场	自我
钓饵	定理	豆豉	对比	恪守	愤慨	富有	购买	汉语	喝彩	政府	下雨
户口	画展	唤醒	获许	驾驶	鉴赏	健美	禁止	矿井	勒索	运转	办法
落伍	冒险	木耳	破产	气馁	任免	赡养	哨卡	摄影	饲养	信仰	电影
速写	探索	跳伞	宪法	笑柄	夜晚	寓所	占领	候鸟	剧本	历史	治理
问好	记者	撰稿	戏曲	外语	上海	特写	大胆	耐久	重点	秀美	确保

3. 提示

(1) 认真学习前面声调与喉部的控制原理，理解各要素之间的关系。例如在单音节训练时，首先要体会声调调值与音节在吐字归音过程中的时间分配，尤其是唇舌归音不能因为调值的变化而缩短了字腹的时间。例如"猴(hóu)"，u 音不能在 4 度时就归音，要到 5 度声调即将结束时唇部再合口。又如"感(gǎn)"，发前鼻音时要在声调发到 4 度再归音，初学者往往在声调发到 1 度向上、声带闭合由松变紧时，舌尖就由低变高了，造成字腹拉不开、归音过早的问题。此时需要声带与舌尖协调控制，声带由半低 2 度到低 1 度再到半高 4 度，而舌尖需要稳定到 4 度时再上抬到上齿龈归音。其他声调同理。

(2) 如果单音节发音时声调不准确，就会造成双音节词的轻重格式改变。表现在语句里，就会产生方言语调，导致关键词强调不到位，语意传递不清。正所谓以小见大，不可小觑。

(3) 既然是词，就表达了一定的词义，应完整体现。训练中无论速度有多慢，音节与音节之间都要有气息的贯穿，防止"字化"现象。

(4) 在 16 组双音节词的训练中，因为不涉及语境和语势变化，要把握好每一组词与其他组词的相对调值的关系，防止越读越高，或者越读越低现象。

(5) 阴平、去声最容易"冒调"，在专业训练中所说的"不说人话"大多源自此问题（在岗人员中也不乏此类问题），这与发音时不结合气息有关系，与认识不到位没有控制意识有关系，与喉部、气息、调值、口腔等不能协调控制也有关系。

(6) 不要急于求成，应采用循序渐进的方式，根据不同的单音节字、双音节词、四音节词进行声调的学习与掌握。在根据每一个词的词义展开想象、设计语境、以情带声的同时，要绷紧理解发音要领进而进行理性控制这根弦。

(二) 四音节词声调训练

现代汉语音节多以双音节形式出现，四音节词多由双音节词构成，读起来朗朗上口，具有节奏感，尤其在高低起伏的声调配合下，更显动听悦耳。以下采用四声顺序和不同声调组合进行训练，需注意每个四音节词的情境设计、气息控制与声调调值。

1. 四声次序情境训练

● 情境设计：阴阳上去

千锤百炼	中流砥柱	心明眼亮	光明磊落	身强体壮	高朋满座	兵强马壮
瓜田李下	幡然醒悟	丝绸锦缎	新闻简报	雕虫小技	思前想后	深谋远虑
心毒手辣	山穷水尽	逍遥法外	阴谋诡计	英雄好汉	飞檐走壁	优柔寡断

● 情境设计：去上阳阴

步履维艰	大显神通	地广人稀	调虎离山	过眼云烟	袖手旁观	跃马扬鞭
奋起直追	奋笔疾书	厚古薄今	聚少成多	木已成舟	耀武扬威	万古长青
刻骨铭心	妙手回春	墨守成规	逆水行舟	弄巧成拙	驷马难追	破釜沉舟

2. 四声组合情境训练

● 情境设计：阴阴阴阴

| 忧心忡忡 | 居安思危 | 息息相关 | 声东击西 | 压缩开支 | 科班出身 | 卑躬屈膝 |
| 搬迁新居 | 高山之巅 | 分期分批 | 乌七八糟 | 施工周期 | 空天飞机 | 公交公司 |

● 情境设计：阴阴阳阳

| 悲欢离合 | 初出茅庐 | 丰衣足食 | 公私合营 | 招之即来 | 兼听则明 | 忧心如焚 |
| 差之毫厘 | 空中楼阁 | 纷纷扬扬 | 三思而行 | 杀身成仁 | 夸夸其谈 | 生机勃勃 |

● 情境设计：阴阴上上

| 欢欣鼓舞 | 威风凛凛 | 翻江倒海 | 高瞻远瞩 | 招兵买马 | 刀山火海 | 杀一儆百 |
| 煽风点火 | 风光旖旎 | 金戈铁马 | 凄风苦雨 | 千疮百孔 | 千夫所指 | 单枪匹马 |

● 情境设计：阴阴去去

| 当机立断 | 兴风作浪 | 安居乐业 | 称兄道弟 | 标新立异 | 兼收并蓄 | 风声鹤唳 |
| 根深蒂固 | 披星戴月 | 惊心动魄 | 冲锋陷阵 | 风餐露宿 | 清规戒律 | 惊涛骇浪 |

● 情境设计：阳阳阴阴

| 陈陈相因 | 环形交叉 | 乘人之危 | 和盘托出 | 捷足先登 | 文人相轻 | 言为心声 |
| 黄袍加身 | 儿童专车 | 名垂千秋 | 滑翔飞机 | 梨园新兵 | 池鱼之殃 | 游园须知 |

● 情境设计：阳阳阳阳

| 竭泽而渔 | 名存实亡 | 闲极无聊 | 人民银行 | 儿童文学 | 情节雷同 | 循名责实 |
| 黄河源头 | 擒贼擒王 | 民族团结 | 名符其实 | 急于求成 | 食言而肥 | 名人名言 |

● 情境设计：阳阳上上

| 狐朋狗党 | 林林总总 | 模棱两可 | 寒来暑往 | 无独有偶 | 摇头摆尾 | 蝇营狗苟 |
| 十拿九稳 | 绝无仅有 | 愁眉苦脸 | 人才济济 | 狐朋狗友 | 徒劳往返 | 洋洋洒洒 |

● 情境设计：阳阳去去

| 茶余饭后 | 陈词滥调 | 垂头丧气 | 和颜悦色 | 回肠荡气 | 来龙去脉 | 淋漓尽致 |
| 庞然大物 | 回头是岸 | 蓬头垢面 | 潜移默化 | 同床异梦 | 荣华富贵 | 穷途末路 |

● 情境设计：上上阴阴

| 百感交加 | 倒海翻江 | 釜底抽薪 | 苟且偷安 | 海底捞针 | 井底之蛙 | 理所应当 |
| 鸟语花香 | 五彩缤纷 | 洗耳恭听 | 引火烧身 | 有口皆碑 | 远走高飞 | 走马观花 |

● 情境设计：上上阳阳

| 侃侃而谈 | 脑满肠肥 | 与虎谋皮 | 巧取豪夺 | 守口如瓶 | 娓娓而谈 | 老马识途 |
| 小巧玲珑 | 哑口无言 | 以己度人 | 以卵投石 | 勇往直前 | 举手投足 | 卷土重来 |

● 情境设计：上上上上

| 党小组长 | 有板有眼 | 省体改委 | 小手小脚 | 尺有所短 | 打水洗脸 | 伪总统府 |
| 岂有此理 | 洗海水澡 | 美好理想 | 整理古语 | 找好旅馆 | 老首长好 | 总统选举 |

- 情境设计：上上去去

| 百口莫辩 | 蠢蠢欲动 | 鬼鬼祟祟 | 矫枉过正 | 走马上任 | 语法概念 | 有氧运动 |
| 产品换代 | 蜀犬吠日 | 引水灌溉 | 饮酒过量 | 管理混乱 | 忍辱负重 | 以点代面 |

- 情境设计：去去阴阴

| 半壁江山 | 病入膏肓 | 遍地开花 | 利欲熏心 | 后顾之忧 | 怒发冲冠 | 入木三分 |
| 莫逆之交 | 善罢甘休 | 鹬蚌相争 | 半夜三更 | 事必躬亲 | 叶落归根 | 固若金汤 |

- 情境设计：去去阳阳

| 世态炎凉 | 世外桃源 | 弱肉强食 | 弃暗投明 | 量力而行 | 后继乏人 | 壮志凌云 |
| 弹尽粮绝 | 后患无穷 | 气贯长虹 | 暗箭难防 | 背道而驰 | 破镜重圆 | 暴跳如雷 |

- 情境设计：去去上上

| 恨入骨髓 | 自愿保险 | 势不可挡 | 趁热打铁 | 社会保险 | 目不忍睹 | 换届选举 |
| 必要产品 | 会议请帖 | 馈赠礼品 | 扩大影响 | 迅速扭转 | 大会演讲 | 绿化海岛 |

- 情境设计：去去去去

| 浴血奋战 | 万事俱备 | 蜕化变质 | 对症下药 | 各式各样 | 见利忘义 | 固定电话 |
| 课外作业 | 运动健将 | 固定汇率 | 各就各位 | 自暴自弃 | 对号入座 | 认购债券 |

3. 提示

(1) 注意结合喉部控制的训练方法进行练习，每组词运用气息先采用夸张法拉开字腹和声调慢速训练，接着再用比正常速度稍慢的中速进行训练，要防止顾此失彼。

(2) 夸张练习要注意气、音不断，中速或正常速度要注意调值与唇舌动程的关系。

(3) 同其他训练内容一样，尽量读出词义，要防止见字出声的问题。

(4) 要防止语气代替声调的现象，即"拖腔拿调"或"拖泥带水"，尤其是去声容易出现此问题。

(5) 通过词语中不同声调的练习，体会气息的控制力度对调值与词语间的变化所起的作用。

三、喉部控制与声调词句训练

用奥运会比赛项目、我国 56 个民族、世界国名与文学作品句子训练发音发声，不像上面各词组的声调排列组合那样有规律。为防止音节、词之间声调的无规律出现导致"旧习惯回归"，此阶段训练依然要保持很强的控制意识，在调动情感、联想词义时，对词语调值的发音发声按照各种要领做到理性控制。训练速度继续以"记录速度"为宜，即以可以书写记录的速度进行吐字归音练习。"记录速度"并不是音节与音节间放慢速度，而是音节之内各音素之间要"拉开立起"，尤其是承担字腹的音素，时值要长，句中突出语言目的的关键词的主要元音更要"拉开立起"。"记录速度"也不是音节与音节之间的等距离（等时间）分配，应根据词、词组、语节等"归堆儿、抱团儿"，以不割裂语意为前提，要结合"气息与状态"一章中关于换气方法的要领进行训练,在设计语境、拉开字腹的同时,体会气息控制的力度。由于速度较慢,加之句子较长,要改变"见标点符号就换气"的习惯,尽量保持"一意(一行)一口气"。

诗、词、曲训练内容的选择,分别从一百多位作者的(古代文学)作品中挑选出其中一句。意在帮助学习者通过"这一句"了解作者生平、写作背景及作品含义,利于情景再现,激发情感,以情带声,在相对单纯(诗词内的轻声、儿化等未学习到的音变现象较少)的声、韵、调的训练中触类旁通。

(一)多名词声调喉部训练

为了便于表达,以下名词顺序排列有调整。训练前通过文字回忆奥运会每个项目的比赛特点,并对本民族的生活环境、服饰特点、饮食习惯、地理位置等民风民俗展开想象,调动情感。结合气息要领,或一个名词一换气,或几个名词一换气,注意换气方式与位置。

1. 奥运项目情境训练

● 情境设计:电视转播中奥运赛场上的美好画面在脑海中浮现。

篮球、排球、足球、网球、垒球、棒球、手球、曲棍球、乒乓球、羽毛球、田径、体操、跳水、游泳、射击、马术、举重、柔道、摔跤、拳击、跆拳道、击剑、射箭、赛艇、帆船、皮划艇、自行车、铁人三项、现代五项。

● 情境设计:回忆冬奥会比赛,情景再现那一幕幕动人心魄的场景。

冰球、冰壶、俯式冰橇、无舵雪橇、有舵雪橇、短道速滑、花样滑冰、速度滑冰、跳台滑雪、自由式滑雪、越野滑雪、单板滑雪、高山滑雪、北欧两项、现代冬季两项。

2. 族名、国名情境训练

● 情境设计:回忆我国各民族的风土人情及音乐特点。

彝族、瑶族、佤族、白族、满族、苗族、藏族、傣族、侗族、土族、怒族、黎族、壮族、畲族、水族、京族、羌族、汉族、回族、阿昌族、裕固族、保安族、布依族、布朗族、普米族、仫佬族、门巴族、毛南族、蒙古族、撒拉族、德昂族、独龙族、东乡族、土家族、纳西族、拉祜族、傈僳族、朝鲜族、景颇族、基诺族、锡伯族、仡佬族、高山族、珞巴族、赫哲族、哈尼族、鄂伦春族、俄罗斯族、鄂温克族、维吾尔族、达斡尔族、塔塔尔族、塔吉克族、哈萨克族、乌孜别克族、柯尔克孜族。

● 情境设计:想象身处在世界各地,领略异国风情。

亚洲:阿曼、也门、约旦、印度、越南、伊朗、文莱、巴林、不丹、蒙古、缅甸、泰国、中国、朝鲜、日本、韩国、老挝、阿富汗、阿联酋、伊拉克、以色列、菲律宾、东帝汶、土耳其、尼泊尔、黎巴嫩、柬埔寨、叙利亚、新加坡、卡塔尔、科威特、阿塞拜疆、亚美尼亚、巴勒斯坦、巴基斯坦、马尔代夫、马来西亚、孟加拉国、斯里兰卡、格鲁吉亚、印度尼西亚、塔吉克斯坦、土库曼斯坦、沙特阿拉伯、哈萨克斯坦、乌兹别克斯坦、吉尔吉斯斯坦。

非洲:埃及、贝宁、马里、苏丹、多哥、南非、乍得、中非、加纳、加蓬、刚果(布)、刚果(金)、安哥拉、乌干达、布隆迪、马拉维、摩洛哥、佛得角、赞比亚、塞舌尔、索马里、突尼斯、南苏丹、尼日尔、莱索托、利比亚、卢旺达、吉布提、几内亚、冈比亚、喀麦隆、科摩罗、肯尼亚、博茨瓦纳、毛里求斯、莫桑比克、斯威士兰、塞内加尔、塞拉利昂、坦桑尼亚、纳米比亚、尼日利亚、利比里亚、津巴布韦、科特迪瓦、阿尔及利亚、埃塞俄比亚、厄立特里亚、布基纳法索、马达加斯加、毛里塔尼亚、赤道几内亚、几内亚比绍、圣多美和普林西比。

欧洲：英国、冰岛、波黑、波兰、法国、芬兰、丹麦、德国、挪威、瑞典、瑞士、捷克、希腊、荷兰、黑山、爱尔兰、安道尔、奥地利、俄罗斯、意大利、乌克兰、比利时、葡萄牙、马耳他、摩洛哥、梵蒂冈、立陶宛、卢森堡、匈牙利、西班牙、北马其顿、爱沙尼亚、白俄罗斯、保加利亚、摩尔多瓦、塞浦路斯、斯洛伐克、塞尔维亚、拉脱维亚、罗马尼亚、圣马力诺、克罗地亚、阿尔巴尼亚、斯洛文尼亚、列支敦士登。

北美洲：美国、古巴、海地、牙买加、巴哈马、巴拿马、伯利兹、墨西哥、加拿大、危地马拉、巴巴多斯、萨尔瓦多、多米尼加、多米尼克、尼加拉瓜、圣卢西亚、格林纳达、洪都拉斯、哥斯达黎加、安提瓜和巴布达、圣基茨和尼维斯、特立尼达和多巴哥、圣文森特和格林纳丁斯。

南美洲：巴西、秘鲁、智利、乌拉圭、阿根廷、巴拉圭、苏里南、圭亚那、厄瓜多尔、委内瑞拉、玻利维亚、哥伦比亚。

大洋洲：帕劳、斐济、汤加、瑙鲁、纽埃、萨摩亚、图瓦卢、新西兰、澳大利亚、瓦努阿图、基里巴斯、库克群岛、马绍尔群岛、所罗门群岛、巴布亚新几内亚、密克罗尼西亚联邦。

——以上摘自中华人民共和国外交部官方网站（2019年）

3. 提示

（1）运用联想对冬夏两季奥运会的比赛项目进行声、韵、调的训练，注意发音发声过程中气息与喉部的控制作用。注意每个名词之间的间隔，注意两音节、三音节及多音节节奏的把握，要防止"字化"问题。

（2）在训练中注意民族名词的关注点是在什么民族上，所以调值要在"什么"族上予以特别强调。防止为了追求每个音节的调值，导致听觉感受都是"族"。

（3）世界国名要严格按照普通话调值发音发声，防止无意识的"译音"现象。

（4）也可运用播报人名的方式进行换气控制训练，体会读一个人名换一次气的腰腹控制感，同时要注意人名与族名、性别的区别。人名一般都读中中重格式，有些人容易把人名读成中轻重格式，要注意纠正。

（二）格律诗声调喉部训练

格律诗是初期发音发声控制训练的必经阶段。由于诗词中几乎不涉及轻声、儿化及语气词"啊"的音变，在强调声调调值及口腔、喉部控制的同时，努力领会诗词表露出的家国情怀，体验作者情感的细腻变化，以情带气，尝试根据内容变换语气及句势。

1. 五言诗句情境训练

白骨露于野，千里无鸡鸣。

——曹操《蒿里行》

白马饰金羁,连翩西北驰。

——曹植《白马篇》

独夜不能寐,摄衣起抚琴。

——王粲《七哀诗·其二》

青青河畔草,绵绵思远道。

——汉乐府《饮马长城窟行》

孤鸿号外野,翔鸟鸣北林。

——阮籍《咏怀诗·其一》

郁郁涧底松,离离山上苗。

——左思《咏史·其二》

谁云圣达节,知命故不忧。

——刘琨《重赠卢谌》

采菊东篱下,悠然见南山。

——陶渊明《饮酒》

池塘生春草,园柳变鸣禽。

——谢灵运《登池上楼》

投躯报明主,身死为国殇。

——鲍照《代出自蓟北门行》

余霞散成绮,澄江静如练。

——谢朓《晚登三山还望京邑》

枯木期填海,青山望断河。

——庾信《拟咏怀·其七》

海内存知己,天涯若比邻。

——王勃《送杜少府之任蜀州》

雪暗凋旗画,风多杂鼓声。

——杨炯《从军行》

那堪玄鬓影,来对白头吟。

——骆宾王《在狱咏蝉》

魂随南翥鸟,泪尽北枝花。

——宋之问《度大庾岭》

幽独空林色,朱蕤冒紫茎。

——陈子昂《感遇·其二》

绿树村边合,青山郭外斜。

——孟浩然《过故人庄》

明月松间照,清泉石上流。

————王维《山居秋暝》

柴门闻犬吠,风雪夜归人。

————刘长卿《逢雪宿芙蓉山主人》

独坐幽篁里,弹琴复长啸。

————王维《竹里馆》

拊膺呼苍天,生死将奈向。

————梅尧臣《汝坟贫女》

无火炙地眠,半夜皆立号。

————孟郊《寒地百姓吟》

只在此山中,云深不知处。

————贾岛《寻隐者不遇》

春种一粒粟,秋收万颗子。

————李绅《悯农》

山前有熟稻,紫穗袭人香。

————皮日休《橡媪叹》

医得眼前疮,剜却心头肉。

————聂夷中《伤田家》

旄尽风霜节,心悬日月光。

————杨维桢《题苏武牧羊图》

白云海色曙,明月天门秋。

————王世贞《登太白楼》

无限河山泪,谁言天地宽。

————夏完淳《别云间》

2. 七言诗句情境训练

江流宛转绕芳甸,月照花林皆似霰。

————张若虚《春江花月夜》

秦时明月汉时关,万里长征人未还。

————王昌龄《出塞》

单于北望拂云堆,杀马登坛祭几回。

————王之涣《凉州词·其二》

醉卧沙场君莫笑,古来征战几人回。

————王翰《凉州词》

野云万里无城郭,雨雪纷纷连大漠。

————李颀《古从军行》

摐金伐鼓下榆关,旌旆逶迤碣石间。

——高适《燕歌行》

黄金百战穿金甲,不破楼兰终不还。

——王昌龄《从军行》

孤帆远影碧空尽,唯见长江天际流。

——李白《赠汪伦》

却看妻子愁何在,漫卷诗书喜欲狂。

——杜甫《闻官军收河南河北》

回乐峰前沙似雪,受降城外月如霜。

——李益《夜上受降城闻笛》

欲为圣明除弊事,肯将衰朽惜残年。

——韩愈《左迁至蓝关示侄孙湘》

闺中少妇不知愁,春日凝妆上翠楼。

——王昌龄《闺怨》

夜寒衣湿披短蓑,臆穿足裂忍痛何。

——王建《水夫谣》

独怜幽草涧边生,上有黄鹂深树鸣。

——韦应物《滁州西涧》

城上高楼接大荒,海天愁思正茫茫。

——柳宗元《登柳州城楼寄漳汀封连四州》

人世几回伤往事,山形依旧枕寒流。

——刘禹锡《西塞山怀古》

别有幽愁暗恨生,此时无声胜有声。

——白居易《琵琶行》

燮理阴阳禾黍丰,调和中外无兵戎。

——元稹《连昌宫词》

黄尘清水三山下,更变千年如走马。

——李贺《梦天》

折戟沉沙铁未销,自将磨洗认前朝。

——杜牧《赤壁》

海外徒闻更九州,他生未卜此生休。

——李商隐《马嵬》

时挑野菜和根煮,旋斫生柴带叶烧。

——杜荀鹤《山中寡妇》

两岸猿声啼不住,轻舟已过万重山。

——李白《早发白帝城》

三顾频烦天下计,两朝开济老臣心。

——杜甫《蜀相》

金沙水拍云崖暖,大渡桥横铁索寒。

——毛泽东《七律·长征》

棠梨叶落胭脂色,荞麦花开白雪香。

——王禹偁《村行》

此情可待成追忆,只是当时已惘然。

——李商隐《锦瑟》

帘虚日薄花竹静,时有乳鸠相对鸣。

——苏舜钦《初晴游沧浪亭》

朱弦已为佳人绝,青眼聊因美酒横。

——黄庭坚《登快阁》

风翻蛛网开三面,雷动蜂窠趁两衙。

——陈师道《春怀示邻里》

初怪上都闻战马,岂知穷海看飞龙。

——陈与义《伤春》

低回又作荆州梦,落日孤云始欲愁。

——曾几《寓居吴兴》

何必桑乾方是远,中流以北即天涯。

——杨万里《初入淮河》

蝴蝶双双入菜花,日长无客到田家。

——范成大《晚春田园杂兴》

楼船夜雪瓜洲渡,铁马秋风大散关。

——陆游《书愤》

绿遍山原白满川,子规声里雨如烟。

——翁卷《乡村四月》

黄梅时节家家雨,青草池塘处处蛙。

——赵师秀《约客》

池塘水满蛙成市,门巷春深燕作家。

——方岳《农谣》

绢未脱轴拟输官,丝未落车图赎典。

——戴复古《织妇叹》

草合离宫转夕晖，孤云漂泊复何依。

——文天祥《金陵驿》

手中明镜抛船上，半揭篷窗看打鱼。

——汪元量《湖州歌九十八首·其十七》

白头来往人间遍，依旧僧窗借榻眠。

——元好问《外家南寺》

只恐江南春意减，此心元不为梅花。

——刘因《观梅有感》

南渡君臣轻社稷，中原父老望旌旗。

——赵孟頫《岳鄂王墓》

江山信美非吾土，漂泊栖迟近百年。

——虞集《至正改元辛巳寒食日示弟及诸子侄》

中原地古多劲草，节如箭竹花如稻。

——王冕《劲草行》

紫塞风高弓力强，王孙走马猎沙场。

——萨都剌《上京即事》

停车坐爱枫林晚，霜叶红于二月花。

——杜牧《山行》

凿开混沌得乌金，蓄藏阳和意最深。

——于谦《咏煤炭》

幕府高临碣石开，蓟门丹疏重徘徊。

——李攀龙《挽王中丞》

剑分胡饼从人后，手掬流泉已自多。

——戚继光《登舍身台》

从此无心爱良夜，任他明月下西楼。

——李益《写情》

鼎湖当日弃人间，破敌收京下玉关。

——吴伟业《圆圆曲》

浩荡离愁白日斜，吟鞭东指即天涯。

——龚自珍《己亥杂诗·其五》

死去元知万事空，但悲不见九州同。

——陆游《示儿》

万里乘风去复来，只身东海挟春雷。

——秋瑾《黄海舟中日人索句并见日俄战争地图》

3. 提示

(1)上声声调在词尾、句尾时要读全调,但是它们归音时的时值却各不相同。单音节字的时值既长又饱满,双音节词在结束时也要求到位,但时值不如单音节字那么长,放在句子里就更明显地缩小了。例"果""苹果""我有一个爱情苹果"。一个上声词在不同的词语环境中归音,就像画一个大、中、小不等的"ˇ",在音长、音强上都发生了变化。而在表达中只要处于句尾,都要有 214 的调形,读全调。

(2)为了避免"声包字",训练时在调动情感的前提下,注意吐字归音的唇舌力度与控制,不要将所有情感都放在声母上,要拉开字腹,尤其是不送气声母音的处理(构成阻碍、保持阻碍要力度集中,解除阻碍时要迅速将力度转移到声母后面那个元音上),避免吐字僵硬。虽然此问题在上一章训练中已经特别讲到,由于正确的发音习惯在此阶段还没有完全掌握,鉴于一直要求加强唇舌的力度训练,有些初学者难免会顾此失彼,所以这一问题依然不能忽视。

(3)在结合气息和句势的变化进行训练时,一首诗句当中尽量不要换气,所谓"音断气不断、意不断"。要"眼睛走在嘴巴前面",防止"词化"。意思是学习者应该很清楚句子内每个词语的唇舌变化及语意传递,做到"未雨绸缪"。

(4)既要防止以感情代替声调的"拖腔"(尤其是去声声调),又要防止只注重声调不动感情的"僵、呆"。当然,最初的规范是必要的,尽量注意协调好声调调值与句势、情感的关系,尽量通过声音形式表达出原作的基调,规整中见灵活。

(5)重温换气要领。体会换气后句首腰腹部控制住气息暂且不用的感觉,感受句中用气过程中腰腹部的微收与对抗,并强调句尾结束时腰腹部力度把握对气息的"拖住"与控制。

(三)词曲歌声调喉部训练[①]

词曲的表现形式在于句子的长短变化。与五言、七言等格律诗相比,词曲的听觉感受显得相对灵活。但要注意情感调动导致声调调值和喉部无意识用力的问题。

1. 宋词元曲情境训练

叶上初阳干宿雨,水面清圆,一一风荷举。

——周邦彦《苏幕遮·燎沉香》

锦瑟华年谁与度?月桥花院,琐窗朱户,只有春知处。

——贺铸《青玉案·凌波不过横塘路》

佳节又重阳,玉枕纱厨,半夜凉初透。

——李清照《醉花阴·薄雾浓云愁永昼》

目尽青天怀今古,肯儿曹恩怨相尔汝!举大白,听《金缕》。

——张元幹《贺新郎·送胡邦衡待制赴新州》

---

① 以下诗词曲摘自中国古代文学作品选[M].上海:华东师范大学出版社,1999.

靖康耻,犹未雪。臣子恨,何时灭?驾长车,踏破贺兰山缺。

——岳飞《满江红·怒发冲冠》

素月分辉,明河共影,表里俱澄澈。

——张孝祥《念奴娇·过洞庭》

八百里分麾下炙,五十弦翻塞外声,沙场秋点兵。

——辛弃疾《破阵子·为陈同甫赋壮词以寄之》

一水横陈,连岗三面,做出争雄势。

——陈亮《念奴娇·登多景楼》

天时地利与人和,"燕可伐欤?"曰:"可"。

——刘过《西江月·堂上谋臣尊俎》

芳径,芹泥雨润。爱贴地争飞,竞夸轻俊。

——史达祖《双双燕·咏燕》

纵豆蔻词工,青楼梦好,难赋深情。

——姜夔《扬州慢·淮左名都》

应笑书生心胆怯,向车中、闭置如新妇。空目送,塞鸿去。

——刘克庄《贺新郎·送陈真州子华》

黄蜂频扑秋千索,有当时、纤手香凝。

——吴文英《风入松·听风听雨过清明》

谁知道,断烟禁夜,满城似愁风雨。

——刘辰翁《永遇乐·璧月初晴》

渐新痕悬柳,淡彩穿花,依约破初暝。

——王沂孙《眉妩·新月》

暮雨相呼,怕蓦地、玉关重见。未羞他、双燕归来,画帘半卷。

——张炎《解连环·孤雁》

倚着栏干,凝望时节,寺宇周回,贼军间列稍宁贴。

——董解元《西厢记诸宫调》

顷刻间游魂先赴森罗殿,怎不将天地也生埋怨。

——关汉卿《窦娥冤》

碧云天,黄花地。西风紧,北雁南飞。晓来谁染霜林醉,总是离人泪!

——王实甫《西厢记》

今日春来,明朝花谢,急罚盏夜阑灯灭。

——马致远《双调·夜行船》

望西都,意踟蹰,伤心秦汉经行处。

——张养浩《中吕·山坡羊》

更几个多娇女，一般穿着，一样妆梳。

——睢景臣《哨遍·高祖还乡》

美人自刎乌江岸，战火曾烧赤壁山，将军空老玉门关。

——张可久《卖花声·怀古》

2. 歌曲旋律情境训练

● 情境设计：选择单位时间内歌词较少、旋律舒缓、适合中低声区歌唱的歌曲，体会喉部在歌唱中的相对控制。例如《牧歌》《鸿雁》。

《牧歌》《鸿雁》视频、曲谱

● 情境设计：调动情感，控制口腔，变化唇舌，放松喉部，丰富想象，演唱《雪绒花》《你鼓舞了我》。

3. 提示

《雪绒花》《你鼓舞了我》视频、曲谱

（1）此阶段句子训练，仍然不能求快，要把握记录速度，处理好各要素之间的关系，协调控制是关键。

（2）词曲的句子要根据长短及语意决定换气口，绝对不能见标点符号就换气。例如"碧云天，黄花地。西风紧，北雁南飞。晓来谁染霜林醉，总是离人泪！"即使是记录速度训练，也只需在"晓来谁染霜林醉，总是离人泪！"前面换气即可，在"西风紧，北雁南飞"前面采用"音断意不断"的控制方式使语气与句势有所变化。在此门课程学习中，一直采用规定气口换气方式，有利于前期气息学习的理性控制与后期有声语言艺术创作的自如运用。正所谓"没有规矩，不成方圆"。

（3）句子内词语单位较多，根据语意，每个词语承担的任务有轻有重，重的词语调值要特别强调，轻的词语舌位动程仍必须到位。那么，重的词语的字腹在时长和稳定性方面要控制好，轻的词语的唇舌动作则要求速度快，变化更灵活（在后面训练中还会讲到）。

（4）运用舒缓、优美的旋律放松喉部、开发喉部，使气息通畅、稳定，喉部泛音丰富、控制有度。此章节的歌唱内容可以采用原歌词演唱，但是唱调不能按照原调，因为还没有进行共鸣和声音弹性的学习，学习者需暂且采用比原调低些的唱调进行试唱，演唱中保持口腔静态稳定、吐字归音准确的状态。

第五节　喉部（嗓音）的保健

作为"声源"的喉部，是一切从事有声语言艺术的人的"本钱"。关于如何训练并科学地控制与使用喉部（嗓音），在前面的章节已经做了比较详尽的阐述，那么在"停声期"，即嗓音在不工作的情况下该如何保养及训练呢？

一、嗓音与心境

有一个良好的心境，是做好事情的前提条件。对从事有声语言艺术工作的人而言更为重要。声音是心理、生理、物理等相互作用的结果,因此心理的不正常反应会引起身体不适,从而引起嗓音病变。所以要尽量保持心情舒畅,切忌大喜大悲,过分喊叫。

二、嗓音与饮食

养成一个良好的饮食习惯,是延长嗓音使用寿命的必备条件。我们都知道,喉部的任务除了负责呼吸、发声以外,还有一个主要功能是吞咽。虽然每个器官具体分工不同,但有些器官却身兼数职,它们之间的相互影响会使一些没有嗓音保护意识的人顾此失彼,只贪图味觉享受却忽略了对嗓音的损害。经常抽烟、喝酒、吃辛辣食物等,就会导致咽、喉病变并波及嗓音。当然,如果从小受地域环境影响,食用辛辣等食物已养成习惯,生理器官的适应力也已形成,适当的食用也无妨,但切忌过度。

三、嗓音与睡眠

充足的睡眠是恢复体力、使用嗓音的保证。发声是全身心的运动,睡眠不好,精神不振,自然嗓音也会疲劳,因此,从事有声语言艺术的人,要尽量调整好工作与休息的时间,以保证旺盛的精力投入创作。

四、嗓音与健康

平时身体抗病能力的强弱也会对用声、练声造成一定影响。假如身体素质差,容易得感冒,就会导致上呼吸道感染,并引起咽炎以及声带充血等病症,比如人在咳嗽时,声带闭合过紧,形成的高压气流冲击声带,对声带的损伤会很大。如果带病仍要坚持用声,有可能导致声带小结等。女性在生理周期有不良反应时也不宜练声。所以,加强运动量,注意各方面的保养及预防感冒,提高身体抗病能力,是从事一切事情的基础。

五、嗓音与训练

嗓音的保养除了遵守以上注意事项外,与户外练声的环境、时间也不无关系。从事用声工作的人习惯早起"晨练",这样有利于嗓音在经过一夜休眠后保证一整天的清晰、明亮。我国戏曲界的老艺术家在练声上讲究"夏练三伏、冬练三九"。户外练声温度的高低极限,是对人的生理适应能力的锻炼、意志力的考验,但要注意防暑、防寒,尤其不能"迎风"。练声时要注意"背风"。这是因为嗓音的适应能力是有限的,迎风练习会导致吸入过多的气流及灰尘,因而对发热的咽、喉带来不小的伤害。

当然,更为重要的是,训练中要使用科学的发音发声方法,掌握喉部相对的控制与放松,提高发音质量。对于耳朵灵敏的学习者来说,通过感情和听辨即可调整喉部的控制状态,而如果能结合理性控制,做到声高时气不提、不虚飘、不冒,声低时气不懈、不压喉、不沙哑、不闷暗,就会更好地丰富声音色彩、延长声音使用寿命。

▶▶▶ 回顾

　　如果说声母是字音准确的关键,韵母是字音响亮的保证,那么声调则是字音表意的灵魂。声、韵、调三者的有机结合才能组成一个音节。如果说口腔是语音的制造场,那么喉部则是声音的发源地。喉部的相对放松,能使声带在气流冲击下不受过多的压力,在振动发声时充分发挥泛音的作用,使音色丰富明亮。但是放松喉部并不是声带肌失去应有的张力,而是在声调产生的同时,对声音进行色彩化的处理,更好地帮助口腔完成语意的传递。这就要对喉部进行相对的控制。本章提供了相应的练习素材,请学习者在读懂、读透理论部分的前提下,借助镜子、手电、腰带等学习用具,在气息、口腔控制正确的前提下,采用录音等手段进行客观听辨。每个方言区的学习者调值都会有偏误,根据"训练提示"及自身存在的问题进行有针对性的练习尤为重要。

　　此章内容不仅对播音主持的从业人员有作用,第五节的喉部保健知识,对所有的用嗓工作的从业者,如教师、演员、导游、话务员等都有帮助。只有我们了解喉部,有意识地用科学的方法训练喉部发声,它才能更好地扮演声音"发源地"的角色,更清晰地传递信息。

本章重点

在不同声调发音时,喉部、气息及口腔如何做到相对放松与控制。

学习时间

课上☞大课:2课时;小课:针对性训练34课时左右。
课下☞结合所学内容保证每天坚持训练1小时。

思考题

1. 掌握并识记以下名词:
　　喉塞音　声带　声调　调值　调类　时值
2. 熟悉人体喉部结构,并了解其在发音中的作用。
3. 喉部控制的要领有哪些?
4. 影响喉部控制的因素有哪些?
5. 结合自己学习发声的过程,论述喉部的相对控制与放松。
6. 影响声音位置的因素有哪些?
7. 影响声调发音的因素有哪些?
8. 简述声调的特点以及作用。举例说明。
9. 四声全调时值有长有短,请按它们时值的长短进行排序。
10. 怎样在句子中把握相对调值与绝对调值、调值与音调、调值与舌位动程?举例说明。
11. 结合自己家乡方言的特点,试分析家乡话对自己普通话声调的影响。
12. 如何保护自己的嗓音?

第八章 喉部与音变
——声音优美的点缀

导读

言语就像一条河,在这条河流里,每一个音节都如同一滴水,在流动的过程中因碰撞、挤压而发生变化,语音学上把音节的这种变化称为"音变"。正是由于音变的出现才使得我们的言语富含韵律的动感,彰显出一种流动的美感。由于受到相邻音素的影响,一些音节中声母、韵母或声调会发生语音的变化,即为语流音变。普通话的语流音变包括:轻声、儿化、变调、词的轻重格式和语气词"啊"的变化等。那么,这些音变所产生的声音又是怎样形成的呢?

喉部是声音的发源地,语流音变的产生多与喉部发生关系,虽然"儿化"与语气词"啊"在音变时舌要发生相应的变化,但对于喉部控制来说,要进行声带松紧的调整与处理。因此,喉部在语流音变的过程中仍将起到不可忽视的控制作用。

第一节 轻声

轻声是普通话里最基本的一种音变现象。

一、什么是轻声

普通话中词和句子里的有些音节失去原本的声调,读成既轻又短的"无时值"音调,就叫轻声。轻声是语流音变中的一种弱化现象。轻声发音时相对音长缩短,音强减弱,且音高因前一个音节的声调变化而变化,也就是轻声的音高取决于前一个音节声调的调值。同时,发音中喉部声带随前一个音节声调的不同而进行松紧调整。如图8-1。例如,你的、我们、笤帚、朋友、窗户、房子、月亮、星星等。

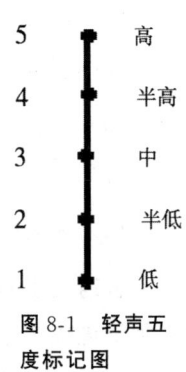

图8-1 轻声五度标记图

阴平与轻声组词,轻声读半低调,属于2度,例如:桌子、答应。

阳平与轻声组词,轻声读中调,属于3度,例如:墙上、葡萄。

上声与轻声组词,轻声读半高调,属于4度,例如:打听、嫂子。

去声与轻声组词,轻声读低调,属于1度,例如:事情、谢谢。

轻声除了音高的区别外,声母、韵母的音色有时也会发生变化,例如有的辅音会发生浊化,有的元音弱化、韵母含混甚至脱落。例如:哥哥、棉花、豆腐等。

二、轻声的作用

轻声的作用除了前面提到的为普通话语流的音乐美起点缀作用外,主要起区别词性和词义的作用。

例如:区别词义的词,"桌上(zhuōshàng)"和"桌上(zhuōshang)",一个表示"桌子的上空",一个表示"桌子的上面";"老子(lǎozǐ)"和"老子(lǎozi)",前者是古代老聃的尊称,后者为"长辈、头目"之意。区别词性的词,例如,"地道(dìdào)"和"地道(dìdao)",前者为地下的通道,是名词,后者为真正的、纯正的意思,是形容词。

三、轻声的规律

普通话里有些轻声的出现是有一定规律的,而有些则是根据约定俗成的习惯来确定的。

(一)有规律的轻声

从语法角度可分为以下几种情况。

(1)语气词"啊、吧、呢、吗"等,例如:好啊(哇)、心哪、红啊(ng)、撕啊(za)、吃啊(ra)、他呀、去吧、你呢、走吗等。

(2)词语后缀"们、子、头、么、儿"等,例如:他们、房子、什么、这儿、苦头等。

(3)助词"的、地、得、着、了、过"等,例如:好的、认真地、唱得好、反了、瞧着、看过等。

(4)叠音动词、代词的第二个音节,例如:说说、想想、听听、动动、跳跳、蹦蹦、爸爸、妈妈、叔叔、弟弟等。

(5)趋向补语,"来、下、去、起"等,例如:站起来、放下去、跑出去、走进来等。

(6)方位词或词素,"里、上、边"等,例如:屋里、地上、这边等。

(7)量词"个"等,例如:几个、几十个等。

(8)"一""不"处在重叠词中间,例如:高不高、看一看等。

(9)口语化的四音节词与双音节重叠性词的第二个音节,例如:小里小气、轻轻松松等。将在"词的轻重格式"中谈及(训练)。

(二)无规律的轻声词

普通话里的轻声词除了以上几种情况之外,还有一些词是约定俗成的,而有的需要根据语境决定是否轻读,例如,月亮、葡萄、热闹、干净、喜欢、忘记、耳朵、知道、聪明、先生、明白、打听、歇息、商量等。

有些词根据语言环境,有时读轻声有时不读轻声,但语法结构会产生变化。例如"想起来了"的"起"如果读轻声,可理解为回忆起来了;如果"起"读上声,可理解为"想起床了",语法结构有了较大的改变。

数词里的十位数在多数情况下读轻声,例如:"二十一、三十二"里的"十",一般读轻声。如果语言环境发生了变化,如单读"十",或十位数后没有个数,或者要区分是十还是百或千时就要加声调了。

要特别强调的是,一般庄重、严肃的书面语体内的词不能随意轻读。例如"棉花亩产……"中的"棉花"一词,在书面语体内要读原调。

第二节　儿化

儿化是普通话语音里最特殊的一种音变现象。

一、什么是儿化

儿化,也称儿化韵,是发音时舌体在前一个音节的韵尾加卷舌的动作,即儿化韵附着在前一个音节的韵尾后面,本身不自成音节。例如,"花儿",虽然写的是两个汉字,但是一个音节 huar,并且是轻声,此时喉部声带放松,"儿"不产生音高变化(不读阳平)。

二、儿化的作用

儿化的作用有以下几点:

(一)区别词性

例如,刷(动词),刷儿(名词);尖(形容词),尖儿(名词)等。

(二)区别词义

例如,头(脑袋),头儿(领头的);眼(眼睛),眼儿(小窟窿)等。

(三)表示情感

1. 表示亲切、喜爱

例如,小孩儿、花猫儿、脸蛋儿、脚丫儿等。

2. 表示少、小

例如,铁丝儿、小米儿、小雨儿、门缝儿等。

3. 表示反感

例如,什么玩意儿、什么样儿、腥味儿等。

(四)区分同音词

例如,拉练与拉链儿、邮票与油票儿等。

三、儿化的发音规律

普通话39个韵母,除了本身已是卷舌韵母的er外,理论上都可以儿化,但口语中单韵母ê未见儿化词,其余音都有儿化音变(在稿件中"儿化"一般情况下并不书写出来)。

发音时有些词语是否儿化要根据内容而定。由于儿化韵附着在前一个音节的韵尾后面,发音时要根据前一个音节的韵尾音素做相应的调整,方能在发音时起到儿化的作用,因此儿化的变化比较复杂。

(一)韵母或韵尾是a、o、e、u的,儿化时只在原韵母后加一个卷舌动作

a—ar	刀把儿	小马儿	手帕儿	打杂儿	找碴儿	一打儿
ia—iar	嫩芽儿	脚丫儿	铁夹儿	木匣儿		
ua—uar	挂画儿	脑瓜儿	鸡爪儿			
o—or	土坡儿	一拨儿	泡沫儿	歪脖儿		
uo—uor	饭桌儿	印戳儿	干活儿	一撮儿		
ao—aor	花猫儿	一道儿	甜枣儿	颠勺儿	羊羔儿	
iao—iaor	袜腰儿	豆角儿	小票儿	小调儿		
e—er	唠嗑儿	贝壳儿	没辙儿	傻乐儿		
u—ur	小肚儿	外屋儿	店铺儿	白兔儿	一出儿	枣核儿
ou—our	小狗儿	猕猴儿	油漏儿	衣兜儿		
iou—iour	打球儿	没救儿	水袖儿	石榴儿		
ie—ier	树叶儿	彩蝶儿	锅贴儿	台阶儿	一撇儿	
üe—üer	皮靴儿	木橛儿				

(二)韵母为单元音i、ü的,儿化时加央元音e[ə],再加卷舌动作

i—ier	柳笛儿	玩意儿	小鸡儿	封皮儿
ü—üer	美人鱼儿	马驹儿	有趣儿	毛驴儿

(三)韵母为-i[ɿ]、-i[ʅ]的,变为央e[ə]加卷舌动作

-i[ɿ]—er	小字儿	鱼刺儿	粉丝儿	石子儿
-i[ʅ]—er	果汁儿	汤匙儿	好事儿	

(四)韵尾为i、n的,儿化时失落韵尾,在主要元音后加卷舌动作

ai—ar	刘海儿	瓶盖儿	鞋带儿	小菜儿	球拍儿
uai—uar	一块儿	乖乖儿			

ei—er	刀背儿	眼泪儿	擦黑儿			
uei—uer	墨水儿	小锤儿	耳坠儿	香味儿	麦穗儿	一会儿 一对儿
an—ar	门槛儿	旗杆儿	铁板儿	菜盘儿	国际范儿	菜篮儿
ian—iar	帽檐儿	琴弦儿	唱片儿			
uan—uar	铁环儿	打转儿	好玩儿	纸船儿	抱团儿	金刚钻儿
üan—üar	转圈儿	打旋儿	烟卷儿	汤圆儿		
en—er	树根儿	书本儿	一阵儿	窍门儿	丢份儿	
uen—uer	花纹儿	一捆儿	一顺儿	嘴唇儿	一轮儿	
in—ier	手印儿	背心儿	没劲儿	小树林儿		
ün—üer	合群儿	围裙儿				

(五) 韵尾为 ng 的，儿化时失落 ng，并将元音鼻化，加卷舌动作

ang—ãr	手杖儿	香肠儿	帮忙儿	药方儿	行当儿
iang—iãr	花样儿	唱腔儿	透亮儿	小巷儿	
uang—uãr	箩筐儿	蛋黄儿	天窗儿	村庄儿	
eng—ẽr	田埂儿	小坑儿	硬棱儿	板凳儿	领证儿
ueng—uẽr	小瓮儿	嗡嗡儿			
ong—ung—õr(ũr)	闲空儿	胡同儿	小红儿	果冻儿	
iong—üng—iõr(ũr)	蚕蛹儿	小熊儿			
ing—iẽr	电影儿	小名儿	花瓶儿	红杏儿	响铃儿

表 8-1　普通话"儿化"规律表

原韵母	儿化韵	例字	原韵母	儿化韵	例字
a	[ar]	把儿	uei	[uər]	会儿
ai		孩儿	uen		轮儿
an		盘儿	ü	[yər]	鱼儿
ia	[iar]	芽儿	ün		裙儿
ian		尖儿	e	[ər]	歌儿
ua	[uar]	花儿	ie	[iɛr]	叶儿
uai		乖儿	üe	[yɛr]	角儿
uan		罐儿	u	[ur]	屋儿
üan	[yar]	院儿	ou	[our]	猴儿
o	[or]	波儿	iou	[iour]	袖儿
uo	[uor]	活儿	ang	[ãr]	帮儿
ao	[aur]	梢儿	iang	[iãr]	亮儿

续表

原韵母	儿化韵	例字	原韵母	儿化韵	例字
iao	[iaur]	苗儿	uang	[uǎr]	黄儿
-i[ɿ]	[ər]	字儿	eng	[ə̌r]	灯儿
-i[ʅ]		枝儿	ing	[iə̌r]	景儿
ei		背儿	ueng	[uə̌r]	瓮儿
en		根儿	ong	[ǔr]	桶儿
i	[iər]	鸡儿	iong	[yə̌r]	熊儿
in		劲儿			

与轻声词相同,有些儿化音要根据语言环境的变化而变化。要特别强调的是,一般庄重、严肃的书面语体内的词不能随意儿化。例如人的名字在生活中往往可以儿化,但是在书稿中要读原调。所以,要根据语境与语体慎重使用儿化音。

第三节 变调

变调是普通话里最常见的一种音变现象。

一、什么是变调

音节与音节连读时,由于受相邻音节的影响使原声调产生变化就叫变调。普通话的变调是受后面音节的影响所引起的,声调的变化却是由喉部的声带控制来完成的。

二、变调的发音规律

普通话变调主要表现在上声变调、"一"的变调、"不"的变调等几个方面。

(一)上声变调

上声变调又分为以下几种情况。

(1)上声音节在单读、句尾及(由于情境需要)句中的停顿处要读本调(全调214)调值。例如:"好""我非常喜欢大海""你是我(心理顿歇)唯一的希望"等。

(2)上声音节在非上声(阴平、阳平、去声)前读"半上",即21调值,例如:语音、语言、语气等。为了使非上声前的上声发音舒展,要把"半上"21调值读成211调值(结合喉部控制练习)。

(3)上声音节与上声音节相连,前一个上声变阳平35(接近)调值,例如:语法、影响、采取等。

(二)"一"的变调

"一"的变调又分为以下几种情况。

(1)单读、词尾、句尾或在序数词中读本调(阴平,55调值),例如:统一、保持如一、第一等。

(2)非去声音节前变去声(51调值),例如:一封信、一年前、一起走等。

(3)去声音节前变阳平(35调值),例如:一度电、一道道、一块块等。

(4)夹在重叠词中间读轻声,例如:说一说、聊一聊、想一想、看一看等。

(三)"不"的变调

"不"的变调有以下几种情况。

(1)单用或在词尾、句尾及非去声前读本调(51调值),例如:不、我就不、不烧、不能、不老等。

(2)在去声音节前变阳平(35调值),例如:不要、不动、不燥等。

(3)夹在重叠词中间变轻声,例如:收不收、行不行、饱不饱、闹不闹等。

第四节　语气词"啊"

语气词"啊"的变化是普通话里最自然的一种音变现象。

一、什么是语气词"啊"的音变

人们表达情感需要使用语气词,"啊"是一个表达语气情感的基本声音。从普通话的发音规律来说,语气词"啊"如果作为叹词处在句首,应该发"啊",而在句尾出现的语气词"啊",要根据前面一个音节的末尾音素来决定"啊"的音变情况,并且往往是以轻读音的形式呈现在语流中。

二、语气词"啊"的音变规律

语气词"啊"的音变规律主要表现在以下六个方面。

(一)前一音节末尾音素是 a、o(ao、iao 除外)、e、i、ü、ê 时,"啊"读作 ya

a——真麻啊!惩罚啊!好杂啊!快打啊!快查啊!

ua——快抓啊!眼好花啊!风一直刮啊!

ia——假牙啊!你回家啊!辨真假啊!这舞是恰恰啊!是龙虾啊!

o——小酒窝啊!有旋涡啊!别乱播啊!上坡啊!

uo——真啰唆啊!好多啊!你去说啊!自己的祖国啊!怎么活啊!

e——好涩啊!很快乐啊!快撤啊!他是我哥啊!好渴啊!快喝啊!

ie——真漂亮的树叶啊！就这些啊！毁灭啊！别捏啊！快歇歇啊！
üe——这孩子多活跃啊！好虐啊！侵略啊！麻雀啊！好大的雪啊！
i——你可要拿准主意啊！这是秘密啊！大地啊！我好急啊！伙计啊！
ai——他多矮啊！好白啊！在不在啊！要等待啊！你快拆啊！是个大灾害啊！
uai——真见外啊！用力甩啊！好奇怪啊！别太快啊！
ei——得提前准备啊！真配啊！别浪费啊！别给啊！
uei——不对啊！谁啊？快吹啊！给反馈啊！快追啊！真对啊！
ü——去买鱼啊！我们聚一聚啊！毫无头绪啊！

(二) 前一音节末尾音素是 u 时 (包括 ao、iao)，"啊"读成 wa

u——不是七是五啊！这是史书啊！你糊涂啊！很靠谱啊！路真堵啊！好酷啊！
ou——这点儿不够啊！真难受啊！屋顶还漏不漏？好臭啊！真抠啊！
iou——有酒啊！看你一身油啊！别揪啊！去踢球啊！
ao——快逃啊！没到啊！为什么白白走这一遭啊？他人挺好啊！快跑啊！
iao——摇一摇啊！真妙啊！谁受得了啊！它有脚啊！口气可真不小啊！

(三) 前一音节末尾音素是 n 时，"啊"读成 na

an——按不按啊！别翻啊！真璀璨啊！你不简单啊！好解馋啊！快干啊！
uan——好酸啊！天气好暖啊！你快些转啊！棉花好软啊！笑的真欢啊！
üan——真冤啊！是娟娟啊！快劝劝啊！
ian——有烟啊！别瞎编啊！天啊！这可是钱啊！汤好鲜啊！
en——你可真笨啊！真是叫人气愤啊！你可真神啊！看多狠啊！
in——有瘾啊！你可真拼啊！快拧紧啊！要言而有信啊！
un——有几轮啊？你猜得好准啊！真损啊！
ün——天边的云啊！去从军啊！围了一群啊！要好好教训啊！

(四) 前一音节末尾音素是 ng 时，"啊"读成 nga

ang——可真胖啊！年纪相仿啊！这水好烫啊！唱啊唱啊！要站好岗啊！
uang——姓王啊！使劲撞啊！出去逛逛啊！颜色好黄啊！
iang——痒痒啊！这水真凉啊！这人真犟啊！味道好呛啊！你们好像啊！
eng——别发蒙啊！好大的风啊！面目可憎啊！天气真冷啊！别乱扔啊！
ueng——这么大个瓮啊？
ong——跟踪啊！这是洋葱啊！有地洞啊！这是鸟笼啊！有几种啊？可真红啊！
iong——不管用啊！目光炯炯啊！穷不穷啊！是个小熊啊！
ing——这个人真行啊！好静啊！抱不平啊！这灯好明啊！去大厅啊！河水好清啊！

(五) 前一音节末尾音素是 -i[₁] 时，"啊"读成 za

zi——写写字啊！美滋滋啊！凳子啊！房子啊！

ci——你别辞啊！是白瓷啊？有诗词啊！

si——他就是老四啊！为了子嗣啊！这是我的上司啊！

(六)前一音节末尾音素是-i[ɻ]时，"啊"读成 ra

zhi——是纺织啊！你怎么撕了一地纸啊！同志啊！别说这么直啊！

chi——你请吃啊！怎么这么迟啊！又傻又痴啊！

shi——是不是啊！是事实啊！就在此时啊！

ri——在值日啊！到何日啊！

er——快帮个忙儿啊！他是王小二啊！是花儿啊！

表 8-2 普通话"啊"的音变规律表

"啊"前音节末尾音素	"啊"前音节韵母	"啊"的音变	规范写法	举例
a	a	ya	呀	他呀
o	o、uo			多呀
e	e			渴呀
i	i、ia、uai、ei、uei			是你呀
ü	ü			买鱼呀
ê	ie(ê)、üe(ê)			下雪呀
u	u(ao、iao)、ou、iou	wa	哇	好哇
n	an、ian、uan、üan、en、in、uen、ün	na	哪	难产哪 贴心哪
ng	ang、iang、uang、eng、ing、ong、iong、ueng	nga	啊	想啊 黄啊
-i[ɿ]	-i[ɿ]	za	啊	字啊
-i[ɻ]	-i[ɻ]	ra	啊	是啊

第五节 轻重格式

轻重格式是普通话里最普遍的一种音变现象。

一、什么是轻重格式

在语流行进过程中，音节与音节之间的构成从音长和音强上来说，不是等分的，具有一定的疏密关系。除了声、韵、调的区别外，"静态"语言中约定俗成的发音习惯，"动态"语言内逻辑重音和心理重音的需要，使得双音节或三音节、四音节词有了音强（音长及快慢)上的不同变化,我们称为词的轻重格式。

从发音习惯来看,音节的强弱可分为"重、中、轻"三种变化。将短而弱的音节称为"轻",即在《现代汉语词典》里没有标注声调符号的轻声词;长而强的音节称为"重";介于二者之间的称为"中"。还有一些词在《现代汉语词典》里标有声调符号,例如:新鲜、客人、风水、匀称,可读为"重次轻"格式(在轻读音节前加圆点)。还有一部分词未作明确标注,例如:分析、臭虫、老虎、制度,一般轻读,偶尔(间或)重读,读音不太稳定,称为"可轻读词语"。

国家语言文字委员会普通话培训测试中心编制的《普通话水平测试实施纲要》特别提出:将大多数"重次轻"格式词语中的后一个音节读为轻声,则语感自然,是普通话水平较高的表现之一。这种区别通过声学仪器测试会有明显不同,表现为在喉部声带闭合的松紧作用下,产生的一种高低、长短、强弱的轻重变化。

二、轻重格式的组成

词的构成音节不同可组成不同的轻重格式。

(一)双音节词

双音节词的轻重格式可分为中重、重中、重轻三种。

1. 中重格式

陌路　言行　达到　贵庚　缥缈　脚步

2. 重中格式

价钱　战士　人民　干部　命运　视觉

3. 重轻格式

面子　相声　意思　任务　消息　便宜

(二)三音节词

三音节词的轻重格式可分为中中重、中重轻、中轻重和重轻轻四种。

1. 中中重格式

展览馆　庇护所　八音盒　起搏器　起重机

2. 中重轻格式

小便宜　扣帽子　说笑话　腮帮子　找麻烦

3. 中轻重格式

机灵鬼　蘑菇云　乡巴佬　娘娘腔　筒子楼

4. 重轻轻格式

收起来　放进去　拿回去　丢出去　倒过来

(三) 四音节词

四音节词的轻重格式大部分与词的结构有关，可分为中重中重、中轻中重和重中中重三种。

1. 中重中重格式

有许多中重中重格式的词属于联合关系，还包括一部分四音节成语。

开源节流　鹤发童颜　价廉物美　南腔北调

2. 中轻中重格式

大部分四音节专用名词、叠音形容词和象声词要读中轻中重格式。其中四音节专用名词的第二个音节比第一个音节"轻"，也可不失去原调。

社会主义　慌里慌张　唠唠叨叨

3. 重中中重格式

大部分具有修饰与被修饰、陈述与被陈述和支配与被支配关系的四音节成语要读为重中中重格式。

前所未有　朝不保夕　信口雌黄　诸如此类

第六节　喉部与音变发音发声训练

普通话声、韵、调的学习若像塑造语音面貌的"红花"，语流音变则像普通话语音里的"绿叶"，没有"绿叶"的点缀与衬托，语流就没有强弱，表达就会缺乏变化。有许多语音面貌带有方言痕迹的人，问题就出在语流音变上。这种无意识表现非常明显，造成的原因是喉部声带不能很好地放松控制，亦不能与口腔控制保持协调。声母、韵母、声调的训练可以以音节为单位进行，而语流音变的训练则要有一个语境，要在前后语境的相互影响中完成。所以将绕口令、小诗文安排在本章训练，正是考虑到绕口令的故事性与较为复杂的语音环境。无论何种内容，一旦有了语言环境，有了基调与主题，就不像单独一个词的格式那样简单、稳定与易学。对于刚进行气息、口腔与喉部控制训练的初学者来说，很容易在内容的"诱导"下"回归自然"。因此，训练中不能掉以轻心，依然要扎紧腰带，规定换气口，甚至要继续借助手电及镜子调整口腔状态。接受能力强的初学者建议结合体态进入表达（正确站姿是基本的静态要求），训练进度仍要控制在"练正确，求稳定"阶段。

以下"语音学习口诀"概括了语音学习的基本内容。在训练中，要结合气息与喉部控制，尤其是"吐字归音歌"，将音准与声美有机融合，相得益彰：

学好声韵辨四声，阴阳上去要分清；部位方法须找准，开齐合撮定口型；

双唇班沛密百坡，平舌资册飒错增，舌尖堆跳耐疗搭，翘舌处师绕摘睁，

舌面期结熏炝先，舌根该哨酗炕耿，塞擦清苏黑席事，鼻边浊美练闹宁，

不送在到正加功,送气拍天考颤坑,开口瓣浙播风刚,齐齿加厉店怯星,
合口状总专控舞,撮口举倦学群凶,复韵才抓笑秋回,零丹韵我爱饿赢,
前鼻感权根春新,后鼻粮耕众风另,轻声儿化性义分,助叠补缀方量明;
格式变调前后看,啊哪呀哇 za ra nga,循序渐进坚持练,定能达到纯和精。

一、喉部与轻声训练

轻声的读法在前面讲过只有"度"的区别,没有时值也不强调音强,发音要既短又轻。有的初学者虽然在读双音节词语时,经过学习能较好地把握,但到了语流中,由于对内容的关注而忽略了刚建立起的控制习惯,造成对音准的干扰,如对语气词、助词、补语、方位词等需要轻读的音节全都重读、拖调,再如轻声词处于句尾时"拐弯儿"。这种无意识表现非常明显,造成的原因是喉部声带不能很好地放松,亦不能与口腔控制保持协调。训练中,轻声词注意不仅要读得短、轻,还要保证清楚,不能为了"轻"而忘了"清"。

(一)词组轻声训练

轻声词要做到轻读,关键在于喉部声带的相对放松。在注意强调轻读音节前面的有声调音节的声调到位的基础上,保证轻声音节发音时的唇舌力度并使声带的闭合处于放松状态。即要理性处理唇舌力度与声带放松的协调关系。

1. 对比情境训练

● 情境设计:阴平音节后面的对比训练

| 精神 jīngshén | 花费 huāfèi | 开通 kāitōng | 兄弟 xiōngdì |
| 精神 jīngshen | 花费 huāfei | 开通 kāitong | 兄弟 xiōngdi |

| 东西 dōngxī | 孙子 sūnzǐ | 玻璃 bōlí | 烟囱 yāncōng |
| 东西 dōngxi | 孙子 sūnzi | 玻璃 bōli | 烟囱 yāncong |

● 情境设计:阳平音节后面的对比训练

| 来往 láiwǎng | 人家 rénjiā | 合计 héjì | 来路 láilù |
| 来往 láiwang | 人家 rénjia | 合计 héji | 来路 láilu |

| 诚实 chéngshí | 别人 biérén | 长处 chángchù | 白天 báitiān |
| 诚实 chéngshi | 别人 biéren | 长处 chángchu | 白天 báitian |

● 情境设计:上声音节后面的对比训练

| 把手 bǎshǒu | 老子 lǎozǐ | 反正 fǎnzhèng | 早起 zǎoqǐ |
| 把手 bǎshou | 老子 lǎozi | 反正 fǎnzheng | 早起 zǎoqi |

| 好处 hǎochù | 懂得 dǒngdé | 里面 lǐmiàn | 起来 qǐlái |
| 好处 hǎochu | 懂得 dǒngde | 里面 lǐmian | 起来 qǐlai |

● 情境设计：去声音节后面的对比训练

| 废物 fèiwù | 地道 dìdào | 下场 xiàchǎng | 自然 zìrán |
| 废物 fèiwu | 地道 dìdao | 下场 xiàchang | 自然 zìran |

| 大爷 dàyé | 地方 dìfāng | 对头 duìtóu | 动静 dòngjìng |
| 大爷 dàye | 地方 dìfang | 对头 duìtou | 动静 dòngjing |

2. 四声情境训练

● 情境设计：阴平音节后面的轻声训练

丫头　哆嗦　兄弟　清楚　巴掌　扳手　星星　称呼　掂量　嘟噜　玻璃　知识
包袱　差事　灯笼　抽屉　窗户　答应　风筝　甘蔗　高粱　姑娘　功夫　舒服
胳膊　规矩　结实　宽敞　师傅　关系　虾米　收拾　衣服　冤枉　吭哧　抠唆

● 情境设计：阳平音节后面的轻声训练

粮食　行当　逻辑　棉花　年纪　朋友　学生　徒弟　题目　铃铛　随和　头发
防备　柴火　和尚　糊涂　活泼　难为　灵便　脾气　情形　什么　行李　学问
琢磨　云彩　勤快　麻烦　眉毛　疲沓　折磨　媳妇　笆篱　魁梧　来头　唠叨

● 情境设计：上声音节后面的轻声训练

摆摆　管管　哄哄　挤挤　考考　稳当　伙计　使唤　指望　买卖　尾巴　小气
宝贝　斗篷　打算　洒脱　眼睛　扭捏　恶心　考究　讲究　首饰　打扮　喇叭
喜欢　脑袋　嘱咐　恍惚　老实　体面　哑巴　本事　口气　女婿　底细　懒怠

● 情境设计：去声音节后面的轻声训练

念头　木头　上来　试试　谢谢　看看　坐坐　问问　抱抱　事情　任务　太阳
壮实　志气　帐篷　运气　认识　对付　会计　下巴　漂亮　厉害　告诉　奉承
动静　唾沫　义气　大夫　分量　乐和　这个　客气　特务　乐意　气度　利息

3. 提示

(1)初学普通话的人和南方同学轻声词容易把握不好，主要与喉部控制有关，声带闭合不能由有声调调值的前一个音节相对紧张的控制状态迅速调整转换为无声调音节的声带松弛状态。读轻声时喉部声带放松，但口腔开度与唇舌力度仍要保持。唇舌控制导致喉部同时紧张，是许多初学者难以逾越的一个关键问题。前一章已经对二者之间的矛盾做过分析，多听、多录、多辨、多练，是唯一的办法。

(2)由于受前一个音节声调的影响，轻声音节会产生不同的音高变化。轻声音节同样会受到本音节声母的影响，例如"豆腐"的"腐"由于声母是唇齿音并且是擦音，加之"豆"是去声，"腐"的轻声属于1度，音高最低，所以在发音中会丢失u的音色，声带处于休息状态，"腐"音只有气流冲击唇齿的摩擦声。

(3)初学者(甚至已走向工作岗位的播音员、主持人)在稿件播读时对助词"的、地、得"的发音过重，原因是容易受前一个音节声调的影响，尤其是前一个音节为上声声调时,轻声"de"是半高调 4 度,加之"de"的声母为非送气音,声母发音在解除阻碍时力度不能很快转移到后面的元音上所致。

(4)轻声词里的"子"在生活语言中容易归音不到位,要注意处理好喉部声带松紧与舌尖力度的关系,发音不结束舌尖不能松动。

(5)轻声词的轻声音节有的韵母舌位动程比较复杂,要注意轻声不等于"轻动"或"不动"。例如"上"轻读时,在喉部声带松弛的状态下,舌位动程依然要"仰卧起坐"到"ang"的位置。

(6)如果轻声音节的前一个音节声调是变调的上声,读 21 调值,那么上声后面的轻声又是 4 度,例如"好的",这样"好"比"的"音高低,但"的"的时长要短,音强要弱,即发"的"时声带闭合要轻且促。"好的"一词其实展示了一个完整的 214 上声调值。把握不好轻声音节,听觉感受就会适得其反。

(7)去声音节在充当轻声时,容易保留原调甚至拖调,例如"时候"的"候"、"谢谢"的"谢"。细节决定成败,细心体会与把握就会发现,在语流中的这些点缀对有声语言表达的美感有多么重要的影响,更不用说会影响语义了。

(8)每一个轻声音节的音高都有度的区别(但是没有时值),训练中要明确每一个轻声词的前一个音节的声调,以准确把握轻声音节的"轻"与"度"。

(二)短文轻声训练

以讲故事的方式将句子内出现频繁且较为固定的轻读字编排在一起,可避免枯燥,增加情趣。在诗歌训练时,要注意情感的调动、语意的传递。

此教材中的训练内容在之前"词、句"的基础上,增加了"语段",语段较之句子换气较为复杂,一般在两个大的意群之间的正常换气要做到无声、迅速。为达到区别语意、语气的目的,相对有较明显的换气口。补气一般是在一个句子没结束但气息不够的情况下采取的换气方法。为了不割裂语意、不露"声色",从听觉感受上语意前后连贯、有一气呵成之感,在补气前后音节与音节之间要有机衔接。要找长句子中能划分语节[①]的地方,处于并列关系的某一个顿号或逗号处,或处于偏正关系的一个语节处进行补气(或偷气)训练。通过训练提高肋肌和腹肌的弹发能力,把握句与句之间、长句中间换气时的音断、气断意不断的控制能力。

1. 故事情境训练

● 情境设计:带小朋友去进行社会实践,路上给孩子讲如何做人、处世及生活常识……

你的、我的、他的都不是咱的! 你们的、我们的、他们的才都是咱们大家的! 好的、是的、对的、正的、反的、错的、真的、假的、谁说的? 皮的、布的、麻的、棉的、丝的全都是天然的! 涤纶的、腈纶的、粘胶的全都是化纤的!

[①] 语节是"构成语的具有相对独立性的'部件'"。参见温端政. 汉语词汇学[M]. 北京:商务印书馆出版,2005.

● 情境设计:不思进取的人,是永远看不到机会的……

这时候、那时候、到时候、有时候,不是真的都能抓住时候。小时候、大时候、老时候、总说得有个时候。等时候、盼时候、好时候、是时候、总是看不到时候,到头来还是没有个时候。都因为错过了本该有的每一个时候。

● 情境设计:每个人的生活都不是一帆风顺的,即便事与愿违也要坚持不懈……

走过去、追出去、跳上去、吊起来、捡起来、放下来、降下来、拽进来、跑回来、摘下来、到头来、说起来,一分也没赚得来,那也得做起来。

● 情境设计:嗨!这爷孙俩,是亮家底儿还是搬家?

老爷子,白胡子,有桌子、椅子、凳子、轿子、绳子、箱子、梯子、馆子、饺子、瓶子、罐子、孩子、巷子、房子、一竿子、大院子。女孩子,小辫子,有裙子、裤子、袜子、鞋子、镯子、簪子、金子、银子、盒子、镜子、一下子、一揽子。卖关子、家底子,不如想法子有个好脑子。

● 情境设计:瞧瞧这些孩子们多快活!

上课了,看了、听了、读了、写了、画了、想了、思了,全学了!开饭了,煮了、烧了、烫了、热了、凉了、冰了、饿了、吃了、渴了、喝了,真饱了!休息了,困了、歇了、躺了、睡了,享受了!旅游了,说了、笑了、喊了、唱了、蹦了、跳了、打了、闹了,玩儿疯了!

2. 对话情境训练

● 情境设计:妈妈心灵手巧是贤妻良母,孩子聪明活泼是绘画能手……

甲:有意思!娃娃画妈妈,妈妈绣娃娃;娃娃看妈妈绣娃娃,妈妈看娃娃画妈妈。

乙:是啊!妈妈夸娃娃画的妈妈像妈妈,娃娃夸妈妈绣的娃娃像娃娃。

● 情境设计:池塘里有静立的荷花,荷叶上有飞舞的蜻蜓,水面上有跳动的青蛙……

甲:快看:一个蛤蟆一张嘴,两只眼睛四条腿,扑通扑通跳下水;两个蛤蟆两张嘴,四个眼睛八条腿,扑通扑通跳下水;三个蛤蟆三张嘴,六只眼睛十二条腿,扑通扑通跳下水;四个蛤蟆四张嘴,八只眼睛十六条腿,扑通扑通跳下水……

乙:数不过来了吧?瞧我的:五个蛤蟆五张嘴,十只眼睛二十条腿,扑通扑通跳下水;六个蛤蟆六张嘴,十二只眼睛二十四条腿,扑通扑通跳下水;七个蛤蟆七张嘴,十四只眼睛二十八条腿,扑通扑通跳下水。哎呀!憋死我了……

甲:哈哈!你也不行,还是我来吧。八个蛤蟆八张嘴,十六只眼睛三十二条腿,扑通扑通跳下水;九个蛤蟆九张嘴,十八只眼睛三十六条腿,扑通扑通跳下水。十个蛤蟆十张嘴,二十只眼睛四十条腿,扑通扑通跳下水。

3. 提示

(1)由于语言的社会性,学习者的固有习惯很难改变,要在发音前提早认识与及时把握。先确定轻声词,再上口读,要先慢后快。

(2)不同的轻声词,牙关开度不同。在语流中含"e、o"韵母的轻声音节非常多,出现频率很高,例如"的、地、得、了、呢、个、着、么"等,它们在句子里牙关开度和舌位动程都不能丢失。

(3) 初学者要想将轻声词读轻,就需强调轻声音节前面的非轻声音节的调值,以稍微夸张的慢速方法,结合气息控制与喉部控制反复进行比较。前一章提示里讲到根据句子内词语承担的任务轻重,处理吐字归音的快慢与喉部控制的松紧。在音变训练中会大量涉及,应悉心训练与把握。

(4) 以上故事情境训练、对话情境训练内的轻声词在有声语言表达中出现频率较高,要多加练习。

(5) 此阶段建议多录音,通过客观听辨寻找和纠正自身的问题。上面"扑通"一词注意唇部控制,不要漏气,不要喷话筒。

二、喉部与儿化训练

以下儿化训练内容有许多音节随着语言的发展,已经不儿化了,属于老北京话,尤其是有些末尾音节不儿化的儿化音词组。不妨调动听觉记忆,对以下内容进行训练,起到灵活舌体的作用。

(一) 词组儿化训练

鉴于体例设计缘故,此处将儿化以"保留韵尾"和"失落韵尾"为标准进行分类训练,其实际发音却要根据儿化音的前一个末尾音素调整舌位。只有对发音原理理解透彻,才能在发音中精确把握。

1. 保留韵尾情境训练

● 情境设计:韵腹或韵尾是 a、o、e、u、ê 的儿化读音

搭茬儿　单个儿　豆芽儿　牙刷儿　小褂儿　煤渣儿　小鸟儿　绝活儿　半截儿
灯泡儿　酒窝儿　粉嘟儿　小偷儿　小猴儿　手套儿　票友儿　模特儿　戏法儿
飞鸽儿　方格儿　麻雀儿　菜碟儿　主角儿　棉桃儿　腰包儿　对过儿　胸脯儿
邮戳儿　哥俩儿　拉手儿　唱歌儿　水泡儿

● 情境设计:韵母是 i、ü 的儿化读音

雏鸡儿　玩意儿　小姨儿　饭粒儿　摸底儿　针鼻儿　金鱼儿　通气儿　虾皮儿
逗趣儿　猪蹄儿　小戏儿　小旗儿　果皮儿　打气儿　煤气儿　孙女儿　蛐蛐儿
痰盂儿　枣泥儿　家底儿　书皮儿　枕席儿　差不离儿　包袱皮儿　不吭气儿

● 情境设计:韵母是 -i[ɿ]、-i[ʅ] 的儿化读音

挑刺儿　松子儿　铁丝儿　棋子儿　纹丝儿　记事儿　亲侄儿　小事儿　枪子儿
黑市儿　锯齿儿　茶匙儿　吃食儿　葵花子儿　橘子汁儿　萝卜丝儿

2. 失落韵尾情境训练

● 情境设计:韵尾是 i 或 n 的儿化读音

口袋儿　成对儿　裤腿儿　瓶塞儿　没准儿　笔芯儿　听信儿　夹心儿　短裙儿

汽水儿	滋味儿	糖块儿	心眼儿	坎肩儿	白干儿	纳闷儿	合群儿	皮筋儿
刀片儿	裂纹儿	人缘儿	打盹儿	雷管儿	顶针儿	被单儿	小辫儿	宝贝儿
围裙儿	半盆儿	几根儿	唱本儿	一串儿	一段儿	费劲儿	旁边儿	

● 情境设计:韵尾是 ng 的儿化读音

没空儿	肉丁儿	药瓶儿	酒盅儿	小嗓儿	茶缸儿	香肠儿	照样儿	头绳儿
打鸣儿	对象儿	小葱儿	赶趟儿	有形儿	帮忙儿	烤肠儿	门洞儿	跑堂儿
长相儿	药方儿	大名儿	沙瓢儿	时兴儿	蛋黄儿	橱窗儿	眼光儿	

3. 提示

(1)舌尖的灵活与否决定儿化音的质量。身处没有儿化音方言区的学习者对舌尖的训练要尤为重视。

(2)在稿件中"儿化"一般情况下并不书写出来,所以是否儿化,要根据稿件内容与语体确定。

(3)儿化的舌位动程根据前一个音节末尾音素的变化而定,在训练中要悉心体会与把握。

(二)短文儿化训练

每一个片段都是一篇很有趣味的小短文,都有一段生动的故事。调动自己的情绪,产生诙谐、幽默的语气进行儿化音训练。

1. 故事情境训练

● 情境设计:早上起来天气晴朗,心情舒畅,锻炼完身体后,准备开始练声……

进了门儿,倒杯水儿,喝了两口运运气儿。顺手拿起小唱本儿,说一曲儿,唱一曲儿,练完了嗓子练嘴皮儿。绕口令儿,练字音儿,还有单弦儿、牌子曲儿、小快板儿、大鼓词儿,越说越唱越带劲儿。

● 情境设计:"快嘴嫂"听说了警察抓人的经过后,立刻生动、夸张地传播开了……

片儿警昨儿个抓了个刺儿头,是个瓜子儿脸、推个板儿寸,皮鞋倍儿亮。瞧他一头儿沉、耷拉儿着脸,带个盒儿饭,还吃着荷包儿蛋、馅儿饼,喝着盖碗儿茶、片儿汤。看着猴儿精、像个白眼儿狼,干的是倒儿爷,倒的是枣花儿蜜,玩儿的是猫儿腻。谁知大妈来报信儿,连同他的头儿们一锅儿端。嘿!一起全玩儿完!

● 情境设计:设想有一处风景宜人、气候清爽的休闲胜地,感觉身临其境,心旷神怡……

今儿个的天儿可真好!万里无云大晴天儿,一大早儿我就和小梁儿俩人儿到海边儿去遛弯儿。啊!这海边儿多美呀!天连着水,水连着天儿,一眼望不到边儿。沙滩上大大小小、五颜六色的贝壳儿更是迷人儿,大个儿的就像个小花扇儿,小的就像个小纽扣儿那么一丁点儿。我们看看这个好玩儿,就把它放在口袋儿里,我们看看那个也好玩儿,又把它放在口袋儿里,不一会儿,我们就捡了一口袋儿的小贝壳儿和小海螺儿。

2. 对话情境训练

● 情境设计：走进一个农家小院儿，瞧！院子中凉棚上挂满了大小不一的葫芦儿……

甲：你瞧：大葫芦儿、小葫芦儿，大大小小不下几十个葫芦儿。

乙：是啊！一个葫芦儿、两个葫芦儿、三个葫芦儿、四个葫芦儿、五个葫芦儿、六个葫芦儿……二十四个葫芦儿。哎呀！我这一口气儿数了二十四个葫芦儿。

● 情境设计：晨光中，树上的枣儿丰润饱满、色泽鲜美、清脆可口，令人垂涎欲滴……

甲：你看！这是谁家的孩子出东门儿，过大桥，走到大桥底下那树枣儿，拿着杆子就去打枣儿？

乙：是啊！可是青的多红的少！你看！一个枣儿、两个枣儿、三个枣儿、四个枣儿、五个枣儿、六个枣儿、七个枣儿、八个枣儿、九个枣儿、十个枣儿、十个枣儿、九个枣儿、八个枣儿、七个枣儿、六个枣儿、五个枣儿、四个枣儿、三个枣儿、两个枣儿、一个枣儿。

甲：你像是在说一个绕口令，一口气说完才算好。

3. 提示

(1)前后鼻音韵母经过儿化音变后从音素组合角度看会出现非音节同化的现象，似乎会造成音节发音混淆的问题。这里需要说明的是，一般情况下由于声母和声调的拼合规律，不会出现混淆，即使有此种情况，也会采取元音鼻化的方法予以区别。例如"杆儿"和"缸儿"两个词要发生儿化，声调和声母相同，不过它们去掉鼻辅音韵尾"n"和"ng"时，"缸儿"需要在发 a 时带上鼻音色彩（元音鼻化），它们之间的细微差异就会形成。除此之外，"杆儿"与"缸儿"的字腹 a 在音位上也会产生变体，前者为前 a，后者为后 a，因此，听觉感受上也会有些区别。

(2)音节儿化根据韵尾元音音素的口腔开度决定儿化"er"中的"e"音素的取与舍，要准确理解并细致把握。

(3)有的儿化音节处在三音节词的第二个音节，要注意舌尖的灵活把握，即舌尖翘上去再迅速抵住下齿龈，例如"片儿警"。

(4)儿化不自成音节，但也有例外。比如诗歌散文中为了语句押韵、对称，有时会读成两个音节，不过此时要把 er 音节读成轻声；在发音时声带放松，不能有松紧控制导致音高变化。

(5)注意用气时吸气发声后的前三四秒不要呼（用）气，腰腹稍做控制后再慢慢微收。"数葫芦"没有换气口儿，开始只能读到十七八个葫芦儿，随着练习量的增多，逐渐增加葫芦儿数。"数枣儿"开始练习的换气口先放在正数一前和倒数一后，随着练习量的增多，只在正数一的前面换一口气即可。

(6)不要为求快而忽略了吐字，要注意合口呼的归音、双唇的力度、数词的调值和轻声的运用，注意轻声、儿化音及数词调值的把握，不要把可爱的葫芦儿和香甜的枣儿读成难听的"呼噜"与冰冷冷、硬邦邦的"凿子"。

（7）经过初步训练后，一般吸第一口气较容易把握，但要注意句与句之间的换气：状态从容，吸气到位，防止提肩。句与句之间不换气时，要注意连接流畅，"气口儿"与"气口儿"之间无论有几个标点符号，都当作一个句子处理，不能断开，体会气息的控制力度。

三、喉部与变调训练

变调是否准确，在语意的传达方面并没有性质上的改变，但却是影响语音面貌不可或缺的重要因素。如果说"儿化"和语气词"啊"的音变在发音时，除喉部声带放松读轻声外，在唇舌的变动中产生了音色的变化，而变调则是声调调值的改变，完全在于喉部声带松紧的变化对音高的调整。

上声变调在前面所有的训练内容中尤其是声调训练里都有涉及，这里不再单列，以下着重进行"一"和"不"的变调训练。

（一）"一"变调训练

如前所述，"一"的本调为阴平，根据语言环境有规律变调为阳平、去声或轻声。

1. 词组情境训练

● 情境设计：想想自己能说出多少带"一"的词组，边思边说，兴奋从容一气呵成……

五一　六一　七一　八一　十一　统一　万一　一个　第一届　大年初一
传说不一　九九归一　一一述说　一九九一　天下第一　一来二去　四十一枪
四月一号　一五一十　三七二十一

● 情境设计：根据词义很有兴致地练习带"一"轻声声调的三音节词……

闻一闻　治一治　缓一缓　整一整　静一静　修一修　听一听　吃一吃　拧一拧
躺一躺　议一议　品一品　笑一笑　查一查　推一推　谈一谈　走一走　亲一亲
读一读　尝一尝　写一写　洗一洗　试一试　做一做　抱一抱　跳一跳　唠一唠

● 情境设计：为每个四音节词设想不同情境，以情带声……

独树一帜　沧海一粟　一模一样　一气呵成　不屑一顾　黄粱一梦　一呼百应
一衣带水　三位一体　杀一儆百　一张一弛　一目十行　沉瀣一气　一刻千金
一唱三叹　一叶知秋　一波三折　红极一时　一唱一和　如出一辙　一触即发
一念之差　一笔勾销　九牛一毛　一本正经　一语破的　孤注一掷　付之一炬
一发千钧　功亏一篑　表里如一　略胜一筹　济济一堂　一马平川　一腔热血

2. 语句情境训练

● 情境设计：耐心细致地与迷途知返的朋友促膝谈心……

以后咱干什么工作都要一心一意、言行一致、表里如一。工作不要一高一低像大海波浪似的，要始终如一，要一鼓作气，与大家一样一起积极上进！

● 情境设计:回想一下古代名人都说过哪些带"一"的名句,并根据词义调动情感……

黄河远上白云间,一片孤城万仞山。　　一川碎石大如斗,随风满地石乱走。
一点残红欲尽时,乍凉秋气满屏帏。　　孤臣霜发三千丈,每岁烟花一万重。
遥望齐州九点烟,一泓海水杯中泻。　　一封朝奏九重天,夕贬潮阳路八千。
夕阳一片寒鸦外,目断东西四百州。　　郁郁秋梧动晚烟,一夜风露觉秋偏。
一春常是雨和风,风雨晴时春已空。　　春色满园关不住,一枝红杏出墙来。

3. 提示

(1)"一"的变调和上声变调一样,在句子中要受到语言结构的影响,比如"他打了四十一枪"里的"一",按照音变规律,"一"在阴平"枪"的前面应该变去声,但是"一"先和"四十"组成一个词,关系较"枪"紧密,便以词尾对待,读成阴平声调(前面讲到"一"在词尾应读阴平)。如果是单独"一枪"这个词,"一"则应该读去声了。

(2)练习"一"字句时,注意舌前部(舌位)的着力点控制(舌体前部两边紧靠上槽牙内侧,舌尖抵住下齿龈)。

(3)找出每一句诗的出处,了解作者,理解作品大意。

(二)"不"的变调训练

如前所述,"不"的本调为去声,根据语言环境有规律地变调为阳平和轻声。

1. 词组情境训练

● 情境设计:设想多种情境,以情带声,变换多种语气……

来不及　吃不消　冷不防　架不住　吃不下　了不起　挡不住　写不完　很不错
合不来　保不住　对不起　果不然　想不起　累不着　热不热　走不动　说不清
疼不疼　用不上　差不多　活不好　跑不快　中不溜儿　小不点儿　不是味儿

● 情境设计:边想边说都有哪些带"不"的词组,或兴奋,或从容,或一气呵成……

不卑不亢　不管不问　不伦不类　不慌不忙　不白之冤　视而不见　时不我待
目不识丁　泾渭不分　锲而不舍　情不自禁　弱不禁风　少不更事　出其不意
始终不渝　却之不恭　忐忑不安　恬不知耻　萎靡不振　忠贞不渝　不亦乐乎
卓尔不群　不胫而走　不假思索　踌躇不前　供不应求　百折不挠　不期而遇
放荡不羁　桀骜不驯　敬谢不敏　良莠不分　事不宜迟　执迷不悟　不骄不躁

2. 语句情境训练

● 情境设计:听到对年轻人的不正确评价,小王很不认同并据理力争……

谁说我们九零后、零零后只会享受不知道艰苦?我们工作起来确实不怕苦、不怕累,也不为名、不为利。而且工作不讲分内分外,不分前台后台,不计较条件好坏,不计较报酬多少,不完成工作决不罢休。

● 情境设计:在记忆里有哪些名言带有"不"字,吟诵并体会调值的变化……

黄云陇底白雪飞,未得报恩不能归。　　长河浪头连天黑,津口停舟渡不得。
登高壮观天地间,大江茫茫去不还。　　青冥浩荡不见底,日月照耀金银台。
金陵子弟来相送,欲行不行各尽觞。　　但知绕树如飞鹊,不解营巢似拙鸠。
还君明珠双泪垂,恨不相逢未嫁时。　　丹青不知老将至,富贵于我如浮云。
今我不乐思岳阳,身欲奋飞病在床。　　不露文章世已惊,未辞翦伐谁能送。

3. 提示

(1)找出每一句诗的出处,了解作者和作品大意。
(2)练习"不"音节时,注意唇部中央与面部肌肉的对抗控制。

四、语流与语气词"啊"音变训练

语气词"啊"是否转换准确,对语意的传达没有性质上的改变,只会影响语音面貌的纯正。

(一)短句语气词"啊"训练

从书写方式上来说,"啊"的音变有的有对应的汉字形式,有的没有对应的汉字形式。

1. 有对应的汉字形式情境训练

● 情境设计:语气词"啊"变"呀",既可写作"啊",也可写作"呀"

a——别怕啊!别发啊!你快擦啊!这可真辣啊!他可真傻啊!好尴尬啊!
ua——快画啊!他真狡猾啊!这地真滑啊!快刮啊!有好多青瓜啊!
ia——是他俩啊!小心别被夹啊!你俩别掐啊!好美的晚霞啊!
o——你说我啊!好多萝卜啊!他真刻薄啊!别沉默啊!你去拜佛啊!
e——一群鹅啊!你负责啊!折一折啊!今天真热啊!好多信鸽啊!为他祝贺啊!
ie——学专业啊!你别啊!好多蝴蝶啊!多美的世界啊!好大的螃蟹啊!
üe——听音乐啊!这是主角啊!脾气好倔啊!多漂亮的喜鹊啊!跟着学啊!
i——有意义啊!快投币啊!做好多题啊!地铁好挤啊!惹人生气啊!别玩游戏啊!
ai——是爱啊!别失败啊!真精彩啊!快来啊!快摘啊!好晒啊!多补钙啊!
uai——快拽啊!我踹啊!去摔啊!看多乖啊!跑得真快啊!好坏啊!
ei——养养胃啊!好多杨梅啊!去减肥啊!就是贼啊!好累啊!好黑啊!
uei——真醉啊!好憔悴啊!是自己的腿啊!游说啊!真贵啊!吃亏啊!我后悔啊!
ü——别犹豫啊!这是我的领域啊!别锯啊!你不去啊!到处是柳絮啊!

● 情境设计:语气词"啊"变"哇",既可写作"啊",也可写作"哇"

u——失误啊!吃亏是福啊!是知足啊!去投诉啊!不能吸毒啊!会被解雇啊!
ou——好多黄豆啊!快抢购啊!快下楼啊!别吼啊!不够厚啊!赶紧凑啊!

iou——别忽悠啊！要得优啊！快求救啊！你去求啊！去修修啊！

ao——是棉袄啊！要吃饱啊！你好早啊！一直闹啊！不要烧啊！别吃雪糕啊！

iao——要不要啊！别让他发飙啊！好多鸟啊！我不吃辣椒啊！不能过桥啊！

● 情境设计：语气词"啊"变"哪"，既可写作"啊"，也可写作"哪"

an——好心安啊！赶紧搬啊！他很惨啊！好慢啊！好烦啊！偷懒啊！还打鼾啊！

uan——是碗啊！别乱窜啊！别捣乱啊！不要拴啊！去付款啊！

üan——我们真有缘啊！是有些疲倦啊！都好全啊！可真悬啊！好好劝啊！

ian——真艳啊！不要变啊！你好腼腆啊！不能对她有偏见啊！吃得好咸啊！

en——这么问啊！天气好闷啊！好阴森啊！就是嫩啊！这口井好深啊！人啊！

in——是脚印啊！去海滨啊！是过敏啊！是纯金啊！爱弹琴啊！有信心啊！

uen——竹笋啊！去炖啊！赶紧吞啊！滚滚啊！我好困啊！好混啊！

ün——头好晕啊！有韵啊！那是细菌啊！一群啊！别用烟熏啊！

2. 无汉字情境训练

● 情境设计：语气词"啊"变"nga"，无对应汉字，只能写作"啊"

ang——快帮帮忙啊！好脏啊！别烫伤啊！忧伤啊！是块好钢啊！吃过糠啊！

uang——别狂妄啊！装什么装啊！就一双啊！你是散光啊！几箩筐啊！

iang——有模有样啊！我亲娘啊！声音洪亮啊！能工巧匠啊！是他的强项啊！

eng——真萌啊！你磨蹭啊！别逞能啊！你这一生啊！是个大坑啊！真横啊！

ueng——他是主人翁啊！有个白头翁啊！有个水瓮啊！

ong——老总啊！要过冬啊！是条龙啊！穿得好臃肿啊！你要用功啊！

iong——去冬泳啊！他真神勇啊！真是囧啊！那是穷啊！我心中的英雄啊！

ing——能赢啊！这可是命令啊！你快定啊！好景啊！是你请啊！让他快醒醒啊！

● 情境设计：语气词"啊"变"za"，无对应汉字，只能写作"啊"

zi——孩子啊！去剥莲子啊！拿双筷子啊！盖上被子啊！他的儿子啊！

ci——你去过几次啊？小心鱼刺啊！这是讽刺啊！拿针刺啊！

si——你真自私啊！贪生怕死啊！意思意思啊！手撕啊！

● 情境设计：语气词"啊"变"ra"，无对应汉字，只能写作"啊"

zhi——想喝果汁啊！这事真不值啊！真是无知啊！快去制止啊！

shi——快收拾啊！什么时候上市啊！我不认识啊！那就试试啊！

ri——是节假日啊！不是周日啊！我的生日啊！日复一日啊！

er——多大点事儿啊！你小心眼儿啊！好纳闷儿啊！一准儿啊！

3. 提示

(1)在此特别提醒的是，许多作者的语气词"啊"使用大都随着本人习惯书写，初学者在普通话学习或运用时，要根据前一个音节的末尾音素进行辨读。

(2)语气词"啊"的音变也是轻声词,需要在音变时放松喉部。

(二)短文语气词"啊"训练

结合平行课程"形体与体态语",调动情感,运用空间,配合体态语,形象描述。

1. 故事情境训练

● 情境设计:住宅区附近刚建了一个菜市场,里面什么品种都有,并且新鲜、价廉……

韭菜啊、香椿啊、萝卜啊、竹笋啊、菜花啊、茄子啊、西红柿啊、羊肉啊、鲜鱼啊、鸡蛋啊、香肠啊、苹果啊、香蕉啊、饮料啊,真是琳琅满目啊! 还有这些米啊、面啊、糕啊、糖啊、饼啊,该有多丰富啊!

● 情境设计:周日去植物园参观,各种树木、花卉令人目不暇接……

杨树啊、垂柳啊、油松啊、牡丹啊、芍药啊、玫瑰啊、月季啊、郁金香啊、桂花啊、车前子啊、仙人掌啊,真让人美不胜收啊!

● 情境设计:天气突变,龙卷风过后一片狼藉……

鸭啊、鹅啊、鱼啊,一块儿水里游啊! 牛啊、羊啊、马啊、骡啊,一块儿进猪窝啊! 狼啊、虎啊、豹啊、狗啊,一块儿上街跑啊! 兔啊、猫啊、鸡啊、猴儿啊,一块儿上窗台儿啊! 虫啊、蛇啊、孩儿啊,一起在地上爬啊! 风啊、雨啊、雪啊、鸟儿啊,漫天飞舞啊! 人们跑啊、跳啊、喊啊、叫啊、哭啊、躲啊、挤啊,一起往地下室藏啊!

2. 对话情境训练

● 情境设计:两个好朋友学习不差上下,课余活动也丰富多样……

甲:哎呀! 你游泳啊、跳水啊、钓鱼啊、划船啊、滑雪啊、滑冰啊,多好啊!

乙:哪儿啊! 你跳舞啊、标枪啊、铁饼啊、长跑啊、足球啊、射箭啊、围棋啊、桥牌啊,样样精通啊,真是个全才啊!

● 情境设计:和朋友路过一所幼儿园,看到天真烂漫的小朋友,不由得驻足……

甲:这些孩子啊,真是可爱啊! 你看啊,他们多高兴啊!

乙:是啊! 他们写字啊、作诗啊、画画儿啊,还有各种运动啊,老师教得多好啊!

甲:你没见啊,下了课啊,他们唱啊、跳啊,有多幸福啊! 简直像一群小鸟儿啊!

乙:你这么喜欢孩子啊! 那你调来当老师啊!

甲:是啊! 可当老师不光只教他们学习啊! 还有吃啊、穿啊、拉啊、尿啊,太麻烦啊!

乙:不止啊! 还有睡啊、哭啊、闹啊、打啊,你都得哄啊! 不过只要你喜欢,就都不是事啊,也会想办法克服啊! 做什么都真不容易啊!

● 情境设计:俩人相伴去桂林的漓江旅游……

甲:这水可真静啊,静得让你感觉不到它在流动;水真清啊,清得能看见江底的沙石。

乙:是啊! 这水有多绿啊,绿得仿佛是一块无瑕的翡翠。

甲:你看,还有这山可真奇啊,像老人,像巨象,像骆驼。

乙：也好秀啊，像翠绿的屏障，像新生的竹笋，色彩明丽，倒映水中。

甲：还真险啊，危峰兀立，怪石嶙峋，好像一不小心就会栽倒下来。

3. 提示

(1)注意训练材料内角色的身份变化及语气、体态运用。

(2)要注意每一个语气词"啊"在具体语境中的变化。

(3)末尾音素要儿化的音节加语气词"啊"，都读作"ra"。

五、喉部与轻重格式训练

在语流中，有的词是固定的格式，而有的词却要根据语言环境的变化而变化。例如，"北京""江苏"等地方专有名词，都应读中重格式，但是许多人却读成"重中"格式。当然，如果要区别"陕西"与"山西"时，就应读为"重中"格式了。这里除了调值上的音高变化外，还有音强的变化。对于两个调值相同的中重格式的双音节词，即使读的时候两个调值相同，根据听觉习惯在发音时总觉得前高后低，应把前一个读得低些，后一个读到位，轻重格式的效果才会符合听觉感受(阴平44—55，阳平34—35，去声53—51)。

轻声没有时值，在发音时要既短且轻，如果把握不好"度"的区别，同样会影响词的轻重格式甚至语义的传递。有的学习者读文章，尤其是读新闻时句势存在问题，整体上看是受方言语调的影响，其实从个体的音节追究是声调时值问题，而从词组追究则是词的轻重格式不正确所致；从心理和生理角度分析，源于意识控制与喉部控制的不协调所致。对于没有语音学知识背景的学习者来说，除了解语境、理解语义外，词的轻重格式只有通过(约定俗成)强化训练来把握了。

(一)词组格式训练

采用相同格式的词进行训练，由于它们格式相对稳定，所以较容易把握。待相同格式的训练掌握后，可进行不同格式的词语的训练。无论词与词的格式是否相同，由于音节及词之间的声调不尽相同，都需要悉心体会声调调值与词的格式之间的关系。

1. 同格式情境训练

● 情境设计：双音节词中重格式

芭蕉　吧台　跋扈　把关　白桦　百科　榜首　平分　平均　马戏　马靴　漫延

盲目　丰收　风车　服装　辐射　大亨　大厦　稻草　得分　缔约　谈判　涕泪

天敌　天国　添乱　宁静　凝固　烙饼　感官　炼狱　联合　硫黄　感官　聚集

● 情境设计：双音节词重中格式

主人　孝顺　素材　然而　突然　由于　所以　忽然　序号　任务　快乐　错误

后来　忠臣　变化　脉络　消化　颤动　特色　士气　设备　书籍　节目　在于

气味　僻静　风气　动力　干部　土气　洋气

● 情境设计：双音节词重轻格式

镜子　丈夫　稀罕　猴子　滑溜　阔气　拉扯　意思　苗头　笊篱　痛快　弟弟
衣服　窗户　葡萄　你们　肚子　出息　跟头　帮手　勤快　扑克　街坊　云彩
刺猬　动静　核桃　算盘　枕头　玻璃　哆嗦　时候　悬乎　豆腐　福气　熟悉

● 情境设计：三音节词中中（次轻）重格式

风雪衣　红领巾　电风扇　天安门　西红柿　无线电　计算机　招待会　自行车
体温计　司马迁　井冈山　国务院　国际歌　夕阳红　唯物论　办公室　红楼梦
跑步机　酸梅汤　辩证法　体育场　锦标赛　招待会　工程师　暖水瓶　生意经

● 情境设计：三音节词中轻重格式

抱不平　过不去　背着手　表个态　财神爷　过得去　生意经　冒失鬼　扫帚星
说得来　数得着　架子鼓　狐狸精　拨浪鼓　工夫茶　差不多
呱嗒板（儿）　核桃仁（儿）　不是味（儿）　礼拜天（儿）
下巴颏（儿）　不大离（儿）　小不点（儿）　差不离（儿）

● 情境设计：三音节词中重轻格式

牛脾气　腿肚子　锄把子　脑瓜子　上岁数　小日子　打摆子　儿媳妇　老乡们
听戏的　牙花子　少奶奶　小伙子　打埋伏　吃官司　没工夫　打交道　同学们
套近乎　凑份子　出毛病　串亲戚　两口子　老大爷　手指头　卖关子　枪杆子

● 情境设计：三音节词重轻轻格式

红扑扑　绿油油　坐下来　哗啦啦　爬出去　乐呵呵　喝下去　投过去　上来吧
漂起来　说不得　傻乎乎　听见了　送进去　抖起来　这么着　白花花　没什么
转悠着　比画着　乡亲们　朋友们　怪不得　飞起来

● 情境设计：四音节词中重中重格式

安居乐业　昂首阔步　半斤八两　报仇雪恨　杯水车薪　班门弄斧　闭目塞听
并驾齐驱　博古通今　沧海桑田　长吁短叹　瞒上欺下　察言观色　成家立业
瞠目结舌　承上启下　耳提面命　大刀阔斧　飞沙走石　脱胎换骨　耳濡目染

● 情境设计：四音节词中轻中重格式

稀里糊涂　慌里慌张　哆里哆嗦　唠哩唠叨　叽里咕噜　拉里拉杂　叽叽喳喳
花里胡哨　死乞白赖　黑咕隆咚　酸不溜丢　老实巴交　疯疯癫癫　傻里傻气
方方正正　半半拉拉　哭丧着脸　拖拖拉拉　风风火火　迫不及待　大大咧咧

● 情境设计：四音节词重中中重格式

二氧化碳　一马当先　目不暇接　惨不忍睹　一扫而空　相形见绌　义不容辞
面如刀割　美不胜收　近在咫尺　化敌为友　如虎添翼　寄人篱下　喜出望外
过犹不及　刻不容缓　狐假虎威　了如指掌　耐人寻味　木已成舟　赤子之心

2. 同声调情境训练

● 情境设计：阴平

东阿阿胶膏 高低压开关 真空包装机 开发荒山荒坡荒滩 搬家公司
冰箱压缩机 公安机关今天发出搬迁通知 商家将包装箱封包 相当轻松
司机将班车开出公司钻深山沟 新婚夫妻出租新居 出生高峰期
西关村星光工商开发公司批发经销山楂汁、山楂精、山楂汁机

● 情境设计：阳平

粮棉油糖茶 培植成材林 寒食节由来 葡萄牙王国 沱沱河源头
全民族团结 学龄前儿童 陪同团成员 韩国籍渔船 何时结题
强团联合强团 由于传达及时 联防巡逻人员 群雄角逐足坛

● 情境设计：上声

你往哪里走 我想往北走 我想找展览馆老李取锁 我买把小雨伞给你
我请老李演讲 请把讲稿给我 请赶紧找点草稿纸给我打草稿

● 情境设计：去声

秘密住进院办 面向四个现代化 再破世界纪录 第六届运动会竞赛项目
共叙四化大业 设备购置费 办事效率太慢 现在犯罪案件日益下降
气象站气象预报 计划炸弹爆炸事件 建设性意见创利税大户 奥运会盛况
建立技术干部档案的重要性 贸易促进会 重要的是切莫忘记过去的教训

3. 提示

（1）几个上声音节相连时，要根据组词和语句目的等情况进行变调，例如，"我采取了果断措施"里的前三个音节都是上声，根据组词情况应把"我"和"采取"分为两组词。由于"采取"是一个词，"采"受"取"上声调值的影响变为阳平；"我"是一个单音节词，又作为要强调的词，那么"我"就可读为"半上"（211）。又如"去展览馆的路很远"这句话里的"展览馆"一组词都为上声，前两个音节应读为阳平。所以上声变调要根据句子的组词结构及传达目的灵活掌握。

（2）上声在句中即使慢速训练，也要遵循变调规律发变调后的声调。例如"大海是故乡"，在语速要求很慢的情况下，"海"也要读为"半上"（211）调值。除非要强调"大海"，并且在"大海"后面还要处理成停顿，那"海"就要读成214全调。

在准确掌握各种音变规律的同时，不能忽略单音节字的声调调值和双音节词的轻重格式的把握，并悉心体会同声调的多音节词的轻重格式的内部变化。

（3）综合控制的意识很重要，要防止"狗熊掰棒子"的弊病。例如在感受喉部声带控制对格式的调整时，不要忘记对气息的控制。

（二）声母格式训练

本教材的编写从理论学习与训练内容相对同步的原则出发，基于绕口令的语言环境

涉及声、韵、调、语流音变等各方面语音知识,因此将绕口令以声母顺序安排在此处。训练中要结合前面所有章节的内容进行综合控制。

1."双声"情境训练

● 情境设计:一只机警漂亮的波斯猫蹲在寺庙墙角,周围风景宜人……

白庙外蹲一只白猫,白庙里有一顶白帽,白庙外的白猫看见了白帽,叼着白庙里的白帽跑出了白庙。

● 情境设计:蓝天下自己站在高耸入云的塔前,感叹它的造型美观及悠久历史……

白石塔,白石搭,白石搭白塔,白塔白石搭,搭好白石塔,白塔白又大。

● 情境设计:影片中的战斗结束了,但是一想起宏大的战斗场面就使人心潮澎湃……

八百标兵奔北坡,炮兵并排北边跑,炮兵怕把标兵碰,标兵怕碰炮兵炮。炮兵攻打八面坡,排排炮弹齐发射,步兵逼近八面坡,歼敌八千八百八十多。

● 情境设计:这个葡萄园没有经过污染,并且现摘现吃,新鲜香甜……

吃葡萄不吐葡萄皮儿,不吃葡萄倒吐葡萄皮儿。不吃葡萄别吐葡萄皮儿,吃葡萄也别吐葡萄皮儿。不论吃葡萄不吃葡萄,都不要乱吐葡萄皮儿。

● 情境设计:灾难过后,战士小波目睹此情,快步跑到老婆婆身边……

婆婆背锅过陡坡,坡陡锅沉难婆婆。小波过坡帮婆婆,帮婆背锅过陡坡。婆过陡坡乐婆婆,婆夸小波小波乐。婆婆小波陡坡过,过了陡坡又遇坡。

● 情境设计:影片主人公面对孩子虽时常感到无奈,但生活态度却积极乐观……

马大妈收养哑巴马大哈,马大哈哑巴摸摸马大妈。马大妈让马大哈买麻褂,马大哈给马大妈买麻花。马大妈叫马大哈摘棉花,马大哈给马大妈割芝麻。马大妈告诉哑巴马大哈,马大哈不能马虎马大哈。马大哈哑巴不改马大哈,马大妈摸摸哑巴马大哈。

● 情境设计:看,两个妹妹利用周日帮家人去集市买东西,一路上欢歌笑语……

妹妹梅梅毛毛一个买秒表一个买鱼苗,梅梅妹妹买秒表,毛毛妹妹买鱼苗。梅梅毛毛妹妹妈妈骑马,马慢梅梅毛毛妹妹妈妈骂马,妹妹梅梅毛毛找猫,猫跑梅梅毛毛妹妹笑猫。

● 情境设计:两个家猫看加菲猫(或机器猫)动画片,后撕打起来……

白猫黑鼻子,黑猫白鼻子。黑猫的白鼻子碰破了白猫的黑鼻子。白猫的黑鼻子碰破了黑猫的白鼻子,黑鼻子白猫剥个秕谷壳儿补白猫的黑鼻子,白鼻子黑猫剥个秕谷壳儿补黑猫的白鼻子。

● 情境设计:本想请陪自己回来的同学尝尝家乡的特产,结果家里没有了,于是……

三哥三嫂子,借我三斗三升酸枣子。明年上山摘了酸枣子,如数奉还三哥三嫂子这三斗三升酸枣子。

● 情境设计:农闲季节,村里举行一次另类特长比赛,结果难辨胜负……

山前有个崔粗腿,山后有个崔腿粗,二人山前来比腿。不知是崔粗腿比崔腿粗的腿粗,还是崔腿粗比崔粗腿的腿粗?

● 情境设计：同寝室有个同学平舌音、轻声词总读不好，大家都很热心地给他辅导……

四十四个字和词，组成一首子词丝的绕口词。桃子李子梨子栗子橘子柿子槟子榛子，栽满院子村子和寨子。刀子斧子锯子凿子锤子刨子尺子，做出桌子椅子和箱子。名词动词数词量词代词副词助词连词，造成语词诗词和唱词。蚕丝生丝熟丝缫丝染丝晒丝纺丝织丝，自制粗丝细丝人造丝。

● 情境设计：两个嫂子没有一点儿植物常识，竟然错认了桑树与枣树……

早晨早早起，早起做早操，人人做早操，做操身体好。三嫂四嫂早晨早起去操场做操，看见操场前面有三十三棵桑树，操场后面有四十四棵枣树，三嫂把操场前面的三十三棵桑树认作枣树，四嫂把操场后面的四十四棵枣树认作桑树。

● 情境设计：一个特别调皮的小弟弟，把刚糊好的窗户纸撕了个"千疮百孔"……

刚往窗上糊字纸，就隔着窗子撕字纸。一次撕下横字纸，一次撕下竖字纸，横竖两次撕下四十四张湿字纸。是撕的字纸你就撕字纸，不是撕的字纸你就不要胡乱地撕一地纸。

● 情境设计：设想自己是名战士，向家人描述刚亲历一场惊险、紧张的战斗经过……

调到敌岛打特盗，特盗太刁投短刀，挡推顶打短刀掉，踏盗得刀盗打倒。断头台倒吊短单刀，歹徒登台盗单刀，断头台塌盗跌倒，对对单刀叮当掉。

● 情境设计：生活拮据的谭老汉因饥饿腿软，把好不容易买回来的东西又撒了一地……

谭家谭老汉，挑担到蛋摊，买了半担蛋，挑蛋到炭摊，买了半担炭，满担是蛋炭。老汉忙回赶，回家炒蛋饭，进门跨门槛，脚下绊一绊，跌了谭老汉，破了半担蛋，翻了半担炭，脏了木门槛。老汉看一看，急得满头汗，连说怎么办，蛋炭完了蛋，老汉怎吃蛋炒饭。

● 情境设计：站在海边儿，看到天和水如此明朗清澈，让人如同进入梦境一般……

天连水，水连天，水天一色望无边。蓝蓝天空如绿水，绿绿碧水似蓝天。有人说是天连水，有人说是水连天。不知到底是蓝天绿如水，还是绿水蓝似天。

● 情境设计：大家一起做个游戏，进行一次逆向思维或反季节的现象想象……

太阳从西往东落，听我唱个颠倒歌。天上打雷没有响，地下石头滚上坡；江里骆驼会下蛋，山上鲤鱼搭成窝；腊月苦热直流汗，六月暴冷打哆嗦；姐在房中头梳手，门外口袋把驴驮。

● 情境设计：雨过天晴，几个人相邀去河边玩儿，正兴致勃勃，突然看见——

朦胧彩霓虹，玲珑小聋童。聋童采柠檬，聋童不懵懂。河边有棵柳，柳下一头牛。牛要去顶柳，柳缠牛的头。聋童去拉牛，柳条拧牛头。玲珑聋童懂，拉牛先扯柳。

● 情境设计：妞妞一直以牛为她的小伙伴儿，可今天"伙伴儿"的牛脾气犯了……

妞妞牵牛牛，牛牛怕妞妞。牛怕妞妞扭牛头，牛扭牛头躲妞妞。妞妞扭住牛牛头，妞扭牛头牛不扭。

● 情境设计:儿童节老师布置大家动手糊灯笼。瞧,色彩、形状五花八门……

六一儿童节,大家一起糊灯笼:小兰会糊龙灯笼,小梁会糊绿灯笼。小刘要糊个圆灯笼,小牛要糊个方灯笼。小兰、小梁、小刘、小牛有了龙、绿、圆、方的大灯笼,个个满脸露笑容。

● 情境设计:播音主持专业学生宿舍两个南方同学的学习热情真是高涨,瞧——

柳林林和刘玲玲,俩人同练绕口令。玲玲说要练得溜,林林说要练得灵。俩人练得汗淋淋,绕口令练得溜又灵。

● 情境设计:是循循善诱？是真诚交流？还是悔悟性自言自语？

知道就是知道,不知道就是不知道,不要知道说不知道,也不要不知道装知道,一定要做到老老实实、实事求是、不折不扣的真知道。

● 情境设计:告诫未来的播音员、主持人:不仅要掌握技巧,还要关注国内外时事……

学习时事看报纸,报纸登的是时事。常看报纸要多思,心里装着天下事。

● 情境设计:两个小朋友捉迷藏,一个在里面钻,一个在外面找,嗨！总也找不着……

转转钻砖堆,钻钻转砖堆。钻钻不愿钻砖堆,转转不愿转砖堆。钻钻不钻砖堆,转转不转砖堆。

● 情境设计:一货车司机突然发现有个骑自行车的小伙子从车旁驶过,情急之中……

张庄张光去拉缸,两个缸,车上装,车一晃荡缸撞缸,缸一撞缸要撞伤。车别晃荡,缸别撞缸,张光把缸重新装,装好以后运张庄。

● 情境设计:家住寺庙旁,钟声成了自己生活的一部分,美妙、古老且悠扬……

钟鼓楼,鼓楼钟,钟鼓楼中钟声声。钟鼓楼,鼓楼钟,钟鼓楼中钟声终。

● 情境设计:竹子旁边杂草丛生,遮盖了一株自生的竹笋苗,一不小心锄下去……

朱家一株竹,竹笋初长出。朱叔处处锄,锄出笋来煮。锄完不再出,朱叔没笋煮,竹株也干枯。

● 情境设计:兔子和松鼠都想俘虏对方,但却只能上下张望……

一株松树上有一只松鼠,一株棕树下有一只棕兔。棕兔想跳上松树捉松鼠,松鼠想跳过棕树避棕兔。

● 情境设计:老师带领同学们去工地干活儿,因为没有掌握方法,结果……

老师老是叫史善上山去拉石,史善老是没有上山去拉石,史善老是骗老师上了山上已拉石,老师老是说史善没上山上拉石是不老实,非逼着史善上山去拉石。史善大车拉小车,小车拉小石头,结果石头掉下来砸了小脚趾头。

● 情境设计:生活在城市的同学分不清秫和薯,请教了家在农村的同学后才明白……

秫秫地里种红薯,红薯地里种秫秫。红薯熟,秫秫熟,红薯熟了出红薯,秫秫熟了砍秫秫。秫秫高,红薯粗,出完红薯砍秫秫,砍完秫秫出红薯。

● 情境设计:上体育课,骄阳似火,体育老师组织学生进行体能训练……

日头热,晒人肉,晒得身上好难受。晒人肉,好难受,晒得头上直渗油。

- 情境设计:调动嗅觉和味觉器官,想象眼前摆放着一盘刚做好的青豆炒肉……

肉炒豆,豆炒肉,肉炒豆肉里有豆,豆炒肉豆里有肉,豆肉、肉豆味嗅诱。

- 情境设计:大脑顿时一片空白,哎呀! 算不过来账了……

七加一,七减一,加完减完等于几? 七加一,七减一,加完减完还是七。

- 情境设计:学新闻的同学翘舌音与舌面音不分,学播音主持的同学为他纠正……

精致不是经济,组织不是阻击;把不直念成不急,秩序就会变成继续,也会变成持续,大使也就变成大喜啦。

- 情境设计:因为家禽、宠物,与邻居发生纠纷,双方都很生气……

我家有只肥净白净八斤鸡,飞到张家后院里;张家后院有条肥净白净八斤狗,咬了我家的肥净白净八斤鸡。我要张家卖了他家的肥净白净八斤狗,来赔我家的肥净白净八斤鸡。张家不卖他们的肥净白净八斤狗,不赔我家的肥净白净八斤鸡。

- 情境设计:两个工匠贪图小利,相互偷了对方的东西……

西巷有个漆匠,七巷有个锡匠。西巷的漆匠偷了七巷锡匠的锡,七巷的锡匠偷了西巷漆匠的漆;西巷的漆匠为七巷的锡匠偷漆而生气,七巷的锡匠为西巷的漆匠偷锡受刺激。一个生气,一个受刺激,岂不知你俩都是目无法纪。

- 情境设计:身旁有两个胖嘟嘟的小男孩儿稚气十足地在斗嘴……

小七数鸡,小西数机。小七说:"我家有公鸡、母鸡、小小鸡,母鸡会生蛋,公鸡喔喔啼,小鸡吃米唧唧唧。"小西说:"我家机更多,收音机、电视机、照相机、吹风机、洗衣机、游戏机……"小七和小西,一同来数鸡和机。

- 情境设计:眼前有一个偌大的现代化养鸡场,通过采访,了解到他们创业不易……

笑阿姨,俏阿姨,香阿姨,养鸡场里来喂鸡。笑阿姨喂七百一十七只大黄鸡,俏阿姨喂七百七十一只大花鸡,香阿姨喂七百七十七只大白鸡。三个阿姨一合计,要用机器来喂鸡,造了一套喂食机。笑阿姨能喂黄鸡七千七百一十七,俏阿姨能喂花鸡七千七百七十一,香阿姨能喂白鸡七千七百七十七。

- 情境设计:心里有急事,只顾着赶路,因为桥面太窄,俩人撞了个大满怀……

桥东来了巧巧,桥西来了小小。巧巧过桥找乔乔,小小过桥找肖肖。巧巧和小小相遇同上桥,巧巧让小小先过桥找肖肖,小小让巧巧先过桥找乔乔。恰巧来了乔乔和肖肖,巧巧、小小、乔乔、肖肖,桥上相遇真正巧。

- 情境设计:少年宫里真热闹,有学唱的,有学跳的……

小青和小琴,俩人手很勤。小青会弹琴,小琴会敲铃。小青要敲小琴的铃,小琴要弹小青的琴。小琴教小青敲铃,小青教小琴弹琴。

- 情境设计:听说有一只长得非常奇怪的狗,俩人好奇地想看个究竟,结果……

哥挎瓜筐过宽沟,赶快过沟看怪狗。光看怪狗瓜筐扣,瓜滚筐空哥怪狗。

- 情境设计:有个同学因为唇舌不灵活,说话时竟惹出了笑话,逗得大家前仰后合……

干板是干板,鞭杆是鞭杆。干板不是鞭杆,鞭杆不是干板。干板是晒干的干板,鞭杆是赶牛的鞭杆。别把干板念成鞭杆,也别把鞭杆念成干板。要念准干板和鞭杆,天天多念鞭杆和干板。

● 情境设计:虽然是好兄弟,但是要算清账。家长分家不公,大哥耐心相劝……

大哥多二锅,二哥多大锅,大哥想拿多的二锅换二哥多的大锅,二哥不想拿多的大锅换大哥的二锅。大哥说,你给我大锅,我给你二锅,咱俩合伙用大锅和二锅。二哥只好送给了大哥大锅,大哥赶紧送给了二哥二锅,俩人都有了大锅和二锅。

● 情境设计:突然随着镜头的推移,动画片里瓷碗上的图案逐渐活动了起来……

一只大红花海碗,画了个大胖活娃娃;大红花海碗下,扣了只大花活河蛤蟆。画了大胖活娃娃的大红花海碗,扣住了大花活河蛤蟆,大花活河蛤蟆,服了大红花海碗上的大胖活娃娃。

● 情境设计:老师刚给闹了点矛盾的两个小朋友做通思想工作,俩人便破涕为笑……

华华有两朵黄花,红红有两朵红花。华华要红花,红红要黄花。华华送给红红一朵黄花,红红送给华华一朵红花。

● 情境设计:姐弟俩从小就学会了干农活儿,你瞧,香气宜人的花园、一望无际的瓜田……

姐姐叫海花,弟弟叫海娃。海花会种花,海娃会种瓜。海花海娃爱劳动,人人都把他们夸。

2. 辨正情境训练

● 情境设计:这家杂志社,可真"杂"啊……

杂志社出杂志,有政治常识、历史常识、写作指导、诗词注释,还有那——植树造林、治理沼泽、栽花种草、生产手册,种种杂志数十册。

● 情境设计:刚听张三讲了一件令人吃惊的事情,李四回头就绘声绘色地讲给他人……

三月二十三,张三撑伞上深山,上山张三看见三丈三的长虫转山川。上山又下山,下山张三仍见三丈三的长虫转完了山川钻穿山。张三身吓一身汗,湿了一身衫,上山下山跑了三里三。

● 情境设计:谁听说过这样蹊跷的事儿啊:石头狮子能咬树,柿子树能涩石……

山前有四十四棵涩柿子树,山后有四十四只石狮子。山前的四十四棵涩柿子树,涩死了山后的四十四只石狮子;山后的四十四只石狮子,咬死了山前的四十四棵涩柿子树。不知是山前的四十四棵涩柿子树,涩死了山后的四十四只石狮子,还是山后的四十四只石狮子,咬死了山前的四十四棵涩柿子树。

● 情境设计:设想自己是这场比赛的主持人,正在向面前的小朋友们绘声绘色地讲……

史家四个小孩子,一齐上树摘柿子。一个摘四个柿子,一个摘十四个柿子,一个摘四十个柿子,一个摘四十四个柿子。你说说他们一共摘了多少个柿子?

● 情境设计:学雷锋活动轰轰烈烈,兄弟俩一合计:帮助孤寡老人去干活儿……

大柴和小柴,帮蔡爷爷晒柴菜。大柴晒柴小柴晒菜,大柴晒柴比小柴晒菜快,小柴晒菜紧紧追大柴。大柴晒柴不怕烈日晒,小柴晒菜烈日下不怕晒。晒干了蔡爷爷的柴和菜,大伙都夸大柴和小柴菜柴晒得快。

● 情境设计:秋风凉爽,农家小院里蚕儿正在啃着桑叶,蝉叫声声,蚕食沙沙……

这是蝉,那是蚕。这是树上叫的蝉,那是吃桑叶的蚕。蝉不是蚕,蚕不是蝉。不能把蝉说成蚕,也不能把蚕说成蝉。

● 情境设计:俩人住在一个依山傍水、风景秀丽的小村庄,从小青梅竹马……

路东住着刘小妞,路南住着牛小柳。刘小妞拿着大皮球,牛小柳抱着大石榴。刘小妞把大皮球送给牛小柳,牛小柳把大石榴送给刘小妞。

● 情境设计:动画片有一组人与龙斗智的镜头,动效好、情节紧凑……

老龙恼怒闹老农,老农恼怒闹老龙。农怒龙恼农更怒,龙恼农怒龙怕农。

● 情境设计:俩人演绎了一段现代版的牛郎织女故事,听后让人感动万分……

牛郎年年恋刘娘,刘娘连连念牛郎。牛郎恋刘娘,刘娘恋牛郎,郎恋娘来娘念郎。

● 情境设计:新农户思想先进,有科学头脑,大家有事同商量,有资源共享,你看——

刘有流养了六头小黄牛,牛久楼养了六头小奶牛。刘有流告诉牛久楼,村西有野草肥溜溜,牛吃了连毛都会流油;牛久楼告诉刘有流,村东有野草香悠悠,牛吃了连油都会顺毛流。刘有流与牛久楼,决心为四化多养牛。

● 情境设计:目前还有不少偏远农村的农耕条件非常差,你看——

蓝衣布履刘兰柳,布履蓝衣柳兰刘,兰柳拉犁来犁地,兰刘牵牛来拉耧。辍学妞妞放牛牛,管不住牛牛要吃河边柳,妞妞赶牛牛不走。妞妞护柳扭牛头,牛牛扭头瞅妞妞,妞妞怒牛牛又扭,牛扭妞妞拗拧牛。

● 情境设计:放眼望去,绵延的青山,郁郁葱葱。啊!真是绿的世界、绿的海洋……

草丛青,青草丛,青草丛里草青虫。青虫钻进青草丛,青虫青草分不清。青青松,松青青,青青山上种满松。青青松染青青青山,青青山染青青青松。

● 情境设计:兄妹几人年三十这一天才团聚,一家人开心地准备着年夜饭……

一个大嫂子,一个大小子。大嫂子找大小子比包饺子,看是大嫂子包的饺子好,还是大小子包的饺子好?再看大嫂子包的饺子少,还是大小子包的饺子少?大嫂子包的饺子又小又好又不少,大小子包的饺子又小又少又不好。

● 情境设计:可不能忘记为社会安宁做出贡献,甚至付出生命的公安、边防战士……

歌逐晨雾飞,蹄下露珠碎。北疆铁骑去巡逻,满身披朝晖。心潮起伏似海涌,战斗激情如江水,凝视茫茫大草原,胸怀世界为人类。疾雨洗军衣,惊雷壮军威。春夏秋冬如一日,昼夜勤巡回。长征火种播心田,中南海灯光照边陲。阳光雨露育新蕾,锤炼红色新一辈。金光洒满道,锦绣铺塞北,胜利凯歌一曲曲,声声引人醉。矫健战马急鞭催,钢铁长城筑心内。

● 情境设计:由于手头的"绣活儿"催得急,结果越急越出错儿……

试将四十七支极细极细的紫丝线,试织四十七只极细极细的紫狮子。让细紫丝线试织细紫狮子,细紫丝线却织成了死紫狮子。紫狮子织不成,扯断了细紫丝线。

● 情境设计：中午开饭了，有个小朋友哭着喊着嫌他的饭太少，阿姨赶紧过去哄他……

红饭碗，黄饭碗，红饭碗盛满碗饭，黄饭碗盛半碗饭。黄饭碗添半碗饭，像红饭碗一样满碗饭。

● 情境设计：设计师把一个将要举办婚礼的新房布置得别具情调……

费家有面粉红墙，粉红墙上画凤凰。凤凰画在粉红墙，红凤凰、黄凤凰，红凤凰看黄凤凰，黄凤凰看红凤凰。粉凤凰、飞凤凰，粉红凤凰花凤凰，全都仿佛活凤凰。

● 情境设计：影视城里拍电影，请两个群众演员，两人为争用道具吵了起来……

老方扛着个黄幌子，老黄扛着个方幌子。老方要拿老黄的方幌子，老黄要拿老方的黄幌子。老黄老方不相让，方幌子碰破了黄幌子，黄幌子碰破了方幌子。

● 情境设计：你呀，还停留在"学好数理化，走遍天下都不怕"的传统认识上……

学理化学理发，我们学的是理化，他们学的是理发。学会理发不懂理化，可学会理化也不会理发。理化理发要分清，社会需要理化，也离不开理发。

● 情境设计：老师正在苦口婆心地强调，不能在课堂上用手机微信……

发废话会花话费，回发废话话费花，发废话花费话费会后悔，回发废话会费话费，花费话费回发废话会耗费话费。

3．**提示**

(1)声母的发音位置与方法在第四章已进行过详细的阐述与训练，此处语言环境更为复杂，关键在于"绕"，在于声母的相同发音位置与不同韵母的变化中唇舌的稳定、灵活训练。要改变一读绕口令就盲目求快的认识，尤其针对初学者自身存在系列性声母发音问题的绕口令，要首先准确，其次稳定，然后再加快速度、求变化。

(2)即使在练习相同声母的发音位置与方法时，也不能丢失语意的传递与气息、口腔、韵母、喉部等相关的控制。例如练习舌根音声母h绕口令，还要同时关注韵母舌位动程，避免"捡东丢西"。又如唇齿音f与韵母eng相拼时，许多人双唇不能及时打开，需要对照镜子进行调整控制。当然，受方言习惯影响，有些学习者会出现词的轻重格式颠倒或不够等问题，需要体会喉部与气息的协调控制。

(3)因为语言环境的变化、语言目的的改变，绕口令内词的轻重格式亦会随之发生变化，要能根据语意及时调整。

(三)韵母格式训练

绕口令分声母和韵母训练都是相对而言的。句子内的语音成分复杂，训练中涉及各个方面，要防止顾此失彼。

1．**"叠韵"情境训练**

● 情境设计：人们登山观光有时喜欢骑着马上山，您瞧这两位女士……

麻妈妈骑白马，华妈妈骑花马，麻妈妈和华妈妈比骑马。华妈妈麻妈妈拉错了马，麻妈妈骑错了华妈妈的花马，华妈妈骑错了麻妈妈的白马。麻妈妈的白马不听华妈妈的话,华妈妈的花马不听麻妈妈的话。麻妈妈把花马还给华妈妈,华妈妈把白马还给麻妈妈。

● 情境设计:人常说,远亲不如近邻。邻里关系就是这样你来我往,才能和睦相处……

王婆婆向汪婆婆借钵钵,汪婆婆借给王婆婆一只钵钵。王婆婆不留心打坏了汪婆婆的钵钵,汪婆婆不要王婆婆赔钵钵。王婆婆上街买来钵钵,一定要赔汪婆婆的钵钵。

● 情境设计:嗨!真有趣儿,买了饽饽还比饽饽……

白伯伯,彭伯伯,饽饽铺里买饽饽。白伯伯买的饽饽大,彭伯伯买的大饽饽,拿到家里喂婆婆。婆婆又去比饽饽,不知白伯伯买的饽饽大,还是彭伯伯买的饽饽大?

● 情境设计:工作之余几个人寻乐儿,看见对面有位老大娘,他们竟然搞起了竞猜游戏……

打南坡走来个老婆婆,手里托着俩笸箩。左手托着的笸箩装着菠萝,右手托着的笸箩装着萝卜。你说说,是老婆婆左手托着的笸箩装的菠萝多,还是她右手托着的笸箩装的萝卜多?说得对送你菠萝和萝卜,说得不对让你扛着笸箩上山坡。

● 情境设计:碧绿的青草、清澈的河畔,瞧,多有趣儿……

哥哥去赶鹅,翻山又过河。河上是坡,坡下是河。坡上立着这只鹅,鹅低头看见一条河。哥哥走下坡,鹅要去过河。宽宽的河,肥肥的鹅。鹅过河,河渡鹅。哥气鹅,鹅笑哥。河坡飞来丹顶鹤,鹤望哥和鹅。小鹤笑呵呵,不知鹅过河,还是河渡鹅。

● 情境设计:运动会竞选运动员要量身高,结果兄弟俩不差上下,这可难坏了领队……

大哥个高,二哥个高,大哥二哥比个高。二哥说二哥个比大哥高,大哥说大哥个比二哥高。不知到底是大哥比二哥个高,还是二哥比大哥个高?

● 情境设计:农家小院儿弟兄俩,学习上相互鼓励,生活上互相关心……

颗颗豆子进石磨,磨成豆腐送哥哥。哥哥说我的生产虽然小,可是小小的生产贡献多。哥哥过河捉个鸽,回来哥奖我吃鸽。我饿吃豆放走鸽,哥哥和我乐呵呵。

● 情境设计:每到周末,小战士就会帮助附近的老大娘去干活儿。这不,又去了……

战士小罗波,渡过波梭河,帮助军属何阿婆,翻过北坡收菠萝。罗波背着大菠萝,阿婆带着香馍馍。罗波摘菠萝递阿婆,阿婆往笸箩里装菠萝。罗波摘菠萝摘得利索,阿婆装菠萝装得特多。干完活儿多快活,阿婆靠着笸箩吃香馍,罗波捧着菠萝唱山歌。他们望着丰收果,罗波、阿婆乐呵呵。

● 情境设计:这俩孩子,不吃不喝也不知道疲倦,可急坏了他们的家人……

两个棋迷,一个姓米一个姓齐。米棋迷齐棋迷,一起下棋。米棋迷要吃齐棋迷的车,齐棋迷不让米棋迷吃车。早起就下棋,下到日偏西。不知米棋迷下过齐棋迷,还是齐棋迷胜过米棋迷。

● 情境设计:早上批发市场一开门,便呈现出了熙熙攘攘、车来人往的繁忙景象……

老罗拉了一车梨,老李拉了一车栗。老罗人称大力罗,老李人称李大力。老罗拉梨做梨酒,老李拉栗去换梨。

● 情境设计:刚搬来的老屈是一个非常善解人意的好邻居,有一天……

老屈篱下脱坯,老季窗西喂鸡。老屈脱坯怕碰跑了老季的鸡,老季喂鸡怕碰坏了老屈的坯。老屈顾及老季,老季顾及老屈。老季喂好鸡没碰坏老屈的坯,老屈脱完坯没碰跑老季的鸡。

● 情境设计:阿凡提一向思维敏捷、语言幽默辛辣,可这一次……

阿凡提,骑毛驴,手里拿着一条鱼。毛驴走路急,掉了手中的鱼。阿凡提,下毛驴,下了毛驴去拾鱼。弯腰去拾鱼,拾鱼跑了驴。阿凡提,心里急,拾起鱼,追毛驴。追上毛驴骑毛驴,骑上毛驴手提鱼。

● 情境设计:刚还是骤雨倾盆,突然间雨过天晴,彩虹腾空。啊,鱼呢……

大渠养大鱼不养小鱼,小渠养小鱼不养大鱼。一天天下雨,下了一天雨。大渠水流进小渠,小渠水流进大渠。大渠里有了小鱼不见大鱼,小渠里有了大鱼不见小鱼。

● 情境设计:鼓是用皮做的啊,怎么能用布来补呢?唉……

屋里一个破皮鼓,扯点破布就来补。也不知破布补破鼓,还是破鼓补破布?只见鼓补布,布补鼓;布补鼓,鼓补布。补来补去,鼓不成鼓,布不成布。

● 情境设计:学任何一门技能,都离不开理论的指导。盲目热爱,只能事倍功半……

胡叔用笔画葫芦,葫芦画得真糊涂。糊涂不能算葫芦,要画葫芦不糊涂。胡叔决心不糊涂,画好一只大葫芦。五叔好书租书部租书,租书部不数书好糊涂。谁知五叔看书却清楚,五叔决心看书画葫芦不糊涂。

● 情境设计:现在喜欢古玩的人越来越多,但不了解历史,是做不好收藏家的……

苦读古书懂古通古熟古,不读古书不懂古不通古糊涂古。要懂古通古熟古不糊涂就得苦读古书熟悉古。

● 情境设计:什么叫鸡飞蛋打、得不偿失?你瞧这个顾老五……

村里有个顾老五,穿着新裤去卖谷。卖了谷,买了布,外加一瓶老陈醋。肩背布,手提醋,老五急忙来赶路。走了一里路,看见一只兔。老五放下布和醋,糊里糊涂去追兔。挂破了裤,没追上兔,回来不见了布和醋。

● 情境设计:你呀,港台人是想学好学不好,你怎么能学好却不学好呢……

四是四,十是十,十四是十四,四十是四十,四十加上四,就是四十四。四、十、十四、四十四,要是说错了,就要误大事。

● 情境设计:班里同学之间年龄差别大,但是他们都非常用功……

石小四和史肖实,石小四年十四,史肖实年四十。年十四的石小四爱看古诗词,年四十的史肖实爱看新报纸。年四十的史肖实发现好诗词,忙递给年十四的石小四;年十四的石小四见了好报纸,忙递给年四十的史肖实。石小四接过杂志看诗词,史肖实接过报纸看时事。看完了诗词和时事,史肖实石小四走出了阅览室。

● 情境设计:俗话说,卖瓜的都不会说自己的瓜苦。看这俩人各持己见,越吵越僵……

司小四和史小世,四月十四日十四时四十上集市,司小四买了四十四斤四两西红柿,史小世买了十四斤四两细蚕丝。司小四要拿四十四斤四两西红柿换史小世十四斤四两细蚕丝,史小世十四斤四两细蚕丝不换司小四四十四斤四两西红柿。司小四说我四十四斤四两西红柿可以增加营养防近视,史小世说我十四斤四两细蚕丝可以织绸织缎又抽丝。

● 情境设计:眼前这一老一少互相帮助,生意越做越红火……

白艾艾翟奶奶俩人上街做买卖,白艾艾卖劈柴,翟奶奶卖海带。翟奶奶卖了海带买劈柴,白艾艾卖了劈柴买海带。俩人买了海带、劈柴,一起又去买口袋和白菜,艾艾帮着奶奶抬,奶奶艾艾笑开怀。

● 情境设计:好朋友遇到刚上市的稀缺菜,你瞧……

小艾和小戴,一起去买菜。小艾把十斤菜给小戴,小戴有比小艾多一倍的菜;小戴把一半菜给小艾,小艾的菜是小戴的三倍菜。请你想想猜猜,小艾小戴各买了几斤菜?

● 情境设计:想象全景图的视觉效果由三色组成,红的梅、黄的衣、白的雪……

妹妹爱梅,梅梅爱美。妹妹爱梅也爱美,梅梅爱美也爱梅。

● 情境设计:小姑娘从小性格外向、好动,甚至调皮捣蛋,每天回家吃饭时总是……

妹妹美,美妹妹,妹妹面上落煤灰。煤灰黑黑黑妹面,妹面黑黑妹不美。妹妹洗面洗煤灰,又是一个美妹妹。

● 情境设计:啊!多么美丽的田园风光,因为有了人就更显得生动、感人……

妹在水边睡,长发随水垂。妹睡水边发垂水,水边睡妹发水垂。

● 情境设计:向参观花圃的小朋友讲种花的道理,就像人饿了也不能光吃不喝或光喝不吃啊……

种花施肥又浇水,蓓蕾饱满花又美。光浇水不施肥土不肥花不美,光施肥不浇水花也不美。浇水施肥,施肥浇水,肥水水肥,浇水施肥,土肥花美环境更美。

● 情境设计:嗨!你瞧,姥姥和外孙子……

涛涛有串葡萄,姥姥有包核桃。涛涛爱吃姥姥的核桃,姥姥爱吃涛涛的葡萄。涛涛拿葡萄换核桃,姥姥拿核桃换葡萄。

● 情境设计:古老的小城,正举行一场百岁老人形象大赛……

古老街上胡古老,古老街下古老胡,古老街上的胡古老,找古老街下的古老胡比古老。结果不知是胡古老的古老,比古老胡的古老古老,还是古老胡的古老,比胡古老的古老古老?

● 情境设计:运动场上,由于裁判失职,结果两个参赛的运动员吵了起来……

高高跳和高跳高,跳高场上比跳高。高高跳说高高跳跳高跳得高,高跳高说高跳高跳高跳得高,结果俩人跳得一般高。

● 情境设计:满眼的荷叶、莲花随风摇曳,就像走进了朱自清《荷塘月色》的意境……

沟长藕,藕长沟,藕沟满沟藕,沟藕满满沟。满沟沟藕藕叶稠,沟满沟藕藕满沟。

● 情境设计:近几年农村开设了田园风光旅游项目,游人可拿走自己采摘的果实……

兜装豆,十兜倒一斗;袋装豆,四袋倒一斗。四斗豆,豆四斗,能装多少袋,能装多少兜?

- 情境设计:对门老大爷有事没事就爱喝两口,今儿个有点多了……

一个老头儿一盅酒,就着一块藕,吃一口,喝一口。一棵柳树搂一搂,一个小猴儿扭一扭。十个老头儿十盅酒,就着十块藕,吃十口,喝十口。十棵柳树搂一搂,十个小猴儿扭一扭。

- 情境设计:出来遛狗碰上只猴儿,狗和猴玩嗨了……

猴上沟,狗上丘,沟上猴逗丘上狗,丘上狗逗沟上猴。猴逗狗,狗逗猴,猴狗相逗下丘沟。猴上沟成了猴下沟,狗上丘成了丘下狗。猴上猴沟猴看狗,狗下狗丘狗瞅猴。

- 情境设计:沙地绿化,使原本靠天吃饭的妞妞一家脱贫致富。这不,春天又到了……

沙滩许多弯弯柳,柳下走来刘妞妞,风吹垂柳柳招手,妞妞伸手折垂柳,折来垂柳用手扭,扭了九个柳篓篓。六个柳篓篓送给突击手,两个柳篓篓送给好朋友。妞妞留一个小柳篓,秋收时候地头走。一边走,一边瞅,妞妞把豆豆拾进小柳篓。

- 情境设计:这一天,天气晴朗,微风习习,姐儿俩一起去河边玩耍,结果……

霞霞丫丫看到一只大虾虾,丫丫手快捉住了这只大虾虾,可虾虾不服咬住了丫丫的小脚丫。丫丫哭着喊着叫霞霞,霞霞帮着丫丫拿下了大虾虾。丫丫拿着虾虾送给了霞霞,霞霞丫丫笑哈哈。

- 情境设计:动物可不比人哪,尤其是水里游的鸭子,又不能圈养,总是到处乱窜……

东家有只鸭,西家有只鸭。东家老掐的鸭,游到西家老瞎的家。西家老瞎的鸭,游到东家老掐的家。老掐不见了鸭,忙到西家寻鸭。老瞎不见了鸭,忙到东家寻鸭。不知老掐寻到东家的鸭,还是老瞎寻到西家的鸭。

- 情境设计:本来很要好的两个朋友,因为一件小事闹翻了脸……

佳佳今晨补了牙,邀请小贾上他家。小贾上街买了鸭,高高兴兴去了佳佳家。谁知鸭肉碰掉了佳佳的牙,气得佳佳骂小贾,急得小贾找假牙。

- 情境设计:学校门口有许多小商店,每次家长接孩子时总要进去转转,可这一次……

爷爷到学校接杰杰,杰杰到门口等爷爷。爷爷带杰杰去买鞋,杰杰却看中了小花碟。买花碟就不能买鞋,杰杰求爷爷买鞋又买碟。不知杰杰买没买成鞋和碟。

- 情境设计:清晨,鸟叫声把我从睡梦中惊醒,推开窗一看,呵,这么一大群……

一群灰喜鹊,一群黑喜鹊。灰喜鹊飞进黑喜鹊群,黑喜鹊群里有灰喜鹊。黑喜鹊飞进灰喜鹊群,灰喜鹊群里有黑喜鹊。

- 情境设计:阳光照射在厚厚的银白色的雪被上,闪着金光,有两个舞动的身影……

薛悦爱雪,下雪天学滑雪,见街上老薛在扫雪。薛悦不学滑雪要帮老薛扫雪,老薛劝薛悦要顾学业,薛悦决心学会滑雪又不误学业。老薛语重心长地说薛悦:从小学科学,科学要从小学。用好科学就得学科学,学好科学才能用科学。

- 情境设计:秋天农村的院子里晒满了雪白的棉花,挂满了金黄的玉米、谷穗儿……

墙头上有个老南瓜,掉下来打着胖娃娃。娃娃叫妈妈,妈妈摸娃娃,娃娃骂南瓜。

● 情境设计:城里来的三个小孩儿,跟着村里的一个小男孩下河去逮活蛤蟆……

一个胖娃娃,捉了三个大花活蛤蟆;三个胖娃娃,只捉了一个大花活蛤蟆。捉了一个大花活蛤蟆的三个胖娃娃,真不如捉了三个大花活蛤蟆的一个胖娃娃。

● 情境设计:两个美术学生分别师从两位老师,画法、画风及画派不尽相同……

慧环慧华会画画,慧华慧环赛画花。慧环会画荷花不会画葵花,慧华会画葵花不会画荷花;慧环向慧华学画葵花,慧华向慧环学画荷花。慧环慧华赛画花,阳光下盛开葵花和荷花。

● 情境设计:最幸福的莫过于天伦之乐啊!瞧这父女俩……

华华画画,爸爸浇花。华华在爸爸的花前画画,爸爸在华华的画前浇花。华华喜欢爸爸的花,爸爸爱看华华画画。华华的画画中有花,爸爸的花花儿如画。爸爸和华华,叽叽喳喳,嘻嘻哈哈。华华和爸爸,画画浇花,比比画画。

● 情境设计:迷信风气不止,小生意不景气,唉,这两位摊主。噢!是拍摄场地……

街上有个算卦的,还有一个挂蒜的。算卦的算卦,挂蒜的挂蒜。算卦的叫挂蒜的算卦,挂蒜的叫算卦的买蒜。算卦的不买挂蒜的蒜,挂蒜的也不算算卦的卦。

● 情境设计:一望无际的沙漠、黑白分明的服饰、神秘离奇的传说……

"骆驼之国"骆驼多,骆驼多得数不过。出门骑骆驼,骆驼就是车。汽车遇骆驼,车让骆驼过。你想骑骆驼,请到"骆驼国":索马里、科威特,还有沙特阿拉伯。

● 情境设计:乡村生活多惬意!即使在炎热的盛夏,依然绿荫叠翠,夏虫声声……

坡上蝈蝈多,蝈蝈爱唱歌。坡上果树多,果树结果果。风吹果树果果落,蝈蝈受惊不唱歌。风不吹果树果果不落,惊不住蝈蝈蝈蝈唱歌。

● 情境设计:工作之余最大的乐趣就是做饭。民以食为天嘛!爱吃就得会做呀……

一个小嫂嫂,一个大小小,坐在一起比包饺饺。不知是小嫂嫂包的饺饺不如大小小包的饺饺,还是大小小包的饺饺不如小嫂嫂包的饺饺。大小小找小巧巧,小嫂嫂问大娇娇,娇娇巧巧一起吃着小饺饺夸着小嫂嫂和大小小。

● 情境设计:幽静的寺院里一老一少生活清净、平静、安逸、和谐……

高高山上有座庙,庙里住着俩老道,一个年纪老,一个年纪小。庙前长着许多草,有时候老老道煮药,小老道采药;有时候小老道煮药,老老道采药。

● 情境设计:乡村傍晚,田园风光,孩子们生龙活虎……

放牛孩子叫阿牛,阿牛放的是老牛。老牛哞哞叫阿牛,阿牛轻轻拉老牛。老牛下河水中游,阿牛过河骑老牛。老牛游水驮阿牛,阿牛放牛骑老牛。阿牛老牛老牛阿牛,俩牛一起下河游。

● 情境设计:瞧这个段子编得多蹊跷!酒和油会说话?

一葫芦酒九两六,一葫芦油六两九。六两九的油要换九两六的酒,九两六的酒不换六两九的油。

● 情境设计:大师傅在教小师傅,没有规矩不成方圆,生食、熟食要分开……

铜勺舀热油,铁勺舀凉油。铜勺舀了热油舀凉油,铁勺舀了凉油舀热油。混合了生油熟油自己就被炒"鱿鱼"走。

● 情境设计:小伙子一心搞实验,想培育新型绿豆芽,把家里的绿豆都用光了……

出南门,走六步,见到六叔和六舅。叫声六叔和六舅,借我六斗六升好绿豆。过了秋,打了豆,还我六叔六舅六斗六升好绿豆。

● 情境设计:文化下乡,省剧团走基层,整个村子好不热闹……

槐树槐,槐树槐,槐树底下搭戏台。戏台下面看戏人全来,戏台上面唱戏精神来。槐树笑得歪,大戏喝了彩,都怪这台戏太精彩!

● 情境设计:设想正在做运动会的现场报道,看台上座无虚席,呼声一片……

梅小卫叫飞毛腿,卫小辉叫风难追,两人参加运动会,百米赛跑快如飞。飞毛腿追风难追,风难追赶飞毛腿,飞毛腿追上了风难追,风难追又赶过了飞毛腿。梅小卫和卫小辉,最后不知谁胜谁?

● 情境设计:据报道,出售古城堡的主人要求买家必须一同买下在这个城堡内生活了很久并且已经陪伴过四任主人的一只龟……

贝贝端杯水,去喂老乌龟,拍拍乌龟背,让它快张嘴。老乌龟,不伸头,不张嘴,不伸龟腿和龟尾。急得小贝贝,去找小培培。培培让贝贝放下老乌龟,让龟自己张嘴去喝水。

● 情境设计:是啊,自己的基本功还有很多问题,必须努力坚持……

学习就怕满、懒、难。心里有了满、懒、难,不看不钻就不前。心里丢掉满、懒、难,永不自满,边学边干,蚂蚁也能搬泰山。

● 情境设计:两个班干部平时相处得很好,由于工作意见不一致而发生口角……

班干部让班干部管班干部,班干部不管班干部,班干部不让班干部管班干部,班干部却非要管班干部。

● 情境设计:小女孩儿的父母身体不好,她从小就挑起了生活重担……

西场里晒一席扁鼻子扁眼扁扁豆,东边飞来一群扁鼻子扁眼扁斑鸠,要吃这一席扁鼻子扁眼扁扁豆。妞妞拾起一块扁鼻子扁眼扁砖头,吓跑那一群扁鼻子扁眼扁斑鸠。

● 情境设计:有一个挑夫要过河,东西太多没法拿,眼看渡轮要起航……

长扁担,短扁担,长扁担比短扁担长半扁担,短扁担比长扁担短半扁担。长扁担绑在短板凳上,短扁担绑在长板凳上。长板凳不能绑比短扁担长半扁担的长扁担,短板凳也不能绑比长扁担短半扁担的短扁担。

● 情境设计:记者去部队采访,工地上轰轰烈烈、热火朝天的建设景象感染了他……

出了营房往南看,南山修座发电站。全团都在把活儿干,我也不能站着看。我是帮着一营去修发电站,还是帮着二营刨土埋线杆?不然我就爬上电线杆帮着三营绑电线!

● 情境设计:当兵在外好几年没有回家。好家伙!没想到家乡的变化会这样大……

田建贤前天从前线回到家乡田家店。只见家乡变化万千,繁荣景象出现在眼前:蓝天蓝天蓝蓝,白云点点牛羊现,弯弯曲曲溪清浅,一线牵连挂天边。连绵不断的青山,一望无际的棉田,回迁房连成一片,高铁天线通向天边。

● 情境设计:普及普通话,也要保护非物质文化遗产,某地区举办了一场方言比赛。

男演员,女演员,同台演戏说方言。男演员说吴方言,女演员说闽方言。男演员演远东劲旅飞行员,女演员演鲁迅著作研究员。研究员、飞行员、吴方言、闽方言,你说男女演员演得全不全?

● 情境设计:拍摄场地是20世纪40年代的商业街,一位穿长袍的先生正在问路……

出南门往正南,有一个面铺面冲南,面铺外挂着一个蓝布棉门帘。摘了蓝布棉门帘,面铺它是面冲南。给它挂上蓝布棉门帘,面铺还是面冲南。

● 情境设计:城里鳞次栉比的"水泥柱"让人压抑、憋闷,给自己放个假,去享受田园风光吧……

蓝天上是片片的白云,草原上是银色的羊群。近处看,这是羊群,那是白云;远处看,分不清哪是白云,哪是羊群。青山上是片片森林,田地里是辛勤的农民。近处看,那是森林,这是农民;远处看清又清,这还是农民,那还是森林。

● 情境设计:一部反映小职员工作、生活的影片,需要演员体验生活……

严娟娟是演员,田泉泉是检验员。严娟娟要演检验员来找田泉泉,田泉泉教严娟娟学检验,严娟娟学会检验演好了检验员。

● 情境设计:一听这俩人的名字就能猜出准是两个爱打抱不平、好管闲事的人……

管得宽与敢不管去东关,在东关见到两个网上通缉的坏蛋正在乱摔饭馆的碗筷。敢不管问管得宽此事敢管不敢管,管得宽说敢管;敢不管说不敢管,管了惹麻烦。管得宽说不怕麻烦,此事咱俩专门管。说管就管,管得宽与敢不管抓住两个坏蛋,送交公安机关。

● 情境设计:嘿嘿,楼上住着俩邻居……

一楼住着桓管宽,二楼住着布管环。布管环乱倒垃圾一大片,还说弄脏楼道他不管。桓管宽要管布管环,布管环不让桓管宽管。桓管宽说环境维护要靠管理,我非要管管布管环。

● 情境设计:喜新厌旧是人的天性,一直干同一种工作难免感觉枯燥、乏味……

小琛不认真,做事不审慎。老沈很深沉,做事很认真。小琛问老沈怎能不分神,老沈说:"有毅力、肯认真,服务是根本,人要振奋精神,只要认真,就能审慎不分神。"

● 情境设计:春天的雨金贵如油,春天的地肥沃待种,春天的人精神抖擞……

孙村李村过新春,引水进田麦浪滚。山林片片出春笋,孙村李村处处春。春风送春,春到村春意深,村农爱春,春日忙春。

● 情境设计:刚刚做好的一大堆粉条,既光又滑,既热又易碎,怎么能用绳子捆呢……

粉乱捆乱粉,捆粉乱捆粉。越乱越捆粉,越捆越乱粉。

● 情境设计:住在老乡家,晚上睡觉找不见关门的闩,过去敲门一问,结果老乡说……

门背后有根闷棍,别门就要用这闷棍。闷棍用来专别门,门别棍来棍别门,别门要用别门的闷棍。闷棍如不别门,门就没有别门的棍,别门必要用闷棍。

● 情境设计:临近毕业了,才知书到用时方恨少……

小温写论文文不顺,小文谆谆教小温改论文。小温重新润色论文改通顺,小温拉住小文谢小文。

● 情境设计:短暂的军训经历,影响甚至改变了两个人的世界观和价值观……

于群、吕韵去军训。于群穿绿军装去陆军,吕韵穿蓝军装去海军。穿上军装立功勋,于群、吕韵决定毕业去参军。

● 情境设计:一群地质队员寻找矿藏,虽然四周风景秀美,但他们全然不顾。你瞧……

一座棚傍峭壁旁,峰边喷泻瀑布长,不怕暴雨飘泼冰雹落,不怕寒风扑面雪飘扬,并排分班翻山攀坡把宝找。聚宝盆里松柏飘香百宝藏,背宝奔跑报矿炮劈山,篇篇捷报飞伴金凤凰。

● 情境设计:陪同大娘去外地探亲,返回时过江风急浪大……

长江帆船帆布黄,船舱放着一张床。床上躺着老大娘,浪荡船晃大娘慌。船长急忙送姜汤,靠坐身旁唠家常。大娘告别热泪淌,平安上岸回家乡。

● 情境设计:语言是交流的工具,是传意的载体,听不懂方言真让人着急……

东有丹阳,西有咸阳,南有衡阳,北有汾阳。丹阳、咸阳、衡阳、汾阳,东南西北四个阳,发音不能走了样。

● 情境设计:有两户人家发生纠纷,村委会主任向乡政府调节员说明事情原委……

杨家养了一只羊,蒋家修了一垛墙。杨家的羊撞倒了蒋家的墙,蒋家的墙压死了杨家的羊。杨家要蒋家赔杨家的羊,蒋家要杨家赔蒋家的墙。

● 情境设计:黄金周上山旅游,有一个故事听后令人非常感动……

大和尚为何常离乡?大和尚常常过长江。过长江常常为哪般?常过长江常看小和尚娘。大和尚原籍襄阳姓张,小和尚原籍商乡姓蒋,大和尚、小和尚常常互相关心有事总商量。大和尚讲小和尚强,小和尚讲大和尚长。小和尚煎姜汤让大和尚尝,大和尚奖赏小和尚檀香箱。

● 情境设计:江、楼、月、影,多美妙的诗情画意!有多少文人墨客流连忘返……

望江楼,望江流,望江楼上望江流,望江江流楼不流。望江楼,望江流,望江楼上望江流,江楼千古,江流千古;印月井,印月影,印月井中印月影,月井万年,月影万年。

● 情境设计:梁木匠和梁瓦匠两个人做事太荒唐,说话欠妥当……

梁木匠,梁瓦匠,俩梁有事不商量,梁木匠天亮了才穿衣裳打箱、窗,梁瓦匠天亮了才起床砌房墙。梁木匠打箱、窗受了凉,梁瓦匠砌房墙少了梁。梁瓦匠思量梁木匠拿了梁,梁木匠吵嚷梁瓦匠不思量净说谎。

● 情境设计:实战演习中进行战地救护。护士心里紧张,打针时没有按程序操作,结果……

绳吊瓶,瓶吊绳,绳吊瓶瓶挣断绳,瓶吊绳绳摔破瓶。藤缠绳绳缠藤,绳缠藤藤长绳不长,藤缠绳绳长藤不长。

● 情境设计:周末登山,天气突变,大风骤起,寒气逼人,可是大家仍旧兴致不减……

天冷冷,风冷冷,冷冷风中登顶峰。登一程又一程,登上顶峰冷风更吹冷。顶峰顶上有个庭,东洞庭,西洞庭,洞庭山上一根藤,藤上挂个大铜铃。风吹藤动铜铃响,风停藤定铜铃静。

● 情境设计:小朋友刚开始学习认字,经常张冠李戴,这不,又说错了……

蝇是蝇,蜂是蜂。蝇不是蝇,蜂不是蜂。蝇飞是飞蝇,蜂飞是飞蜂。蝇飞蜂飞蜂非蝇,蜂飞蝇飞蝇非蜂。

● 情境设计:一位交警正在给一个不敢过马路的小朋友讲交通规则……

十字路口红绿灯,红黄绿灯请分清。绿灯行,红灯停,绿灯亮时向左行,行停停行看灯明。看灯明,等通行,猛地一阵冷风,人人都说冷。真冷,真冷,真正冷,说冷就更冷,小朋友听明清醒绿灯行。

● 情境设计:正在举办一场瓜果大赛,评审专家未到,主持人难辨胜负……

东门钟家红红种冬瓜,西门鸿家龙龙种西瓜。有人说东门钟家红红种的冬瓜大,比不过鸿家龙龙种的大西瓜。有人说西门鸿家龙龙种的冬瓜大,比不过东门钟家红红种的大西瓜。到底是东门钟家红红种的冬瓜该夸,还是西门鸿家龙龙种的西瓜该夸?

● 情境设计:汉字有的形同意相近,有的音同意不同,要仔细辨认不敢出错啊!

木甬读桶不读捅,月农读脓不读胧。米更读粳不读梗,日青读晴不读睛。米宗读粽不读综,言丁读订不读钉。土竟读境不读镜,土平读坪不读评。耳令读聆不读伶,火登读灯不读澄。言甬读诵不读蛹,月星读腥不读猩。要把近形字弄清,看看字旁分分声。

● 情境设计:生物课上,老师正在给同学们讲授虫与龙的不同……

荣荣不懂龙和虫,我生动讲解分清明。龙和虫,虫和龙,龙是龙,虫是虫。早期把虫当龙虫是龙,如今把龙当虫龙是虫。影片里的龙是恐龙,神话里的龙是水龙。虫在海里虫是传说的龙,龙在沟里龙是现实的虫。

● 情境设计:周末,风和日丽,全家老小一起去放风筝……

东东和峰峰,晴空放风筝。东东放蜻蜓,峰峰放雄鹰。迎面空中起东风,蜻蜓雄鹰乘风行。

● 情境设计:怎么搞的?这是谁呀?大中午不让人休息……

楼上钉铜钉,楼下挂铜灯。钉铜钉震动了铜灯,挂铜灯弄坏了铜钉。

● 情境设计:休息日我边看书,边观察着身边这位虎头虎脑、爱干活儿的小弟弟……

红冬冬从小好动,兴兴冲冲种小葱。松土清水小葱种,冬冬又去补桶洞。冬冬的桶有洞,可冬冬不会补桶的洞。不懂修桶照样能补洞,冬冬终于修好了桶上的洞。楼上住个老公公,下楼寻找太阳公公来扶红冬冬。楼下住的红冬冬,种完葱补了洞认字去问老公公。冬冬说楼上有个好公公,公公说楼下有个乖冬冬。

● 情境设计:情景再现中国功夫的动、静形态,并体会其深刻内涵……

走如风,站如松,坐如钟,睡如弓。风、松、钟、弓,弓、钟、松、风,中国功夫样样都精通。

● 情境设计:嗨!这个亭子有意思,怎么不挂铃铛反挂个瓶儿……

洞庭湖上六角亭,六角亭中挂铜瓶。风吹瓶动亭不动,铜瓶碰亭响不停。

● 情境设计:养蜂人放蜂时必须要带防蜂蜇的手套和面具,结果不小心……

老翁进城买了瓮,碰上放蜂的小翁。小翁撞破了老翁的瓮,赶紧买瓮赔老翁。小翁的蜜蜂一叫嗡嗡嗡,吵烦了买瓮的老翁。

● 情境设计:有位同学说话四个声调总分不清,期末考试老师不厌其烦地给她辅导……

荧荧啊,请你记清楚:京剧叫京剧,警句叫警句,不能京警不分,经常把京剧说成警句,把警句说成京剧。另外,任命是任命,人名是人名,任命人名不能错,错了人名,就下错了任命。

● 情境设计:用数词"七"做一个词语接龙比赛……

天上七颗星,树上七只鹰,梁上七只钉,台上七盏灯。拿扇扇了灯,用手拔了钉,举枪打了鹰,乌云盖了星。

● 情境设计:谁的眼睛那么亮,绿油油的一片松林就看见了一只正在小憩的蜻蜓……

轻松行上青松岭,青松岭上定眼盯。定眼盯上青松顶,青松顶上停蜻蜓。蜻蜓停,蜻蜓静,蜻蜓静停青松顶。

2. 辨正情境训练

● 情境设计:想象中的田园生活很美好,而下地劳作且以此糊口,却不会那么浪漫……

小妹和大妹一起割麦。大妹割小麦,小妹割大麦。大妹小妹割完麦,挑了小麦大麦去打麦。大妹帮小妹打大麦,小妹帮大妹打小麦。大妹打小麦啪啪噼,小妹打大麦噼噼啪。

● 情境设计:很早以前,农村没有现金收入,常以物品换取自己需要的东西,瞧……

梅大妹,卖梅子,卖了梅子买麦子。梅小妹,卖麦子,卖了麦子买梅子。大妹和小妹,互相做买卖。大妹卖小妹买,小妹卖大妹买。不知谁卖了梅子买麦子,又是谁卖了麦子买梅子。

● 情境设计:小夫妻俩恩爱、勤劳,小日子过得甜甜蜜蜜……

周巧秋地里拔扁豆,楼小舟河边栽杨柳。周巧秋拔了半筐扁豆,楼小舟栽了九百六十六棵倒垂柳。周巧秋拔扁豆汗水流,楼小舟栽杨柳汗满头。周巧秋楼小舟拔完豆栽完柳扛锹回家落日头。

● 情境设计:想做播音员、主持人不能只练声,这只是专业学习的第一步……

爱说不一定会说,爱写不一定会写。会写不一定爱说,爱说不一定会写。会说就定要会写,爱写会写、会说爱说才真叫绝。

● 情境设计:如花的季节,如花的年龄,如花的心境,去捕捉如花的飞蝶……

叶雪和谢觉,花园里捉蝴蝶。叶雪去捉花中蝶,谢觉去捉叶上蝶。捉了灰蝶、粉蝶、彩蝶、凤蝶,叶雪拿别针把蝶别,谢觉把标本叠进新书页。

● 情境设计:以传统老套的一见钟情为序,开始了美好的金童玉女似的爱情故事……

花家娃娃骑马去看马家的花,马家花花浇花时看到花家的马。骑马的爱花,下马去浇花,浇花的爱马上马学骑马。花家的马一跑摔下马家花花,花家娃娃一急踩了马家的花。马家花花爬起来拉花家的马,花家的娃娃回头去扶马家的花。马家花花爬起来拉花家的马,花家的娃娃回头去扶马家的花,拉住马扶好花,花、马娃娃笑哈哈。

● 情境设计:你看这两个活泼可爱的胖男孩儿,怎么灰头土脸、浑身泥沙?

笨胖胖伴胖笨笨,蹦蹦跳来跳蹦蹦,捧着盆盆到河滨。笨胖胖捞蚌子,胖笨笨捉螃蟹。笨胖胖帮胖笨笨捉螃蟹,胖笨笨帮笨胖胖捞蚌子。不知笨胖胖的蚌子棒,还是胖笨笨的螃蟹棒。

● 情境设计:小李老家在山西,最喜欢吃面食,看着刚出锅的烙饼,急不可待……

盛饼盆,盆盛饼。盛饼盆里饼平盆,盆里盛饼平盆饼。

● 情境设计:老彭性格莽撞、冒失,眼睛又高度近视,走路还经常不小心……

老彭拿着一个盆,路过老陈住的棚,棚里桌上放个盆,盆里放着瓶。老彭的盆碰了棚,棚里的盆碰了瓶,棚倒了,盆烂了,瓶碎了,乒乒乓乓,不知是盆碰棚,棚碰盆,还是瓶碰盆,盆碰瓶?反正是棚倒盆烂棚盆碎了瓶。是棚赔盆,还是盆赔棚?老陈要赔老彭的盆,老彭不要老陈来赔盆,老陈陪着老彭去补盆,老彭还了老陈的瓶又帮着老陈去修棚。

● 情境设计:《民以食为天》节目正在举行厨艺大比拼,选手紧张,师傅竟……

会炖我的炖冻豆腐,来炖我的炖冻豆腐;不会炖我的炖冻豆腐,就别炖我的炖冻豆腐。要是冒充会炖我的炖冻豆腐,炖坏了我的炖冻豆腐,就吃不成我的炖冻豆腐。

● 情境设计:一家人假期旅游上黄山,兴致勃勃去游玩儿……

黄山有座城隍庙,城隍庙里俩判官。左边是王判官,右边是庞判官。不知是王判官管庞判官,还是庞判官管王判官。

● 情境设计:现代化的新农村楼房林立、整齐划一,让人分不清陈庄和程庄……

陈庄城通程庄城,程庄城通陈庄城。陈庄城和程庄城,两庄城墙各开门。陈庄城进程庄人,陈庄人进程庄门;程庄城进陈庄人,程庄人进陈庄门。请问陈程俩城门,哪个庄进陈庄人,程庄人进哪个门?进门看见姓陈和姓程,姓陈不能说成姓程,姓程不能说成姓陈。乔木是程,耳东是陈。如果陈程不分,就会认错人。

● 情境设计:同学搭伴儿去郊游,晚上住在老乡家,老乡家门上没有闩,想找一个合适的木棒……

短棒圆,长棒扁。长棒没有短棒圆,短棒没有长棒扁。短棒比长棒圆,长棒比短棒扁。短棒短,长棒长,长棒没有短棒短,短棒没有长棒长,转来转去量来量去木棒没有合适长。

● 情境设计:看动画片,想象来到动画城,忐忑进到荒唐屋,稀里糊涂睡了奇特床……

短床短,长床长,短床床短床腿长,长床床长床腿短。短床床腿长腿长,长床床腿短腿短。

● 情境设计:想象自己扮演一个电影或电视剧里的角色,去偏远农村体验生活……

碾子碾面,锤子锤蒜。碾子碾白面,锤子锤紫蒜。碾子碾面面拌蒜,锤子锤蒜蒜拌面。

● 情境设计:预备役野营训练,男女民兵个个精神饱满,军训项目达标不相上下……

民兵排,民兵多,男民兵不比女民兵少,女民兵也不比男民兵多。男民兵百米跑步奔南坡,女民兵跑步百米奔北坡。男民兵,练发炮;女民兵,练爆破。男民兵说女民兵爆破是能手,女民兵夸男民兵炮炮命中,发炮本领真不错。

● 情境设计:为减少灾情,驻地空军派飞机轰炸没有解冻的河床,场面壮观、感人……

春风送暖化冰层,黄河上游漂冰凌。水中冰凌碰冰凌,集成冰坝出险情。人民空军为人民,飞来银鹰炸冰凌。天上有银鹰,鹰旁有阴云。阴云遮银鹰,银鹰躲阴云,银鹰躲过阴云炸冰凌。银鹰轰鸣黄河唱,爱民歌声振长空。

● 情境设计:哎呀,你可千万要记住啊!

同姓不能念成通信,通信也不能念成同姓,同姓可以互相通信,通信可不一定同姓。红心和红星,in、ing要分清;木盆和木棚,en、eng念分明。一个前鼻音,一个后鼻音,你要分得清,认真学拼音。

● 情境设计:听说天津这几年物价低,北京环境治理好,周末俩人兵分两路……

小金到北京看风景,小京到天津买纱巾。看风景,用眼睛,还带一个望远镜;买纱巾,带现金,到了天津把店进。买纱巾用现金,看风景用眼睛,巾、金、睛、景要分清。

情境提示:好久没有回来看望母亲了,担心娘俩谈话时间过长,影响老人休息……

生身亲母亲,谨请您就寝,请您心宁静,身心很要紧。新星伴明月,银光澄清清,尽是清静境,警铃不要惊。您请我进来,进来敬母亲。

● 情境设计:天气变化无常,老师怕同学们感冒影响学习,正在给同学们讲经验……

东风雨,西风晴,南风暖,北风冷。东风有雨西风晴,北风吹来冷冰冰。东风吹,西风顶,天不下雨不得行。不刮东风不下雨,不刮西风天不晴。久晴东风不下雨,久雨西风天不晴,久旱西风更不雨,久雨东风更不晴。

● 情境设计:学生去部队军训,战士和学生在生活上互相关心,训练中团结互助……

左面一队兵,戴着红五星,右面一队兵,系着红领巾。戴红五星的是解放军,系红领巾的是学生兵。解放军手拉学生兵,学生兵手拉解放军。不是学生兵欢迎解放军来野营,就是解放军欢迎学生兵来学军。①

3. 提示

(1)与声母训练相同,我们在进行韵母训练时依然不能丢失声母的发音位置与方法。例如绕口令"田建贤回家",韵母大都是"ian",舌位动程都在舌前部,归音在舌尖,声母大

---

① 以上绕口令大部分选自吴超.中国绕口令[M].上海:上海文艺出版社,2004.

都是舌面音,发音位置又容易靠前,因此舌前部的发音位置、动程及力度的综合控制、训练就格外关键。

(2)韵母训练最主要的问题在于舌位动程。在练习词的轻重格式的同时,也要注意之前学过的各种要素之间关系的协调处理。

(3)在韵母发音时,要注意拉开字腹。怎样做到"前音后发,后音前发,圆唇扁发,扁唇圆发""舌行远程,唇走近路"在第六章讲过,进入绕口令训练阶段仍要特别强调,无论是舌前部参与发音的音节,还是舌后部参与发音的音节,舌尖力度都不能丢。在此特别重申,口腔的总体控制要领是"后面开度,前面力度"。

(4)吐字归音中关于韵尾的归音要领是"弱收到位",意指作为韵尾的发音是要弱化的,例如前后鼻音,舌尖或舌根归音(或复元音韵母的归音)是不要求有力度的。但是在初期训练中,一定要强调力度。只有初学时有力度,才能在应用中"无力度"或"弱收到位"。所以"弱收"指的是喉部控制要放松,"到位"指的是归音时的唇舌力度不能丢。词的轻重格式训练中的轻声音节亦如是。

印度歌曲配绕口令

(5)点击二维码链接,在学习绕口令演唱视频时,注意吐字归音的各方面控制。

(四)格言、名句格式训练

如果说诗词是诗人对人生态度的主观表达,那么名言警句则是哲人对人生经验的客观总结。如果说训练中运用情感丰富的诗词名句可以情带声的话,那么,富有人生哲理的名言警句就需要运用理性的技巧来达到口腔控制及吐字归音的审美效果。

训练时,脑海里相应再现名人所研究的专业领域及对社会的贡献,调动丰富的想象力,再现相应情境,理解每一条至理名言所蕴含的深刻含义,把握声调并进行"记录速度"训练;抑或想象自己站在一个长者、智者的角度,设计交流对象,采用循循善诱的语气,耐心、诚恳地表达自己的心声。

1. 惜时、劝学、立志篇情境训练

懒驴子是打死也走不快的。

——莎士比亚

抛弃时间的人,时间也会抛弃他。

——莎士比亚

时间的步伐有三种:未来姗姗来迟,现在像箭一般飞逝,过去永远静立不动。

——席勒

与其花许多时间和精力去凿许多浅井,不如花同样的时间和精力去凿一口深井。

——罗曼·罗兰

世界上最快而又最慢、最长而又最短、最平凡而又最珍贵、最容易被忽视而又最令人后悔的就是时间。

——高尔基

疑而能问,已得知识之半。

——培根

把你的精力集中到一个焦点上试试,就像透镜一样。

——法布尔

我们知道的东西是有限的,我们不知道的东西是无穷的。

——拉普拉斯

少而好学,如日出之阳;壮而好学,如日中之光;老而好学,如秉烛之明。

——刘向

人的思想是了不起的,只要专注于某一项事业,那就一定会做出使自己感到吃惊的成绩来。

——马克·吐温

读书使人充实,谈话使人敏捷,讨论使人机智,笔记使人准确,读史使人明智,读诗使人灵秀,数学使人周密,科学使人深刻,伦理使人庄严,修辞使人善辩。

——培根

读书力求三性:韧性、记性、悟性。有韧性没有记性,读了白读;有记性没有悟性,书是死书。悟性至关重要,一举满盘皆活。然而,单凭悟性,没记性就没库存,是皮包公司;没韧性就建不成大仓,是短途小贩。三性俱备,堪称知识富翁。

——魏明伦

人生有两出悲剧:一是万念俱灰,另一是踌躇满志。

——萧伯纳

人生最终的价值在于觉醒和思考的能力,而不只在于生存。

——亚里士多德

古之成大事者,不惟有超世之才,亦有坚韧不拔之志。

——苏轼

人生最重要的是要有伟大的目标及达到伟大目标的决心。

——歌德

每一个成功者的秘诀,是由于坚定不移的志向和努力不懈的工作。

——马尔顿

现实是此岸,理想是彼岸,中间隔着湍急的河流,行动则是架在河上的桥梁。

——克雷洛夫

"千里之行,始于足下",在开始的时候,就得有个算盘,才不致"失之毫厘,谬以千里"。

——陶铸

人生的乐趣不仅在于达到某一目标的那一时刻,而更在于继续不断努力追求之中。在这努力追求的过程中,我们觉得生命有意义,活着有价值。

——罗曼·罗兰

昨天的太阳,照不到今天的树叶。每一个属于我们生命的太阳是多么好啊!珍惜生命,不在乎得多少钱财和权势,而是生命有没有充分燃烧。

——程乃珊

人生是一次航行。航行中必然遇到从各个方面袭来的劲风,然而每一阵风都会加快你的航速。只要你稳住航舵,即使暴风雨也不会使你偏离航向。

——西·切威廉斯

2. 为人、修身、艺术篇情境训练

马先驯而后求良,人先信而后求能。

——《淮南子》

真正的友情,是一株成长缓慢的植物。

——华盛顿

真正的朋友,是一个灵魂孕育在两个躯体里。

——亚里士多德

于财力见常人,于患难见豪杰,于安乐见圣贤。

——魏裔介

要散布阳光到别人心里,先得自己心里有阳光。

——罗曼·罗兰

君子有四贵:学贵要,虑贵远,信贵笃,行贵果。

——方孝孺

友谊永远是一个甜柔的责任,从来不是一种机会。

——纪伯伦

久利之事勿为,众争之地勿往,物极则反,害将及矣。

——曾国藩

对众人一视同仁,对少数人推心置腹,对任何人不要亏负。

——莎士比亚

处人不可任己意,要悉人之情;处事不可任己见,要悉事之理。

——吕坤

常和了解你、信任你、鼓励你的人接近,对于你的成功,具有莫大的影响。

——马尔顿

缺乏真正的朋友乃是最纯粹最可怜的孤独,没有友谊则斯世不过是一片荒野。

——培根

不与居积人争富,不与进取人争贵,不与矜持人争名,不与简傲人争礼节,不与盛气人争是非。

——吕坤

最能施惠于朋友的,往往不是金钱或一切物质上的接济,而是那些亲切的态度、欢悦的谈话、同情的流露和纯真的赞美。

——富兰克林

友谊是我们哀伤时的缓和剂、激情的舒解剂,是我们压力的流泄口,我们灾难时的庇护所,是我们猜疑时的商议者,是我们脑子的清新剂、我们思想的散发口,也是我们沉思的锻炼和改进。

——杰里米·泰勒

知人之道有七焉:一曰,问之以是非而观其志;二曰,穷之以辞辩而观其变;三曰,咨之以计谋而观其识;四曰,告之以祸难而观其勇;五曰,醉之以酒而观其性;六曰,临之以利而观其廉;七曰,期之以事而观其信。

——诸葛亮

苦难是人生的老师。

——巴尔扎克

奇迹多是在厄运中出现的。

——培根

生气,是拿别人的错误惩罚自己。

——康德

生活最沉重的负担不是工作,而是无聊。

——罗曼·罗兰

眼睛能看见所有的东西,但看不见它自己。

——英国谚语

平凡人的最大缺点,是常常觉得自己比别人高明。

——伊索

反省是一面莹澈的镜子,它可以照见心灵上的玷污。

——高尔基

自重、自觉、自制,此三者可以引致生命的崇高境域。

——但尼生

不会从失败中寻求教训的人,通向成功的道路是遥远的。

——拿破仑

哪怕是对自己的一点小的克制,也会使人变得强而有力。

——高尔基

无论你怎样地表示愤怒,都不要做出任何无法挽回的事来。

——培根

荣誉就像玩具,只能玩玩而已,决不能永远守着它,否则就将一事无成。

——居里夫人

如果我们自身毫无缺点的话,就不会以如此大的兴趣去注意别人的缺点。

——罗什夫科

怀疑和信仰,两者都是必需的。怀疑能把昨日的信仰摧毁,替明日的信仰开路。

——罗曼·罗兰

如果你问一个善于溜冰的人怎样获得成功时,他会告诉你"跌倒了,爬起来",这就是成功。

——牛顿

如果你过分地珍惜自己的羽毛,不使它受一点损伤,那么你将失去两只翅膀,永远不能凌空飞翔。

——雪莱

凡一切人间的事物,财富、荣誉、权力,甚至快乐、痛苦等皆有其确定的尺度,超越这个尺度就会招致毁灭。

——黑格尔

简洁是艺术性的第一个条件。

——陀思妥耶夫斯基

艺术的基础存在于道德的人格。

——罗斯金

诗是寄寓于文字中的音乐,而音乐则是声韵中的诗。

——福莱

音乐是唯一可以纵情而不会损害道德和宗教观念的享受。

——爱迪生

镜头代表着眼睛,但它代表着两种眼睛,一种是观众的眼睛,一种是剧中人的眼睛。

——夏衍

舞蹈基本上是一种模仿、描绘的科学,它揭示心理的东西,使模糊的东西变得明白易懂。

——琉善

艺术如果没有震撼人们心灵的力量,不能引起人感情深处共鸣的内在感染力,它也就没有生命了。

——靳凡

艺术与人生,只是一个晶体的两面,和人生无关系的艺术不是艺术,和艺术无关系的人生是徒然的人生。

——郭沫若

音乐中的艺术形象是以特殊的方式组织起来的声音总和。这些声音表现和反映出人们的感情以及人们对周围世界的主观态度。

——乌城诺维奇

绘画的艺术在本质上是一种理解的艺术,就是对造型符号、光和色及其诸关联的理解。主题的说明或是对观察的表达,都只能由艺术家赋予自然现象以主观形式以后才能成为艺术。①

——柯柯什卡

3. 提示

(1)在此阶段训练中,大多数初学者容易丢失口腔控制。原因是名言警句相对客观理智,在内容的基调及态度相对平稳且情感起伏不够鲜明时,唇舌的控制也会随之放松,所以要特别注意加强唇舌力度的控制意识。

(2)句子里的非关键词怎样才能不会因为强调声调的调值而被"强调",是此阶段较为突出的问题。内容理解了,但因为追求每个音节的调值,导致语意不清、目的不明等问题出现,特别是在句子内的介词、助词、语气词、连词等要学会轻读。有的音节有声调,但轻重格式为"中",有的无声调就是轻声词,都要在了解的前提下予以把握。涉及喉部声带控制与舌位动程及力度的关系问题,与听觉判断不无关系,与训练量更为密切。要求做到句中的无声调轻声词轻读准确,有声调的非关键词也能一带而过,以此显现对比、突出关键词(重音)。

(3)声调在单音节、词组中的掌握与在句子里的运用是有区别的。字、词练习时,必须遵照每个声调的调值和格式进行规范把握,而具备了一定语言环境的声调训练,就必须结合语境进行。鉴于此,声调在运行过程中就会发生变化,例如:"风吼着,雨又下起来"如果强调"又",那么,同样为去声的"下"就与"又"不在一个"五度"内起调,要比"又"起调低些,但是"下"的去声时值不能没有。这与语意传递目的关系密切,与语言表达技巧关系密切,与一个人的语感关系密切,同样与对声调和词的轻重格式的认识与掌握关系密切。如图8-2。

图 8-2 语意与声调

---

① 以上大部分选自袁世全. 名言警句辞典[M]. 成都:四川辞书出版社,2002.

▶▶▶ 回顾

音变是语言流动过程中音节的个体性与语句的整体性相协调所产生的结果。人在交流时,听觉器官采集信息多数情况下是以句子为最小单位的,因此,表达中音节的发音就不可能像单个音节发音时那样完整和一致,要受到喉部等生理器官的主观控制与表达速度、时间及表达目的的客观限制。音变为普通话语流音乐美的形成起到了举足轻重的"点缀"作用。在这"点缀"中,每一种音变都非常重要,而"轻声"与"格式"的掌握是普通话语音面貌中的重中之重。我们要想把言语这首"歌"唱得优美动听,就要在音变部分下足力气,多听、多想、多练。

本章重点

在喉部相对放松与控制的前提下,语流音变准、轻、清。

学习时间

课上☞大课:2课时;小课:针对性训练34课时左右。

课下☞结合所学内容保证每天坚持训练1小时。

思考题

1. 掌握并识记以下名词:
   音变　轻声　儿化　变调　词的轻重格式
2. 什么是语流音变?普通话中语流音变现象主要有哪些?
3. 轻声和儿化的作用分别是什么?举例说明。
4. 简述变调的几种情况,并举例说明。
5. 简述语气词"啊"的音变情况,并举例说明。
6. 简述词的轻重格式与语意传递目的的关系,并举例说明。
7. 简述你所处的方言区对学习普通话语音的影响,并举例说明。

第九章　共鸣与声区
——声音扩大的"容器"

导读

生活里的共鸣现象随处可见，随声可听。声学上讲，共鸣是几个振动频率相同的物体，其中一个发生振动时，引起其他物体振动，这种现象也叫共振。在人际交流中，双方经过思想碰撞达成的共识并引起情感上的激荡与共振，也叫产生共鸣。在此学习共鸣，即是想要拥有富于变化的声音厚度和亮度。共鸣不仅有对声音的扩大和美化作用，而且共鸣腔在调节过程中形成的不同的有声语言，也有助于完成不同感情色彩的传情达意。

第一节　对共鸣与声区控制的认识

播音主持的过程也是一个用声的过程。声音运用如何，将直接影响受众的收听效果。首先带学习者了解什么是人声共鸣。

一、什么是人声共鸣

作为人的发音体所产生的共鸣，是指声带振动时影响到其他临近的器官或器官内部的空间所产生的音响效果。喉室内声带振动发出的喉原音很微弱，只有经过骨骼、肌肉运动及临近腔体的共振后才能得到扩大。试想，如果没有共鸣作用，仅靠气息和声带振动，吐字归音将会是怎样的效果？就像一个歌唱者对着千人演唱，却没有麦克风和扩大器一样。

如果产生共振腔体的形状、容积、腔壁的弹性等在运用过程中不能科学、灵活地发挥作用，那么喉原音经过扩大形成的不同语音音色和声音色彩将不会得到很好的扩大，更谈不上美化。

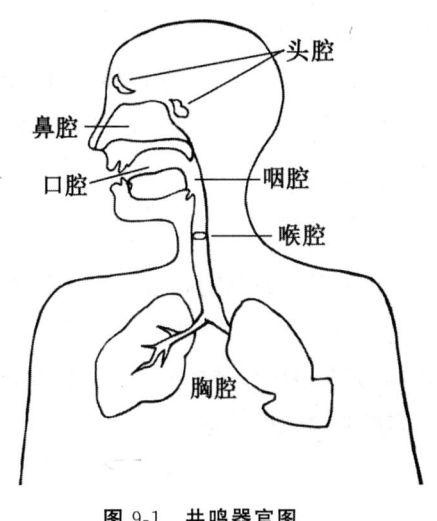

图 9-1　共鸣器官图

有经验的用声者发音不费力,声音优美动听,并且能变化自如,这与他们调节共鸣的方式有直接的关系。一个人的发音器官及共鸣腔体是天生的,是无法改变的,但是经过科学的训练,音色却是可以改善的。因此,掌握共鸣调节方式是提高发声效率、改善声音质量的重要途径。

二、共鸣腔的认识

语音的制造场在口腔,但是喉腔、咽腔、胸腔、鼻腔、头腔在播音发声中同样是可以利用的共鸣腔体,只是由于它们所处的位置不同,发挥的作用不尽相同而已。一般把有固定容积的鼻腔、头腔称为上部共鸣腔体。把其形状、容积可在有些器官的牵动下随意调节变化的口腔、咽腔、喉腔、胸腔称为下部共鸣腔体。下部共鸣腔体是语音发声的主要共鸣使用区。

(一) 口腔

口腔是所有共鸣器官里最灵活的一个腔体,它根据吐字归音时的唇舌变化随时改变着腔体。它也是一个最复杂的腔体,并依附吐字归音而存在,既充当共鸣器官又担负咬字器官的职能。口腔分上腭、下腭两部分(具体的前面"口腔与声母"一章里已讲,此略),在唇舌的积极活动中,口腔上部的"提、打、挺"状态对字音的共鸣起着重要的作用。

(二) 咽腔

咽腔,上通鼻腔(称鼻咽),前通口腔(称口咽),下通喉腔(称喉咽),形状似一个前后略扁的漏斗状肌管,既像个交叉路口,又像一个水管的"三通"。由于各个共鸣腔体肌肉间的连带作用,加之咽腔又处于"交通路口",所以口腔、喉腔器官的细微变化都会影响咽腔发生改变(所谓的打开后声腔即指口腔后部和咽腔)。例如,发音时舌尖要抵住下齿龈(甚至更下),否则舌尖后缩,舌体在口腔里发音动作时没有依靠,会导致舌体后退堵塞咽腔通向口腔的通路,并使咽腔垂直管道变窄,妨碍声波前行;挺软腭可以保证口咽弯道通畅适中;松下巴可以放低舌体后部,使得声波顺利流向口腔;喉部如果不能做到相对放松,咽腔的腔体也会受影响。总之,咽腔的腔体除了自身的积极调整外,也与周边腔体紧密相连。

(三) 喉腔

喉腔是所有共鸣腔体中腔内空间最小的一个,但却是声带振动后音波形成的第一个共鸣腔体。在"喉部与声调"一章已经分析,无论喉部的紧张与松懈都会对喉腔共鸣造成影响,甚至挤压声带损失泛音。因此,喉部的相对控制与放松,并保持喉头的相对稳定是丰富喉腔共鸣的关键。

(四) 胸腔

胸腔,从外形上看是所有共鸣腔中体积最大的一个,上接(气管、支气管)喉部,下接收缩自如的腹腔,构成一个"低音共鸣区"。这个低音区不参与吐字归音,是一个纯粹的"美声区",合理使用胸腔共鸣有利于声音浑厚、结实、有力。许多初学者表达时起调过高,与不会运用胸腔共鸣有直接关系。

(五)鼻腔

鼻腔属于上部共鸣腔体,也是容积较大、不可调节的固定腔体。鼻腔后面通向鼻咽腔,底部是硬腭。所以,丰富的口腔、咽腔共鸣波及临近腔体时,同样会引起"楼上"鼻腔的共振,于是发音就带有了鼻腔色彩;普通话语音中的鼻辅音就是运用鼻腔共鸣的方式发音的。还有一种发音情况采用鼻腔共鸣,那就是带鼻尾音韵母的音节需要儿化时,承担韵腹的主要元音发音时需带有鼻化色彩,鼻化元音由"~"表示,也就避免了与不带鼻辅音的儿化音所产生的音变相混淆的现象。在发音时口腔的静态控制要求抬软腭,并非完全阻塞鼻腔通路(那样发音会僵、空、混),有一小部分气流从鼻腔透出,产生了鼻腔共鸣。发音中不要有意寻找鼻腔共鸣,以免过量造成鼻音现象。如图9-2、9-3、9-4。

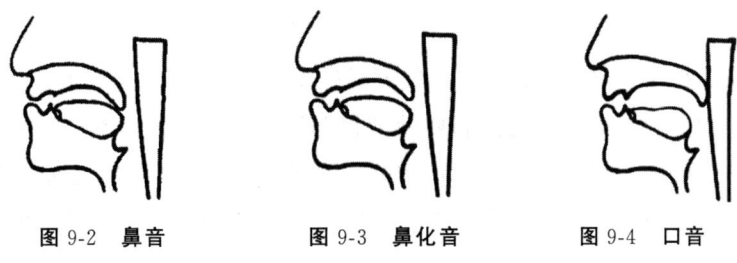

图9-2　鼻音　　　图9-3　鼻化音　　　图9-4　口音

(六)头腔

头腔与鼻腔同属上部共鸣腔体,也是容积较大、不可调节的固定腔体。头腔共鸣是声乐发声多采用的一种共鸣方法,且是在口腔共鸣的基础上获得的。口腔在保持静态控制的前提下,声波沿着上颚(经过共振)向鼻咽腔、鼻腔和诸窦(额窦、蝶窦)传递,引起声波的回荡。头声区是发高音时的主要共鸣器官。播音主持中除了特殊身份与场合需要外,一般不使用头腔共鸣。

如果把人的声音分为高、中、低三个声区,不同声区使用的共鸣腔不一样。发高音时,以头腔共鸣为主。发中音时,以口腔、咽腔共鸣为主。发低音时,以胸腔共鸣为主。

第二节　播音主持艺术发声的共鸣要求

播音发声的共鸣要求与其他艺术形式的共鸣方式相比,因受工作环境和条件的影响,有其独特之处。本节对播音发声的共鸣方式和影响共鸣的物理要素进行一一阐述。

一、播音发声的共鸣方式

艺术语言采用以口腔共鸣为主、以胸腔共鸣为基础的声道共鸣方式。对于播音主持语言的声道运用来说,也是如此,但是具体的声位要求相对于其他语言艺术的声区运用,更加精细、规整和统一。由于"我就在"这个特定角色的规定性,从听觉美感的角度而言,声束要打在"硬腭前部"。这个比喻既形象又抽象地指出了播音员在表达过程中对声位的严格要求。从感觉上像有一根弹性声音柱,又像一股清泉从小腹抽出来,经胸部垂直向上,通过口咽转而向前,沿着上腭的中纵线流动,"挂于"硬腭前部并透出口外。

人的言语发声声道就像一个主管道并配有"三通"、阀门和风箱等动力装置。肺,为气息这个匆匆过客提供歇脚的"驿站",同时又是个守职的风箱;气管就是通气的管子,又像是匆匆过客的行动路线;双唇、舌、软腭、声带像是随时开关的阀门,又像几个形状不同的要塞;各个共鸣腔体就像一个个粗细不均的管道,又像各司其职的"三通"。

(一)以口腔共鸣为主

如果说我们把各共鸣腔体比作言语发声的扩大器,那么口腔共鸣的扩大作用则举足轻重。艺术语言发音要求口腔的控制要做到提颧肌、打牙关、挺软腭、松下巴,就是为了在吐字归音的过程中提供一个良好的口腔静态环境,保证舌体的最大活动空间,并更好地发挥口腔共鸣的作用。假如口腔的静态控制不好,腔壁肌肉紧张度、力度不够,声音流入口腔后将会被松软的肌肉吸收,共鸣也就无从谈起,字音也将失去色彩。

口腔是语音的制造场,也是声音的集散地。喉原音通过各腔体的共振使声束聚集在口腔内,打在被称为声音敏感区的硬腭前部,以便发挥最佳的共鸣效果。良好的口腔共鸣的获得是静态控制与动态控制共同参与的结果。如果舌体肌肉收束紧张度不够,在口腔内占有空间太大,即使口腔的静态控制再好,字音也会含混不清,将造成"声包字"现象。同样,双唇松软、力度不能集中控制在唇中央三分之一处,口腔腔口太大,字音就不会圆润,共鸣也就失去了效果。

(二)以胸腔共鸣为基础

《中国播音学》里把经过训练的个人嗓音的自如声区确定在"两个八度(即 24 个半音),从下一个八度的下四分之一高点开始,至上一个八度的上四分之一低点为止"。胸腔共鸣是声音扩大器里最大,也是最低的扬声器,对于美化"代言人"的声音形象,起着主要的作用。播音主持所使用的中声区与歌唱者所使用的中音区有所不同,播音(言语)发声中声区是相对的,因人而异。有些初学者,甚至有些已走向工作岗位的播音员、主持人,播音主持时把握不住声区,听觉调整能力或自身的审美能力相对有限,胸腔共鸣用不上,声音听起来窄细、单薄,甚至虚、飘,与播音员、主持人应有的庄重、朴实、自然的语言特点相去甚远。

正确的胸腔共鸣的产生是参与发声的生理机能保持在一个相对上下粗细一致、通畅的"管子"状的意识下完成的。如果这个"管子"以胸部共振为主,那么就是胸腔共鸣,学界把发音时这个胸部的振点称为胸部支点。用触觉带动听觉感受比较明显:把手放在胸前会感觉到,随着声音由高到低,胸腔的振动感从无到有的变化。也就是说,声音越低,胸腔振动越明显。如果结合前面语音部分所掌握的声调发音,把五度标记图想象竖放在喉部以下的胸腔内寻找共鸣,发音时,随着音节调值的不同,胸腔共鸣会产生明显的上下起伏变化。

二、影响共鸣的各要素关系

发声是声音的物理性表现,播音主持艺术发声的中低共鸣声区的运用,除了特殊场合与角色外,更多体现在音量大小的变化中。在训练中正确把握和调整音量与各要素之间的关系,会直接影响声道共鸣的科学使用。

(一)音量与音调

许多初学者总是容易用音调的高低来调节音量的大小,音量变大时音调就提高,音量变小时音调就下降,所以经常出现"唱高调"的现象。究其原因,除了气息发声通道控制不好外,大多是由于掌握不好音调与音量之间的关系,不会使用胸腔共鸣所致。当然,音量的变化相应会引起音调的起伏,但二者有一个相对性和主辅性的关系问题。

从语音的物理属性来说,音调是声音的高低,它与振频有关,频率越高,音调越高,反之就越低;而音量是声音的大小,它与振幅有关,振幅越大音量越大,反之越小。形象地理解,它们的音区拓展方向有纵向与横向的区别,这与我们所说的振幅与胸腔共鸣的利用有直接的关系。就拿峻青的《第一场雪》里的一段话来举例说明:"大雪整整下了一夜,今天早晨,天放晴了,太阳出来了",根据文章内容并结合语境,这句在音量上应该是由小到大的,指的是气息与胸腔共鸣的运用、配合程度,而不是音调的由低到高,如图 9-5、9-6 所示。

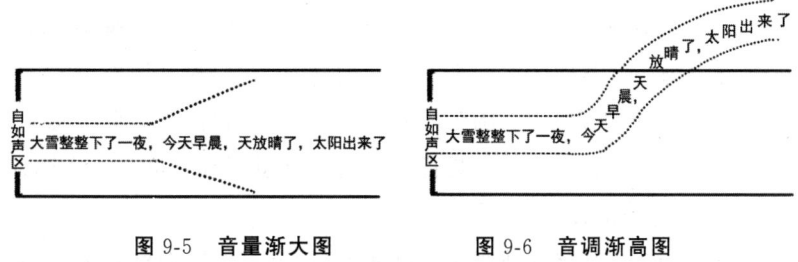

图 9-5　音量渐大图　　图 9-6　音调渐高图

由于去声、阴平声调起音高,许多初学者便容易在这两个声调发音时"冒调",致使气息上浮,声音虚飘。

(二)音量与情绪

主观上的积极主动是表达者必备的素质之一,不论是热情赞扬还是沉痛悼念,"说"的愿望应该贯穿稿件或节目的始终。而有些初学者不能很好地调动情绪,状态的把握就会受到音量的制约。音量增大时,不仅情绪饱满、状态积极,而且唇舌有力,归音到位;音量减小(弱)时,则精气神无影无踪,口腔塌陷无控制。例如,朱自清《春》里的一段:"小草偷偷地从土里钻出来,嫩嫩的,绿绿的。园子里,田野里,瞧去,一大片,一大片满是的。"这一段是对小草的描写。根据内容,前面为表现作者的形象描述"偷偷地",所以声音形式需要音量较小,共鸣运用较弱;随着小草的破土生长和面积扩大,音量逐渐加大,共鸣加强。而这时,我们不能因为前面音量轻、小就放松口腔的控制状态。二者比较,状态是相对固定的,情绪上(心理状态)和技巧上(静态控制,即生理状态)应具有持续性,而音量较之有相对的可变性,所以在表达中不应因音量大小的调节影响状态上的松紧变化,也就是音量要随内容而起伏,状态却不应因音量而改变,否则播音主持的主要共鸣区——口腔共鸣将会大大受损。

(三)音量与喉部

声音来源于喉部,由声带闭合产生。而声带闭合的松紧、快慢和声带振动所产生的振幅与振频,决定了声音的强弱、高低及质量。由于播音主持工作的声区运用相对稳定,以追求音量大小变化为主,而音量大小的获取又是外力作用下的结果(声带振动幅度与声门下的压力大小),初学者在追求大音量时往往协调不好声带与喉室内部肌肉的关系,即声带在闭合过程中,声带周围的喉室内其他肌肉(器官)同时过于紧张受力,导致"压喉"问题产生(追求音高容易挤喉)。在共鸣训练中,喉部的相对放松与控制就显得尤为重要了。

(四)音量与气息

振幅大小所产生的音量变化与声门下的压力有很大关系,而声门下的压力又与气流量有很大关系。气流量大,声门下压力就大,音量自然也就大。身体瘦弱、声音低微的人常常被形容为"中气不足",就是这个道理。而武侠小说中的"武林高手"自然是"中气十足",因此个个都"声如洪钟"。播音发声的共鸣及音量获取与气息的基本要素关系密切。

很显然,教材内每一章节内容之间都有必然的联系,它们相互影响、相互制约。共鸣的获取、声音的变化,不单单是口腔、胸腔等共鸣控制问题,它们还需要情感的调动、吐字的配合及气息的支撑,甚至还需学习者具备良好的听觉意识和判断能力。因此综合调整与运用是完成共鸣训练的前提。

随着广播电视频道的专业化,新媒体的迅速崛起,节目的针对性越来越强,节目内容丰富,形式多样,有的节目制作、播出场地变动频繁,从事有声语言艺术的人对共鸣区的运用在不违背个性特点的前提下,更需灵活掌握。

第三节 共鸣与声区控制发音发声训练

有气息才有动力,有动力才有声音,声音只有经过咬字器官加工,形成音、词、句才富有意义,具有意义的音、词、句如果没有情感的调动也不能真正做到传情达意。共鸣控制训练要注意结合前面所学过的所有内容从生理、心理、物理几个方面综合进行。如果说前面章节的发音发声还停留在口腔与喉腔的训练范围,那么本阶段训练将拓展音域,以便适应户外环境与特殊稿件的需求。由于强调训练的综合性,前面曾经进行过的训练内容及方法同样适合共鸣训练,要注意每一个内容的不同训练角度。

一、共鸣控制基本训练

以下着重围绕胸腔共鸣的寻找和音域的拓展来进行。用"啊"音作为共鸣训练的基本音,以达到寻找并完善最佳声区的目的。

(一)共鸣控制拓展训练

想象自己站在辽阔的草原上,眼前蓝天、白云、绿草、清水,所有一切令人心旷神怡,因此发"啊"来抒发此刻的心情。用高、中、低不同声区进行"分声区"练习,由低到高或由高到低,认真体会声区的变化。

以歌唱的方式训练在前面已进行过,并且在以后的章节仍会继续运用,只是每次的训练目的及具体方法不尽相同。在此要注意气息、发音、喉部、胸腔共鸣的综合运用,将声音的"扩大器"发挥到最合理的状态,配合旋律达到拓展音域的目的。

1. **寻声情境训练**

● 情境设计:"绕音"。状态积极,发声通道畅通,想象声音像一条从下往上或从上往下爬行的蛇,围绕着一个上下粗细一致的柱子做高低起伏的"绕音"训练。随着声音的起伏,想象自己的身体也由高到低再由低到高,或头顶蓝天,或脚踏实地,有一种延伸感。反复训练。

● 情境设计:"滑音"。状态积极,发声通道畅通,想象"啊"(声音)像个有弹性的带子在气息的支撑下被拽得很长,并由低到高再由高到低做45°的爬坡练习。或者想象自己的声音就像滑板在光滑的、有坡度的高速公路上,上来下去畅通无阻。反复训练。

2. **旋律情境训练**

● 情境设计:选择适合中低调歌唱的歌曲,调整好口腔状态,调动情感,使所有可抒发的语意和语气都以发6个元音的方式歌唱出来(之后再唱原歌词)。如《红莓花开》(有的译为《红梅花儿开》《红莓花儿开》)、《铃儿响叮当》。

《红莓花开》
《铃儿响叮当》
曲谱、视频

《校园的早晨》《同桌的你》曲谱、视频

● 情境设计：选择自己喜欢的校园歌曲，用适合自己的调，调整好口腔状态，歌唱。如《校园的早晨》《同桌的你》。

3. 提示

（1）要有丰富的想象力和设计情境的能力，帮助共鸣训练。如果说"分声区"练习就像一个人在上下台阶，"绕音"练习又像一个人在走有规则的盘山道，那么"滑音"练习就像消防演习，随着警报器的鸣响，心理状态和生理控制紧张而有序。

（2）一定要有综合控制的意识。声音要保持上下通畅，不能因高低变化而粗细不均，所以要保证喉部的相对放松与紧张；口腔要保持静态控制，不能因为声音高低的变化做开合的动作；气息要正确、稳劲、持久，不能因为声音高低的变化而使气息上浮。

（3）体会在旋律的起伏中，共鸣的高低变化和气息的控制关系。旋律训练要切记播音主持共鸣训练的目的与要求，要以口腔共鸣为主，以胸腔共鸣为基础，寻找自己合适的自如声区，千万不要纯粹模仿原演唱者的调和声区运用。要确定一个适合自己演唱的调，不要超出自己的用声范围，防止声音偏后、偏高。随着训练的进步，逐渐拓宽音域。

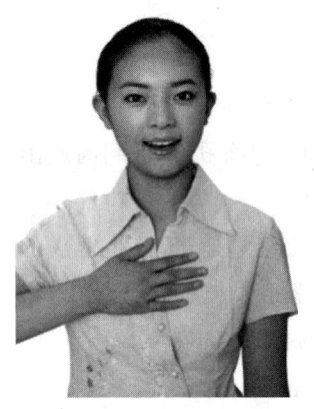

图 9-7　感受胸腔共鸣

（4）歌唱时切忌"声包字"，不要为了旋律或追求与原唱形似，而丢了吐字归音。以"说唱"的方式体会相同时间单位内，字腹拉长的情况下，吐字归音时的唇舌变化。选择自己近期刚学会的一首电视、电影歌曲，结合画面再现情景，调动情感，控制气息，打开口腔，体会唇舌变化，寻找自如声区。

（5）切记任何训练都要保持正确的姿态，使用协调的体态。

（6）手放在胸前体会声音在胸腔时胸前的振动感，如图 9-7。

（二）共鸣控制"对话"训练

结合吐字归音采用"对话"的方式，每一个训练内容都分不同声区进行训练。想象自己胸前有一个记录声调的五度标记图，训练时根据声调的高低变化体会共鸣在胸腔内的上下起伏，高不要挤喉，低不要压喉。

根据词语的内容设计情境，分不同声区进行练习。喉部控制训练主要为了解决喉部发音的舒展问题，可称为声音的横向训练。在此，声音由高到低、由低到高，层次划分得越多越好，可称为声音的纵向训练。

1. 对白情境训练

● 情境设计：我们都看过《祝福》，都知道祥林嫂喊"阿毛"的情境。不过在此设计喊"阿毛"的情境，是为了训练我们的共鸣和气息，使声音更加响亮、圆润。设想距离"阿毛"

所处的位置有5米、10米、20米、50米不等,由于心情非常急切,或者非常兴奋,于是大喊一声:"阿—毛—",体会不同距离、不同情绪所用的不同气力、不同语气及不同音量和共鸣区。

● 情境设计:设想自己是话剧中的一个角色,由于受到角色等舞台虚拟环境的限制,设计情境体会喊"阿毛"时声音的虚实变化。还可以设计成被喊对象正在休息或他周围有人休息不便打扰,在声音有控制状态下喊"阿毛"或"阿刚""小芳"等。利用开口度大的元音音节来训练,体会气息、共鸣的控制力度。如图9-8。

图9-8 共鸣拓展训练

2. 独白情境训练

● 情境设计:想象眼前的人让自己很无奈,深吸一口气,然后发"嘿",并与吸好的一口气同时呼出;又觉得他很可笑,发"哈"。"嘿!哈!嘿!哈!嘿!哈!"交替进行。

● 情境设计:"ma、mei、mi、mao、mu"是声音训练的传统方法,在训练时可采用一气一音和一气五音的方法,也可根据声区进行高低变化,把五个音名理解为容易引起联想的词语进行情景再现式训练:"骂(你)、(明)媚、(甜)蜜、茂(盛)、(和)睦"。

3. 提示

(1)对于初学者来说,共鸣的训练建议采取"先放后收"的方式,开始要先提高声音(气息)的强控制驾驭能力。一般来说,播音主持话筒前的用声状态取"收势",但如果在训练时就养成一个"收"的声音状态,今后若遇到需要"放"的节目时就会导致音量使用受限,影响节目的基调及质量,甚至破坏气氛。

(2)在"气息与状态"一章训练中采用过"hei、ha"音寻找腰腹部的气息控制的方法,随着"hei、ha"音由高向低变化,感受胸前的共振效果。随着声区由低到高,胸前的共振就会由强渐弱;反之,就会由弱渐强。

(3)任何元素的训练,都为了"用",所以即使在发"ma、mei、mi、mao、mu"训练共鸣和气息控制时,也应该注意口腔控制与"ma、mei、mi、mao、mu"每个音节的舌位动程。

(4)情境设计越具体,声音色彩就有可能越丰富、形象。训练中仔细体会交流对象距离不同、环境不同带来的声音高低、大小变化及气息在腹部控制下的变化与作用。

二、共鸣控制综合训练

规定速度,使气息、口腔、喉部在有控制的状态下,合理运用共鸣声区,并对词语内容展开想象,声音做到收放自如。根据故事的环境、时间、地点与人物的年龄、性格、性别、身份等特点,分析理解与把握故事中的"对白、旁白与独白",兼顾形似与神似。有声语言的处理应随内容变化、情节起伏做到故事脉络清晰、流畅,人物语言形象、生动。

(一)声区控制词组训练

语言的社会性使得书面语言通过视觉上的感性认识产生联想,这样可激发词语与自己生活经验相关的情境产生关联,调动起与词语相关的人、事、物,并生发对这个词语的阅读兴趣,要以情带气、以情束舌、以情立腔、以情吐字、以情发声,寻找胸腔共鸣。

1. 感官体验情境训练

● 情境设计:抒发、歌咏眼前出现的自然美景,体会视觉、听觉、触觉甚至嗅觉上的各种感受,采用不同声区进行朗读……

春光明媚	峰峦叠嶂	青山绿水	花红柳绿	桃红柳绿	山河美丽	花团锦簇
蓝天白云	山高水长	资源满地	春意盎然	绿草如茵	朝霞绮丽	山明水秀
湖光山色	崇山峻岭	开渠引灌	峰峦雄伟	青山碧水	万紫千红	五彩缤纷
姹紫嫣红	丹桂飘香	万木争荣	百花齐放	残月当空	繁花似锦	骤雨滂沱
翠绿欲滴	烈日当空	和风细雨	彤云密布	万里无云	狂风暴雨	天色微明
倾盆大雨	天昏地暗	重峦叠嶂	枯藤老树	星光闪烁	碧空如洗	晴空万里

● 情境设计:以下是与动物有关的四字词,根据平时对各种动物习性、神态等的观察,结合词义用不同声区朗读……

虎视眈眈	狼吞虎咽	贼眉鼠眼	虎背熊腰	虎头虎脑	生龙活虎	鸡飞狗跳
鼠目寸光	呆若木鸡	万马奔腾	狐假虎威	鸡犬不宁	狗血喷头	老马识途
泥牛入海	虎口余生	打草惊蛇	鹤立鸡群	鸡鸣犬吠	飞禽走兽	狗急跳墙
狐假虎威	万马齐喑	兔死狐悲	猪羊满圈	龙腾虎跃	画蛇添足	龙行虎步

2. 心灵交流情境训练

● 情境设计:通过四字词的亲情、友情、爱情描写,调动自己相应的真实情感,控制口腔、气息、共鸣,进行不同声区的"内心独白"……

幸福美满	千里姻缘	互相帮助	团结友爱	乐于助人	善解人意	宽容大度
天伦之乐	莫逆之交	患难之交	刎颈之交	生死之交	忘年之交	贫贱之交
舐犊情深	情同手足	情投意合	志同道合	天长地久	寸草春晖	爱心奉献
骨肉至亲	骨肉相连	深情厚谊	推心置腹	肝胆相照	情同手足	风雨同舟
荣辱与共	同甘共苦	关怀备至	心心相印	海誓山盟	拔刀相助	花好月圆

● 情境设计:通过视觉提示,回忆以下每个节目的形态、内容及主持人,并根据节目定位及宗旨,激发、调动相应情感,体会发音时口腔控制等共鸣区运用的综合感觉……

新闻联播	新闻快车	新闻快报	焦点访谈	朝闻天下	新闻周刊	走进科学
艺术人生	媒体聚焦	第一时间	晚间新闻	今日说法	人与自然	共同关注
感动中国	音乐传奇	百家讲坛	星光大道	为您服务	科技之光	道德观察

央视论坛　中国味道　生活提示　梦想中国　交换空间　为您服务　天天向上
健康之路　探索发现　笑声传奇　开门大吉　文明之旅　动物世界　新闻1+1
经济半小时　欢乐中国行　中国好声音　出彩中国人　挑战不可能　新闻30分
中国诗词大会　中国成语大会　中国民歌大会　每周质量报告　经典咏流传
大风车　智慧树　面对面　开讲啦　奇葩说　中华情　对话　朗读者　见字如面

3. 提示

(1)在四字词或多音节词内部寻找词的轻重格式结构，体会格式变化对声调带来的微调，并感受共鸣的运用。

(2)用手扶在胸前体会因四个声调的调值不同而引起的胸腔共鸣的起伏(高低)变化。

(3)要注意音量与情绪、音量与音调、音量与喉部、音量与气息等之间关系的处理。

(4)声(音)受发音位置影响，容易前后游离、不统一，导致口腔共鸣受损。例如，由于辅音声母的发音位置与"呼读音"的元音发音着力点(舌位)有一定距离，所以在初学阶段，尤其在个体的音素拆分练习阶段，容易导致声音"前后不一"或压喉等，例如 de、te、ne、le 声母发音位置在舌尖，e 的发音着力点(舌位)在舌后，如果舌体力度控制不好，就会造成声音前后游移；ge、ke、he 的发音又容易全部在后，此时要特别注意舌体整体力度的控制，不能因为舌位在后，就只加强舌后部的力度，而忽视舌尖及前部的稳定，否则声音的"起音"到"落音"就很难做到统一。所以声音位置与发音时唇舌的着力点的关系要通过控制处理好。

(二)声区控制故事训练

采用有情节的小故事进行训练时，语速仍然要有控制，比记录速度稍快些即可，以中速进行讲述。故事里短句较多，要根据语意合理处理停连。切记，有声语言在表达中不完全受标点符号的限制。例如，一般在文章中并列关系的词、词组、短句之间的顿号或逗号，都不做"停顿"或"换气"处理(关联词后也建议不换气)。当然，心理顿歇还是要有的，正所谓"音断意不断、气不断"。有些初学者容易在句尾换气(或拖腔)，有的习惯用频繁换气代替情感表达，这样的表达方式给人的听觉感受像得了"哮喘"，有时还会造成歧义。建议初学者先对片段内容进行分析，规定好换气口，然后再开口训练，避免训练中由于换气频繁而造成语意割裂。同时还要注意不应因为速度稍慢而影响了富有哲理性小故事的生动表达。

人物的年龄、性格引起的声音变化及共鸣区调整，具有人物声音特点的对白与共性审美特征的旁白该怎样把握，需要认真揣摩和训练。因此，内容的丰富性增大了训练的难度。怎样在中速(或者慢速)的训练中还能听出语意，理解是前提，感受是关键，技巧是手段。

1. 无对话情境训练

等 待

一位商人把珠宝玉器放在一把竹柄油纸伞中回家。不料在一个叫唐家寺的小镇,雨伞被别人随便拎走。于是他便住下来,租房子做起了修伞的生意,实际为了暗中寻伞。最后终于想尽办法,得到了那把伞。

我们由衷感叹商人的沉着、冷静、睿智与大气。

每天给自己一个微笑

一位医生,素以医术高明享誉医学界。在他事业蒸蒸日上时,不幸得了重症。这不啻当头一棒。一度,他情绪低落、消沉。但他后来接受了这个事实,而且心态也变了,变得宽容、谦和。再后来,他变得十分快乐了。病魔也望之却步,他平安地生活着。

有人问他,什么神奇的力量支撑着他,他说:"每天给自己一个微笑,一个希望。"

沙漠玫瑰

一个朋友从以色列来,给我带了一朵沙漠玫瑰。拿在手里,是一蓬干草,真正枯萎、干的、死掉的草。但是他要我看说明书。说明书告诉我,这个沙漠玫瑰其实是一种地衣,有点像松枝的形状。你把它整个泡在水里,第八天它会完全复活;把水拿掉的话,它又会渐渐地干掉,枯干如沙。把它再藏个一年两年,然后哪一天再泡在水里,它又会复活。这就是沙漠玫瑰。

请把脚步放轻些

在北大百年校庆的时候,一部分校友在一天中午去看望他们的师长,著名的"北大三老"季羡林先生、张中行先生、金克木先生。三老的住处地处北大一隅,距离大家的聚会地有一段路程。开始的时候,大家还是有说有笑的,但当接近师长们的住所时,这些已蜚声中外的校友都不由自主地放轻了脚步,相互交换着眼神:师长们是否正在午睡?我们不要惊扰了师长的睡眠啊!

脚边的钻石

一位叫阿利的年轻人,为了寻找钻石,变卖了自己的地产,到很远的地方寻找宝藏去了。而买下阿利地产的人,把骆驼牵到后院小河边喝水,骆驼凑到河边时,这人发现了一块闪光的东西,原来是块钻石。

不久,卖房的那位青年空手而归,来到自己原来的住处,发现在自己原来的地产上,正开掘钻石。

人们往往舍近求远,其实钻石就在你的脚边。

爱

一个发生在一位游子与母亲之间的故事。游子探亲期满要离开故乡,母亲送他去车站。在车站,儿子旅行包的拎带突然被挤断,眼看就要到发车时间,母亲急忙从身上解下裤腰带,把儿子的旅行包扎好。解裤腰带时,由于心急又用力,她把脸都涨红了。儿子问母亲怎么回家呢,母亲说不要紧,慢慢走。多少年来,儿子一直把母亲这根裤腰带珍藏在身边。多少年来,儿子一直在想,他母亲没有裤腰带是怎样走回几里地外的家的。

香从心散

朋友从印度回来,送给我一块沉香木,外形如陡峭的山,颜色黑得像黑釉。有一种极素朴悠远的香,连绵不绝地从沉水香中渗出,漂流在空气里。

最特别的是,那沉香木非常沉重,远非一般的木石可比。

朋友说,这是最上等的乌沉香,由于它的心很坚实,丢到水中会沉到水底,所以也叫沉水香。而且,它的香味不断从内部散出来,永远也不会消失。这一块已经有几百年的历史,还是和它从前在森林里时一样香呀!

缘

某一天的某一刻,我信步走出房门,来到某一棵树下,这时吹来一阵风,飘来一片落叶,由此引出一首诗。一切都很自然,就好比佛家的"禅",不容细想的。

这就是缘。

很多年前路过一个无名小镇,随便去了一家旅馆,店家的相貌平常得令人过目即忘,但待人不错,那夜我睡得很香,次日天亮,又乘车继续赶路。或许今生我再也不会见到那个小镇、旅馆及店主……这些残缺不全的美好记忆,却构成了我一生中最大的想象空间。

这就是缘。

用人之道

奥吉瓦尼·玛斯广告公司的创始人大卫·奥吉瓦尼,每当公司新进一位高层管理人员时,他都要赠送给这位管理人员一套俄罗斯套娃。收到这种礼品的员工刚开始都不解其意:老板为什么要送这个呢?

这组套娃是由五个由大到小的木娃娃套在一起的,旋开最外边的大的,发现里边还套着一个小一号的,再打开,又是一个更小的,及至第五个,里边放着奥吉瓦尼写的一张纸条:

倘若我们每个人所重用的人都比我们矮,我们的公司就会变成小矮人公司;倘若每个人所重用的人都比我们高,我们的公司就会成为巨人公司。

生命的最后

前不久,大连市公汽联营公司702路422号双层巴士司机黄志全,在行车途中突然心脏病发作,在生命的最后一分钟里,他做了三件事:

——把车缓缓地停在路边,并用生命的最后力气拉下了手动刹车闸;

——把车门打开,让乘客安全地下了车;

——将发动机熄火,确保了车和乘客的安全。

他做完这三件事,趴在方向盘上停止了呼吸。

这只是一名平凡的公交车司机,他在生命最后一分钟里所做的一切也并不惊天动地,然而许多人却牢牢地记住了他的名字。

姻　缘

我坐在院子里,正欣赏着一朵刚开放的木槿花。正是清晨,木槿花还带着昨夜的露水,在晨曦中微笑。

这时候,一只蜜蜂从阳光里穿行而来,它几乎毫不犹豫地,就停在那一朵木槿花上,那样投入、专注而忘情地吸着花蜜。

微笑、带着露水的木槿花,专注、浑然忘我的蜜蜂,看起来就如同在亲吻一样。

但是,木槿花与采花蜂是带着什么爱情而在城市的阳台上会合的呢?这时空的无限与广大,使我感到一只蜜蜂找到一朵木槿花就是奇迹!连接着它们姻缘的线不是偶然的!

花究竟有什么好吃,使蜜蜂穿越城市来寻找和吸取呢?

等蜜蜂飞走了,我摘下那朵木槿花来吸,发现花中果然有着清香甜美的汁液。

归　乡

朋友说,到秋天的时候来看,这条河整个都会变成红色,所以本地人也叫这条河为血河。

原来,到每年九月的时候,海里的鲑鱼开始溯游而上,奋力游到河的上游产卵。鲑鱼的头是翠绿色,背部是蓝灰色,腹部是银白色,但是一到产卵季溯溪上游的时候,全身都会转变成红色,愈来愈红,红得就像秋天飘落的枫叶一样。

在拥挤向上游的过程中,一些鲑鱼会力尽而死在半途;一些会皮肤破裂,露出血红的肉来;还有一些会被沿途鸟兽吃掉;最终能到上游产卵的只是极少数。

鲑鱼为什么从大海溯溪洄游?至今科学家还不能完全解开其中的谜。

但是,我的朋友却有一个浪漫感性的说法,他说:"鲑鱼是在回故乡。所以鲑鱼也可以说是归鱼。"

2. 有对话情境训练

悲乐之别

有一位记者问萧伯纳先生:"请问乐观者与悲观者的区别何在?"

萧伯纳抚摸着胡须想了想说:"这很简单,假定桌子上有一瓶只剩下一半的酒。看见这瓶酒的人如果高喊'太好了,还有一半!'这是乐观者。如果对着这瓶酒叹息:'糟糕,只剩下一半了。'那就是悲观者。"

价　值

每到一个地方,我总会捡一些当地的石头回来作纪念,有些朋友无法理解,会问我:"石头究竟有什么价值呢?"

"石头并没有真正的价值,它是一个地方最好的纪念,是金钱也不能买到的。"我说。

在我们的世界,所有的事物都有存在的理由,一块石头、一朵野花、一株小草都是在诉说着自己的价值。

成功需要别人承载

一位年轻人想到爱迪生的实验室去工作。爱迪生问他的志向。年轻人满怀信心地说:"我想发明一种万能溶液,它可以溶解一切物品。"

爱迪生听罢惊奇地说:"那么,你想用什么器皿放置这种溶液呢?它不是溶解一切物品吗?"

年轻人面红耳赤,哑口无言了。

修建自己的码头

有一个人一直想成功,为此,他做过种种尝试,但到头来都以失败告终。

他非常苦恼,就跑去问他的父亲。他的父亲是一个老船员,他意味深长地对儿子说:"要想有船来,就必须修建自己的码头。"儿子听了这话沉思良久。

之后,他不再四处尝试,而是静下心来好好读书。后来,他不但上了大学,而且成了令人羡慕的博士后。不少公司现在都请他加盟。

抉 择

德国有一位扳道工,他接到通知,有两列火车通过。当他准备扳道岔时,突然发现自己的孩子在铁轨中玩耍,全然不知飞驶过来的火车。他如果马上去救孩子,就来不及去扳道岔,这样就会使得两辆火车相撞。

危急关头,扳道工对孩子大吼一声:"快趴下!"随即迅速扳好道岔,火车呼啸而过。

扳道工瘫倒在地,不敢看对面的铁轨。但是,孩子还活着。

富 有

上帝化作常人来到一个穷人家里,将一袋粮食送给了他。

在穷人家,上帝看到了这样的情景——穷人家里只剩下光秃秃的四壁了,但他们没有烦恼,孩子们的欢笑洋溢其间。

上帝说:"你们这样穷,有什么可高兴的?"

穷人说:"我们穷吗?不,我们并不穷,我们只是没有钱而已。"

忙 碌

我对儿子说:"如果能像树那么悠闲,整天让凉风吹拂,也是很好的事呀!"

儿子说:"爸爸,你错了,树其实是非常忙碌的。"

"怎么说?"

儿子说:"树的根要深入地里,吸收水分;树的叶子要和阳光进行光合作用;整棵树都要不断地吸入二氧化碳,吐出氧气。树是很忙的呀!"

希 望

一行人在沙漠中考察,迷失了方向,被撂在了茫茫沙漠中,干粮没有了,水也没有了。一位老队员临死时把剩下的人召到一起,留给他们一个满满的水壶。对他们说:"我是不行了,这壶水你们带上。记住,不找到新水源,这壶水千万别打开。"

剩下的队员背着壶去找水,终于坚持到了那个时刻,他们打开了一直带在身上的那壶水。

结果,倒出来的全是沙子。

悟

朋友带我去看他的花园,里面遍植茶花和杜鹃,由于不断培种、育种、接枝地试验,他的花园中五彩斑斓,几乎到了难思难议的地步。朋友说:"一个种子埋在土里,基因虽不改变,只要我们在培育、接枝上努力,可以开出完全不同的花!"

我在心里惊呼起来:这不就是觉悟吗!一个人在觉悟的当念,并不是去改变它的种子,而是去嫁接,希望在俗世的种子上开出清净的花来。

顺其自然

俩人相对而坐,桌面上有两堆同样的瓜子。他们嗑瓜子的方法不同,一人从小到大嗑,一人从大到小嗑。

先嗑小瓜子的那人埋怨说:"真倒霉!而你每次却嗑最大的。"

那人说:"我挑大瓜子嗑,桌面上剩下的越来越小;你则不然,先嗑小的,剩下的越来越大。"

面对生活,你从大到小嗑也好,从小到大嗑也罢,顺其自然就行!

学无止境

日语学习班新一期开学报名时,来了一位老者。"给孩子报名?"登记小姐问。"不,自己。"老人回答,小姐愕然。老人解释:"儿子在日本找了个媳妇,他们每次回来,说话叽里咕噜,我听着着急。我想能够同他们交流。""你今年高寿?"小姐问。"六十八。""你想听懂他们的话,最少要学两年。可两年以后您都七十了!"老人笑吟吟地反问:"姑娘,你以为我如果不学,两年以后就是六十六吗?"

建造自己的房子

一位老木匠准备退休。老板舍不得他的好工人走,问他能否帮忙再建一座房子。

老木匠心不在工作上,消极怠工,建的房子偷工减料。房子盖好的时候,老板却把钥匙交给了他。

"这是你的房子,"老板说,"我送给你的礼物。"

他震惊得目瞪口呆,羞愧得无地自容。如果他早知道是在给自己建房子,他怎么会这样呢?现在他得住在一幢粗制滥造的房子里!

信任的力量

一位犯人越狱了。在亡命途中,他大肆抢劫钱财,准备逃跑。在抢得足够的钱财后,他乘上开往边境的火车。火车上很挤,他只好站在厕所旁。

这时,一位漂亮的姑娘走进厕所,关门时却发现门扣坏了。她走出来,轻声对他说:"先生,你能为我把门吗?"

他一愣,看着姑娘纯洁无邪的眼神,点点头。他像一位忠诚的卫士一样,严严地守着门。在这一刹那,他突然改变了主意。下一站下车去投案自首。

乡 情

第一次出国,妈妈帮我整理行李,行李整得差不多的时候,她突然拿出一个透明的小瓶子,里面装着黑色的东西。

"把这个带在行李箱里,保佑旅行平安。"妈妈说。

"这是什么密件?"

妈妈说:"这是我们庭门口抓的泥土和家里的水。旅行如果会生病,就是因为水土不服。带着一瓶水土,你走到哪里,哪里就是故乡,就不会水土不服了。"

现实与浪漫

有两个人结伴到山里去露营。晚上睡觉的时候,一个人问另一个人:"你看到了什么呀?"

另一个人回答:"我看到满天的星星,深深感觉到宇宙的浩瀚、造物主的伟大、我们的生命是多么的渺小和短暂……那你又看到什么了?"

那个先开口说话的人冷冷道:

"我看见有人把我们的帐篷偷走了。"

只看星星不顾眼前的纯浪漫主义者可能会被冻死饿死,而完全埋头于事务中没有想象力的现实主义者又是多么枯燥乏味。生活需要二者的结合。

珍珠与沙子

老人从脚下的沙滩上捡起一粒沙子,让年轻人看了看,然后就随便地扔在了地上,对年轻人说:"请你把我刚才扔在地上的那粒沙子捡起来。"

"这根本不可能!"年轻人说。

老人没有说话,从口袋里掏出一颗晶莹剔透的珍珠,也随便地扔在了地上,然后说:"你能不能把这颗珍珠捡起来?"

"这当然可以!"

"那你应该明白为什么了吧?你应该知道,现在你自己还不是一颗珍珠,所以不能苛求别人立即承认你。"

美丽的心

在一个演讲会上,一位听众问我:"林先生,我发现来听你演讲的人,不论男女都长得很美丽。我想请问你,是美丽的人特别喜欢读你的书呢,还是读了你的书会变得美丽?"

由于他的问题如此突兀,引起一阵哄堂大笑。

我说:"你看到这些人这么美丽,那是因为你有美丽的心来看他们,就像现在我们看着你,觉得你也十分美丽呀!"

演讲完后,我沿着夜黯的公园走回家,发现在月色中的公园也非常美丽,花树温婉,池水浮金,空气中流着花香。是呀!这世界如此美丽,有的人特别容易看见,是缘于他们有美丽的心。

迎接风雨

我曾经因为有几个大学生登山迷途丧生而访问某位登山专家。其中一个问题是:"如果我们在半山腰,突然遇到大雨,应该怎么办?"

登山专家说:"你应该向山顶走。"

"为什么不往山下跑?山顶风雨不是更大吗?"我怀疑地问。

"往山顶走,固然风雨可能更大,却不足以威胁你的生命。至于向山下跑,看来风雨小些,似乎比较安全,但却可能遇到爆发的山洪而被活活淹死。"登山专家严肃地说:"对于风雨,躲避它,你只有被卷入洪流;迎向它,你却能获得生存!"

除了登山,在人生的战场上,不也是如此吗?

美

我到一座花园去参观,看到园中的花正盛开,树都苍翠,忍不住赞叹地说:"这些花和树是多么美呀!"

花园的主人笑起来,说:"在这个世界上没有丑的树,也没有丑的花。不要说是这花园,即使是路边的花、树也都是很美的。"

花园主人的说法令我感到意外。确实,世上没有一棵树是丑的,也没有一朵花是丑的,我以前怎么没有发现呢?

相对于一棵树或一朵花,作为人的我们就显得有各种分别:是非、善恶、高低、美丑,高尚得像一棵树、完美得如一朵花的人,是多么少见呀。

未雨绸缪

某日我有急事要上峨眉山,就在路旁叫了一辆计程车坐上去。没想到司机听说我要到峨眉山,马上又把车子停了下来。我吃惊地问:"你为什么停车啊?是不是不想去?"

"对不起!先生!我只是要检查一下,马上就好。"司机笑着说。

等他检查完毕,车子发动之后,我半开玩笑地问:"你刚才在检查什么?是不是怕力量不够,爬不上去啊?"

"我是检查刹车系统,如果到下山的时候,才发现刹车失灵,岂不就晚了吗?所以我不怕没有力量冲,只恐没有力量停。不能发,还没有什么;不知收,危险可就大了。未发之前,先得考虑收啊!"

开车与做人的道理岂不是一样的吗?

温情的钥匙

一位烦恼的妇人来找我,说她正为孩子的功课烦恼。

我说:"孩子的功课应该由孩子自己烦恼才对呀!"

她说:"林先生,你不知道,我的孩子考试考第四十名,可是他们班上只有四十个学生。"

我开玩笑地说:"如果我是你,我一定会很高兴!"

"为什么呢?"

"因为你想想看,从今天开始,你的孩子不会再退步了,他绝对不会落到第四十一名呀!"我说。

妇人听了展颜而笑。

我继续说:"这就好像爬山一样,你孩子现在是山谷底部的人,唯一的路就是往上走。只要你停止烦恼,鼓励他,陪他一起走,他一定会走出来。"

寻找快乐

一群年轻人到处寻找快乐,却遇到许多烦恼、忧愁和痛苦。

他们向苏格拉底请教:快乐到底在哪里?

苏格拉底说:"你们还是先帮我造一条船吧!"

这帮年轻人暂时把寻找快乐的事放到一边,找来造船的工具,用了七七四十九天,锯倒了一棵又高又大的树,挖空树心,造出一条独木船。

独木船下水了,他们把苏格拉底请上船,一边合力荡桨,一边齐声唱起歌来。苏格拉底问:"孩子们,你们快乐吗?"

他们齐声回答:"快乐极了!"

苏格拉底道:"快乐就是这样,它往往在你为着一个明确的目的忙得无暇顾及其他的时候突然来访。"①

3. 提示

(1)没有"对白"的故事不好寻找交流感,有"对白"的故事又不好把握人物感。刚开始进入故事训练,不要求快,体会角色感、寻找"讲"故事的共鸣声区很关键。

(2)此阶段在口腔、气息等控制刚建立起来还不够稳定的时候,寻找共鸣与声区是首

---

① 以上故事摘自王玉强.智慧背囊:1—10[M].海口:南方出版社.

要任务,在此基础上"说人话"。在情感调动的基础上,结合前面所学,在口腔唇舌肌肉保持静、动态控制的前提下,喉部声带肌肉能随着内容的需要进行理性的松紧控制(声音高低与强弱等变化)很重要。正所谓:"播"不失自然,"说"不失规范。

（3）对于"对白"和"旁白"语言的转换,在处理声音的变化时,除了角色语言的语气(播音创作基础课程阶段要讲)要注意把握外,还要在相对"音量"强弱上寻变化,防止在绝对"音调"高低上求效果。

（4）很好地把握轻声词和非关键词是"细节决定成败"的最直接表现。就像《未雨绸缪》故事中的计程车司机所说:"未发之前,先得考虑收"。表达中会放还要会收,会拎起来更要能放下来,但决不能以丢失口腔和舌位动程为代价。

（5）练习气息控制长句子时,要注意气流"被动进入"的感觉,在"意不断"的前提下,腰腹快速进行"一松一紧"的刹那间补气运动。例如并列关系的短句较多,一口气读不下来时,就需要在中间补(偷)一下气。

▶▶▶ 回顾

共鸣调节方式是提高发声效率、改善声音质量的重要环节。艺术语言采用以口腔共鸣为主,以胸腔共鸣为基础的共鸣方式。要掌握共鸣就要做到鼻腔、口腔、喉腔、咽腔、胸腔、头腔等腔体的协调控制。共鸣控制训练要注意结合前面学过的所有内容,从生理、心理、物理几个方面综合进行,尤其不能丢失情感、气息的依托及吐字归音,与此同时还要处理好各要素之间的相互关系。采用中低声部歌曲进行训练,借用优美的旋律可以增加发声训练的美感,能达到"寓学于乐"的学习效果。

本章重点

播音主持的职业特点对于胸腔共鸣的科学运用。

学习时间

课上☞大课:2课时;小课:针对性训练30课时左右。
课下☞结合所学内容保证每天坚持训练1小时。

思考题

1. 掌握并识记以下词语或概念:
   　共鸣　胸腔共鸣　口腔共鸣　鼻腔共鸣　咽腔共鸣　喉腔共鸣　头腔共鸣
2. 简述播音主持艺术发声的共鸣方式,并举例说明。
3. 简述影响发声的物理要素及各要素之间的相互关系,并说说如何进行综合调整。
4. 简述歌唱在共鸣获取中的作用。
5. 简述自己的嗓音特点,并举例说明训练中出现的问题与解决方法。
6. 你怎样处理故事训练中的旁白和对白在声音上的变化与控制?

第十章　情感与弹性
——声音形象的"花筒"

导读

　　弹性,是指物体在外力作用下发生的形变,又在外力去掉时恢复原状的性质。也可比喻事物可大可小的伸缩性。那么,什么是声音的弹性呢? 不同的物质条件、不同的外力作用产生不同的声音弹性。例如,打击乐器、键盘乐器与弦乐等乐器,它们各自的材质、柔韧度及外力作用不同,因此表现出的弹性不一,声音音色也不一,这既是主客观作用的结果,也是物理作用的表现。在此学习声音弹性,目的在于表达者能根据思想感情获取一个富于变化的声音形式。声音的弹性不仅与共鸣一样,对声音有扩大和美化的作用,而且根据内容情感,声音弹性在获取过程中的层次更为细腻,表情达意的声音色彩更为丰富。

第一节　对声音弹性的认识

　　在播音发声训练过程中,如果说前面章节学习的音准、气稳、声实是打地基,是建房子,那么声音弹性就是着色,就是装潢,是对前面所有学习内容的总体消化与驾驭。

一、什么是人的声音弹性

　　人的声音弹性是指声音对于人们变化着的思想感情的适应能力,或者说声音随着感情变化而出现的伸缩性、可变性。

二、声音弹性的特点

　　声音弹性的特点大致分为以下几点:

(一)依托内容

　　声音弹性首先以播音主持的稿件内容为依据。声音只是情感表达的形式,是手段。艺术语言的表达过程就是根据内容进行理解,产生具体的感受并外化成相应的声音形式的过程。例如,同样是新闻播音,时政新闻与社区新闻(尤其是"菜篮子"新闻),声音形式的表现有所不同,所运用的声音弹性也不一样;《春节联欢晚会》与《新闻会客厅》在内容上大相径庭,主持人声音弹性的运用也有较大的区别。

(二)体现物理

声音弹性所反映的声音变化体现在音强、音高、音长、音色这四个物理要素上。有声语言的运用是思想感情支配下声音形式产生变化的结果。节目内容不同、语言传播目的不同、语言环境不同,表达的方式、声音物理性的运用、弹性的实现都会有所不同。当然,还有户外、室内的区别,人数多少的区别等,也是影响声音弹性的因素。

(三)呈现对比

声音弹性所反映的声音变化是通过对比呈现出来的,有高才有低,有实才有虚,有明才有暗,有慢才有快。表达者在表达过程中要根据稿件或节目内容,充分发挥有声语言的节奏特点,较好地体现声音弹性的对比色彩。

(四)表现丰富

声音弹性所反映的声音变化还体现在声音运用的丰富性上。声音的高低、强弱、明暗、虚实、快慢的变化并不是单一的。节目内容的丰富性决定了外化稿件内容的声音形式也要随之多层次、多变化。例如,一直从事新闻播音的中央电视台主播康辉、欧阳夏丹、海霞等人,他们能把各种新闻、专题片在相对有限的"话声区"用恰当的表达方式准确地予以解读,其中声音弹性细腻、丰富的运用就发挥了很好的作用。

声音弹性与发音过程的各个阶段都有密切联系,每一个环节都对声音弹性产生重要影响。它是气息控制、口腔的静动态控制及用声状况综合运用的结果。

三、声音弹性的获取条件

如果外力作用于一个没有弹性的物体,主观努力再积极也不会收到理想的效果。声音弹性就像一个"万花筒",可以变换出多姿多彩的声音形式,但如果具备制作"万花筒"的技能,却没有良好的材料,"万花筒"也不能成形。例如,演奏人员水平高超,使用的乐器质量不好,同样演奏不出好的曲子;反之,物质条件很好,但是主观作用不科学,效果依然不佳。正像播音员、主持人的声音一样,先天条件很好,但是用声时外力作用不恰当,也会造成声音受损或水平发挥不出来。因此,良好的声音弹性的获取仍需具备必要的主观条件。

(一)丰富的感情

这是获取声音弹性的基础。感情就像"万花筒"的颜色,也是变化声音色彩的内在依据。人的任何社会实践活动都离不开感情的驱使,在情感的支配下人们通过活动反映自己复杂多变的情绪、情感,表达自己的态度。有声语言的表达是思想感情的外化,声音弹性的获取正是为了更好地发挥有声语言传情达意的作用而进行的一种基础性训练。在前面每一节训练中都要求设计情境、调动情感,强调以情带声,正是为了以感情为依托,用有弹性的声音更好地传情达意。无色之花无以为花,何况"万花"。

(二)饱满的气息

这是获取声音弹性的动力。气息是"万花筒"的源动力,也是变化声音色彩的基础。没有气息,无从谈生命,更无从谈声音,正所谓以气托声。声音是在喉部、口腔、共鸣控制下变化的。

(三)情、声、气协调

这是获取声音弹性的要素,是变化声音色彩的基本要求,也是"万花筒"变换的机制。情、声、气三者相互依存、互为制约,情以声和气为手段,气以情为依托,声以情和气为基础。气随情动,声随情变。如果将感情比作深井里的水(源),气息就是通电的水泵,那么声音就是水流了。水流的流量与流速取决于水泵的动力作用与深井的水质。

(四)有机的控制

这是获取声音弹性的保证。漂亮的"万花筒"并不是仅有花色、转动力与机制就能实现的,花瓣的形状(吐字)、枝叶的线条(共鸣)、花儿的材质(喉部)等色、形、质、型及它们之间的空间感、立体感达到合理组合,在人的意识控制下,才能有"万花之美"。例如吸气时不能过满,呼气时不能太竭,咬字时不能太紧也不能太松,用声时音量不能太大也不能太小,声音位置不能太靠前也不能太靠后,喉部要相对放松与控制,等等。弹性是控制的必然,是柔韧的表现,也是发声者情感支配的结果。所以调动情感,用各种感觉器官体会与把握分寸,才能使"万花筒绽放绚烂的万花"。

四、声音色彩与感情色彩

"色彩"一词是从绘画学、色彩学中借用的概念。为了使内心活动形象化,以便于具体细微地体验声音形式的丰富变化,并非真的在感情上有"万花筒"式的红、黄、蓝、白等颜色。感情是心理学范畴对情绪、情感的总称。从医学角度来看,有喜、怒、忧、思、悲、惊、恐七情之分;从表达的角度划分,中国传媒大学张颂老师根据要求,把朗读的感情色彩分为五大类,即挚爱和憎恨类、悲哀和喜悦类、惊惧和欲求类、焦急和冷漠类、愤怒和疑惑类[①]。这些独特的情绪、情感体验,以人的不同态度为转移,是人对客观事物的态度的一种反映,是人的各种感情色彩在声音上的对等反应。比如:

爱的感情——气徐声柔,憎的感情——气足声硬,
喜的感情——气满声高,悲的感情——气沉声缓,

---

① 张颂. 朗读学[M]. 北京:北京广播学院出版社,1999:120-122.

欲的感情——气多声放，惧的感情——气提声凝，

急的感情——气短声促，冷的感情——气少声平，

怒的感情——气粗声重，疑的感情——气细声黏。

声音像一个万花筒，也像一个调色板，根据创作者的创作思想变换不同的声音形式。因此，人们对不同事物的观察、体验、感受越深刻，情感的反应、判断就越细腻，声音色彩的变化也就越丰富，语言的表现力就越强。

人的情感世界是复杂的、多样的。以"喜、怒"为例，喜有欣喜、欢喜、大喜、狂喜甚至悲喜等；怒有愠怒、愤怒、大怒、暴怒甚至狂怒等。这些情绪、情感上的细微变化，使得言语、行为产生反应的同时，声音色彩也随之发生高与低、明与暗、虚与实、强与弱、刚与柔、厚与薄、快与慢等丰富的、细微的变化。声音色彩只有在感情色彩的作用下才有可能做到浓淡相宜，并呈现出它的可变性、层次性、对比性、丰富性。所以，提高"见文生情，情之所至，以情带声，声情并茂"[①]的用声能力，是播音发声训练的终极目标。

五、声音弹性与播音创作

在声音弹性的训练阶段，与"播音创作基础"课程内容有衔接甚至交叉，因此在训练中有些技巧表述与"播音创作基础"课会有相容性。例如，进行片段训练，声音弹性的处理会依据情感的变化使得内容的层次与句子的起伏有相应的变化。从播音发声的角度理解，内容随情感变化，声音运用不同的元素，形成不同的声音色彩；从播音创作角度来理解，内容随情感变化，经过不同的停连重音、语气节奏的处理，形成不同的句势和层次间语气的转换，表现出不同的节奏。总之，两者无论怎样表述，声音弹性的训练不仅仅是声音色彩的训练，更要根据作品内容传递情感和语意，并以此进行声音的弹性训练。

在学习中既要注意区分，又要学会融会贯通。例如此处表述"最突出语言目的的词字腹要拉开，声调时值要到位，气息要控制"，即声音弹性或强或弱、或明或暗、或实或虚，但音节的音长和气息控制及调值不能丢失。而在"播音创作基础"课程中是重音的选择与强调、语气句势的变化与处理。

又如，关于对节奏的认识。在《中国播音学》中对节奏的解释是："在播音中，节奏应该是整个文本生发出来的、播音员思想感情的波澜起伏所造成的抑扬顿挫、轻重缓急的声音形式的回环往复。"[②]商务印馆出版的《现代汉语词典》第七版对"节奏"的释义如下："节奏（名词）：①音乐或诗歌中交替出现的有规律的强弱、长短的现象：节奏明快。②泛指均匀的、有规律的进程：生活节奏加快、工作要有节奏地进行。"[③]

从以上概念表述可见，节奏是对全篇而言，就整体而论的。整体又可以分解成一个

---

① 张颂. 朗读学[M]. 北京：北京广播学院出版社，1999：117.
② 张颂. 播音创作基础[M]. 3版. 北京：中国传媒大学出版社，2011：109.
③ 现代汉语词典[M]. 7版. 北京：商务印书馆，2016：665.

个独立的个体,语言的个体则是句、词、字等不同的单元,正是它们表现出强弱、明暗、高低的有规律的交替,形成了整篇作品的节奏,而声音弹性正是对单一字、词、句的表达训练。因此,它是节奏得以形成的基础,声音弹性训练的重要性也就不言自明了。在声音弹性训练中,如果将一个音节、一个词、一个句子、一个段落分别视为一个整体进行特别训练,也就各有其内在的节奏。例如,一个音节的字头(声母、韵头)、字腹、字尾,此音素到彼音素的转换与衔接,每一个阶段的时长分配不一,强弱有别,就体现出音节的节奏;多音节词的轻重格式变化所产生的调值时长的区别,也体现了词的节奏;每一个句子与片段作为一个独立的、有规律的整体,其内在声音形式的高低、虚实、明暗等声音色彩的变化,语节与意群间的快慢把握,连词、语气词、助词等非关键词的轻读,在句子内声音与喉部的放松、紧凑处理及一带而过,都可以说是节奏的表现。"字"的节奏表现为吐字归音,"词"的节奏体现为轻重格式,"句子或片段"的节奏即反应在声音弹性的运用上。当然,如果针对整篇而言,句子的高低起伏体现为语势,节奏就是通过全篇的停连、重音、语气、语势等技巧表现出的整体基调而显现的。

因此,要想使自己的播音发声技巧达到目无全牛的纯熟程度,必须扎实训练,认真思考,融会贯通。

第二节 声音与弹性控制训练

如果说前面章节的训练主要是"练正确,求稳定"的话,那么,在最后阶段的训练中则要"练速度,求变化"。声音弹性的心理性、物理性、对比性、丰富性等特点,决定了声音弹性的训练应集前面所有章节的训练内容于一体进行综合运用、整体把握。人常说相由心生,内心的感受要善于通过声音,尤其是通过表情、体态外化出来,以此带动声音的丰富表达:情取其高,声取其中,气取其深,音求其正,态求其位;气随情动,声随情变,情声相宜,虚实相间。

一、声音弹性对比训练

在高低、强弱、刚柔、收放、虚实、明暗、薄厚、快慢分类结合的训练中寻找、体会和增强声音的弹性。采用小散文段子、诗歌或新闻、主持人节目等不同题材与体裁的内容,进行声音的对比训练。以下不论哪一个元素训练都不是单一进行的,分解训练是相对的,声音色彩的层次性、丰富性体现了元素运用的交叉性,每一组对比训练既相对独立又相互联系,不要割裂理解与训练(考虑到体例设计,以下二级标题的每对元素训练不是绝对的对应关系),否则就违背了声音的层次性和丰富性等特点。

(一)高与低、强与弱训练

高与低是声音的纵向变化,强与弱是声音的横向变化。根据训练内容调动情感,并体会在情感的作用下,声音通过气息、喉部、共鸣的控制,进行高低起伏、强弱的变化。悉心体会发音发声器官松紧状态的调整对声音形式的影响。

1. 高与低情境训练

● 情境设计:想象初春时节周日与朋友一起去春游,看着微风吹拂的新绿,不禁放声朗诵;也可以想象周围环境很安静,在电脑前写作之余,忽见窗外柳枝摇曳,随即低声吟诵。调整好共鸣区,根据语境调动情感,体会声音的高低变化。

柳条青,柳条长,柳条随风在荡漾。摇来了春天,摇来了小鸟,摇得那湖水闪闪亮。

柳条青,柳条长,柳条随风在荡漾。我做支柳笛吹起来,滴哩哩像鸟儿在歌唱。

柳条青,柳条长,柳条随风在荡漾。请来春姑娘荡秋千,秋千挂在柳条上。

● 情境设计:想象自己于月色迷人的晚上站在荷塘边,观赏眼前的一切……

曲曲折折的荷塘上面,弥望的是田田的叶子。叶子出水很高,像亭亭的舞女的裙。层层的叶子中间,零星地点缀着些白花,有袅娜地开着的,有羞涩地打着朵儿的;正如一粒粒的明珠,又如碧天里的星星,又如刚出浴的美人。

2. 强与弱情境训练

● 情境设计:这首小诗比较适合训练声音的高、强变化,注意训练时句尾的归音和调值与气息、音高的控制,要避免呆板与虚飘。

白云飞,白云飘,飘上黄山九重霄。山越高来景越美,最高峰上谁在笑。啊!黄山的云啊!你那样洁白,那样崇高。

● 情境设计:根据下面《春》的节选内容,感受并把握音量上的弱化处理和渐强变化,以及人的不同动态表现所需要的不同声音形式。

小草偷偷地从土里钻出来,嫩嫩的,绿绿的。园子里,田野里,瞧去,一大片一大片满是的。坐着,躺着,打两个滚儿,踢几脚球,赛几趟跑,捉几回迷藏。风轻悄悄的,草软绵绵的。

3. 提示

(1)注意气息不要随音调上浮。音调上升,气息更要下沉。例如设计"柳条青"在户外朗诵的情境,要避免提气高喊。

(2)不要因为声音低而影响了积极的表达状态,处理好音量和状态的关系。例如《荷塘月色》的音量控制虽小,但是状态要积极。

(3)调整好音量与音调之间的关系。例如《春》里面的排比句随着情感的递进,音量加大时防止音调上提。

(4)此阶段尤其应注重调动情感,要求站立并合理运用体态获取声音的变化。

(二)刚与柔、收与放训练

刚与柔、收与放两者之间有区别但也有相同点,"柔"就相对要"收",但"收"并不等于"柔";"刚"含有"放"的因素,但又不等于"放"。根据内容需要进行情感的变化,在气息的强弱控制中体会声音的刚柔并济、收放自如。

1. 刚与柔情境训练

● 情境设计:用《满江红》训练声音的刚强变化。了解历史背景,理解作品内容,体会词中痛愤国耻、渴望功业的心情,要求声情并茂,慷慨激烈,气息饱满,口腔控制有力。

怒发冲冠,凭栏处,潇潇雨歇。抬望眼,仰天长啸,壮怀激烈。三十功名尘与土,八千里路云和月。莫等闲、白了少年头,空悲切。

● 情境设计:这是选自谢冰莹写的《爱晚亭》里的一小段,想象自己与作者一起在享受微风、鸟鸣,同时在溪水、小草前思索,体会眼前天籁之音带给你的生活美感。要求气弱、声甜。

萧索的微风,吹动沙沙的树叶,潺潺的溪水,和着婉转的鸟鸣。这是一曲多么美的自然音乐啊!……

溪水总是这样穿过沙石,流过小草,轻轻地响着,它大概是日夜不停的吧?

2. 收与放情境训练

● 情境设计:高尔基的《海燕》是一篇充满革命浪漫主义色彩的作品,文中对海燕高傲、自信的描写,可以用来训练声音弹性的收与放。比如下面这一段,前面一句先放下来,用收的、较强且松弛的声音处理,最后一句再使用较强、较高的声音放出去……

这是勇敢的海燕,在闪电之间,在怒吼的大海上高傲地飞翔。这是胜利的预言家在叫喊:——让暴风雨来得更猛烈些吧!

● 情境设计:想象自己正在与感情受挫的朋友谈心,用非常关心的语气,耐心劝慰,让其忘掉痛苦,学会包容伤痛。把握此时声音上的收中带虚。

人也要像珍珠贝一样,养成重塑伤口的本事,转化生命的创伤,使它变成美丽的珍珠。人生的伤痛就是活的珍珠,能包容,就能焕发青春的光彩;不能转移,就加速了死亡的脚步。

3. 提示

(1)要结合气息控制进行训练。声音形式的"柔"和"弱",并不等于气息的"松、懈"与声音的"虚、飘"。

(2)体会声音的"放与刚"和音高、音强等元素之间的区别。在"刚、强"等元素训练中要注意声母的力度把握,防止"狠、僵"。

(3)任何技巧训练的前提都是以内容为依托,以情感为基础,以技巧为手段,产生相应的声音形式,即物理效果。因此,理解稿件,感受内容,调动情感很重要。

(三)虚与实、明与暗训练

虚与实、明与暗是声音的相对横向变化的结果,即音高基本不变,随着情感及语气的变化,在气息控制、声带松紧、用声位置前后的调整中,进行声音色彩的转换。

1. 实与虚情境训练

● 情境设计:设计一个《祖国各地》的广播节目,以主持人的身份向听众朋友介绍台湾的日月潭,想象自己的声音就像潭水一样清澈透明。以口腔前部共鸣为主,吐字力度适中,亲切自然。

听众朋友,您好,今天的《祖国各地》节目为您介绍我国台湾宝岛的日月潭。

日月潭是我国台湾省的一个大湖。日月潭里有个小岛,把潭分成两半儿。一边像圆圆的太阳,叫日潭;一边像弯弯的月亮,叫月潭。两边湖水相连像碧绿的大玉盘,小岛就像玉盘中的明珠。日月潭在台中附近的高山上,四周是密密的树林。日月潭的水很深,山林倒映在潭里,湖光山色非常美丽。

● 情境设计:认真观察,对一只可爱的小鸟进行"描写",要求声音体现出心理活动,听觉感受是自言自语似的心声,就像怕声音太大惊吓了小鸟一样,所以声音、气息均使用弱控制,表现出非常喜爱鸟的感觉;再设计另一个不同的情境,有很多人都在看这只可爱的小鸟,自己边观察边介绍。体会不同情境声音一虚一实的变化。

瞧,它多美丽,娇小的小嘴,啄理着绿色的羽毛,鸭子样的扁脚,呈现出春草的鹅黄。

2. 明与暗情境训练

● 情境设计:通过声音表现一位调皮、可爱、活泼、幽默的人物形象……

我像海狮顶球一样含着一块儿快要超出口腔容量的冰糖从厨房表情诡秘地出来,又想留意地面又怕融化的糖汁从嘴里溢出,模样因此滑稽至极。

● 情境设计:回忆安徒生的童话《卖火柴的小女孩》里的一个画面,进入情境,气沉、声区较低。

天气冷得可怕。正在下雪,黑暗的夜幕开始下垂了。这是这年最后的一夜——新年的前夕。在这样的寒冷和黑暗中,有一个光头赤脚的小女孩正在街上走着。

3. 提示

(1)把上面的一段节目当作故事来讲,不要想着在"播",要把内容说清楚。既要避免声音呆板、僵硬,又要注意内容的真实、清新。

(2)声音的虚实变化还可采用与好朋友或情人说悄悄话的方法进行训练。

(3)注意不要以挤、压喉部的方式来转换声音的"明与暗"。声音的明与暗变化要通过用声位置,即共鸣区的运用和情感的调动来做调整。也可用电视节目的一段开场词,来训练声音的明快色彩。

(4)一般生活中"高、刚、强、实"的声音才需要用气,"低、弱、柔、虚"的声音就不用气。而此阶段"低、弱、柔、虚"的声音获取,恰恰是结合气息提高声音"弱"控制的必要技能。甚至"弱声"比"强声"更需要气息的控制,更需要口腔及唇舌的相对控制。

(四)薄与厚、快与慢训练

薄与厚、快与慢的声音变化与声区运用没有直接关系,可以在声音的薄与厚训练中体会声音的快与慢的变化,甚至可以采用以上各种元素进行声音的或快或慢训练,体会不同声音色彩的速度变化;同时用触觉感受体会调节胸腔共鸣和口腔共鸣对声音的影响。

1. 薄与厚情境训练

● 情境设计:刚观看完一部有关二战题材的影片,有一个画面让人非常震撼,情绪仍沉浸在影片之中,回来向家人诉说。注意体会"旁白"和小女孩儿声音的薄厚处理。

人们一个接一个地被纳粹士兵残酷地推下深坑。

当一个纳粹士兵走到一个小女孩跟前,伸手要将她推进深坑中去的时候,小女孩睁大漂亮的眼睛对纳粹士兵说:"刽子手叔叔,请你把我埋得浅一点好吗?要不,等我妈妈来找我的时候,就找不到我了。"

纳粹士兵伸出的手僵在那里……

● 情境设计:突然看到几年没见的小妹妹又惊又喜,对她仔细端详,既陌生又熟悉……

一个六七岁的姑娘,活灵活现地站在我的眼前了。她疏眉细眼,故意眯缝着瞧我,小鼻子微微地朝上翘着,薄薄的两片小嘴唇因为要忍住笑而紧闭着,两颗小酒窝儿,在那又红又结实的腮上陷得很深。

2. 快与慢情境训练

● 情境设计:周恩来去世后,群众怀着沉痛的心情到十里长街为他送行……气沉、声粗,句势舒缓。

总理的灵车徐徐开来。灵车四周挂着黑黄两色的挽幛,上面佩着大白花,庄重、肃穆。人们怀着沉痛的心情,尾随着灵车移动。灵车所到之处,像是有一个无声的指挥,老人、孩子、青年都不约而同地站直了身体,摘下了帽子,向灵车致敬。哭泣着,顾不上擦去腮边的泪水,舍不得眨一眨眼睛。

● 情境设计:联想电视台正在播放有关"国际漫游"的广告,产生相应的情景,结合气、情、音,一口气快速表达。

奶奶,我是小强,我已经到巴黎了。奶奶,您身体还好吧?电话费很贵,我不多说了,奶奶再见!

3. 提示

(1)无论对哪种声音元素进行训练,气息控制都要贯穿始终,不能因为速度或声音的虚实变化而改变呼吸方式与频率。

(2)在追求薄、明、快等声音形式时,注意口腔后部及喉部不要捏挤;在表现厚、暗、慢等声音形式时,要防止压喉。

(3)人在面对面交流时,传递信息大部分都要靠体态语来完成。情感调动、声音若没有体态语的配合,就会显得僵、呆、死,所以要注意运用体态语帮助调动情感和变化声音。

(4)训练中体会"慢而不断"的气息作用和"快而不乱"的唇舌动程。

(5)可以采用播广告的方法来进行慢速训练,例如,"人民网消息:我国核武器事业的开拓者、核试验科学技术体系创建者,中国科学院院士、原国防科工委科学技术委员会正军职常任委员程开甲同志,因病于 2018 年 11 月 17 日在北京逝世,享年 101 岁。"

(6)声音色彩的各种变化,关键在于节目基调和稿件内容,并由此引发播、说、讲、评的态度和语气。因此,理解稿件和节目内容是关键,情感是源泉,技巧是手段,彼此之间要有机结合,缺一不可。

二、声音弹性综合训练

此阶段的终极目标是尝试逐步忘记用气、发音、调声、寻找共鸣的"有意"控制。其实,根据实际情况,很多初学者在此阶段并不能完全丢开前面刚训练过的各种控制,所以要因人而异,"练正确、求稳定,练速度、求变化"是训练的总要求。内容选择先采用情感起伏较大的段子,尽量使声音的物理性发挥到最大限度,然后再选择情感细腻、层次丰富的段子,使前期声音训练的各个元素综合运用到作品当中。在训练过程中要强调情感调动自始至终,语速把握循序渐进,声音弹性先放后收。

(一)弹性获取小说训练

认真体会"感动篇情境训练"和"感受篇情境训练"里每一段相对独立的内容给人带来的视、听、味、触、嗅等生理反应及引起的心理感受。

1. 感动篇情境训练

气球上的五星期(节选)
〔法〕儒勒·凡尔纳

热带的雷雨爆发的速度,和它的力量同等惊人。又一道闪电划开了乌云;紧跟着,又打了二十来个闪。像冰雹一样夹在大雨点里的火花,在天幕上画出了许多道五光十色的斑纹……

新儿女英雄传(节选)
袁静 孔厥

风吼着,雨又下起来,越下越大。雷,隆隆地滚过。疾风暴雨把苇子都快按到水里了。雨点儿打在荷叶上,像珠子一样乱转。平静的水面,起了波浪。天连水,水连天,迷迷蒙蒙一大片。

大红宝石(节选)
〔美〕霍桑

一阵浓密而灰暗的大雾正从下面升起,给广袤的景色挂上了点点黑影,雾霭浓重地集中在一起,好像最高的山峰正在召集它的亲属云朵们来开会似的,最后烟雾又凝聚成一团,像是可以供这两个流浪者拾级而登的阶梯。

村妇（节选）
〔保〕伐佐夫

夜已经将它那漆黑的翅子，展开在契列毕斯的修道院上面了。伊斯开尔的山谷，阴郁地沉默在昏暗的天空下，河流在深处单调地呻吟着作响，正带着沉重的澎湃，扑倒高高在上的悬崖。对面屹立着乌黑的影子，是石壁……

李自成（节选）
姚雪垠

夏天来了，如果雨多，黄河便开始涨水，大水灌满了河槽。这时船要过黄河就比较困难了。篙往往不管用，撑不到河底，桨也不能完全管用，因为黄河的水不断打旋，好像没有什么规律可循。于是船夫们只好一面用桨，一面用锚。

崩溃（节选）
〔法〕左拉

一天又一天，十月终于流逝过去了，这是连续灰暗与阴郁的天色，风停止了，只为重新引来更昏黑的密云的飞舞。风已卷去灰白天边之下的树叶，赤裸裸的乡野上，只有深而又长的静寂，这静寂里掠过乌鸦的叫声，报告一个严寒的冬季。

窥视者（节选）
〔法〕阿兰·罗布·格里耶

大海继续很有规律地冲击悬崖。每一个浪头冲击了凹凸不平的岩石以后，就响起像瀑布似的从各处一齐落下来的水声，接着是无数白色的小瀑布从岩石的凹洞里向岩石突出的地方流下来，那种潺潺的声音逐步减轻，一直继续到下一个浪头冲上来为止。

秋（节选）
巴　金

湖水静静地横在下面。水底现出一个蓝天和一轮皓月。天空嵌着鱼鳞似的一片一片的白云。水面浮起一道月光，月光不停地流动。对面是繁密的绿树，树后隐约地现出来假山和屋脊。这一切都静静地睡了。树丛中只露出几点星子似的灯光。湖水载着月光向前流去。

荒漠奇踪（节选）
严　阵

初升的太阳，一旦离开远方沙漠的地平线，便很快地腾空而起。这时，绚丽的彩霞，一时之间，都变得金光灼灼。而那些起起伏伏好像无数金字塔排列起来的沙山，也很快地发生变化：向阳的一面，立刻闪起一片耀眼的金黄；背阴那面，从一抹暗灰的暗影中渐渐浮出一层奇异的金绿色。

红日(节选)

吴 强

这是深秋初冬的时节。高粱、玉米、黄豆已经收割完了,枯黑的山芋藤子,拖延在田里,像是一条长辫子。农场上大大小小的一堆堆高粱秆、豆秸,寂寞地蹲伏在那里。听不到鸡啼,看不到牛群,赶牛打场或者进行冬耕的农民们悠扬响亮的声响,也好几天听不到了。

一生(节选)

〔法〕莫泊桑

被连绵的秋雨浸湿了的林荫路在颤巍巍的白杨树下伸展着。白杨树几乎已成光秃秃的了,枯叶落了满地。瘦长的树枝在寒风中摇摆,抖动着那即将飘向空中的残叶。这些黄得和金圆一般仅存的残叶,整日里,像不停的秋雨,凄凄切切,离开枯枝,回旋飘舞,落到地上。

历史的回声(节选)

李克异

宽阔的江面上,跑着大块的冰排,在冰排的空隙,露出乌黑的翻腾着的江水,朝着出海口奔去。在有太阳的日子,冰排反射着日光,晃人眼睛。在这些日子里,鞑靼海峡是不能行船的。在冰排之间漂浮着上游带来的枯树、乱草、野兽的尸体、各样破烂东西,向世人显示它的无所不包的广阔胸怀。

大地的海(节选)

端木蕻良

风,像撒欢似的,使起野马的性子,挟着黄土和灰尘跳跃,一声呼啸,平原变色了。远远的田舍变得模糊,田野间混淆成迷离恍惚的一片。粗大的树,连根儿拔出土皮来,挣扎着摇晃了两下,又栽倒了。草房的茅草卷逃了,主人看了苦笑着。用一条绳子将石头缚在两端,挂在掀起的房脊上压着。

2.感受篇情境训练

呼啸山庄(节选)

〔英〕艾米莉·勃朗特

她是个最招人喜欢的小东西,给凄凉的家里带来了阳光。她那张脸可真是姣丽——长着厄恩肖家的漂亮的黑眼睛,林顿家的细白的皮肤,纤巧的五官,金黄色的鬈发。

艾凡赫(节选)

〔英〕司各特

那些猪听见他的号声后,除了哼着和他的号角声同样有节奏的调子外,都不愿意急忙离开那些把它们喂得肥肥实实的橡树子和枞树子的盛宴,也不愿意离开那溪边的水草地。有几只猪把半个身子陷在泥里,惬意地躺着,丝毫不理会猪倌的吆喝。

迷人的海(节选)
邓　刚

当温热的肉体一接触冰冷的水时,它的感觉并不是冷,恰恰相反,倒像被火燎一下或是感到一把烧热的刀子在全身狠狠一刮。这个感觉倏的一过,那种透骨的凉意才刷的一下浸过来,紧接着像有千万支冰针穿皮肉而进,在骨头上啮着、锯着、钻着。

阿列霞(节选)
〔俄〕库普林

马的名字叫塔兰奇克。我已经迷上这头可爱的牲口了。它有四条矫健锋棱的腿,在乱蓬蓬的鬃毛下一双炯炯发光的小眼睛生气地和怀疑地往上翻着,两片光润的嘴唇紧闭着。它的毛色是很少见的,并且相当滑稽:

全身都是鼠灰色,可是臀部长了几溜杂色的、白色的和黑花的斑点。

格兰特船长的儿女(节选)
〔法〕儒勒·凡尔纳

鲨鱼忽而沉入水底,忽而飞跃前行,矫健惊人。它那灰黑色的双鳍猛烈地打着波浪,尾巴保持着全身的平衡,沿着一条笔直的路线前行。它一面向前游,一面瞪着两个突出的大眼睛,欲火仿佛在眼里燃烧着;翻身时,张开的两颚显出四排白牙。它的头很宽,好像一把双头铁锤安在一个长柄上。

黄河东流去(节选)
李　准

这头牛有四尺四五寸高……四条又粗又短的腿,前胸脯足有一尺半宽,能放下个粮食斗。看着它个子这么大,其实才长一对牙,还不到四岁口。两只眼睛像铜铃一样大,两只弯角青里透亮,特别是那一身黄膘毛色,像绸子一样光亮,最近才脱罢毛,更显得滚瓜流油,像泥捏面塑一样的漂亮精神。

被开垦的处女地(节选)
〔苏〕肖洛霍夫

听到门闭的声音,一条系着锁链的,毛色像狼样的,硕大的狗从谷仓下面冲了出来。它一声不响地奔向他们,用后脚站着,露出它那软毛的白色的肚皮,一会儿,被它的颈环勒得喘不过气来,开始低吠起来。它跳到前面,几度翻转身子,想挣断它的锁链。但是锁太牢了,因此它向马厩冲去,是锁链碰着那直伸到马厩门旁的一根铁丝,叮当地发响。

童年(节选)
高尔基著 王健夫译

外祖母正坐在我身旁梳头发,她眉头紧皱,嘴里小声念叨着什么。她头上的头发多得出奇,密密实实地遮盖住她的肩膀、胸脯和膝盖,一直垂到地板上,又黑又亮,泛着蓝光。她用一只手把头发从地板上兜起来,悬空提着,挺费劲地把那个木齿稀疏的木梳子插进厚实的发绺里;她的嘴唇撇歪了,一双乌黑发亮的眼睛闪射着愤怒的光芒,她的脸盘在这大堆的头发里变得又小又可笑。

绝顶(节选)
张海迪

他觉得因寒冷而挛缩在一起的身体一点点松弛了,他挛缩得太久,心都累了,累得不能舒畅地喘一口气。现在这种松弛的感觉很好,好像爬到了一个高处,把手里的绳索松开,让身体落下山崖,轻飘飘的。有一次他从一个山坡上跌落下来,就是这种感觉。一个自由落体,毫无恐惧,什么也不想,一切任其自然,就像天上的飞鸟,那会儿他觉得自己是一只鹰,往下俯冲的鹰,鹰在俯冲时样子是那么轻捷,他很羡慕。

笑傲江湖(节选)
金 庸

突然间后院马蹄声响,那八名汉子一齐站起,抢出大门。只见镖局西侧门中冲出五骑马来,沿着马道冲到大门之前。当先一匹马全身雪白,马勒脚蹬都是烂银打就,鞍上一个锦衣少年,约莫十八九岁年纪,左肩上停着一头猎鹰,腰悬宝剑,背负长弓,泼刺刺纵马疾驰。身后跟随四骑,骑者一色青布短衣。一行五人驰到镖局门口,八名汉子中有三个齐声叫了起来:"少镖头又打猎去啦!"那少年哈哈一笑,马鞭在空中啪的一响,虚击声下,胯下白马昂首长嘶,在青石板大路上冲了出去。

南方有嘉木(节选)
王旭峰

眼睛又大又黑,长睫毛,鼻梁笔挺,如果不是那么黑葡萄般的眼眸,这鼻梁,就可以说是几乎过于挺拔了。她的皮肤倒也说不上特别的白皙,但细腻光滑的程度,足可与她家自产的绸缎相匹。也许她的唇并非真的红如樱桃,只是当她微微一启唇,露出一口洁白牙齿时,人们才明白,什么叫真正的唇红齿白。她长得的确不像南国女儿那种袅袅娜娜惹人怜爱的媚样儿。她美得堂堂正正,胆大无忌,照她的婆婆。看来,她实在是美得有点张狂。你看她头回做新娘,那不慌不忙,心中有数的样子,她一双大脚,无所顾忌的神情。

穆斯林的葬礼(节选)
霍 达

照片上,妈妈文静、端庄,脸上浮现着温柔、慈爱的笑容,纤细优美的手,一只揽着她的腰,一只拉着她的手;她坐在妈妈的膝上,甜甜地偎依着妈妈,两只不谙世事的大眼睛望着镜头微笑,充满了甜蜜。她那时留着长发,垂到肩上,穿着白色的纱裙,白色的长袜,白色的小皮鞋,就像是妈妈抱着一个玩具小洋娃娃。那时候,她才两岁吧?可是,她的脸型、眉毛、眼睛、鼻子、嘴巴都已经看得出很像妈妈。现在,她长大了,她从镜子里看自己的时候,觉得越长越像妈妈了。但是,后来妈妈再也没有和她合拍过照片,十七年,只留下这么一张。

3. 提示

(1)以上内容的选择大多围绕视觉、听觉、味觉、触觉、嗅觉进行,内容从自然美景的感知体验到人的情感表达,从空间挪移到静、动处理,从人物的性格、性别、年龄、身份、处境、交流对象的转换到动物的特性、神态把握,从场面描写到细节刻画,声音形式都要悉心捕捉与还原,努力达到形象、传神。

(2)继续强调根据内容与情感需要控制气息。例如"这时,绚丽的彩霞,一时之间,都变得金光灼灼"中间逗号不能换气。又如"在冰排之间漂浮着上游带来的枯树、乱草、野兽的尸体、各样破烂东西"只在"枯树"前稍作停顿,将之后并列关系的词语"抱团儿",顿号之间不做换气处理。当然,对于换气口的选择与处理不是绝对的,此处之所以规定气口的目的,那就是同时注意气息的控制训练。

(3)在复元音韵母训练阶段提示过关于吐字与归音的控制意识,此阶段依然不能丢失这一意识。形成语流以后,有些句子中的前一个音节的字尾与后一个音节的字头是可以相互省略与兼容的。例如"要过黄河就比较困难了",分析音素后发现,几乎每个音节的字尾,都是下一个音节的字头,"黄河"的"黄"的字尾和"河"的字头是舌根的上下动作,"比较"两个音节之间的转换同是"舌前部","困难了"的转换都是"舌尖"。要特别注意"圆唇扁发"(甚至丢失前一个音节的字尾,将力度放在下一个音节的字头上)。这真正体现了枣核形音节之间的有机衔接,也是"方圆有度"的具体体现。

(4)由于此阶段训练内容与句子成分相对复杂,初学者要注意寻找最突出语言目的的关键词,学会弱化处理轻声词,非关键词要学会"放下来",使句子的声音形式有高低、强弱、明暗等对比性的变化。避免僵硬地吐字发声。

(二)弹性获取散文训练

仔细品味"感触篇情境训练"和"感悟篇情境训练"咏物言志、由此及彼给人带来的心灵启迪与升华。

1. 感触篇情境训练

珍珠鸟(节选)

冯骥才

阳光从窗外射入,透过这里,吊兰那些无数指甲状的小叶,一半成了黑影,一半被照透,如同碧玉,斑斑驳驳,生意葱茏。小鸟的影子就在这中间隐约闪动,看不完整,有时连笼子也看不见,却见它们可爱的鲜红小嘴儿从绿叶中伸出来。

哈尔滨之春(节选)
刘白羽

忽然,我看见一片赤裸的地面上,开满了浅蓝色的野菊花,就像从空中落下一片蓝色的彩霞,我两眼一下明亮如火,不顾两脚陷入泥泞。我采了一束野菊捧在手上。野菊吐出淡淡的、淡淡的芳香,纤细的花瓣、鲜艳的颜色、娇嫩的生命,带来了多么美好的春天呀!

一条鱼顺流而下(节选)
谢 冕

这么清的水:从桥上望去,数十米之遥,可以清晰地看到水下的鹅卵石,还有摇曳的水草,那鱼就在水草和石头间滑动。太阳照着。夏季已经过去,它发出温暖的光晕。河两岸,南方的绿树葱茏。人世的尘嚣顿然消失,人们为周遭的清纯和静谧所迷醉,它在艳阳下、绿荫中,如一条鱼欢呼。

春(节选)
朱自清

桃树、杏树、梨树,你不让我,我不让你,都开满了花赶趟儿。红的像火,粉的像霞,白的像雪。花里带着甜味;闭了眼,树上仿佛已经满是桃儿、杏儿、梨儿。花下成千成百的蜜蜂嗡嗡地闹着,大小的蝴蝶飞来飞去。野花遍地是:杂样儿,有名字的,没名字的,散在草丛里,像眼睛,像星星,还眨呀眨的。

绿叶的声音(节选)
刘爱文

大地柔软的喉咙里伸出一只只绿色的有声喇叭,叫醒了山林的小鸟,唤醒沉睡了一冬的青蛙。

一个个绿色的音符,如美丽的蝴蝶,飞舞着,穿过大地的肌肤,越过寂寞的心田,直抵生命的深处。拍打小岸的潮声,是绿叶经脉里奔流不息的血液。搅动情感的声音,轻柔地,舒坦地,闪亮地流向一颗颗等待回归的灵魂。所有音乐家创作的旋律,都在一片绿叶的绝唱中黯然失色。

火烧云(节选)
萧 红

这地方的火烧云变化极多。天空中一会儿红彤彤的,一会儿金灿灿的,一会儿半紫半黄,一会儿半灰半百合色。葡萄灰、梨黄、茄子紫,这些颜色天空都有,还有些说也说不出来、见也没见过的颜色。

一会儿,天空出现一匹马,马头向南,马尾向西。马是跪着的,像等人骑上它的背,它才站起来似的。

过了两三秒钟,那匹马大起来了,马腿伸开了,脖子也长了,尾巴可不见了。看的人正在寻找马尾巴,那匹马变模糊了。

第一场雪(节选)
峻 青

大雪整整下了一夜。今天早晨,天放晴了,太阳出来了。推开门一看,嗬!好大的雪啊!山川、河流、树木、房屋,全都罩上了一层厚厚的雪,万里江山,变成了粉妆玉砌的世界。落光了叶子的柳树上挂满了毛茸茸、亮晶晶的银条儿;而那些冬夏常青的松树和柏树上,则挂满了蓬松松、沉甸甸的雪球儿。一阵风吹来,树枝轻轻地摇晃,美丽的银条儿和雪球儿簌簌地落下来,玉屑似的雪末儿随风飘扬,映着清晨的阳光,显出一道道五光十色的彩虹。

逼来的春天(节选)
冯骥才

宽展的湖面上到处浮动着大大小小的冰块。这些冬的残骸被解脱出来的湖水戏弄着,今儿推到湖这边儿,明儿又推到湖那边儿。早来的候鸟常常一群群落在浮冰上,像乘载游船,欣赏着日渐稀薄的冬意。这些浮冰不会马上消失,有时还会让一场春寒冻结在一起,霸道地凌驾于湖上,重温昔日威严的梦。然而,春天的湖水既自信又有耐性。它在这浮冰四周,扬起小小的浪头,好似许许多多温和而透明的小舌头,去舔弄着这些渐软渐松渐小的冰块……

海上日出(节选)
巴 金

果然,过了一会儿,在那里就出现了太阳的一小半儿,红是红得很,却没有光亮。这太阳像负着什么重担似的,慢慢儿,一步一步地,努力向上面升起来,到了最后,终于冲破了云霞,完全跳出了海面。那颜色真红得可爱。一刹那间,这深红的东西,忽然发出夺目的光亮,射得人眼睛发痛,同时附近的云也添了光彩。

有时太阳走入云里,它的光线却仍从云里透射下来,直射到水面上。这时候,人要分辨出何处是水,何处是天,很不容易,因为只能够看见光亮的一片。

长城秋雨夕(节选)
贾宝泉

秋雨渐渐地停了,云隙间透出蔚蓝的天光,湿重的云团躲进山谷里养神,轻纱似的云缕还留在长城上擦拭游人的履痕。夕阳已走到山后,它的光芒并不离开,依旧穿过云阵照着八达岭的群山,以及足下、头上的长城。长城两侧的山峦上,最美的是枫,是柿树,一株枫就是一个红火把,一株柿树就是一个黄火把,这千千万万的火把,把塞内外的长城烧得黄中透紫,犹如一簇簇温度不等的火焰。长城是伸向云天的旗,枫是它的红缨;长城是万里关山上的万里路,云是它的驿站。

老家(节选)
史铁生

父亲避开我的目光,不说话,满脸通红,转身走开。我不敢再说什么。我知道那不是因为别的,是因为不能忘记的痛苦。母亲去世十年后的那个清明节,我和妹妹曾跟随父亲一起去给母亲扫墓,但是母亲的墓已经不见,那时父亲就是这样的表情,满脸通红,一言不发,东一头西一头地疾走,满山遍野地找寻着一棵红枫树,母亲就葬在那棵树旁。我曾写过:母亲离开得太突然,且只有四十九岁,那时我们三个都被这突来的厄运吓傻了,十年中谁也不敢提起母亲一个字,不敢说她,不敢想她,连她的照片也收起来不敢看……直到十年后,那个清明节,我们不约而同地说起该去看看母亲的坟了,不约而同——可见谁也没有忘记,一刻都没有忘记。

2. 感悟篇情境训练

壶口瀑布(节选)
梁 衡

这一切都隐在湿漉漉水雾中,罩在彩虹中,像一曲交响乐、一幅写意画。我突然间陷入沉思,眼前这个小小的壶口,怎么一下子集纳了海、河、瀑、泉、雾所有的水的形态,兼容了喜、怒、哀、怨、愁——人的各种感情。造物者难道是要在这壶口中浓缩一个世界吗?

生活的门(节选)
罗伟章

八年前的夏天,我去过呼伦贝尔盟,大草原上母羊的眼睛,盛得下湖泊,盛得下天空,也盛得下狂风。我认为,那眼睛就是对幸福的阐释。好几年过去,我就按照草原上的母羊给予我的神圣启示,寻找我的幸福,可是,我却……有些事情,你是知道的,更多的事情,你不知道,别人也不知道……

苦夏(节选)
冯骥才

四季是来自于宇宙的最大的拍节。在每一个拍节里,大地的景观便全然变换与更新。四季还赋予地球以诗,故而悟性极强的中国人,在四言绝句中确立的法则是:起,承,转,合。这四个字恰恰就是四季的本质。起始如春,承续似夏,转变若秋,合拢为冬。合在一起,不正是地球生命完整的一轮?

恪守心灵的绿色(节选)
杨永平

在城市的绿色和乡村的绿色之外,还有一块心灵的绿色,它茂盛地长在每个人的心灵沃土上。它不以美丽的外表示人,它独自体现着生命的本质,既承受阳光雨露,又经历电闪雷鸣。它无形却胜过有形,因为一个人的心灵如果失去了绿色,也就失去了善意,失去了真诚,失去了生机和活力。

恪守心灵的绿色,就是恪守我们的精神家园,恪守我们的生命。

断崖(节选)

陈洪金

石头很小,山群很大,生命繁忙。

时间在头顶上的云层上空飘逝,断崖坐落在一个地方,从来没有移动过。

朴素的断崖远离了灯火的辉煌,坚强的断崖支撑着深情的凝视。

我的呼吸在灯光的波纹里,遥遥地望着村庄边畔的断崖,断崖仍然在它的世界里。断崖的形象在我的意念里。我为它在我的思维里安排了一个位置,支撑起我的信念,滤得我的目光越来越纯净。

停止与开始(节选)

彭 程

当追名逐利的脚步停歇时,才有心境欣赏大自然的美,体会月色溶溶,杨柳依依,微风燕子斜,细雨鱼儿出。停下来也才能返归本心,与真实的自我对话,才能重建与大自然的和谐,才能思考千百年来哲人的思考——我是谁?我从哪里来?我到哪里去?

在歌德笔下,一生求索的浮士德博士最后喊道:"美呵,请为我停留!"对于今天的我们,一种加以改动的表述也许更为恰当:美呵,请让我为你停留!

停止是为了重新上路。在现状与超越之间,停止是一座桥梁的名字。

水(节选)

乔 木

凡物有三态,思想也有三态。

气体的思想是风。它是人脑中自由的过客,它自由地来而且自由地去,不着一点痕迹也不留一点痕迹。

固体的思想是石块。它在人脑中建筑堂堂的金字塔,堂堂地积蓄着和保护着几千年不变的尸体。

唯有液体的思想它在人脑中开辟有定而无定的河流。它是运转不息万古常新的,从它的不舍昼夜的奔驰中,人是不能和它有两度相识的,所以流水不腐;它的运转是有一定的基础、一定的纪律和一定的方向的,它永远向前看,永远要冲决网罗和荡涤瑕秽,所以流水无情。

理想树

徐 迟

你是一株美丽的树,你是一株智慧的树。并且,你是一株与日月俱增其美丽、智慧与生命的树,是的,生命的树。我原以为你在我这心的贫瘠的泥土上是不能生长的。我认为你应当是另一个乐园沃土上的理想的树。谁知你竟在我的心上发芽了,生长了。在我心的瘠土上,我植下了一株又一株的树,它们都没有长起来。我并没有注意你的顽强存在,你却在那里默默地伸展着,毫无怨言地茂郁地长成起来。我已惊讶地见到你,闪光的你,张开了美丽的华盖,开放了美丽的花朵,结出了智慧的果实,培育着辉耀的理想。我膜拜着你,我的艺术之树;我膜拜着你,我的理想之树。

如果我错了
佚 名

我们的青年人似乎缺少这样一种声音:它从童心里发出,却是成熟的标记;它所蕴含的善良、高尚、诚挚、谦逊的品格,令人肃然起敬;它不是每一个人都能启口表达,因而成为稀有之物,弥足珍贵。"我错了",这种质朴的声音不是离我们太远了吗?

人非圣贤,孰能无过?可不知为什么,承认错误,这种自自然然的事情,随年龄和阅历的增长渐渐地和我们疏远了。我们在做错了事时,惧怕在朝夕相处的同事面前,更惧怕在素不相识的生人面前,认认真真地说一句:"我错了。"实际上,在社会生活中,我们常常因为欠考虑而误解人,因粗心而做错事,因孤陋寡闻而持有狭隘偏见。人本来不能十全十美,可我们却时常缺乏自知之明,不习惯自我批评。

我喜欢这种质朴的声音:"我错了。"我们理应明白,公开承认错误是高尚之举,而承认错误的果断、改正过失的迅速,正表明一个人的聪明睿智。如果我们做错了事,我愿意在任何场合、任何人的面前,郑重地说一句:"我错了。"

松树的风格(节选)
陶 铸

我对松树怀有敬佩之心,不自今日始。自古以来,多少人就歌颂过它,赞美过它,把它作为崇高的品质的象征。

你看它不管是在悬崖的缝隙间也好,不管是在贫瘠的土地上也好,只要有一粒种子——这粒种子也不管是你有意种植的,还是随意丢落的,也不管是风吹来的,还是从飞鸟的嘴里跌落的,总之,只要有一粒种子,它就不择地势,不畏严寒酷热,随处茁壮地生长起来了。它既不需要谁来施肥,也不需要谁来灌溉。狂风吹不倒它,洪水淹不没它,严寒冻不死它,干旱旱不坏它。它只是一味地无忧无虑地生长。松树的生命力可谓强矣!松树要求于人的可谓少矣!这是我每看到松树油然而生敬意的原因之一。

我对松树怀有敬意的更重要的原因却是它那种自我牺牲的精神。你看,松树是用途极广的木材,并且是很好的造纸原料;松树的叶子可以提制挥发油;松树的脂液可制松香、松节油,是很重要的工业原料;松树的根和枝又是很好的燃料。更不用说在夏天,它用自己的枝叶挡住炎炎烈日,叫人们在如盖的绿荫下休憩;在黑夜,它可以劈成碎片做成火把,照亮人们前进的路。总之一句话,为了人类,它的确是做到了"粉身碎骨"的地步了。

要求于人的甚少,给予人的甚多,这就是松树的风格。

<h3 style="text-align:center">麻　雀</h3>
屠格涅夫

我打猎归来,走在林荫的路上,猎狗跑在我的前面。

突然,我的猎狗放慢脚步,悄悄地向前走,好像前面有什么野物。

风,猛烈地摇晃着路旁的白桦树。我顺着林荫路望去,看见一只小麻雀呆呆地站在地上,无可奈何地拍打着小翅膀。它嘴角嫩黄,头上长着绒毛,分明才出生不久,是从窝里摔下来的。

猎狗慢慢走近小麻雀,嗅了嗅,张开大嘴,露出锋利的牙齿。忽然,一只老麻雀从一棵树上飞下来,像一块石子似的落在猎狗的面前。它蓬起了全身的羽毛,惊恐万状,样子很难看,绝望地尖叫着。

老麻雀用自己的身体掩护着小麻雀,想拯救自己的幼儿,可是因为紧张,它小小的身体发抖了,发出嘶哑的声音,它呆立着不动,准备着一场搏斗!

在它看来,猎狗是个多么庞大的怪物啊!可是,它不能安然地站在高高的没有危险的树枝上。一股强大的力量,使它飞了下来。

猎狗怔住了,它可能没有料到老麻雀会有这么大的勇气,慢慢地、慢慢地向后退。

我急忙唤回我的猎狗,带着它走开了。

3. 提示

(1)如果说"感触篇"的训练内容更多的是初学者通过文字进行的生理体验,那么,"感悟篇"的训练内容更多的是透过文字进行心灵上的洗涤、觉悟与升华。初学者在理解内容的基础上要运用声音的对比性元素仔细进行揣摩与训练,体会心灵深处声音形象的灵活塑造。

(2)如果此阶段声调的调值还存在问题的话,句子内的关键词就会受到影响,语意传递就会不明。要注意先正确再加速。例如"你是一株美丽的树,你是一株智慧的树。并且,你是一株与日月俱增其美丽、智慧与生命的树,是的,生命的树。"句子内第一次出现的"美丽、智慧"和"日月、生命"是关键词,这几个词的调值时长就要特别强调,其他词就得一带而过、放下来(但不能丢失唇舌动程和口腔控制),否则就无法突出语言目的。

(3)停顿也是一种表达。片段内的小层次要有时间和声音上的区别。正像不同的标点符号在文章中所起的作用不同一样,句号加"分段"的停顿时间相对长些,顿号停顿时间就短些。

(4)未成曲调先有情。"此情此景"在于"言外之意",要仔细揣摩、领会,并通过技巧表达出来。

(5)依然要注意气息控制。例如"所有音乐家创作的旋律,都在一片绿叶的绝唱中黯然失色。"这是最后一句,要有结束感,感叹大自然天籁之音的美妙。此句前深吸一口气,声音与气息一泻而出,逗号处不换气,在"黯然失色"前再换一次气,声音与气息完全吐出。又如,"玉屑似的雪末儿随风飘扬,映着清晨的阳光,显出一道道五光十色的彩虹。"建议只在"五光十色"前换一下气即可。句尾最后一个词气息也要有控制,腰腹部不能松懈,直到声音结束以后,腰部才能放松,气息才能吐尽。

(6)在练习接近生活语体的文本时,唇舌动作很容易在训练中"回归自然",这是受语言的社会性影响所致。旧有习惯很顽固,要很强的控制意识及技巧才能改变。当然,如果既有生活语态的自如,又有技巧控制的美感,则是训练的终极目标。正所谓:生活语言规范化,规范语言生活化。

(三)弹性获取诗词训练

完整的诗词训练,为进入"播音创作基础"课程做准备,实现"情、声、气、音、态、义"的总体把握。

1.感慨篇情境训练

成功的花
冰 心

成功的花,
人们只惊慕她现时的明艳,
然而,当初她的芽儿,
浸透了奋斗的泪泉,
洒遍了牺牲的血雨。

雨
雷抒雁

五月的雨滴
像熟透了的葡萄,
一颗、一颗
落进大地的怀里!
这是酿造的季节呵!
到处是蜜的气息,
到处是酒的气息。

礁 石
艾 青

一个浪,一个浪
无休止地扑过来
每一个浪都在它脚下

被打成碎末，散开……
它的脸上和身上
像刀砍过的一样
但它依然站在那里
含着微笑，看着海洋……

多一点爱心
汪国真

多一点爱心
少一点嫉妒
我们欠缺的那把鲜花
时光自会弥补

让我们学会爱
学会真诚地祝福
在别人快乐的微笑面前
我们的眼睛总是清澈如水
只为自己的不幸
有时，才浮出些淡淡的云雾

或许我们会永远平凡
平凡也有宁静的风度

一片向往
汪国真

有一条道路
走过了总会想起
有一种感情
经过了就再也难以忘记

有一个高度
总叫人难以企及
有一片向往
真是让人不能舍弃
就仿佛那
春光可饮　秋色可依

乡 愁

席慕容

故乡的歌是一支清远的笛
总在有月亮的晚上响起

故乡的面貌却是一种模糊的怅惘
仿佛雾里的挥手别离

离别后
乡愁是一棵没有年轮的树
永不老去

我遥望

曾 卓

当我年轻的时候
在生活的海洋中,偶尔抬头
遥望六十岁,像遥望
一个远在异国的港口

经历了狂风暴雨,惊涛骇浪
而今我到达了,有时回头
遥望我年轻的时候,像遥望
迷失在烟雾中的故乡

乡 愁

余光中

小时候
乡愁是一枚小小的邮票
我在这头
母亲在那头

长大后
乡愁是一张窄窄的船票
我在这头
新娘在那头

后来啊
乡愁是一方矮矮的坟墓
我在外头
母亲在里头

而现在
乡愁是一湾浅浅的海峡
我在这头
大陆在那头

可待因
爱斐儿

所有的等待都有原因。
菩提等如来。
拈花等微笑。
因果等轮回。
我等你,今生的命运。

等到羊群找到了牧人,琴弦找到了知音;
等到金秋穿越了绿色的森林,时间不改变速度的一贯;
等漫山遍野的野罂粟找到了病因般的美,
等到真理般的诗歌成为一种瘾。
我等在文字的那端。
等不来被爱就去爱你。

天色尚早。
道路上的人间正行走着微暖的春寒。
打扫完前尘往事与来世轮回,剩下比虚无更真实的余生,足够等一次美景重现。
无论早晚,伴随恍惚的清醒与醒后的麻醉。
症状必须是爱到痉挛,疼到不能忍。

剂量是关键。
适量的等是药。
过量的等是毒。
不宜久服。
成瘾难戒。

2. 感怀篇情境训练

如梦令
李清照

常记溪亭日暮,沉醉不知归路。兴尽晚回舟,误入藕花深处。争渡,争渡,惊起一滩鸥鹭。

清平乐·村居
辛弃疾

茅檐低小,溪上青青草。醉里吴音相媚好,白发谁家翁媪?

大儿锄豆溪东，中儿正织鸡笼；最喜小儿无赖，溪头卧剥莲蓬。

钗头凤
陆　游

红酥手，黄縢酒，满城春色宫墙柳。东风恶，欢情薄，一怀愁绪，几年离索。错，错，错！

春如旧，人空瘦，泪痕红浥鲛绡透。桃花落，闲池阁，山盟虽在，锦书难托。莫，莫，莫！

江城子·乙卯正月二十日夜记梦
苏　轼

十年生死两茫茫，不思量，自难忘。千里孤坟，无处话凄凉。纵使相逢应不识，尘满面，鬓如霜。

夜来幽梦忽还乡，小轩窗，正梳妆。相顾无言，唯有泪千行。料得年年肠断处，明月夜，短松岗。

虞美人
李　煜

春花秋月何时了，往事知多少！小楼昨夜又东风，故国不堪回首月明中。雕栏玉砌应犹在，只是朱颜改。问君能有几多愁？恰似一江春水向东流。

闻官军收河南河北
杜　甫

剑外忽传收蓟北，初闻涕泪满衣裳。却看妻子愁何在，漫卷诗书喜欲狂。白日放歌须纵酒，青春做伴好还乡。即从巴峡穿巫峡，便下襄阳向洛阳。

左迁至蓝关示侄孙湘
韩　愈

一封朝奏九重天，西贬潮州路八千。欲为圣明除弊事，肯将衰朽惜残年！云横秦岭家何在？雪拥蓝关马不前。知汝远来应有意，好收吾骨瘴江边。

江城子·密州出猎
苏　轼

老夫聊发少年狂，左牵黄，右擎苍。锦帽貂裘，千骑卷平冈。为报倾城随太守，亲射虎，看孙郎。

酒酣胸胆尚开张,鬓微霜,又何妨! 持节云中,何日遣冯唐? 会挽雕弓如满月,西北望,射天狼。

卜算子·咏梅
毛泽东

风雨送春归,飞雪迎春到。已是悬崖百丈冰,犹有花枝俏。
俏也不争春,只把春来报。待到山花烂漫时,她在丛中笑。

忆秦娥·娄山关
毛泽东

西风烈,长空雁叫霜晨月。霜晨月,马蹄声碎,喇叭声咽。
雄关漫道真如铁,而今迈步从头越。从头越,苍山如海,残阳如血。

清平乐·六盘山
毛泽东

天高云淡,望断南飞雁。不到长城非好汉,屈指行程二万。
六盘山上高峰,红旗漫卷西风。今日长缨在手,何时缚住苍龙?

3.提示

(1)诗词训练中,无论是现代还是古代,都不要受诗行的影响,更不要受标点符号的限制,要根据语意、情感处理停顿、换气。

(2)要琢磨诗词内重复性的词语在声音上的不同处理形式,努力使声音更准确地表达内容。

(3)诗词的上阕与下阕时间上要有体现,声音要有变化。课下多录音进行客观听辨、体会、判断声音的变化对内容的影响。

(4)句尾的气息要有控制,要托住声音。也就是说,声音结束后,情绪不能结束,气息仍要控制住不能松懈,除非此句为感叹式的句子,需要气和声同时感叹而出。在诗词训练中这点尤为重要。

(5)在前期特别强调吐字归音,难免出现发声呆、僵或音义背离等问题。此阶段练习,要在音准的前提下尽量结合诗词的内容做到以音带声,以情带义。

(6)香港音乐创作人郑文德将台湾诗人余光中创作的《乡愁》谱写成歌曲,分别用流行、美声、民乐、西乐等十种方式全心演绎为《十感乡愁》。一种韵律,十种诠释;同是乡愁,不同感受,带给听众一种从未尝试过的感动。建议同学们也采用不同表达方式进行尝试。

(四)弹性获取"贯口"训练

"贯口"练习应遵循第二阶段"练速度、求变化"的训练原则,首先,在气息、吐字归音正确的前提下提高速度。为了加强气息的控制意识,应严格按照规定"气口"换气。由于语速较快,"气口"间隔不能过长(更不能换气出声),否则会破坏"贯口"的整体感。发声及呼吸通道要始终保持积极、通畅。其次,要把每一个"贯口"段子当作一个故事来讲,并且尽量讲得生动、活泼、趣味盎然,体会不同内容在情感、发音、气息等技巧的控制下,语势及声音的丰富变化。

1. 感观篇情境训练

报山名

北京香山、天津盘山、河北狼牙山、山西五台山、内蒙古大青山、黑龙江兴安岭山、吉林长白山、辽宁千山、山东泰山、河南嵩山、安徽黄山、江苏紫金山、上海佘山、浙江雁荡山、江西庐山、福建武夷山、台湾阿里山、陕西华山、湖北武当山、重庆歌乐山、贵州黔灵山、湖南衡山、广西象鼻山、广东白云山、香港太平山、澳门松山、海南五指山、宁夏贺兰山、甘肃祁连山、新疆天山、四川峨眉山、云南玉龙雪山、青海巴颜喀拉山、西藏喜马拉雅山。

报水名

渤海、东海、黄海、南海、长江、汉江、漓江、闽江、怒江、嫩江、乌江、湘江、黄浦江、黑龙江、澜沧江、牡丹江、钱塘江、金沙江、九龙江、嘉陵江、松花江、图们江、鸭绿江、雅砻江、乌苏里江、雅鲁藏布江、黄河、淮河、海河、红河、洛河、辽河、青河、沁河、汾河、渭河、饮马河、永定河、柴达木河、塔里木河,巢湖、太湖、西湖、措那湖、洞庭湖、洪泽湖、镜泊湖、青海湖、千岛湖、鄱阳湖。

报花名

红牡丹、白牡丹、粉红牡丹、芍药、玫瑰、蔷薇、朱槿、米兰、昙花、樱花、桂花、茶花、金银花、金芙蓉、金鸟花、月光花、鸡冠花、凤仙花、杜鹃花、喇叭花、玉簪花、玉兰花、玉蝉花、燕子花、蝴蝶花、天女花、八仙花、海棠花、蜡梅花、石榴花、石楠花、石菖蒲、十样锦、夹竹桃、美人蕉、虞美人、洋绣球、晚香玉、百里香、满天星、一品红、千日红、月月红、满堂红、紫丁香、紫茉莉、紫罗兰、紫藤萝、水浮莲、子午莲、菖蒲莲、并蒂莲、西番莲、半支莲、半边莲、仙人掌、仙人鞭、仙人球、仙客来、春兰、蕙兰、剑兰、珠兰、君子兰、一叶兰、夏菊、翠菊、洋菊、墨菊、藤菊、千日菊、佛头菊、金鸡菊、延命菊、万寿菊。

报树名

红叶杨、毛白杨、小白杨、白城杨、沙兰杨、大官杨、北京杨、赤峰杨,河柳、杞柳、杨柳、垂柳、旱柳、黄花柳、落叶柳、长叶柳,雪松、油松、黑松、红松、白皮松、迎客松、罗汉松、五针松、樟子松、金钱松,刺柏、崖柏、侧柏、地柏、龙柏、圆柏、千头柏、金塔柏、金黄球柏、窄冠侧柏,刺槐、国槐、蝴蝶槐、紫花槐、龙爪槐、江南槐、香花槐、金叶垂槐、金枝国槐、红花洋槐,油樟、黄樟、香樟、毛叶樟、坚叶樟、尾叶樟、八角樟、长柄樟、沉水樟、细毛樟、菲律宾樟,高山榕、柳叶榕、垂叶榕、金叶垂榕、菩提榕、大叶榕、金叶榕、花叶垂榕、印度橡胶榕,红枫、青枫、三角枫、元宝枫,青桐、泡桐、法国梧桐,茶条槭、血皮槭、建始槭,水杉树、云杉树、冷杉树,椿树、臭椿树、香椿树,蒲桃树、珙桐树、苏铁树、银桦树、扶桑树、银杏树、沙枣树、构树、皂角树、玉兰树、枣树、杏树、梨树、核桃树、板栗树、柿子树、石榴树、花椒树、杜仲树、山楂树。

报菜名

蒸羊羔、蒸熊掌、蒸鹿尾儿、烧花鸭、烧雏鸡、烧子鹅、卤煮野鸭、酱鸡、腊肉、松花小肚儿、晾肉、香肠、什锦苏盘、熏鸡白肚儿、清蒸八宝鸭、江米酿鸭子、罐焖鸡、罐焖鸭、山鸡、兔脯、菜蟒、银鱼、清蒸哈什蚂、烩鸭丝、烩鸭腰、烩鸭条、清拌鸭丝、焖黄鳝、焖白鳝、豆豉鲶鱼、锅烧鲤鱼、清蒸甲鱼、抓炒鲤鱼、抓炒面鱼、软炸虾腰、软炸鸡、炸白虾、炝青虾、炸面鱼、炝竹笋、氽银鱼、溜黄菜、芙蓉燕菜、炒虾仁、烩虾仁、烩银丝、烩海参、烩鸽蛋、炒蹄筋、蒸南瓜、酿冬瓜、炒丝瓜、酿倭瓜、焖鸡掌、焖鸭掌、溜鲜蘑、溜鱼肚、溜鱼骨、醋熘鱼片、三鲜苜蓿汤、红丸子、白丸子、苏造丸子、南煎丸子、干炸丸子、三鲜丸子、四喜丸子、葱花丸子、豆腐丸子、一品肉、马牙肉、红焖肉、白片肉、樱桃肉、米粉肉、坛子肉、炖肉、大肉、松肉、烤肉、酱肉、酱豆腐肉、烧羊肉、烤羊肉、涮羊肉、五香羊肉、煨羊肉、氽三样、爆三样、清炒三样、白煨杂碎、三鲜鱼翅、栗子鸡、红烧活鲤鱼、板鸭、童子鸡。

2. 感染篇情境训练

刘老六

六十六岁刘老六,修了六十六座走马楼,楼上摆了六十六瓶苏合油,门前栽了六十六棵垂杨柳,垂杨柳上拴了六十六匹大马猴。忽然一阵狂风起,吹倒了六十六座走马楼,打翻了六十六瓶苏合油,压倒了六十六棵垂杨柳,跑掉了六十六匹大马猴,气死了六十六岁的刘老六。

满天星

天上看,满天星,地下看,有个坑,坑里看,有盘冰。坑外长着一老松,松上落着一架鹰,鹰下坐着一老僧,僧前点着一盏灯,灯前搁着一部经,墙上钉着一根钉,钉上挂着一张弓。说刮风,就刮风,刮得那男女老少难把眼睛睁。刮散了天上的星,刮平了地上的坑,刮化了坑里的冰,刮断了坑外的松,刮飞了松上的鹰,刮走了松下的僧,刮灭了僧前的灯,刮乱了灯前的经,刮掉了墙上的钉,刮翻了钉上的弓。只刮得:星散、坑平、冰化、松倒、鹰飞、僧走、灯灭、经乱、钉掉、弓翻的一个绕口令。

十道黑

一道黑,两道黑,三四五六七道黑,八道九道十道黑。我买了一个烟袋乌木杆儿,我是掐着它的两头那么一道黑;二兄弟描眉来演戏,瞧着他的镜子那么两道黑;粉皮儿墙上写川字儿,横瞧竖瞧三道黑;象牙桌子乌木腿儿,把它放着在那炕上那么四道黑;我买了一只母鸡不下蛋,把它搁着在那笼里那么捂到黑;挺好的骡子不吃草,把它牵着在那街上那么遛到黑;买了一只小驴儿不套磨,让它背上它的鞍鞴那么骑到黑;二姑娘南洼去割菜,丢了她的镰刀那么拔到黑;月窠儿的小孩儿得了病,团几个艾球灸到黑;卖瓜子儿的打瞌睡,哗啦啦撒了这么一大堆,他的笤帚簸箕不凑手,那么一个一个拾到黑。

喇嘛和哑巴

打南边来了个喇嘛,手里提拉着五斤鳎目;打北边来了个哑巴,腰里别着个喇叭。南边提拉鳎目的喇嘛要拿鳎目换北边别喇叭的哑巴的喇叭,别喇叭的哑巴不愿意拿喇叭换提拉鳎目的喇嘛的鳎目,提拉鳎目的喇嘛非要拿鳎目换别喇叭的哑巴的喇叭。提拉鳎目的喇嘛急了抡起鳎目一鳎目,别喇叭的哑巴也急了摘下喇叭打了提拉鳎目的喇嘛一喇叭。也不知是提拉鳎目的喇嘛打了别喇叭的哑巴一鳎目,还是别喇叭的哑巴打了提拉鳎目的喇嘛一喇叭。结果是,喇嘛回家炖鳎目,哑巴站在那嘀嘀嗒嗒吹喇叭。

三国人物歌

一杯酒,刘关张,桃园结义情义长。虎牢关前战吕布,杀退董卓离洛阳。
二杯酒,关云长,力斩华雄酒未凉。华容道上放曹操,忠义二字万古扬。
三杯酒,张桓侯,威镇华夏鞭督邮。大喝一声曹兵退,当阳桥断水倒流。
四杯酒,赵子龙,交城大战称英雄。长坂坡前救阿斗,东吴招婿保主公。
五杯酒,诸葛亮,初出茅庐烧博望。东吴巧舌战群儒,草船借箭助周郎。
六杯酒,黄汉升,年过七十立奇功。巧设计谋烧粮草,定军山下称英雄。
七杯酒,周公瑾,赤壁大战烧曹军。合肥再战张文远,孙权马跳逍遥津。
八杯酒,数马超,西凉起兵反曹操。扶助刘备兴汉室,五虎上将称英豪。
九杯酒,庞凤雏,隐居高山读兵书。蒋干盗书曹营去,巧使连环助东吴。
十杯酒,姜伯约,天水关前拜诸葛。九伐中原军威震,智勇双全事迹多。①

3. 提示

(1)"贯口"要"快而不乱"。规定气口:"刘老六"用两口气,如果确实不够,可在最后一句"气死了……"前面采用以情带气(偷气)完成;"满天星""喇嘛和哑巴"一个句号一口气;"十道黑"一个故事一口气,如果最后一句一口气不够用,那就采用与"刘老六"同样的换气处理方法;"三国人物歌"一行一口气,如果语音问题还没有完全解决,先采用记录速度一个句号后面一换气(一行两口气);"报山名""报水名"只允许用四口气完成;"报花名"用五口气完成;"报菜名"要求用七口气完成。特别强调的是,如果语音发声问题还没有解决,那就在放慢速度的基础上多换几口气。

(2)每一个"贯口"内容都有发音、发声与表达方面的特点,初学者容易出现一些共性的问题。例如"刘老六"里的含"ou、iou、uei"音节的舌位动程及上声音节的调值较容易被忽略;"满天星"里的后鼻音"ing"和句尾的阴平音节往往不到位;"十道黑"的心理节奏与谐音"数词"、动词多数初学者强调不够,往往平铺直叙有余,风趣幽默不足;"喇嘛和哑巴"里的轻声词与"三国人物歌"里的"酒"音节,都不是关键词,但如果不注意结合气息,

---

① 以上贯口大部分选自吴超. 中国绕口令[M]. 上海:上海文艺出版社,2001.

发音发声不舒展,较容易压喉。又如"报山名""报水名""报花名""报树名""报菜名",什么山、什么水、什么花、什么树、什么菜,关键词要强调准确。

(3)"感染篇情境训练"贯口的故事性要体现出来,趣味、幽默及节奏也要有所注意。例如"十道黑",一句一个故事,每个句子的故事内容要说得有节拍,要有轻重缓急,关键词要"拉开立起",非关键词"一带而过"的同时还要颗粒清晰。自始至终既要有节奏感、韵律感,还要有讲述感,不能背成"数来宝"。"感观篇情境训练"贯口的并列关系处理是难点,词内的区别性音节要予以强调;不能因为句中都是并列关系就丢失韵味、趣味。

(4)语速快时更要注意把握好舌和唇的协调关系,例如,"战群儒"一词,前一个音节归前鼻音(舌尖抵住上齿龈),后一个音节的字头的唇形是"撮口",在慢速训练时,二者互不影响,但是在正常语速情况下,前一个音节的舌尖归音要与后一个音节的唇形起音同时进行,语句间才能产生流畅的听觉感受。

(5)贯口中换气虽然快,但也要换气到位,要防止浅吸气、耸肩等问题。再次重温换气要领。体会腰腹部在句首、句中、句尾的用气控制过程(继续扎腰带,帮助腰腹部肌肉控制气息)。

(五)弹性获取台词训练

为配合播音发声的声音弹性训练,在选择话剧、影视剧道白时,要考虑到本专业的特点,人物语言的声音运用不能太特殊,多选用正剧里正面人物的道白。明确话剧、影视剧道白与播音主持的声音运用特点。理解以下剧本,或走进剧场、影院观看并感受角色,挖掘情感,熟背台词。体会《万家灯火》何老太太这一角色因年龄、性格、时代、家境等因素引起的声音、语速、语气等方面的相应变化:字腹拉长、语速较慢、气随情动;《红楼梦》中丫鬟小红在凤姐面前的快口利舌;理解《哈姆雷特》中哈姆雷特在这段独白中的心理状态,体会人物内心的矛盾冲突,寻找声区,调动情感尝试表演;了解历史,悉心揣摩、挖掘《大明宫词》太平公主的心理独白;了解《高山下的花环》的故事背景,把握片中雷军长的人物性格;法国电影《大鼻子情圣》的主人公希哈诺是一个活跃的近卫队军官,同时他还是一位深情的诗人、哲学家和技艺高超的剑客,但他却因为自己丑陋的鼻子而不敢追求美丽的表妹罗克珊,那么希哈诺是怎样面对嘲讽他鼻子的人的呢?《夏洛特烦恼》和《恋爱的犀牛》属于紧贴时代的热剧,生活气息浓厚,训练中要防止追求语气和速度而忘了控制。

以下训练内容虽然都是片段,但是其中涉及许多专业技巧,建议初学者大胆尝试,增强有声语言的表现力和魅力。

1. 感念篇情境训练

夏洛特烦恼（节选）

夏洛特烦恼（节选）

马冬梅：夏洛，我是不是给你脸了？你给我起开！人家邱雅结个婚，你在这又唱又跳穿得跟个鸡毛掸子似的，你嘚瑟什么呀！……你自己挣的钱？你好意思吗夏洛？从毕业到现在你挣过一分钱吗？这么些年，你成天搁家躺着，四肢都快躺退化了。我白天出去给人家拔罐，晚上出去蹬三轮，我就寻思我攒点钱，我换辆摩的，我能省点劲，你可倒好，你随个份子你把我发动机都随进去了！夏洛，咱俩结婚的时候，什么仪式都没有，就领证那天你陪我吃了顿羊蝎子，你现在在这儿装什么装啊！

大明宫词（节选）

大明宫词（节选）

太平公主：我在离开这个世界之前一直在考虑：我为什么要选择死亡？雨停的时候我找到了答案。我意识到，对死亡的渴望一直是我的一种向往。我怀抱着出生时的激情向往着另一个世界，我凭直觉感到那是一个更优美的地方……我的死亡像我的出生那样，终止了长安城漫天的淫雨，并且又一次为大唐带来了太平……

红楼梦（节选）

红楼梦（节选）

小红：平姐姐让我回奶奶：旺儿进来讨奶奶的示下，好往那家子去，平姐姐就按奶奶的主意打发他去了。（她怎么说的？）平姐姐说：我们奶奶问这里的奶奶好。原是我们二爷没在家，虽然迟了两天，只管请奶奶放心。等五奶奶好些了，我们奶奶还会了五奶奶来瞧奶奶呢……

万家灯火（节选）

万家灯火（节选）

何老太太：最难受的时候唉，就是他爸爸走那阵儿，临死前，撂下了话，告诉让给他送回老家去！哪那么容易？你男人死了，何家破败了，你一寡妇，拉扯着一堆孩子……人都是势利眼！（眼睛转向照片）甭管多难，我把你给送回去了……多咱我到你那一步，我可不给孩子们添那么多麻烦。（眼里再次闪烁出异样的光彩）宗祁！我对得住你们何家了！这么些孩子，我都拉扯起来了！我一个人儿！都把他们培养成人了！你呀，你这招招着要我走呢。没住上新房，我哪也不去！

2. 感喟篇情境训练

恋爱的犀牛（节选）

恋爱的犀牛（节选）

马路：忘掉，忘掉你就不必再承受，不必再痛苦。忘掉你没有的东西，忘掉别人有的东西，忘掉你失去和以后得不到的东西。忘掉仇恨，忘掉屈辱，忘掉爱情，像犀牛忘掉草原，像水鸟忘掉湖泊，像地狱里的人忘掉天堂,像截肢的人忘掉曾经快步如飞。忘掉是一般人能做的唯一的事。但是我决定——不忘掉她!

高山下的花环(节选)

雷军长:我的大炮就要万炮轰鸣,我的装甲车就要隆隆开进!我的千军万马就要去杀敌!就要去拼!就要去流血!!可刚才,有那么个神通广大的贵妇人,她竟有本事从几千里之外,把电话要到我这前线指挥所!此刻,我指挥所的电话,分分秒秒,千金难买!可那贵妇人来电话干啥?她来电话是让我给她儿子开后门,让我关照关照她的儿子!走后门,竟敢走到我这流血牺牲的战场上!我雷某不管她是老天爷的夫人,还是地老爷的太太,走后门,谁敢把后门走到我这流血牺牲的战场上,没二话,我雷某要让她的儿子第一个扛炸药包,去炸碉堡!去炸碉堡!!

哈姆雷特(节选)

哈姆雷特:生存还是死亡,这是一个值得考虑的问题。默然忍受命运的暴虐的毒箭,或是挺身反抗人世的无涯的苦难,通过斗争把它们扫清,这两种行为,哪一种更高贵?死了,睡着了,什么都完了。要是在这一种睡眠之中,我们心头的创痛,以及其他无数血肉之躯所不能避免的打击,都可以从此消失,那正是我们求之不得的结局。死了,睡着了,睡着了也许还会做梦,嗯,阻碍就在这儿:因为当我们摆脱了这一具朽腐的皮囊以后,在那死的睡眠里,究竟将要做些什么梦,那不能不使我们踌躇、顾虑。人们甘心久困于患难之中,也就是为了这个缘故。谁愿意忍受人世的鞭挞和讥讽、压迫者的凌辱、傲慢者的冷眼、被轻蔑的爱情的惨痛、法律的迁延、官吏的横暴和费尽辛勤所换来的小人的鄙视,要是他只要用一柄小小的刀子,就可以清算他自己的一生,谁愿意负着这样的重担,在烦劳的生命的压迫下呻吟流汗。倘不是因为惧怕不可知的死后,惧怕那不曾有一个旅人回来过的神秘之国,是它迷惑了我们的意志,使我们宁愿忍受目前的折磨,不敢向我们所不知道的痛苦飞去。这样,重重的顾虑使我们全变成了懦夫,决心的赤热的光彩被审慎的思维盖上了一层灰色,伟大的事业在这一种考虑之下,也会逆流而退,失去了行动的意义。

大鼻子情圣(节选)

希哈诺:哦不,短了点,年轻人。可以说,总之用不同的语气能说出许多来。譬如:挑衅的语气:如果我长这么一个鼻子,先生,我就立刻把它给割了。友好的语气:它应该在您的杯子里,喝水的时候,您就做个高脚杯。描述的语气:它是坚固的岩石、陡峭的山峰,是海角,不是什么海角,它是半岛。好奇的语气:这么个窄长的皮囊能够做什么用呢?是墨水瓶还是剪刀盒?亲切的语气:您就这么喜爱鸟吗?竟然倾注了慈父般的关怀,伸出这么块栖息地来给它们歇脚?粗野的语气:啊,先生,您鼻子里冒出的黑烟就没让哪个邻居喊烟囱失火了吗?警告的语气:小心点,别让您担着重负的脑袋一头栽倒在地。温柔的语气:您给它配把小

大鼻子情圣
(节选)

阳伞,防止它在太阳底下褪色。绝交的语气:只有动物,先生,艾里斯托芬称之为海马、大象加变色龙,才会在前额底下长出跟骨头外围一样多的肉。悲剧语气:它流血时就是红海。赞赏的语气:这是香水制造商多好的广告。抒情语气:这是海神的号角吗?您是海神吗?天真的语气:您这居屋我们什么时候参观?军人语气:标准骑兵。实用语气:你想拿它来中奖吗?肯定的语气:先生,它肯定中头奖!最后用哭腔来模仿皮拉莫的话,这只鼻子暴露了它主人破坏和谐的行径。它红了,叛徒。我亲爱的,这些差不多就是您本该对我说的。如果你还有点学问和智慧的话,可是智慧,哦,可怜的生命啊,您丝毫都不具备。学问嘛,您只认识三个字:傻、瓜、蛋!您能想象自己当着公众对我说出这一整套辛辣的玩笑话吗?恐怕您连一句话的开头几个字都说不清楚,因为这些话只有我自己能说。只要我兴致好,可是我决不准别人说!

3. 提示

(1)注意括号里的提示与相应的情感、动作转换带来的声音上的变化,声音反映出的体态、思想等行动性要强。

(2)真听、真看、真感受。要解放身心,善于表现,腼腆羞怯是训练的大敌。

(3)不同的角色,运用不同的声音色彩,表现出不同的人物性格。训练前先根据自己的性格特点选择较适合自己声音特点的片段(角色)进行练习,之后再尝试其他片段(角色)。

(4)要注意进入角色后声音的修饰与美化。尤其在声音的虚、弱、暗、薄等元素处理与气息、吐字归音及口腔的控制等方面,要防止"原生态"展示。

(六)声音获取演唱训练

《我和我的祖国》《今天是你的生日,我的中国》《红旗飘飘》曲谱、视频

前面章节从不同角度采用歌唱的方式进行了不同阶段的发声训练,以达到章节的训练目的,比如在口腔控制、喉部控制和共鸣控制的歌唱训练中,主要以吐字归音、气息、共鸣等训练为主,对旋律及表现力的要求相对低些,训练目的也较为单一。以下运用歌唱、曲艺等艺术表现形式,训练目的相对综合性较强。通过姊妹艺术的学习与表现,触类旁通,提高播音发声能力,进一步提高声音的艺术创造力,增强声音的艺术表现力。

1. 感"咏"情境训练

练习演唱《我和我的祖国》《今天是你的生日,中国》《红旗飘飘》。

2. 感"韵"情境训练

练习演唱《绣红旗》《甘洒热血写春秋》《重整河山待后生》。

《绣红旗》《甘洒热血写春秋》《重整河山待后生》曲谱、视频

3. 提示

(1)采用歌曲训练吐字归音、共鸣、声音弹性,不仅限于以上几个曲目,也可找自己熟悉的、喜欢的曲子进行,以感受演唱中情感对声音的调

节作用,享受旋律的美感。此阶段可以尝试原调歌唱,也可以寻找适合自己的声区歌唱。

(2)为了配合语音训练,曲艺表演要求只采用北京地区的曲艺形式。训练扩展音域,增强声音弹性,巩固用声技巧。体会北京曲艺形式及表现力对吐字归音、声音弹性的影响与帮助。如京韵大鼓《重整河山待后生》。

(3)其实采用选修课的方式参加合唱团也可以达到训练声音弹性的目的。但要注意,不能为了追求音高和旋律而丢掉了胸腔共鸣、口腔控制与吐字归音。

(4)本教材的学习内容至此结束。在学习中只有注重过程的训练,一方面注重自我的纵向提高,另一方面关注同学间的横向变化,才能收到良好的学习效果。

播音主持艺术发声与其他语言艺术发声

▶▶▶ 回顾

声音弹性所反映的声音变化体现在音强、音高、音长、音色这四个物理要素上。要想让自己的声音变得更有弹性,就需要在情感的把握上,气息的控制上,情、声、气的协调上下足功夫。

在进行声音弹性训练时,主要解决"练速度、求变化"。声音弹性的物理性、对比性、丰富性等特点,决定了声音弹性的训练应集前面所有章节的训练内容于一体,进行综合运用、整体把握。

本章重点
如何在情感调动下合理、自如地获取声音弹性。

学习时间
课上☞大课:4课时;小课:针对性训练32课时左右。
课下☞结合所学内容保证每天坚持训练1小时。

思考题
1. 掌握并识记以下词语或概念:
   声音弹性 声音色彩 有声语言表达样态
2. 声音弹性的特点是什么?如何获取声音弹性?
3. 结合实践训练,试分析在播音主持语言表达过程中情、声、气三者是怎样结合起来的?
4. 举例说明声音弹性各训练要素之间与情感的相互关系。
5. 谈谈自己声音弹性训练过程中的具体感受。
6. 举例说明播音主持艺术发声与其他语言艺术声音训练的异同。

参考书目

1. 徐恒. 播音发声学[M]. 北京:北京广播学院出版社,2006.
2. 张颂. 中国播音学[M]. 北京:北京广播学院出版社,2003.
3. 张颂. 语言和谐艺术论[M]. 北京:中国传媒大学出版社,2009.
4. 张颂. 朗读学[M].3版. 北京:中国传媒大学出版社,2010.
5. 张颂. 播音创作基础[M].3版. 北京:中国传媒大学出版社,2011.
6. 张颂. 播音语言通论——危机与对策[M].3版. 北京:中国传媒大学出版社,2012.
7. 林焘,王理嘉. 语音学教程[M]. 北京:北京大学出版社,1992.
8. 邢公畹,仲哲明. 语言学概论[M]. 北京:语文出版社,1992.
9. 黄伯荣,廖序东. 现代汉语[M]. 修订6版. 北京:高等教育出版社,2017.
10. 宗白华. 美学的散步[M].2版. 合肥:时代出版传媒股份有限公司,安徽教育出版社,2006.
11. 邹本初. 歌唱学:沈湘歌唱学体系研究[M]. 北京:人民音乐出版社,2000.
12. 张晓明. 微相表演[M]. 北京:文汇出版社,2013.
13. 林鸿. 普通话语音与发声[M]. 杭州:浙江大学出版社,2005.
14. 萧涵. 实用普通话[M]. 北京:中国国际广播出版社,2004.
15. 中央戏剧学院表演系台词教研室. 舞台影视语言基本技巧[M]. 北京:中国美术出版社,1994.
16. 潘家懿,文琴. 普通话语音训练教材[M]. 太原:山西高校联合出版社,1993.
17. 刘红梅,武传涛. 实用汉语语音[M]. 合肥:安徽教育出版社,2003.

第1版后记

当提笔准备写这篇后记时,我最想写的竟是:"终于结束了!"心里忽然有种如释重负之感!我丝毫感觉不到自己的辛苦即将变为铅字的欣喜与激动,却有一丝忐忑与不安。

回想五年前王铁城老师(我们都亲切地叫他可爱的铁老或铁叔)来学院指导教学,提出一定要根据自己的生源层次编写自己的教材时,我当时表现出的是惊愕与自卑。虽说对教学的热爱可以让我倾注所有的心力、牺牲所有的时间,但是精力是不等于能力的。虽说经过十几年的专业基础教学,尤其是面对学生参差不齐的专业水平,在学习前人经验的基础上,也总结出了一些自己认为实用的纠正技巧与训练方法,但是真正要把教学经验整理成规范、系统、具体并且理论性、指导性较强的铅印书,体例上的逻辑性、写作上的严密性,向我提出了严峻的挑战。基于铁老的建议、关心与指导,以及学院发展的要求,加之自我提高的需要,我便开始用心积累,积极准备。而繁杂的教学工作及专业建设、评估准备等占去了我几乎所有的有效时间,直至去年年底才有了可以静心整理的机会。感谢几年来朝夕相处的合作伙伴符进叶,她对我这个常借工作为由占去她无数休息时间的人,给予了各方面的协助;感谢她和田奇蕊、赵娅军老师对我"自以为是的句式"咬文嚼字似的校对;感谢许春风、陈伟、覃晓燕、温建梅、李庆等老师在绘图、拍照、化妆等各方面给予我的帮助;还要感谢我的学生们,他们利用休息时间帮助我搜集、整理并校对资料……

真有意思,一本不值一提的小书,竟让我不由自主地落入了俗套,像个"奥斯卡"式的领奖人宣读长长的获奖感言。

提到感谢,当然忘不了把我引进专业大门并给予我专业能力的北京广播学院的各位专业老师。我想起了为争取入学直闯张颂老师办公室请求特批应试的经历……记得是因为当时的播音系阴差阳错找不到我的考试资料,求学心切的我在情急之下拿着应试稿件,敲开当时是系主任的张颂老师的办公室门。当我说明情况后,张老师立即记起我考试时的表现,并迅速与其他老师研究,才使我有了现在这样一个面对学生虽有一时无奈,却有一生热情的工作机会。忘不了雷影梅老师在我刚步入教学大门时给予我的帮助;更忘不了在学院发展的这根无形鞭子的催促下,领导在各方面提供给我的平台。在写作过程中多次打扰请教王克瑞老师,翻阅并借鉴了本专业及语音学等方面的专业书籍,在此表示诚挚的谢意!

  由于时间紧张,我的专业修养及写作能力又非常有限,书中的错误在所难免,加之发音、发声问题纠正的复杂性及训练过程的长期性,训练中涉及的难点、重点难免有前后重复与啰唆之处,还请各位专家老师、同事及读者给予批评、指教。

胡黎娜

2006 年 6 月 16 日

第 2 版后记

其实很早我就有了修改体例的想法,但基于能力和精力,直到退休后才得以完成,至此竟然已过十多年。即便如此,截至交稿仍有未尽事宜。例如语音与发声在各方面的进一步融合,二维码内视频的进一步完善,播音发声时唇舌、口腔等发音器官力度变化在理论方面的科学分析与论证及动态剖面视频的呈现等,都有待于自己接下来进一步学习、研究与完善。

对于体例修改的原因,在第 2 版序言已有阐述,在此只想表达的是,万变不离其宗,本学科在理论与实践方面早已自成体系,我只是站在前人肩膀上坐享其成地在教法上有了一点自己的看法而已。此书以前辈们的理论作支撑,除了引用许多名家的文学作品及片段之外,更借用、吸收了前辈们的专业思想与成果。譬如《如果我错了》等文章,便是我在原北京广播学院播音系读书时,所用学习材料上的篇目。还有像"语音学习口诀""吐字归音歌"及"口腔静、动态控制"的表述等许多专业内容及体例建立,都是在已有总结的基础上做了一些调整和增补。还借鉴了黄伯荣、廖旭东《现代汉语》(增订六版)上册普通话语音的相关知识(及表格)。本人在此向所有原作者表达诚挚的谢意!

我至今还记得马桂芬老师看着我一遍又一遍读消息"北京市光华木材厂……"的神态,付程老师上大课强调关于"内含重音"的语气,王璐老师教我们唱京韵大鼓"忽然风雨后……"的表情,班主任张秀清给予我这位学习委员的希望。我的小课老师是张慧,她讲过的发音时"上齿要保持在下齿前面""元音要饱满、字腹要拉开",以及她分析稿件时的耐心和细致……几十年了,仍历历在目。尊敬的铁城老师、吴郁老师、吴洪林老师、姚喜双老师及众多业内专家,多年来对我院专业建设的引导、支持,对我个人在教学及管理方面的帮助,都是我认真思考和积极努力的动力。是他们,多年来对学院以及本人的厚爱,让我的播音发声教学能"狐假虎威"地有了一些心得和荣誉。在此向所有启迪我并给予我专业思想的老师、前辈们表示真诚的谢意和爱意!

在完成教材的修改过程中,我的同事赵方、肖俏、刘嘉、王瑜、李卫锋、彭晓燕、杨洁、时畅等老师,都在我需要"字斟句酌"时伸出援助之手;赵娅军、段蕾、乔羽等几位教师,初入职一边教学,一边利用自己的休息时间,与学生们一起从"ɑ"音开始训练,每周 8 课时一次不落，坚持一学年。他们与担任此门课程的老师们将本教材的理念、教法落实于自身专业实践及日常教学中，成效显著。具体落实了铁老在各种场合数次强调的"老师们无论带哪一门课、哪一个阶段的课，都应该重视基础、会教基础"的殷切叮嘱。

另外，我还打扰了太多的学生帮助我校对字词、下载歌曲及话剧片段。2011级李美静、2013级王璞、2017级夏宇鹏拍摄并剪辑了发音示范视频；动画学院的陈伟老师请他的学生周旭红、高雅利用课余时间修改图例。2006年版教材上发音示范图片的两位同学，男生是我院2004级的吕东阳（新增"探舌"图片为2017级曹钛善），女生是目前在天津电视台担任主持人的张旭，教材内她的大部分图片是在2006年她参加高考前跟我上小课时拍摄的。本次教材修改，张旭依然利用工作间隙，补拍了教材增补图片。教材内二维码链接的视频发音及唇舌力度训练的学员有2016级李晋佳，2017级谢志文、郝勿远、夏宇鹏。从最后效果来看，确实还存在许多不尽如人意的地方。由于他们面对镜头紧张，心理发生变化，导致生理控制与物理效果都出现了问题。例如气息不够结实，声音不够明亮，音高不够适中，声区不够稳定，共鸣不够丰富，舌位动程生硬、不流畅，就连平时做得不错的口腔静态控制也需要及时提醒和调整。其结果由计划中的范例，变成了展示、纠正的"反例"。不过，即便如此，他们的理性控制与发音也不是一日之功。在镜头前音素间的过渡中，口腔及唇舌等发音器官被一览无遗地放大后，（生理性门齿是否整齐、唇形是否漂亮，）实难做到尽善尽美，有待前辈专家、同行与教材的使用者检验与批评。此举能为初学者提供一个视觉上的参考，对本人来说，就当是一个无知无畏的探索或"显摆"吧。以后再进一步补充或更换由个体字音向整体词、句过渡的发音视频。谢谢多次试录未被选上的同学们，老师的矫情让大家辛苦了。

在此还要特别感谢我曾叨扰过的中国社会科学院语音学专家鲍怀翘先生，感谢他耐心地给我讲解和演示了声带发音的动态控制视频及有关口腔后部的发音状态；感谢中国社会科学院胡方研究员和山东师范大学王红娟老师，他们让我对语音学的认识更加严谨；感谢口腔大夫卫忠杰、童云博士，对我临时抱佛脚式的学习给予热情的帮助；感谢中央音乐学院的韩丽艳教授，让我在她主持的嗓音研究中心观摩她为演员诊治嗓音的过程，有了触类旁通的一些思考，也有幸介入了一个与本专业及课程相关的嗓音艺术医学专业领域，并有了进一步学习和提高的愿望与机会。同时非常感谢为本次修订做了大量分内、分外工作，认真负责的责任编辑李水仙博士，她的专业与敬业使我"自以为是"的很多表述得以纠正。谢谢！

胡黎娜
2019年6月16日

图书在版编目(CIP)数据

播音主持艺术发声 / 胡黎娜编著. --2版. --北京：中国传媒大学出版社，2019.9(2025.3重印)
ISBN 978-7-5657-2527-2

Ⅰ.①播… Ⅱ.①胡… Ⅲ.①播音员—发声法 ②主持人—发声法 Ⅳ.①G222.2

中国版本图书馆CIP数据核字（2019）第170360号

播音主持艺术发声（第2版）
BOYIN ZHUCHI YISHU FASHENG(DI-ER BAN)

编　　著	胡黎娜
策划编辑	李水仙
责任编辑	李水仙
责任印制	李志鹏
封面设计	风得信设计·阿东
出版发行	中国传媒大学出版社
社　　址	北京市朝阳区定福庄东街1号　邮　编　100024
电　　话	86-10-65450528　65450532　传　真　65779405
网　　址	http://cucp.cuc.edu.cn
经　　销	全国新华书店
印　　刷	三河市东方印刷有限公司
开　　本	787mm×1092mm　1/16
印　　张	18.5
字　　数	383千字
版　　次	2019年9月第2版
印　　次	2025年3月第5次印刷
书　　号	ISBN 978-7-5657-2527-2　　定　价　49.00元

本社法律顾问：北京嘉润律师事务所　郭建平